W0271618

Neuropsychologie

CHEZ LE MÊME ÉDITEUR

Du même auteur, dans la collection « Pour le praticien »

NEUROLOGIE POUR LE PRATICIEN. 1989, 376 pages, 190 figures.

Dans la collection « Abrégés de médecine »

NEUROLOGIE, par J. CAMBIER, M. MASSON, H. DEHEN. 10e édition, 2000, 616 pages.

MALADIE D'ALZHEIMER, par M.-N. MAGNIÉ, P. THOMAS. 1997, 122 pages.

TECHNIQUES EN NEUROSCIENCES, par J.-M. MEUNIER, A. SCHVALOFF. 1996, 288 pages.

ÉPILEPSIES, par P. THOMAS, A. ARZIMANOGLOU. 2e édition, 1999, 308 pages.

Autres ouvrages

NEUROPSYCHOLOGIE DE LA MALADIE DE PARKINSON ET DES SYNDROMES APPARENTÉS, par K. DUJARDIN et L. DEFEBVRE. Collection *Neurologie*. 2002, 144 pages.

LES POTENTIELS ÉVOQUÉS, par J.-M. GUÉRIT. 1998, 3e édition, 416 pages.

LE CERVEAU RÉCONCILIÉ, par J. CAMBIER, P. VERSTICHEL. 1998, 320 pages.

CŒUR ET CERVEAU II, par A. BES, J.-P. BOUNHOURE, G. GÉRAUD, V. LARRUE. 2000, 224 pages.

ÉLECTROENCÉPHALOGRAPHIE DE L'ENFANT, par D. SAMSON-DOLLFUS. 1998, 152 pages.

ANATOMIE CLINIQUE DU SYSTÈME NERVEUX CENTRAL, par J.-M. PRADES. 1999, 224 pages.

LES MALADIES NEUROMUSCULAIRES, par G. SERRATRICE, J.-F. PELLISSIER, J. POUGET. 1997, 2e édition, 256 pages.

En collaboration avec les Presses universitaires de Montréal

NEUROPSYCHOLOGIE CLINIQUE ET NEUROLOGIE DU COMPORTEMENT, par M.I. BOTEZ. 2e édition, 1996, 706 pages.

ABRÉGÉS

Neuropsychologie

Roger GIL

Professeur de neurologie
à la faculté de médecine
et de pharmacie de Poitiers

3e édition

MASSON

ISBN : 2-294-01017-5

MASSON S.A.S. - 120, bd Saint-Germain, 75280 Paris Cedex 06

AVANT-PROPOS

Cet ouvrage n'aurait pas vu le jour sans la présence stimulante à mes côtés de l'équipe de secrétaires, d'orthophonistes et de psychologues qui m'a aidé à faire vivre, depuis sa création en 1975, l'unité de neuropsychologie et de rééducation du langage dont mon maître, le professeur Jean-Paul Lefèvre, encouragea la naissance en 1975 au sein de la clinique neurologique du CHU de Poitiers. Je dois tout particulièrement remercier madame Claudette Pluchon qui en fut la première orthophoniste, qui en est aujourd'hui la surveillante et qui, lectrice des épreuves de ce livre, m'a permis d'en ajuster le contenu par ses questions et par ses remarques.

Je remercie l'équipe tout entière du service de neurologie et tout particulièrement Jean-Philippe Neau et Patrick Dumas. Nous sommes unis par notre attachement à la neurologie, vivifié par nos réflexions communes au chevet des malades.

Je remercie mon épouse : je sais tout ce que je lui dois.

Puisse cet Abrégé, conçu pour initier à la neuropsychologie, montrer combien nos connaissances sur le cerveau humain sont encore fragiles et combien grand demeure encore le mystère de la conscience réflexive qui, grâce au cerveau et « le débordant de toutes parts », fonde l'humanité.

TABLE DES MATIÈRES

ABRÉVIATIONS

5-HT	5-hydroxytryptamine (sérotonine)
AA	Amnésie antérograde
AAMI	*Age-associated Memory Impairment*
ADH	*Antidiuretic Hormone*
APM	Aire prémotrice
apo	Apolipoprotéine
APP	*Amyloid Precursor Protein*
AR	Amnésie rétrograde
ARN	Acide ribonucléique
ASM	Aire motrice supplémentaire
AVA	Aire visuelle associative
AW	Aire de Wernicke
BEM	Batterie d'efficience mnésique (de Signoret)
BOG	Bandelette optique gauche
CADASIL	*Cerebral Autosomal Dominant Arteriopathy with Subcortical Infarcts and leucoencephalopathy*
CC	Corps calleux
CDR	*Clinical Dementia Rating*
ChAT	Choline-acétyltransférase
CIM	Classification internationale de troubles mentaux
CM	Cortex moteur
CS	Cortex somesthésique
DLB	*Dementia with Lewy bodies*
DNF	Dégénérescence neurofibrillaire
DSM	*Diagnostic and Statistical Manual (of Mental Disorders)*
EEG	Électroencéphalogramme
ERFC	Évaluation rapide des fonctions cognitives
FA	Faisceau arqué
FLAIR	*Fluid Attenuated Inversion Recovery*
FMR	*Fragile X Mental Retardation*
GA	Gyrus angulaire
GABA	*Gamma-AminoButyric Acid*
GM	*Gyrus supramarginalis*
HAD	*Hospital Anxiety and Depression* (échelle de Zigmond et Snaith)

HARD	Humeur, Anxiété, Ralentissement, Danger (diagramme de Rufin et Ferreri)
HMPAO	Héxaméthylpropylène amine oxime
IMAO	Inhibiteurs de la mono-amine-oxydase
IRM	Imagerie par résonance magnétique
JC	Jamestown Canyon (virus)
LDL	*Low Density Lipoprotein*
LEMP	Leucoencéphalopathie multifocale progressive
M	Mémoire
MA	Maladie d'Alzheimer
MADRS	*Montgomery-Asberg Depression Rating Scale*
MCI	*Mild Cognitive Impairment*
MCL	Maladie à corps de Lewy
MDI	*Multiple Domain slightly Impairment*
MMN	*Mismatch Negativity*
MMS	*Mini Mental State*
MPTP	1-méthyl-4-phényl-1,2,3,6-tétrahydropyridine
NC	Niveau culturel
NFS	Numération-formule sanguine
NMDA	N-méthyl-D-aspartate (récepteurs –)
NPI	*Neuropsychiatric inventory* (Cummings)
NR	Noyau réticulaire du thalamus
NS	Noyaux spécifiques du thalamus
NSST	*Northwestern Syntax Screening Test*
OMS	Organisation mondiale de la santé
PASAT	*Paced Auditory Serial Attention Test*
PLED	Périodiques latéralisées épileptiques (décharges –)
PrP	Protéine prion
PrPc	PrP cellulaire
QIP	Quotient intellectuel de performance
QIV	Quotient intellectuel verbal
RD	Région rolandique droite
RG	Région rolandique gauche
RM	Réticulée mésencéphalique
ROG	Radiations optiques gauches
SII	Aire somesthésique secondaire
SDI	*Single non memory Dysfunction Impairment*
Sida	Syndrome d'immunodéficience acquise

SPECT	*Single Photon Emission Computed Tomography*
TDL	Troubles développementaux du langage
TDM	Tomodensitométrie
TEP	Tomographie par émission de positrons
VIC	*Computerized Visual Communication*
VIH	Virus de l'immunodéficience humaine
VS	Vitesse de sédimentation
WAIS	*Wechsler Adult Intelligent Scale*
WRAT	*Wide-Change Achievement Test Revised*

1 ÉLÉMENTS D'UNE PROPÉDEUTIQUE DE NEUROPSYCHOLOGIE

La neuropsychologie a pour objet l'étude des perturbations cognitives et émotionnelles de même que les désordres de la personnalité provoqués par les lésions du cerveau qui est l'organe de la pensée donc le siège de la conscience. Recevant et interprétant les informations sensorielles, communiquant avec les autres et agissant sur le monde par le langage et la motricité, forgeant sa continuité donc sa cohérence identitaire par la mémoire, le cerveau exprime sa souffrance lésionnelle par des désordres comportementaux, d'où le nom de neurologie comportementale donné aussi à la neuropsychologie.

Les objectifs de la neuropsychologie sont triples : diagnostiques, thérapeutiques et cognitifs. L'analyse séméiologique des troubles permet de proposer une systématisation syndromique du dysfonctionnement du comportement et de la pensée puis d'étayer son substratum lésionnel et de formuler des hypothèses sur la topographie lésionnelle. Mais le temps n'est plus où seule une démarche clinique minutieuse permettait de déduire la localisation des lésions dont la preuve ultime restait à l'autopsie. L'imagerie moderne, qu'elle soit (tomodensitométrie) ou non à base radiologique (imagerie par résonance magnétique nucléaire) pourrait conduire à se contenter d'une neuropsychologie sommaire quand la stratégie de prise en charge est essentiellement orientée sur la nosologie : ainsi une hémiplégie droite avec aphasie de survenue brutale suffit à suspecter un infarctus sylvien, qui sera ou non confirmé par l'imagerie et dont la biologie, les investigations cardio-vasculaires, l'angiographie affineront l'étiologie et permettront de proposer la prévention d'une récidive. La démarche neuropsychologique invite à jeter sur le malade un autre regard qui viendra en complément de la démarche étiologique : analyser de manière détaillée le trouble du langage permettra de mieux comprendre le désarroi du malade et ainsi d'être sensibilisé à la prise en charge rééducative qui est le deuxième objectif de la neuropsychologie. Il reste enfin que la connaissance des désordres provoqués par les lésions du cerveau permet de générer des hypothèses sur le fonctionnement du cerveau normal : tel est le troisième objectif, cognitif, de la neuropsychologie, celui qui tisse un lien entre la neurologie du comportement et les sciences dites humaines.

L'exposé des grandes modalités d'expression neuropsychologique et comportementale des lésions cérébrales ne doit pas laisser l'impression d'un cerveau éclaté entre des fonctions atomisées.

Si l'être humain peut connaître le monde et agir dans le monde, c'est bien grâce à un fonctionnement coordonné de ses ressources cognitives, et grâce aux multiples connexions que le cerveau tisse non seulement d'un hémisphère à l'autre mais aussi à l'intérieur de chaque hémisphère, dessinant un réseau complexe articulé d'un bout à l'autre du névraxe. D'innombrables liens se tissent ainsi entre la cognition, l'affectivité, la sensoricité, la motricité. Ces liens ont pour substratum le *neurone*, désigné comme l'unité fondamentale du système nerveux à condition d'imaginer que, si le rôle du neurone est bien de véhiculer et de traiter de l'information, les neurones ne valent que par leur multiplicité (plusieurs dizaines de milliards) et par la multiplicité des connexions qui les unissent au niveau des synapses pour créer ainsi d'innombrables réseaux. Les corps cellulaires des neurones, rassemblés, constituent la *substance grise* répartie à la surface du cerveau (et constituant le cortex) mais aussi dispersée en petits amas « centraux » constituant le thalamus et les noyaux gris (particulièrement le noyau lenticulaire, le noyau caudé, le *locus niger*). La *substance blanche*, répartie entre le cortex et les noyaux gris (fig. 1.1), est constituée des prolongements des neurones, axones et dendrites, entourés de leur gaine de myéline.

NEURONES ET ACTIVITÉ ÉLECTRIQUE

Les neurones sont le siège d'une activité électrique dont l'enregistrement à la surface du cerveau a permis à Hans Berger de promouvoir en 1929

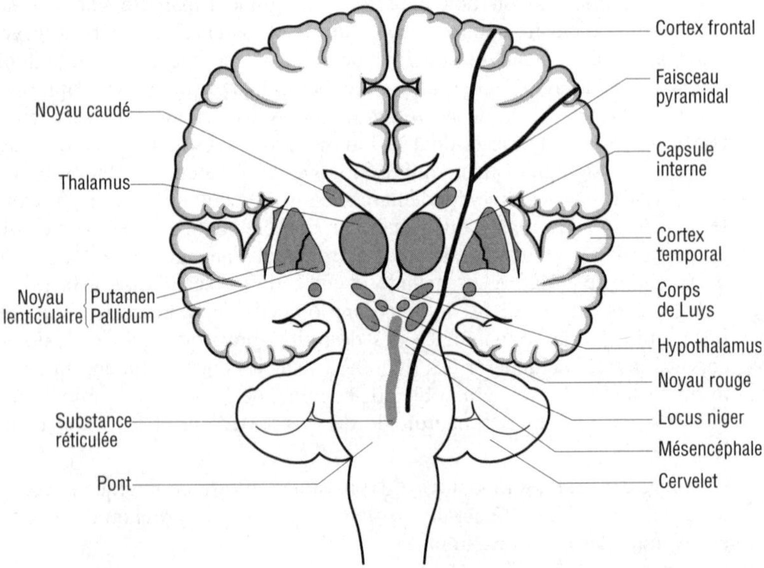

Fig. 1.1. *Les noyaux gris centraux (ganglions de la base) vus sur une coupe vertico-frontale dite de Charcot* (tiré de R. Gil. *Neurologie pour le praticien.* Simep, Paris, 1989).

l'*électroencéphalogramme*, suivi par l'enregistrement des réponses électriques provoquées par les stimulations sensorielles, visuelles, auditives, somesthésiques que l'on dénomme « potentiels évoqués » et dont on peut mesurer l'amplitude et la latence. Un nouveau pas fut franchi quand, à partir des travaux de Sutton (1965), on opposa deux types de potentiels. Les uns attestent de la réception des stimulations, quelle que soit la valeur informative qu'ont, pour le sujet, les stimulations reçues : on peut les dénommer *potentiels exogènes*. Les autres de latence plus tardive apparaissent quand on demande au sujet de pratiquer une tâche mentale dont l'exemple le plus simple est de compter des sons aigus répartis aléatoirement au sein de sons graves : on les dénomme *potentiels évoqués endogènes ou cognitifs*.

NEURONES ET NEUROTRANSMETTEURS

Les « influx » nerveux qui parcourent les neurones et qui créent ces activités électriques détectables sont sous-tendus par des phénomènes biochimiques complexes. Les récepteurs sensoriels ont pour tâche la « transduction » des signaux physiques qu'ils reçoivent en impulsions nerveuses. La transmission de l'influx nerveux d'un neurone à l'autre au niveau des synapses et des neurones aux muscles au niveau des plaques motrices est permise grâce à la libération de « neuromédiateurs » qui sont ensuite recapturés par la membrane présynaptique ou détruits dans la fente synaptique. Ils exercent un effet inhibiteur ou excitateur sur les membranes postsynaptiques. Même quand la libération de tel ou tel neuromédiateur par tel ou tel système neuronal est bien identifiée, il ne faut pas en déduire que le neuromédiateur est spécifique du système neuronal en cause ou des fonctions dans lesquelles ce système est impliqué : ainsi, si la dopamine est bien libérée par les neurones nigrostriés, et qu'elle est impliquée dans la motricité, c'est aussi de la dopamine qui est libérée par les neurones mésolimbiques dans la régulation affectivo-émotionnelle.

LES TROIS CERVEAUX

Les structures phylogénétiquement les plus anciennes du cerveau sont essentiellement constituées d'une grande partie du tronc cérébral et en particulier du système réticulaire impliqué dans la vigilance, ainsi que des noyaux gris centraux impliqués dans la motricité : ces structures correspondent, dans la conception tripartite de MacLean, au *« cerveau reptilien »*. Ce cerveau, le plus archaïque, riche en récepteurs opiacés et en dopamine, contrôle les comportements nécessaires aux besoins de base et à la survie de l'espèce, comme l'acte de se nourrir et la défense du territoire. Le système limbique ou *« cerveau mammifère »* ou « paléomammalien » entoure comme un « anneau » (un « limbe ») le précédent, à la face interne des hémisphères cérébraux (fig. 1.2 et 1.3). La partie la plus profonde, connectée à l'hypothalamus, est constituée de structures sous-corticales et en particulier de l'hippocampe et de l'amygdale. La partie périphérique de l'anneau correspond au cortex limbique,

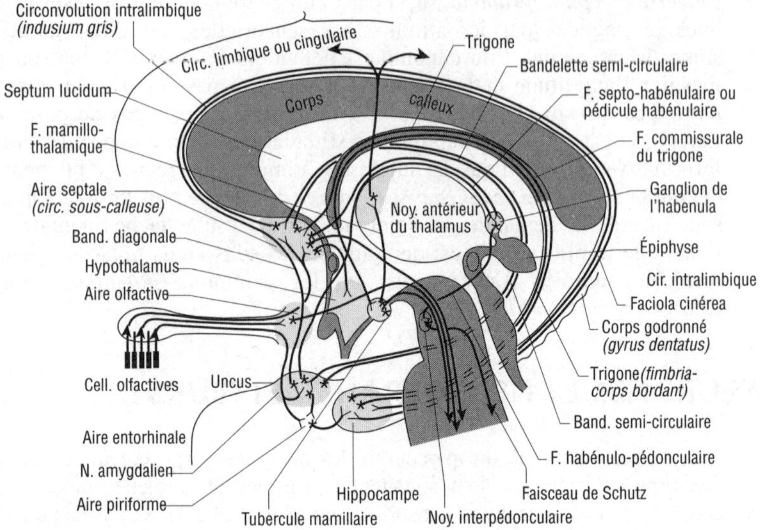

Fig. 1.2. *Connexions de l'archicortex et du paléocortex* (d'après G. Lazorthes. *Le système nerveux central*. Masson, Paris, 1967).

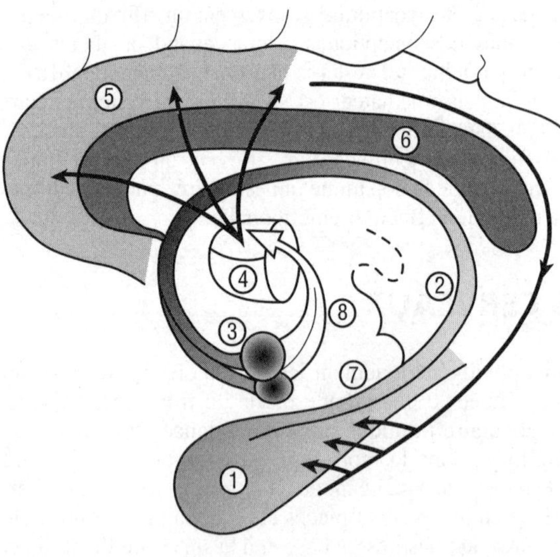

Fig. 1.3. *Schématisation anatomique du système limbique et des structures du circuit hippocampo-mamillo-thalamo-cingulaire de Papez* (d'après Mamo, 1962 et d'après J. Barbizet et Ph. Duizabo. *Abrégé de neuropsychologie*. Masson, Paris, 1985).

1. Hippocampe. 2. Fornix ou trigone. 3. Tubercule mamillaire. 4. Noyau antérieur du thalamus. 5. *Gyrus cinguli* (partie antérieure). 6. Corps calleux. 7. Tronc cérébral. 8. Faisceau mamillo-thalamique de Vicq d'Azyr (*tractus mamillo-thalamicus*).

constitué de la circonvolution de l'hippocampe (T5 ou *gyrus parahippocampalis*), et de la circonvolution du corps calleux *(gyrus cinguli)*, l'ensemble constituant la grande circonvolution limbique de Broca ou *gyrus fornicatus* (tableau 1.I), parcouru par un faisceau associatif, le cingulum, et prenant son origine dans le cortex fronto-orbitaire (aires 11, 12, 32). L'appareil olfactif complète le système limbique. De multiples connexions unissent en outre le système limbique avec le néocortex (frontal, temporal) de la face interne des hémisphères cérébraux, les noyaux dits limbiques du thalamus (et notamment les noyaux antérieur et dorso-médian), la formation réticulée mésencéphalique (aire limbique du mésencéphale). Enfin, le système limbique comprend le circuit de Papez, fait de fibres efférentes de l'hippocampe qui, par l'intermédiaire du trigone ou fornix, atteignent les corps mamillaires, font relais avec le faisceau mamillo-thalamique de Vicq d'Azyr, pour gagner enfin le noyau antérieur du thalamus et le *gyrus cinguli* (ou cingulaire). Le système limbique intervient dans la régulation des comportements instinctuels, émotionnels ainsi que dans la mémoire.

Au-dessus des cerveaux *« reptilien »* et *« limbique »*, se déploient les hémisphères cérébraux recouverts d'un manteau ou cortex cérébral et constituant le *« cerveau néomammalien »* (fig. 1.4) qui gère les informations en provenance de l'environnement, adapte les actions, permet le déploiement des fonctions cognitives avec à leur sommet le langage mais aussi les capacités de planification, d'anticipation dévolues au lobe frontal et où culmine l'humanisation du cerveau. Cette conception tripartite, certes schématique, ne peut s'imaginer sans les connexions qui lient entre elles les trois structures.

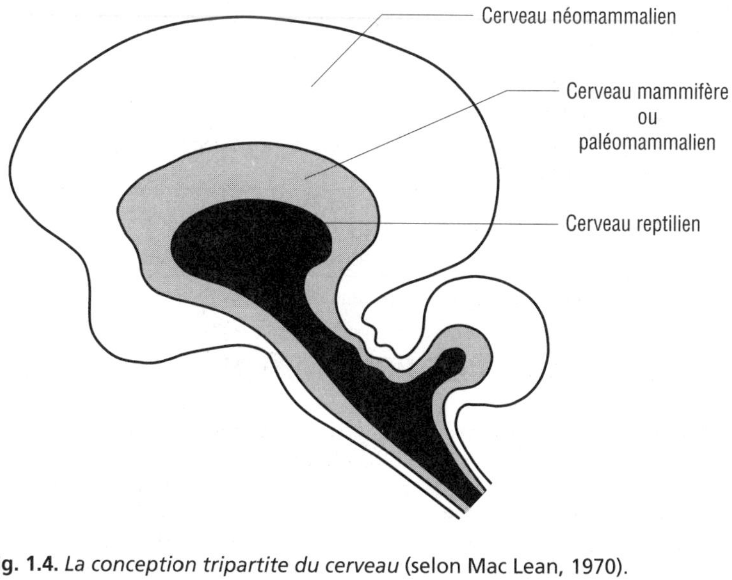

Fig. 1.4. *La conception tripartite du cerveau* (selon Mac Lean, 1970).

Tableau 1.I. *Systématisation anatomique simplifiée du système limbique* (d'après Poirier et Ribadeau-Dumas, 1978 et Mesulam, 1985)

Système limbique proprement dit (*) et structures paralimbiques	Appareil olfactif ou lobe olfactif de Broca *	Bulbe olfactif Tractus olfactif (ou bandelette olfactive) Racines olfactives Aire olfactive corticale (en particulier aire entorhinale — paléocortex — au niveau de l'*uncus* ou crochet de l'hippocampe)
	Formation hippocampique *	Hippocampe (ou corne d'Ammon), partie essentielle de l'archicortex, et fornix *Gyrus dentatus* (ou corps goudronné)
	Amygdale *	Adjacente à l'extrémité antérieure de l'hippocampe
	Région septale	Noyaux du septum *
	Striatum ventral *	
	Cortex limbique (grand lobe limbique de Broca) ou *gyrus fornicatus* et autres régions corticales dérivées de l'archicortex	*Gyrus parahippocampalis* (circonvolution parahippocampique) *Gyrus cinguli* (circonvolution du corps calleux) Et cortex rétrosplénial, unissant en arrière les deux précédents Aire septale (à l'extrémité antérieure du *gyrus cinguli*)
	Autres aires corticales dérivées du paléocortex	Cortex orbito-frontal (aires 11, 12, 32) Insula Pôle temporal (aire 38)
Régions connexes	Hypothalamus	Reçoit des afférences néocorticales, limbiques (hippocampe, amygdale), thalamiques, mésencéphaliques
	Ganglion de l'habenula	
	Aire limbique du mésencéphale	Réticulée mésencéphalique
	Noyaux limbiques du thalamus	Noyau antérieur Noyau dorso-médian (noyaux non spécifiques)

* Structures du système limbique proprement dit.

CORTEX ET AIRES DE BRODMANN

Mises à part les structures phylogénétiquement les plus anciennes citées plus haut (paléocortex de l'appareil olfactif, archicortex de l'hippocampe, groupés sous le nom d'allocortex), la quasi-totalité du cortex ou néocortex ou encore isocortex représente la structure la plus récente. Les colorations à l'argent montrent qu'il est constitué de six couches cellulaires (la quatrième, riche en cellules, est dénommée couche granulaire). Suivant les régions du cerveau, la morphologie et la densité cellulaire des couches sont très variables et ce sont ces critères architectoniques qui ont permis à Brodmann d'établir la carte des aires corticales numérotées de 1 à 52 (fig. 1.5) et qui peuvent se regrouper en trois grands types : cortex agranulaire avec absence de couche 4 et profusion de cellules pyramidales (aires 4 et 6), cortex hypergranulaire avec une couche granulaire développée et très cellulaire (aires sensitives et sensorielles), cortex eulaminé avec équilibre entre les six couches (aires associatives).

BASES DE NEUROANATOMIE

La surface des hémisphères cérébraux est parcourue par des scissures et des sillons *(sulcus)* qui délimitent des circonvolutions *(gyrus)* regroupées en lobes

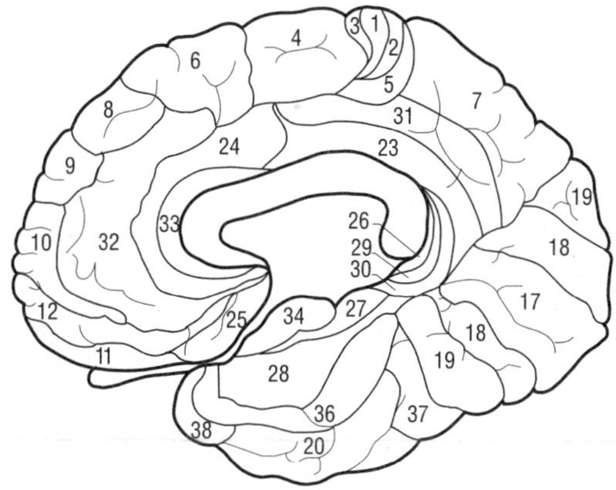

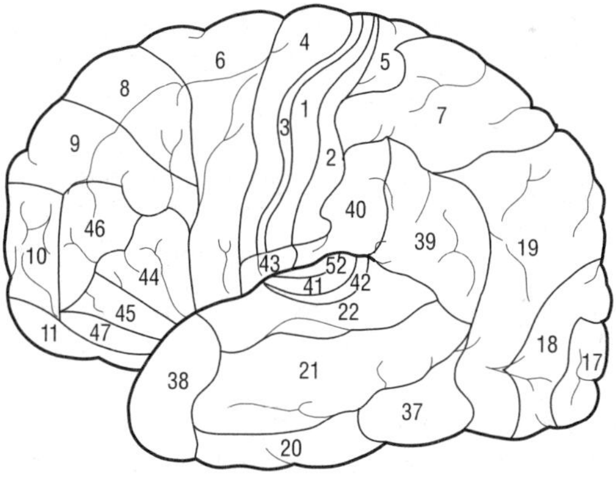

Fig. 1.5. *Les aires cytoarchitectoniques, selon Brodmann* (d'après J. Barbizet et Ph. Duizabo. *Abrégé de neuropsychologie*. Masson, Paris, 1985).

(lobus) (fig. 1.6, 1.7 et 1.8). La scissure de Rolando *(sulcus centralis)*, qui parcourt la face externe de chaque hémisphère oblique en bas et en avant, sépare le lobe frontal en avant du lobe pariétal en arrière. La scissure de Sylvius *(sulcus lateralis)* est profonde (vallée de l'artère sylvienne ou cérébrale moyenne), presque perpendiculaire à la précédente, se dirige d'avant en arrière et un peu de bas en haut. Elle sépare le lobe temporal, situé au-dessous d'elle, du lobe frontal situé au-dessus d'elle et en avant de la scissure de Rolando et du lobe pariétal situé au-dessus d'elle et en arrière de la scissure de Rolando. Tout en arrière, le lobe occipital n'est séparé que virtuellement des lobes pariétal et temporal; la scissure ou sillon calcarin *(sulcus calcarinus)* est située à la face interne et limite, avec le sillon pariéto-occipital en haut, le cuneus. Le lobe de l'insula est enfoui entre les berges de la scissure de Sylvius, recouvert par l'opercule latéral, subdivisé en opercules frontal, central (ou rolandique), pariétal en haut et en opercule temporal en bas.

Les deux hémisphères cérébraux sont unis par des commissures dont la plus volumineuse est le corps calleux.

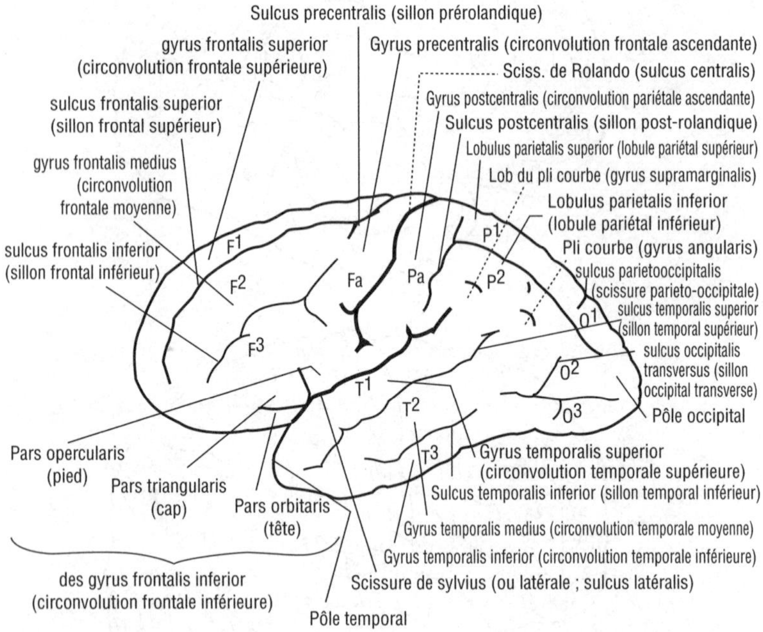

Fig. 1.6. *Face latérale (face externe) du cerveau.*

La surface du cerveau est parcourue de scissures et de sillons *(sulci)*, délimitant des circonvolutions *(gyri)* et des lobules *(lobuli)* qui se groupent en lobes.

F : circonvolutions frontales. P : circonvolutions pariétales. T : circonvolutions temporales. O : circonvolutions occipitales.

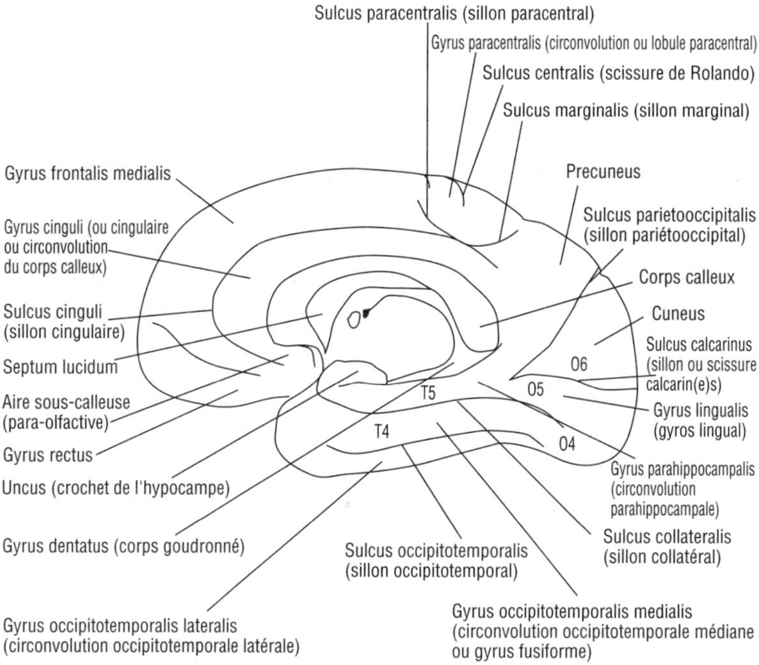

Fig. 1.7. *Face médiale (face interne) du cerveau.*
(Voir détails du système limbique figures 1.2 et 1.3)

SPÉCIALISATION HÉMISPHÉRIQUE

Les conséquences des lésions focalisées du cerveau, les troubles provoqués par les lésions calleuses entraînant une disconnexion interhémisphérique ont permis d'établir l'existence d'une spécialisation fonctionnelle de chaque hémisphère que l'on a longtemps résumée sous le nom de *dominance*. C'est sans doute parce que les aphasies ont inauguré l'histoire de la neuropsychologie et parce qu'elles détruisent ou altèrent une fonction fondamentalement humaine que l'on avait pris l'habitude de nommer *dominant* l'hémisphère gérant les fonctions langagières, celui qui commande à la main la plus habile et donc le plus souvent, c'est-à-dire chez les droitiers, l'hémisphère gauche. C'est d'ailleurs chez les droitiers que la spécialisation hémisphérique est la plus nette (voir chapitre 2). Il est donc important que l'examen neuropsychologique précise si le patient est droitier ou gaucher (pur, « contrarié » ou ambidextre) et si possible recherche des antécédents de gaucherie familiale. Le *test de Wada* (injection intracarotidienne d'amytal sodique) entraîne une hémiplégie sensitivo-motrice controlatérale avec anosognosie quand l'injection est faite du côté de l'hémisphère « non dominant ». L'hémiplégie s'accompagne d'une aphasie précédée d'une suspension du langage et suivie

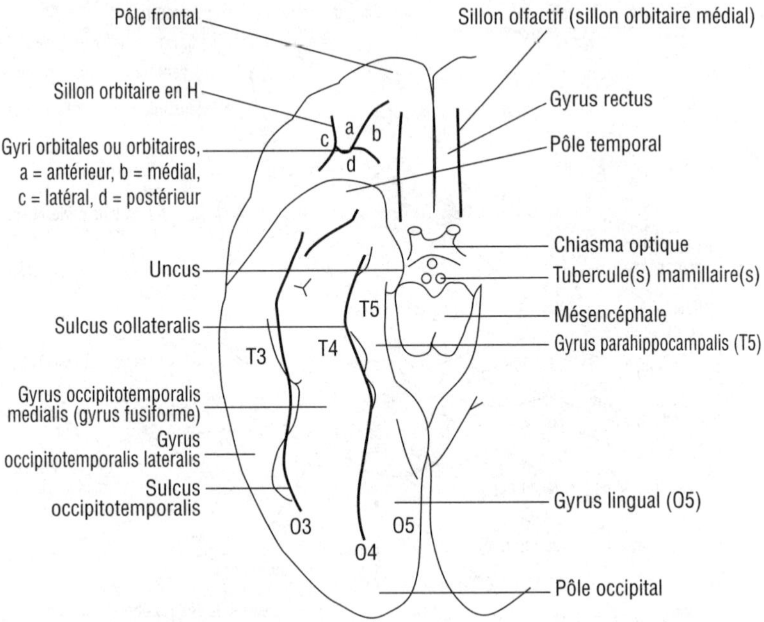

Fig. 1.8. *Vue inférieure du cerveau.*

de paraphasies quand l'injection est faite du côté de l'hémisphère « dominant » : les troubles régressent rapidement mais une analyse rigoureuse nécessite qu'on ait contrôlé la souffrance électroencéphalographique (ondes delta) d'un seul hémisphère car la drogue peut, en fonction des particularités du polygone de Willis, avoir une diffusion très rapide. En outre, la lourdeur de la procédure ne permet pas éthiquement d'en faire une épreuve de routine mais une technique réservée aux cas où peut en dépendre par exemple une décision opératoire. Le test d'écoute dichotique permet de mettre en évidence une prédominance de la voie « hémisphère dominant-oreille controlatérale » et par exemple de la voie « oreille droite-cerveau gauche » chez le droitier. Le questionnaire proposé par Hecaen et Ajuriaguerra (tableau 1.II) peut permettre une évaluation quantifiée de la latéralité. La préférence manuelle s'établit tôt dans la vie, vers l'âge de trois ans. Elle est génétiquement déterminée, peut être influencée par des pathologies lésionnelles hémisphériques anté- ou postnatales et pourrait reposer anatomiquement sur une asymétrie anatomique des hémisphères cérébraux et notamment une plus grande surface du *planum temporale* gauche chez les droitiers. Ainsi, outre le langage, la spécialisation de l'hémisphère gauche intéresse la dextérité manuelle, l'organisation du langage et l'activité gestuelle alors que l'hémisphère droit (que l'on disait « mineur ») est spécialisé dans les fonctions visuospatiales, attentionnelles ainsi que dans la reconnaissance des physionomies et dans le contrôle émotionnel. On a aussi pu établir que l'hémisphère gauche procédait à des traitements analytiques et séquentiels alors que l'hémisphère droit procéderait de manière simultanée et parallèle (holistique).

Tableau 1.II. *Questionnaire de latéralité de Humphrey, modifié par Hecaen et Ajuriaguerra*

La note 1 est donnée pour une activité exécutée uniquement de la main gauche; la note 0,5 est donnée si les deux mains l'exécutent avec la même aisance; le chiffre total ainsi obtenu est divisé par le nombre total de tâches testées. Un gaucher total a donc un score de 1. Les items 1, 2, 3, 5, 8, 9, 10, 15, 17, 18 peuvent constituer un inventaire simplifié (dit d'Edinburgh, Oldfield, 1971).

Première partie	
Quelle main utilisez-vous?	
1. Pour lancer :	
2. Pour écrire :	
3. Pour dessiner :	
4. Pour jouer à des jeux tels que tennis, ping-pong, jokari :	
5. Pour utiliser une paire de ciseaux :	
6. Pour vous servir d'un rasoir ou du rouge à lèvres :	
7. Pour vous peigner :	
8. Pour vous servir d'une brosse à dents :	
9. Pour tenir un couteau pour des desseins autres que manger (couper une ficelle, tailler un crayon) :	
10. Pour manger avec une cuillère :	
11. Pour frapper avec un marteau :	
12. Pour vous servir d'un tournevis :	
Deuxième partie	
13. Avec quelle main tenez-vous le couteau pour manger, en même temps que la fourchette :	
14. Si vous avez deux valises, de quelle main portez-vous la plus lourde :	
15. De quelle main tenez-vous le haut du manche à balai :	
16. De quelle main tenez-vous le haut du râteau :	
17. De quelle main dévissez-vous le bouchon d'un flacon :	
18. De quelle main tenez-vous une allumette pour l'allumer :	
19. De quelle main distribuez-vous les cartes :	
20. De quelle main guidez-vous le fil à travers le chas d'une aiguille :	
Troisième partie	
21. De quel pied tapez-vous dans la balle :	
22. Avec quel œil visez-vous :	

ATTENTION ET VIGILANCE

L'attention est à la source de la connaissance et de l'action. La condition basale à la mise en œuvre de l'attention est l'éveil sous-tendu par le système réticulaire activateur ascendant qui, grâce à ses relations avec les noyaux intralaminaires du thalamus, exerce une influence excitatrice sur l'ensemble du cerveau et notamment vers le cortex cérébral. La réaction d'éveil est donc bien à la base des processus attentionnels permettant à l'organisme de mettre en œuvre une réaction d'orientation à l'égard des stimulations qu'il reçoit. Dans cette réaction d'orientation, interviennent l'amygdale, l'hippocampe et le lobe frontal ; cet éveil met le cerveau dans les conditions optimales pour traiter l'information. Si la vigilance est défaillante, le sujet peut être obnubilé ou comateux mais la confusion mentale comporte un désordre plus discret de la vigilance qui ne permet pas au sujet de maintenir un éveil attentionnel et qui s'accompagne d'un désordre de la pensée, d'une désorientation spatio-temporelle, d'une défaillance globale de la mémoire et bien sûr d'un déficit de toutes les fonctions spécialisées : écriture, lecture, identification des perceptions et parfois même d'un délire onirique. Les confusions témoignent souvent de pathologies cérébrales diffuses comme elles peuvent parfois représenter l'essentiel d'une pathologie focale (en particulier temporale droite, voir page 264). Toutefois, un syndrome neuropsychologique spécifique est difficile à rechercher et à affirmer quand il est associé à une confusion. Néanmoins, il est parfois possible de détecter par exemple une aphasie associée à une confusion (au cours par exemple d'une tumeur temporale gauche qui se complique d'une hypertension intracrânienne) ou encore une confusion associée à des éléments korsakoviens, ce qui peut mettre sur la piste d'une encéphalopathie de Gayet-Wernicke. La validité d'un examen neuropsychologique demande donc que l'on prenne garde à l'état de la vigilance.

L'EXAMEN NEUROPSYCHOLOGIQUE

L'examen neuropsychologique est inséparable de l'examen neurologique et général : l'un doit venir éclairer l'autre. Le mode d'installation des troubles, la coexistence de signes neurologiques (hémiplégie, hémianopsie...), l'état de la sensoricité (vue, audition...) sont des paramètres indispensables à l'analyse des troubles comportementaux. Un examen neuropsychologique « de débrouillage » peut être fait au lit du malade. Il peut aussi être amplifié dans une démarche unissant neurologues ou neuropsychiatres, orthophonistes et psychologues, dans une multidisciplinarité qui montre combien la neuropsychologie est à la charnière des sciences dites de la vie et des sciences dites humaines.

L'examen neuropsychologique peut nécessiter une évaluation du niveau culturel, ce qui peut se faire en comptabilisant les années d'études, à condition d'avoir une bonne connaissance du système de scolarisation car, si la fin des études secondaires correspond à 12 années, il est difficile de comptabiliser le même nombre à ceux qui quittent le cursus scolaire à 18 ans après avoir redoublé plusieurs classes ou avoir été dirigés vers des classes d'adaptation. L'évaluation peut se faire aussi en fonction du niveau de scolarisation en étudiant bien les conditions d'équivalence avec les métiers manuels sans certificat d'aptitude professionnelle (CAP), avec CAP et avec spécialisation et cursus postscolaire exceptionnel (tableau 1.III).

Il faut aussi très rapidement savoir ce dont se plaint le sujet : paraît-il dépressif, affecté par ses troubles, indifférent ou non conscient de ses troubles donc anosognosique ?

Tableau 1.III. *Évaluation du niveau culturel*

Pour les années d'étude, compter les années sans les redoublements en se limitant au cursus normal, la première année étant celle de la classe où se fait l'apprentissage de la lecture (cours préparatoire).

NC1 :	illettré
NC2 :	sait lire, écrire, compter
NC3 :	niveau de fin d'études primaires (5 années de scolarisation)
NC4 :	niveau de brevet d'études de premier cycle (au total, à partir du cours préparatoire, 9 années de scolarisation); ou pour les métiers manuels niveau CAP sans spécialisation
NC5 :	niveau classe terminale (fin du deuxième cycle secondaire, 11 ou 12 années de scolarisation) ou pour les métiers manuels, niveau ouvrier ou artisan avec responsabilités techniques ou de gestion
NC6 :	niveau baccalauréat ou métiers manuels hautement qualifiés avec cursus prolongés comme les compagnons du tour de France
NC7 :	niveau diplôme universitaire

Les tests cursifs d'évaluation de « l'état mental » sont utiles à l'approche diagnostique des démences et à l'appréciation de la sévérité du déficit cognitif démentiel. Certains comme le *Mini Mental State* (MMS), sans doute le plus utilisé, donnent une évaluation de l'orientation, de l'apprentissage, du contrôle mental (soustraction en série du chiffre 7 à partir de 100), de la dénomination, de la répétition, de la compréhension d'un ordre triple et la copie d'un dessin : le score seuil de la démence est de 23-24. L'ERFC, test d'évaluation rapide des fonctions cognitives (tableau 1.IV), est hautement corrélé avec le MMS (r = 0,91), permet, en moins d'un quart d'heure, un mini examen neuropsychologique étudiant l'orientation, l'apprentissage, la mémoire immédiate (de chiffres), le calcul mental, le raisonnement et le jugement, la compréhension (à travers l'épreuve des 3 papiers de Pierre Marie et une épreuve de Luria), la dénomination, la répétition, la compréhension d'un ordre écrit, la fluidité verbale, les praxies idéomotrice et constructive, l'identification d'un dessin et l'écriture. Le maximum est de 50; un score inférieur à 46 indique une probabilité significative de déficit cognitif (de même qu'un score inférieur à 47 quand le NC est supérieur ou égal à 4 et l'âge supérieur à 60 ans). Un score de 38,5 à L'ERFC équivaut à un score de 23 au MMS.

L'examen neuropsychologique offre des difficultés variables et donner un plan standard d'examen est toujours quelque peu artificiel et se trouvera bouleversé en présence d'un malade présentant une pathologie manifeste comme une aphasie « jargonnante » ou une cécité corticale. Un examen de débrouillage peut suivre le plan suivant.

1) Évaluation de la latéralité, du niveau culturel, de « l'état mental » (MMS ou ERFC).

2) Évaluation du jugement, du raisonnement (par l'item IV de l'ERFC) et des capacités d'abstraction (en utilisant quelques questions tirées du subtest des *Similitudes* de la *Wechsler Adult Intelligent Scale* (WAIS), en demandant, par exemple, en quoi se ressemblent une orange et une banane… un chien et un lion… un manteau et une robe… une hache et une scie… le Nord et l'Ouest…).

3) Examen du langage. Le dialogue permet de repérer la logorrhée ou la réduction, le caractère informatif ou peu informatif, la conscience du trouble ou l'anosognosie.

- La fluidité peut être appréciée par le subtest IX de l'ERFC.

Tableau 1.IV. *Test d'évaluation rapide des fonctions cognitives* (ERFC) (D'après R. Gil, G. Toullat *et al.*)

Nom et prénom : *Remarques :* **Date de naissance et âge :** **Date de l'examen :** **Profession :** **Numéro du dossier :**	
I. Orientation temporo-spatiale (1 point par réponse exacte)	
1. En quelle année sommes-nous ? 5. En quelle saison sommes-nous ? 2. Quel jour de la semaine ? 6. Dans quelle ville sommes-nous ? 3. Quel mois ? 7. Dans quel département ? 4. Le combien du mois ? (± 1) 8. En quel lieu sommes-nous ?	**Total Score I :** /8
II.a) Attention et mémoire	
1. Nommer lentement 4 mots (tourterelle, maison, lunettes, étoile); faire répéter et compter 1 point par mot en négligeant leurs éventuelles altérations phonétiques .... /4 S'assurer au besoin par des répétitions successives que les 4 mots sont retenus par le sujet. Abandonner au bout de 3 répétitions infructueuses. 2. Série de chiffres : a) Dire et faire répéter la première série en ordre direct; en cas d'échec, faire une nouvelle tentative avec la deuxième série : 4 – 2 – 7 – 3 – 1 7 – 5 – 8 – 3 – 6 Compter 1 point pour 5 chiffres successifs, 0,5 pour 4 chiffres, 0 pour moins de 4 chiffres .... /1 b) Même procédure pour une série de 4 chiffres à répéter en ordre inverse : 3 – 2 – 7 – 9 4 – 9 – 6 – 8 Compter 1 pour 4 chiffres successifs, 0,5 pour 3 chiffres, 0 pour moins de 3 chiffres /1	
II.b) Rappel	
Faire répéter les 4 mots appris en II a) 1.; 1 point par mot retenu .... /4	**Total Score II :** /10
III. Calcul mental (1 point par opération exacte)	
28 – 9 = 102 – 3 =	**Total Score III :** /2

Tableau 1.IV. *Test d'évaluation rapide des fonctions cognitives* (ERFC) (D'après R. Gil, G. Toullat *et al.*) (suite)

IV. Raisonnement et jugement	
1. Jean est plus grand que Pierre. Quel est le plus petit des deux ? .... /2 2. Jean est plus grand que Pierre et plus petit que Jacques. Quel est le plus grand des trois ? .... /1 3. Est-il vrai que plus il y a de wagons, plus le train va vite ? .... /1 4. Que faites-vous si vous trouvez dans la rue une enveloppe portant une adresse avec un timbre neuf ? .... /1	TOTAL SCORE IV : /5
V. Compréhension	
1. Épreuve des 3 papiers de Pierre Marie. « Il y a devant vous 3 papiers, un grand, un moyen et un petit. Le grand, vous le jetterez à terre, vous me donnerez le moyen et vous garderez le petit pour vous. » Compter 1 point pour 2 items réussis, 2 en cas de réussite totale .... /2 2. Montrer sur la figure ci-dessous (1 point par réponse exacte) : 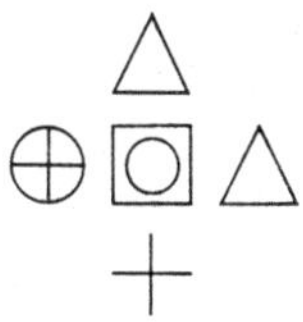 – le rond dans un carré .... /1 – le triangle au-dessus du carré .... /1 – la croix sous le carré .... /1	TOTAL SCORE V : /5
VI. Dénomination (1 point par réponse exacte)	
– deux objets usuels : montre : stylo ou crayon : – deux images : 	TOTAL SCORE VI : /4
VII. Répétition	
Faire répéter les deux mots suivants en cotant 1 si la répétition est correcte, 0,5 si le mot reste reconnaissable bien qu'imparfaitement répété, 0 si la répétition est impossible ou le mot non reconnaissable. CONSTITUTION : SPECTACLE :	TOTAL SCORE VII : /2
VIII. Ordre écrit (1 point si exécution correcte)	
FERMEZ LES YEUX	TOTAL SCORE VIII : /1
IX. Fluidité verbale	
Demander au sujet de citer 10 noms de villes (en 1 minute). Compter 0 si 3 ou moins des 3 villes sont citées, 1 si 4 ou 5 villes sont citées, 2 si 6 ou 7 villes sont citées, 3 si 8 villes sont citées, 4 si 9 ou 10 villes sont citées.	TOTAL SCORE IX : /4

Tableau 1.IV. *Test d'évaluation rapide des fonctions cognitives* (ERFC) (D'après R. Gil, G. Toullat *et al.*) (suite)

X. Praxies	
1. « Faites un pied de nez. » En cas d'échec, procéder par imitation .... /1 2. Reproduire le dessin ci-contre. Compter 1 point par élément reproduit (a, b, c, d, e) mais ne compter que 0,5 en cas de reproduction incomplète, en cas de déplacement ou de disproportion flagrante de taille d'un élément .... /5 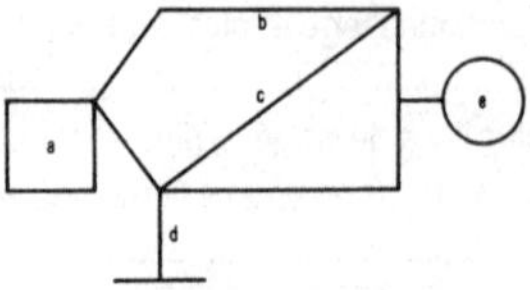	TOTAL SCORE X : /6
XI. Décodage visuel	
Faire identifier le dessin ci-contre. Compter 1 point si réponse correcte (visage, image de femme, buste). 	TOTAL SCORE XI : /1
XII. Écriture (compter 1 point si le mot est correctement écrit)	
1) Dictée : Maison .... /1 2) Copier : constitution .... /1	TOTAL SCORE XII : /2
Score global	/50

Récapitulation

Score	Fonctions cognitives	Notes maximales	Notes obtenues
Score I	Orientation temporo-spatiale	8	
Score II A *Score II B*	Attention et mémoire Rappel	10	
Score III	Calcul mental	2	
Score IV	Raisonnement et jugement	5	
Score V	Compréhension	5	
Score VI	Dénomination	4	
Score VII	Répétition	2	
Score VIII	Ordre écrit	1	
Score IX	Fluidité verbale	4	
Score X	Praxies	6	
Score XI	Décodage visuel	1	
Score XII	Écriture	2	
	TOTAL	50	

L'ERFC permet un mini examen neuropsychologique. Un score < 46 indique une probabilité significative d'atteinte des fonctions cognitives. Pour les sujets dont le niveau culturel est > à 4 ou dont l'âge est < à 60 ans, un score < 47 indique un déficit cognitif.

• La compréhension du langage oral peut être appréciée par le subtest V de l'ERFC.

• L'expression verbale peut être appréciée par l'item VII auquel on peut ajouter les mots : orchestre, entreprenant, frivole.

• La dénomination, ébauchée dans le subtest VI de l'ERFC doit être complétée par une sélection d'objets et d'images d'animaux, de fruits et légumes, d'objets inanimés de classes diverses. On peut étendre la dénomination aux couleurs, aux personnages célèbres en se rappelant que tout trouble de la dénomination n'est pas obligatoirement aphasique.

• L'écriture doit être étudiée sur copie et en dictée. On étudiera la forme du graphisme (agraphie apraxique), sa répartition sur la feuille (agraphie spatiale, héminégligence), la syntaxe et le contenu des mots (paragraphies).

• La lecture doit être explorée sous l'angle de la compréhension (subtest VIII de l'ERFC) et en demandant de lire à haute voix.

4) Les praxies

• Les praxies constructives sont explorées par le subtest X2 de l'ERFC auquel on peut rajouter le dessin du cube et de la marguerite.

• Les praxies bucco-faciales sont explorées en demandant au sujet de claquer la langue, mordre ses lèvres, gonfler ses joues, mettre ses lèvres en cul de poule.

• Les praxies idéomotrices sont explorées en demandant de réaliser les gestes de faire le salut militaire, un pied de nez, au revoir avec la main, planter un clou, jouer du piano ou du violon.

5) Les fonctions visuognosiques et visuospatiales

• La recherche d'une héminégligence est effectuée par un test de barrage (voir chapitre 9).

• La mémoire topographique est explorée en demandant au sujet de localiser les principales villes de son pays sur une carte muette, de s'orienter sur un plan de sa ville ou de dessiner le plan de son appartement ou de sa maison.

• Les gnosies visuelles sont explorées par le test de Poppelreuter et de Lilia Ghent (voir fig. 7.1 et 7.2 page 105).

• Le calcul est exploré par la dictée de chiffres en notation verbale et en notation arabe, par le calcul mental (item III de l'ERFC) et par la réalisation écrite d'opérations élémentaires.

• La mémoire est explorée par l'item III de l'ERFC. On complète par l'étude de la mémoire sociale (noms du président de la République et des deux ou trois présidents qui l'ont précédé) et autobiographique.

• La planification et la flexibilité mentale sont explorées par la reproduction de séquences de figures géométriques (rond, croix, carré, triangle), de séquences gestuelles (comme l'épreuve poing, tranche, paume) et par une épreuve de type « go - no go » (« Prenez ma main : si je dis “rouge”, serrez et relâchez ma main ; si je dis “vert”, ne faites rien. »).

De nombreux tests psychométriques, initialement non destinés à la pratique neuropsychologique, peuvent contribuer à mieux comprendre les perturbations observées. Il en est ainsi de l'échelle d'intelligence de

Wechsler pour adultes (WAIS) qui conduit à évaluer un quotient intellectuel dit verbal qui correspond à peu près aux fonctions gérées chez le droitier par l'hémisphère gauche et un quotient intellectuel dit de performance qui correspond à peu près aux fonctions gérées chez le droitier par l'hémisphère droit. En outre la moyenne de chaque subtest est exprimée sous forme d'un *z* score dont la moyenne est de 10 et l'écart type de 3, ce qui donne une bonne idée de l'intensité des déviations observées ; on peut par ailleurs établir pour chaque sujet un « patron psychométrique » en faisant la moyenne de ses notes à chaque subtest et en calculant de combien chaque subtest dévie par rapport à cette moyenne : on peut ainsi établir qu'il existe une chute élective de tel ou tel subtest, ce qui peut être utilement rapproché de la localisation lésionnelle (McFie, 1975, tableau 1.V). Il existe par ailleurs un nombre croissant de tests neuropsychologiques spécialisés dans l'étude de telle ou telle facette des fonctions cognitives. Un certain nombre sera cité chemin faisant.

Un examen neuropsychologique ne peut être conçu sans porter une attention à l'existence d'un éventuel trouble de la personnalité et d'un état dépressif. (On peut s'aider de nombreuses échelles permettant de guider les interrogatoires comme l'échelle de Zerssen, le MADRS (échelle de dépression de Montgomery et Asberg) ou encore les échelles de dépression et d'anxiété de Goldberg, tableau 1.VI).

Tableau 1.V. *Sensibilité des subtests de la WAIS à la topographie lésionnelle* (d'après McFie)

Topographie lésionnelle	*Subtests de la WAIS les plus atteints*
Lobe frontal gauche	Mémoire de chiffres
Lobe temporal gauche	Similitudes Mémoire de chiffres
Lobe pariétal gauche	Cubes Arithmétique Mémoire de chiffres
Lobe frontal droit	Arrangement d'images
Lobe temporal droit	Arrangement d'images
Lobe pariétal droit	(Arrangement d'images) Cubes Assemblage d'objets

Tableau 1.VI. *Échelle de Goldberg*

Échelle d'anxiété
1. Vous est-il arrivé de vous sentir tendu, nerveux, « sur les nerfs » ? 2. Vous est-il arrivé de vous sentir anxieux, de vous faire du souci, d'être inquiet ? 3. Vous est-il arrivé d'être irritable, de vous sentir agacé, de vous mettre facilement en colère ? 4. Avez-vous eu des difficultés pour vous relaxer, pour vous détendre ? ***Si la réponse est oui à au moins deux des questions précédentes, poser les questions suivantes :*** 5. Vous est-il arrivé de mal dormir ? 6. Avez-vous eu des maux de tête ou des douleurs à la nuque ? 7. Avez-vous ressenti l'un de ses troubles : tremblements, picotements, sueurs abondantes, diarrhée ? 8. Vous êtes-vous fait du souci pour votre santé ? 9. Avez-vous eu des difficultés pour vous endormir ?
Échelle de dépression
1. Avez-vous ressenti une baisse d'énergie ? 2. Avez-vous perdu le goût de faire ce qui vous intéressait auparavant ? 3. Avez-vous perdu confiance en vous-même ? 4. Vous êtes-vous senti désespéré, sans espoir ? ***Si la réponse est oui à une question, poser les questions suivantes :*** 5. Avez-vous eu des difficultés pour vous concentrer ou vous sentez-vous l'esprit moins clair, la mémoire moins bonne ? 6. Avez-vous perdu du poids par manque d'appétit ? 7. Avez-vous eu tendance à vous réveiller trop tôt le matin ? 8. Vous êtes-vous senti ralenti ? 9. Avez-vous tendance à vous sentir plus mal le matin que le soir ?

Compter un point par réponse positive. Lors de la validation du questionnaire, les auteurs ont précisé que les questions concernaient les symptômes éprouvés au cours du mois précédent l'examen clinique. Il faut en tout cas ne tenir compte que des troubles suffisamment durables. Les personnes qui ont un score d'anxiété de 5 et un score de dépression de 2 ont une chance sur deux d'avoir des troubles déjà importants et au-dessus de ces scores, cette probabilité augmente rapidement.

Telles sont les grandes lignes de ce qui en fait ne saurait être qu'une introduction sommaire à un examen neuropsychologique qui devra être détaillé en fonction des orientations fournies par l'examen initial et de la stratégie de prise en charge rééducative qui sera déployée.

BIBLIOGRAPHIE

GIL R., TOULLAT G., PLUCHON C. *et al.* — Une méthode d'évaluation rapide des fonctions cognitives (ERFC). Son application à la démence sénile de type Alzheimer. *Sem. Hôp. de Paris.* 1986;*62*(27):2127-2133.

GOLDBERG D., BRIDGES K., DUNCAN-JONES P., GRAYSON D. — Detecting anxiety and depression in general medical settings. *BMJ*. 1988;*297*:897-899.

HECAEN H., AJURIAGUERRA J. de — *Les gauchers*. PUF, Paris, 1963.

HEILMAN K.-M., BOWERS D., VALENSTEIN E., WATSON R.-T. — The right hemispheric functions. *J Neurosurg*. 1986;*64*:693-704.

LEZAK M.D. — *Neuropsychological assessment*. Oxford University Press, Oxford, 1995.

MCFIE J. — *Assessment of Organic intellectual impairment*. Academic Press, London, 1975.

MESULAM M. — *Principles of Behavioral Neurology.* FA Davies, Philadelphia, 1985.

OLDFIELD R.C. — The assessment and analysis of Handedness: the Edinburgh inventory. *Neuropsychologia*. 1971;*9*:97-113.

POIRIER J., RIBADEAU-DUMAS J.-L. — *Le système limbique. Cerveau affectif.* Laboratoires Hoechst, Puteaux, 1978.

2 | LES APHASIES

« Nous vivons dans un monde où la parole est instituée... Le sens du mot n'est pas fait d'un certain nombre de caractères physiques, c'est avant tout l'aspect qu'il prend dans une expérience humaine. »
Merleau-Ponty, 1945.

Le langage s'exprime par la parole et par l'écriture. Bien qu'ils traduisent une capacité spécifique et électivement humaine, les messages linguistiques s'expriment au monde en utilisant des voies et des effecteurs non spécialisés. Les effecteurs sont les muscles du membre supérieur qui permettent d'écrire mais l'écriture n'est qu'une activité motrice parmi bien d'autres et seule une plus grande « dextérité » sépare la capacité d'écriture d'une main dominante de celle d'une main non dominante ou d'une bouche qui serrerait un crayon comme on le voit chez des personnes handicapées. Les effecteurs sont aussi les muscles de l'appareil bucco-phonatoire qui permettent de parler. Mais on sait que la trachée qui conduit le souffle, le voile du palais, la langue, les fosses nasales ont bien d'autres fonctions. La parole qui sort de la bouche peut, avec le même contenu, être exprimée par des gestes comme le font les sourds en utilisant le « langage des signes » qui, comme le langage oral, s'exprime sous forme de langues multiples. Les voies motrices, elles aussi non spécialisées, sont constituées par le système pyramidal qui régit la motilité volontaire des membres comme des muscles (par son contingent cortico-géniculé) de l'extrémité céphalique et sur lequel s'exercent les influences régulatrices des voies extrapyramidales et cérébelleuses. Les lésions de ces effecteurs et de ces voies altèrent la capacité d'écrire et de parler et l'histoire de l'aphasie ne commencera que quand Dax, Bouillaud et Broca auront permis d'isoler les perturbations du langage lui-même (que l'on appellera ensuite « aphasies ») liées à la lésion de structures cérébrales spécifiques, les distinguant ainsi des troubles de la parole et de la voix.

Ainsi appelle-t-on *dysphonies* les anomalies de la voix, résultant de lésions des organes phonatoires comme une laryngite, une tumeur du larynx. Il existe aussi des dysphonies par dystonie des cordes vocales et la voix bitonale des paralysies récurrentielles est aussi classée dans les dysphonies. Les *dysarthries* sont les perturbations de la *parole* liées à des lésions des voies pyramidales, du motoneurone périphérique tant au niveau des noyaux que des nerfs crâniens bulbaires ainsi que des voies cérébelleuses et extrapyramidales assurant la coordination des mouvements. Les premières correspondent aux dysarthries paralytiques des syndromes bulbaire et pseudo-bulbaire dont on peut rapprocher les dysarthries de la myasthénie. Les secondes correspondent aux dysarthries cérébelleuses, parkinsoniennes, ainsi que les dysarthries observées au cours des autres affections du système extrapyramidal. *Les aphasies désignent les désorganisations du langage pouvant intéresser aussi bien son pôle expressif que son pôle réceptif, ses aspects parlés que ses aspects écrits, et en rapport avec une atteinte des aires cérébrales spécialisées dans les fonctions linguistiques*. Ainsi définies, les aphasies doivent encore être distinguées :

– des défauts d'acquisition *du langage* de l'enfant, qu'il s'agisse des retards de langage accompagnant les déficits mentaux, des retards de parole ou des retards simples de langage, des dysphasies et des dyslexies développementales ;

– des perturbations du *discours* frappé d'incohérence, observées chez les psychotiques.

Tableau 2.I. *Situation des aphasies au sein des autres troubles de l'expression verbal*

Perturbations intéressant	*Désignation des troubles*	*Remarques*
La voix	Dysphonies	Laryngites, tumeurs du larynx, dystonies, voix bitonale des paralysies unilatérales des cordes vocales
La parole	Dysarthries	Paralysies bulbaires, pseudo-bulbaires et de la myasthénie; cérébelleuses et extrapyramidales. Ne pas confondre avec la désintégration phonétique des aphasies de Broca
Le langage	Aphasies	À distinguer des anomalies développementales : retards de langage des déficits mentaux, retards de parole, dysphasies et dyslexies
Le discours[1]	Troubles de la pragmatique[2]	Incohérence psychotique : discours incohérent par barrage, difluence, digressions, réponses à côté (syndrome de Ganser), mélange chaotique de pensées, délire Troubles de la communication des syndromes frontaux et des syndromes hémisphériques droits

1. On peut certes parler d'une incohérence du discours lors de certaines aphasies (voir *infra*) mais en se souvenant qu'elle témoigne d'une désorganisation du langage et non d'une incohérence délirante.
2. Voir chapitres 13 « Neuropsychologie du lobe frontal » et 17 « Neuropsychologie des émotions ».

LE LANGAGE

Le langage est à la fois l'instrument privilégié de la communication interhumaine et le véhicule privilégié de la pensée. Le langage s'exprime sous forme de langues, qui peuvent être conçues comme des institutions sociales bâties par les communautés humaines, et constituées « d'un système structuré de signes exprimant des idées » et dont « la parole est la mise en œuvre ».

L'organisation structurale du langage

De la troisième à la première articulation du langage

Les *unités de première articulation* sont les *monèmes* (fig. 2.1) qui sont les plus petites unités dotées de sens. Ils comportent un contenu sémantique (le signifié ou sens) et une expression phonique (le signifiant). Les mots peuvent être constitués d'un monème *(manteau)* ou de plusieurs monèmes *(télé-phone)*. Certains monèmes expriment une fonction grammaticale (ils chanter-*ont*) et sont parfois appelés morphèmes par opposition aux lexèmes. Le lexique d'une langue se compose de (dizaines de) milliers de mots.

Le choix et le groupement des monèmes selon des règles syntaxiques permettent de constituer des syntagmes et des phrases : ainsi se définit la première articulation du langage. Une phrase comme *« Le chien aboie »* est constituée de deux syntagmes : un syntagme nominal *(le chien)* et un syntagme verbal *(aboie)*.

Les *unités de deuxième articulation* sont les *phonèmes* qui constituent les plus petites unités de son; elles appartiennent à une liste fermée (moins d'une

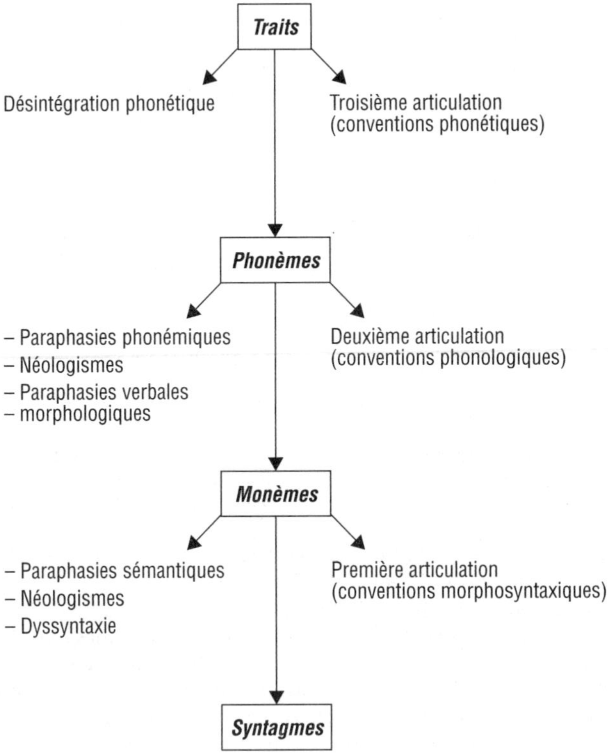

Fig. 2.1. *Le langage et ses trois « articulations »* (tiré de R. Gil. *Neurologie pour le praticien*. Simep, Paris, 1989).
« Le langage est une entité multiarticulée et économique » (Martinet). Quelques dizaines de phonèmes permettent de bâtir des milliers de mots et une infinité de phrases.

quarantaine dans la langue française) dont la combinaison donne les monèmes (ainsi le mot *chapeau* est-il constitué de quatre phonèmes : *ch; a; p; eau*).

Les *unités de troisième articulation* que l'on dénomme *traits* sont les mouvements élémentaires de l'appareil bucco-phonatoire permettant, conformément à des conventions phonétiques, la réalisation des phonèmes.

On peut par ailleurs distinguer deux modes d'arrangement des unités linguistiques (fig. 2.2) : le mode (ou axe) du choix (ou de la sélection) et le mode (ou axe) de la combinaison. L'acte de parler nécessite ainsi au niveau de la deuxième articulation du langage (ou plan phonologique) une sélection et une combinaison des phonèmes permettant de créer les monèmes et il existe au niveau de la première articulation du langage (ou plan séméiologique) une sélection et une combinaison des monèmes permettant ainsi de créer les syntagmes et les phrases.

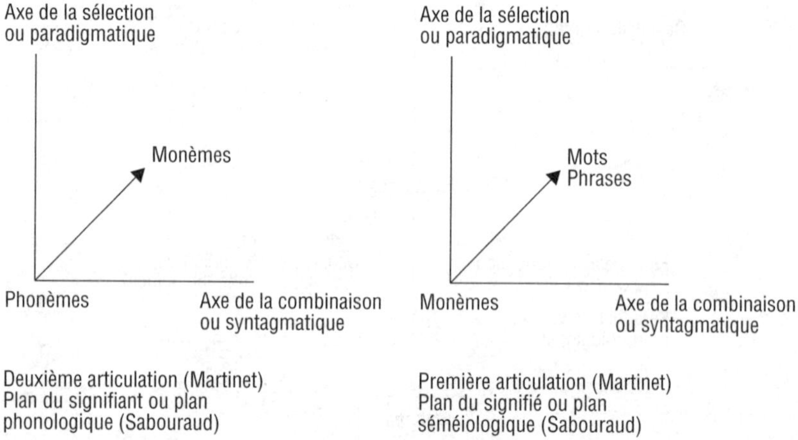

Fig. 2.2. *La double articulation du langage et les deux modes d'arrangement (sélection et combinaison des unités linguistiques).*

L'énoncé d'un mot ou d'une phrase suppose deux modes d'arrangement des unités linguistiques : la sélection ou choix de phonèmes (deuxième articulation) et de mots (première articulation), la combinaison ou enchaînement des phonèmes et des mots les uns par rapport aux autres (Jakobson, 1963; Sabouraud, 1995). L'aphasie de Wernicke peut ainsi être conçue comme un déficit de la sélection des phonèmes (paraphasies phonémiques et verbales morphologiques) et des mots (paraphasies sémantiques, dyssyntaxie). L'aphasie de conduction correspond à une atteinte isolée de la sélection au niveau du plan phonologique. L'aphasie de Broca correspond à un déficit de la combinaison des phonèmes (simplifications des mots associées à la désintégration phonétique) et des mots (réduction du volume verbal, stéréotypies, agrammatisme).

Langage et humanité

Dire que le langage est spécifiquement humain nécessite de préciser de quel langage on veut parler. Les expériences faites sur les singes, et en particulier les travaux des Gardner sur la femelle chimpanzé Washoe à qui ils ont enseigné le langage américain des signes, ont montré que cet animal avait pu apprendre un vocabulaire de quelque 130 signes (ou mots) que Washoe pouvait combiner dans des séquences allant jusqu'à quatre mots. Toutefois ce vocabulaire était utilisé pour des demandes instinctuelles (la nourriture) ou affectives. Les séquences étaient faites de mots juxtaposés, sans règles syntaxiques et dont l'ordre pouvait varier d'un énoncé à l'autre (la séquence *« Tu me chatouilles »* pouvait ainsi être dite dans n'importe quel ordre). Enfin Washoe n'enseigna et n'utilisa jamais ce mode de communication avec ses petits : cette langue rudimentaire qu'elle avait apprise ne demeurerait qu'un apprentissage accidentel, n'appelant nul partage. C'est ainsi que Popper et Eccles furent conduits à distinguer quatre fonctions, ou niveaux, de langage :

La fonction *expressive* manifeste des émotions (un cri, un gémissement). La fonction de *signal* permet d'émettre des signaux destinés à engendrer une réaction chez celui ou ceux à qui ils sont adressés : c'est par exemple l'homme qui siffle ou parle pour appeler son chien; ce sont encore les signaux transmis par des animaux à d'autres animaux. Ces deux premières fonctions sont donc des fonctions primaires, communes à l'Homme et aux animaux.

La fonction de *description* concerne des énoncés factuels (raconter ce qu'on vient de faire par exemple). La fonction de *discussion argumentée* permet la mise en œuvre de la pensée rationnelle et de la discussion critique. Ces deux fonctions sont exclusivement humaines. Ces fonctions coexistent avec un vocabulaire développé mais en outre elles procèdent de l'aptitude combinatoire selon des règles grammaticales qui contribuent avec les mots à donner du sens au discours. Le langage ajoute ainsi à sa fonction pragmatique (essentiellement faite de l'expression d'émotions et de désirs, commune à l'Homme et aux animaux et seule présente chez ces derniers) une fonction de connaissance spécifiquement humaine et qui apparaît très tôt dans le développement du langage enfantin.

L'ontogenèse du langage

Elle est étroitement liée à la maturation cérébrale (myélinogenèse) et à l'environnement sociofamilial. Il faut y ajouter la nécessité d'une audition satisfaisante (car l'enfant construit ses performances phonologiques et phonétiques à partir des perceptions auditivoverbales en provenance de son entourage).

L'acquisition du langage enfantin commence par une période prélinguistique : le bébé émet d'abord des cris, puis vers le deuxième mois des sons, surtout gutturaux qui, vers trois mois, s'organisent en « une gamme étendue d'expressions sonores » sans rapport avec la langue parlée, les lallations, correspondant à des connexions cortico-sous-corticales encore immatures. Puis, en sus de ce babillage ou gazouillis, va émerger, à partir du huitième mois, un comportement écholalique puis quelques « segments articulés » comme *« maman... papa... »*. Par l'écholalie, l'enfant est ainsi entré dans la phase linguistique qui va le mener des « mots-phrases » (première moitié de la seconde année), liés à l'action ou à un état affectif, souvent polysémiques, aux premières phrases grammaticales. La compréhension du langage précède son exécution, et est déjà efficace entre huit et treize mois. Le langage continue de se structurer (vocabulaire, formes grammaticales) au cours des années suivantes pour achever son organisation de base vers cinq ou six ans. Il restera ensuite à l'enfant à élaborer la maîtrise des techniques du langage écrit, le perfectionnement de la communication sociale, et le développement de la pensée conceptuelle.

La latéralisation des fonctions linguistiques à un hémisphère (celui qui commande à la main la plus habile, et le plus souvent le gauche) s'organise entre quatorze mois et deux ans et se consolide progressivement jusqu'à la période pubertaire et surtout entre trois et dix ans. Les lésions hémisphériques des toutes premières années de la vie donnent en règle générale des troubles du langage régressifs grâce à la prise en charge de la fonction linguistique par l'hémisphère opposé. Il reste toutefois que, même chez l'adulte, l'hémisphère non dominant (et le plus souvent le droit) conserve des capacités linguistiques élémentaires.

Organisation neuroanatomique du langage

Une zone limitée de l'hémisphère dominant (fig. 2.3) est le support de l'organisation du langage : cette asymétrie hémisphérique est génétique mais peut aussi être acquise pendant la vie intra-utérine et pourrait, au moins partiellement, reposer sur la plus grande surface du *planum temporale* de l'hémisphère dominant (voir chapitre 1).

L'organisation du langage se distribue autour de deux pôles :

– un pôle réceptif, porte d'entrée comportant d'une part l'audition et la compréhension du langage parlé, d'autre part la vision et la compréhension du langage écrit ;

– un pôle expressif, porte de sortie comportant d'une part la phonation ou articulation verbale, d'autre part l'écriture.

Le pôle expressif du langage

Les altérations du pôle expressif du langage restent aujourd'hui encore attachées au souvenir de Broca et à l'aphasie qui porte son nom. Il faut cependant se rappeler que la découverte de Broca est le produit d'une effervescence culturelle sur la théorie des localisations cérébrales prônée d'abord par Gall qui, au début du XIXe siècle, créa la phrénologie qui tenta, par la palpation des crânes, de repérer les éventuelles protrusions reflétant le développement des facultés mentales qu'il localisa ainsi sur le cerveau. Parmi les quelque 27 facultés isolées par Gall (et en particulier le sens des nombres et des mathématiques, le sens de la mécanique, la prudence, l'amitié...), le « sens du langage et de la parole » fut localisé dans les lobes antérieurs du cerveau. On se déchira alors entre les localisationnistes et les antilocalisationnistes : Bouillaud, séduit par la théorie de Gall, soutint dès le premier quart du XIXe siècle que « les mouvements de la parole sont régis par un centre cérébral, spécial… (qui) occupe les lobules antérieurs » que ce soit au niveau de la substance blanche ou de la substance grise. Dax, médecin à Sommières dans le Gard, fit à Montpellier en 1836 une communication intitulée *Lésion de la moitié gauche de l'encéphale coïncidant avec l'oubli des signes de la pensée*. Mais c'est Broca, chirurgien et anthropologue, qui, en 1861, autopsia le malade nommé Leborgne, atteint d'hémiplégie droite avec une « aphémie » qui l'engluait dans une stéréotypie verbale (il ne pouvait dire que « *Tan* »…). Il put ainsi établir, dans une série de communications successives (jusqu'en 1868), que la perte de parole était liée à la lésion de la troisième circonvolution frontale et plus précisément de son tiers postérieur (le pied de F3) considéré ainsi comme le siège de la faculté du langage articulé, et il finit par admettre la spécificité de la latéralisation lésionnelle à l'hémisphère gauche.

On peut aujourd'hui retenir l'existence d'un pôle antérieur expressif du langage, incluant la *pars opercularis* (tiers postérieur ou pied) mais aussi la *pars triangularis* qui, ensemble, forment l'opercule frontal (aires 44 et 45) de la troisième circonvolution frontale (ou circonvolution frontale inférieure) qui, en lien avec l'insula et les noyaux gris centraux, permet la réalisation des

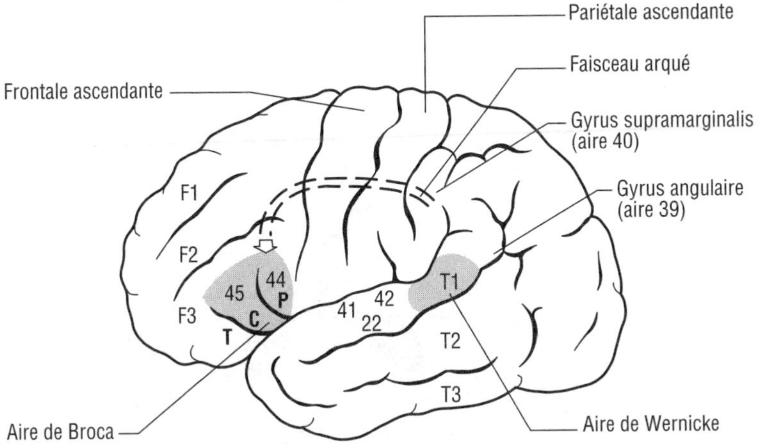

Fig. 2.3. *Les « aires » du langage.*

La circonvolution frontale inférieure (F3) comporte trois parties qui sont, d'avant en arrière, la tête (ou *pars orbitaris*-T-), le cap (ou *pars triangularis*-C-), le pied (ou *pars opercularis*-P-). Le pied (aire 44) et le cap (aire 45) constituent l'aire de Broca. L'aire de Wernicke, au sens restreint du terme, est située au niveau de la partie postérieure de T1 ou circonvolution temporale supérieure, au niveau de l'aire 22. L'aire de Wernicke peut aussi désigner l'association de la partie postérieure de T1 et du gyrus angulaire (aire 39).

programmes phonétiques dont la mise en œuvre nécessitait pour Pierre Marie l'intégrité d'un vaste « quadrilatère » (fig. 2.4). Le lobe préfrontal assure l'incitation et la stratégie de la communication verbale de même que son adéquation au contexte environnemental. Le programme moteur, une fois élaboré, sera exécuté à partir de la partie basse de la frontale ascendante par le faisceau pyramidal (voir *supra* : dysarthries). Le pied de F2 (« centre » de l'écriture) serait au langage écrit ce que l'aire de Broca est au langage parlé.

Le pôle réceptif du langage

Treize ans après Broca, Wernicke isola une autre aphasie caractérisée par l'incapacité de comprendre le langage parlé alors que le langage articulé était conservé et que les malades étaient même plutôt « loquaces ». Il attribua ce trouble à la lésion du centre sensoriel du langage dans la première circonvolution temporale gauche. L'aire de Wernicke désigne aujourd'hui une aire associative auditive située à la partie postérieure de la face externe de T1 (circonvolution temporale supérieure), au niveau de l'aire 22, en dessous des aires auditives primaire et secondaire (aires 41 et 42 : circonvolutions de Heschl) ; elle permet la compréhension du langage parlé dont les messages, d'abord entendus, doivent être analysés sur le plan phonologique pour

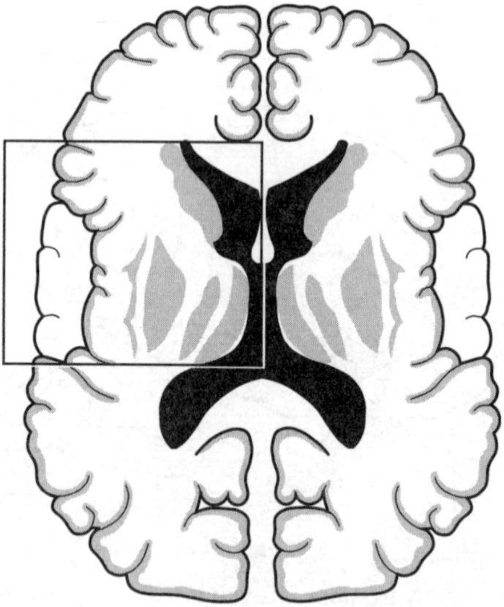

Fig. 2.4. *Le quadrilatère de Pierre Marie, limité en avant par un plan vertico-frontal allant de F3 au noyau caudé, en arrière par un plan vertico-frontal allant de la partie postérieure de l'insula à la partie postérieure du noyau lenticulaire* (d'après J. Barbizet et Ph. Duizabo. *Abrégé de Neuropsychologie*. Masson, Paris, 1985).

permettre ensuite l'extraction de leur sens, c'est-à-dire leur traitement sémantique. Le lobule pariétal inférieur (et en particulier sa partie inférieure constituée du *gyrus supramarginalis* — aire 40 — et du gyrus angulaire — aire 39), inséparable de l'aire de Wernicke, en lien avec le cortex auditif associatif mais aussi les cortex visuel et somesthésique, joue un rôle essentiel dans la compréhension du langage parlé, dans l'encodage du langage écrit (écriture), mais aussi dans sa compréhension (lecture) une fois les messages décodés comme signes graphiques au niveau du cortex visuel associatif (aires 18 et 19).

Les pôles postérieur (réceptif) et antérieur (expressif) du langage sont unis par de très nombreuses fibres associatives et en particulier par le faisceau arqué. Les noyaux gris centraux, et en particulier le thalamus, interviennent aussi dans les réseaux associatifs des deux pôles du langage.

LES APHASIES

Modalités de l'examen

L'examen d'un patient atteint de troubles du langage doit toujours tenir compte du fait que les tâches cognitives sont complexes, que les performances des sujets peuvent être variables d'un instant à l'autre et que les troubles aphasiques peuvent être aggravés par la fatigue. L'examen se doit pourtant d'être méthodique afin d'explorer les diverses facettes du langage en adoptant soit une démarche qualitative soit une démarche structurée par les étapes d'une des batteries d'examen de l'aphasie comme le test pour l'examen de l'aphasie de B. Ducarne, l'échelle de Goodglass et Kaplan, la batterie d'aphasie de Kertesz *(Western Aphasia Battery)*, le protocole Montréal-Toulouse d'examen linguistique de l'aphasie. Ces batteries standardisées donnent des scores d'aphasie, proposent un classement dans l'un des grands types d'aphasies, peuvent servir de base à un suivi évolutif.

Le premier contact avec le malade permet déjà de repérer quelques grands traits des troubles : parle-t-il de manière aisée ou laborieuse ? Est-il silencieux ? Comprend-on ce qu'il dit ?

Étude de la compréhension du langage parlé

On utilise des épreuves d'exécution d'ordres de complexité croissante : ordres simples *(« Montrez-moi votre nez... votre oreille gauche... mon nez... Ôtez vos lunettes... Regardez le plafond... »)*, associés *(« Touchez votre oreille gauche avec le pouce de la main droite... Prenez ce crayon et touchez ma montre... »)* et des épreuves à choix multiple dont la plus connue est l'épreuve des trois papiers de Pierre Marie *(« Voici trois papiers : un petit, un moyen et un grand. Le petit, vous le jetterez par terre, le moyen, vous le garderez pour vous, et le grand, vous me le donnerez »)*.

On peut utiliser aussi des épreuves de désignation de figures géométriques (de taille, de forme et de couleur différentes comme dans le *Token-test*), d'objets et d'images (*« Montrez-moi la porte, la fenêtre, le crayon »*, etc.). Ces épreuves permettent aussi de complexifier les ordres en les associant par des mots grammaticaux (*« Touchez la montre **avec** le crayon... Montrez-moi le triangle qui se trouve **dans** le rond... »*). Quand les troubles ne sont pas massifs, on peut recourir à des épreuves plus élaborées testant la compréhension de phrases et de textes.

La notion de compréhension recouvre des compétences disparates bien que complémentaires.

– La *surdité verbale pure* (voir chapitre 11) peut être liée soit à un déficit perceptif préphonémique, soit à un déficit de la discrimination phonémique. Le sujet peut par ailleurs parler, lire, écrire (sauf en dictée) de manière satisfaisante. Les lésions sont typiquement situées en amont de l'aire de Wernicke.

– L'*aphasie de Wernicke* comporte un déficit du « décodage » du langage parlé qui peut relever soit d'une altération du décodage phonémique (donc d'une surdité verbale) soit d'une altération de l'accès à la compréhension, l'une ou l'autre de ces altérations pouvant prédominer. Quand la part de la surdité verbale est prédominante, la compréhension du langage écrit, la lecture, la copie sont moins atteintes que la compréhension du langage parlé et la dictée ; la répétition présente les mêmes difficultés pour les mots que pour les logatomes. Quand le trouble de la compréhension verbale prédomine sur la surdité verbale, les mots sont mieux répétés que les logatomes. Quand le trouble de la compréhension est isolé, la répétition est préservée, réalisant le tableau de l'aphasie transcorticale sensorielle. Il s'ensuit donc qu'un déficit de la compréhension des mots peut relever soit d'un déficit d'ordre phonologique, soit d'un déficit du traitement sémantique que l'on peut imaginer dans un schéma de type cognitiviste (voir figure 2.9 page 44), soit comme une lésion d'un « centre des concepts » ou « centre de traitement sémantique » soit comme une disconnexion entre ce centre et l'aire de Wernicke (centre de traitement acoustique selon Lichteim). En outre les lésions de l'aire de Wernicke ont la particularité d'associer un déficit de désignation des objets sur ordre verbal à un déficit de dénomination des mêmes objets. L'aire de Wernicke peut ainsi être conçue comme une zone de rencontre et de coordination réciproque entre les représentations sensorielles des formes auditives et visuelles des mots et les réseaux associatifs qui construisent les représentations sémantiques des mots. On comprend ainsi que les lésions de l'aire de Wernicke altèrent à la fois le décodage du langage, quelle que soit la modalité sensorielle de présentation (mots entendus, mots lus), et l'encodage du langage. L'aire de Wernicke ne peut plus être définie comme « centre des images auditives des mots » comme l'avait conçu Déjerine qui toutefois parlait de l'association de surdité verbale et de cécité verbale observées dans l'aphasie de Wernicke, qu'il opposait à la surdité verbale pure d'une part, la cécité verbale pure d'autre part. L'aire de Wernicke ne peut pas être conçue non plus comme le centre de stockage du lexique car on ne pourrait alors expliquer que des lésions épargnant l'aire de Wernicke et postérieures à elle entraînent des aphasies (dites transcorticales sensorielles, page 45 et figure 2.10).

– Les *déficits de la compréhension de phrases* peuvent relever d'un déficit du traitement sémantique de certains des mots qui la composent surtout s'il s'agit de mots abstraits, ce qui peut être observé dans une aphasie de Wernicke en cours d'amélioration mais il peut aussi s'agir d'une difficulté à comprendre l'ordonnancement syntaxique de la phrase au cours d'une aphasie agrammatique ou d'un syndrome frontal *(« Si Pierre prend une douche après la promenade, qu'a-t-il fait en premier ? »).*

– Les *déficits de la compréhension catégorielle et l'organisation catégorielle (et distribuée) des connaissances.* Certains déficits de la compréhension se limitent à une catégorie verbale. Goodglass et ses collaborateurs ont fait, en 1966, la première étude systématique de la compréhension et de la dénomination de six catégories de mots (parties du corps, objets, actions, couleurs, lettres, nombres) dans une série de 135 aphasiques et ont pu observer des difficultés variables en fonction des catégories, ces difficultés pouvant prédominer soit sur la compréhension soit sur la dénomination. Sur une autre série de 167 aphasiques, la même équipe a pu observer, en 1993, une dissociation entre la désignation de lieux sur une carte géographique et la désignation des parties du corps, en fonction des types d'aphasies (les aphasies de Wernicke et globales altérant davantage la compréhension des noms des parties du corps que des noms désignant des lieux géographiques). De nombreux travaux ultérieurs, fondés soit sur les données de l'imagerie de cas uniques ou de courtes séries soit sur les données de l'imagerie dynamique lors de tâches de dénomination, ont pu montrer que les zones lésionnelles ou les zones activées peuvent être situées en dehors de l'aire de Wernicke. En outre, la dénomination et la compréhension peuvent être atteintes de manière parallèle ou dissociée. Ainsi, il est important cliniquement de tester et la dénomination sur présentation visuelle (et idéalement multimodale : auditive, tactile…) et la désignation d'objets *(« Montrez-moi le marteau, le canard, le tank, le coude, le piano, l'artichaut… »).*

En présence d'une anomie, il faut, avant d'évoquer une anomie pure par déficit catégoriel de la sélection lexicale, s'assurer que l'anomie ne relève pas d'une agnosie limitée à une modalité sensorielle comme une agnosie visuelle (qui peut aussi affecter spécifiquement une catégorie lexicale, voir chapitre 7). D'ailleurs l'existence d'un déficit de la dénomination réduit à une modalité sensorielle (comme dans l'aphasie optique, voir page 108) a entraîné d'importants débats sur le caractère unique ou multiple (visuel, verbal, etc.) du système sémantique. Quand il existe un déficit de la compréhension verbale, il faut savoir s'il témoigne d'un déficit sélectif de la modalité auditive, ce qui est montré quand des réponses normales sont fournies sur demande écrite de désignation. On a pu en effet observer des troubles de la compréhension verbale entrant dans le cadre de déficits globaux des connaissances sémantiques, indépendants de la modalité sensorielle utilisée. La reproductibilité du déficit sur les mêmes mots, la préservation relative de la capacité du sujet à fournir la catégorie superordonnée du mot *(canard → animal)*, l'absence d'amorçage sémantique dans des tests de décision lexicale sont plus en faveur d'une dégradation des représentations sémantiques que d'un déficit de l'accès au système sémantique (Warrington et Shallice, 1984) encore que la distinction ne soit pas toujours aisée (Caplan, 1987). Il est important, comme le souligne Goodglass (1987), de distinguer les troubles catégoriels limités à la compréhension auditivoverbale, observés spécifiquement chez les aphasiques, et les déficits catégoriels des connaissances sémantiques qui peuvent exister en présence ou en absence d'une aphasie. Enfin le diagnostic d'un déficit catégoriel implique de s'assurer que les mots utilisés pour tester les catégories verbales ont la même fréquence lexicale. Les déficits catégoriels de la dénomination, de la compréhension auditivoverbale ou des connaissances sémantiques peuvent ainsi intéresser les mots abstraits contrastant avec l'intégrité des mots concrets, une dissociation inverse étant plus exceptionnellement observée (ainsi en est-il du malade A.B. de Warrington (1975) qui définissait le mot *« étoile »* comme *« petit insecte »* et le mot *« supplication »* comme *« demander de l'aide avec insistance »*). Au sein de la catégorie des mots concrets, les déficits catégoriels peuvent intéresser les animaux avec intégrité des objets ou, de manière plus générale, les items animés ou biologiques (animaux, fleurs) et les items inanimés ou plus précisément « manufacturés », des dissociations inverses pouvant aussi être observées. Ceci conduirait donc à opposer deux grandes catégories. La première est essentiellement caractérisée par les attributs sensoriels (il s'agit des concepts « biologiques » : la couleur, la forme, le parfum d'une fleur ; la couleur, la forme, le goût d'un fruit), les informations visuelles concernant la forme ayant souvent un rôle décisif (par exemple pour distinguer un chien d'un lion). La deuxième est essentiellement caractérisée par des attributs fonctionnels (l'utilisation d'une scie, d'une paire de tenailles). Toutefois les distinctions sont encore plus complexes car, au sein même des objets manufacturés, des dissociations peuvent être observées entre les objets de petite taille (ceux qui sont d'ailleurs habituellement utilisés lors des examens d'aphasiques, comme la gomme, la fourchette, la tasse…) et des objets de grande taille (un train, un autobus, un tank), ce qui peut conduire à opposer les objets manipulables et les objets non manipulables.

Des préservations de la compréhension de noms propres (pays, personnes et bâtiments célèbres) ont pu être observées au cours d'une aphasie altérant par ailleurs massivement la compréhension et une dissociation inverse a pu aussi être observée. Il existe aussi des anomies pour les noms propres. Outre des anomies pour les couleurs (voir page 112), il existe des troubles de la compréhension des noms de couleurs que Willbrand avait appelés, en 1887, cécité amnésique des couleurs.

L'autotopoagnosie (voir chapitre 10) peut relever soit d'un trouble du schéma corporel soit d'une incapacité de compréhension des mots désignant les différentes parties du corps.

Le lexique des mots concrets peut aussi être divisé en deux ensembles spécifiquement linguistiques : les verbes (ou noms d'action) et les noms (ou objets). Une altération spécifique d'une catégorie (en dénomination et en compréhension) avec respect de l'autre catégorie peut être constatée.

Ces constatations plaident en faveur d'une organisation catégorielle du système sémantique fondée sur les propriétés sensorielles et fonctionnelles des items rassemblés dans une catégorie. On peut même aboutir à une organisation catégorielle très fine (comme l'atteinte des connaissances sur les fruits et légumes contrastant avec la préservation des connaissances sur les autres aliments, Hart *et al.*, 1985) en formulant des hypothèses sur l'élaboration des représentations sémantiques à partir d'associations nées des sources sensorielles, des informations motrices et en recherchant les trames associatives multimodales qui individualisent des catégories et des sous-catégories : ainsi, parmi les objets, les outils comme le marteau nécessitent la sommation d'informations visuelles (la forme), proprioceptives et motrices (l'acte de tenir le marteau) inséparables de ses attributs fonctionnels (enfoncer un clou). À l'inverse, un grand objet comme une fusée est surtout connu par ses attributs sensoriels visuels (sa forme) alors que ses attributs fonctionnels (sert à aller dans l'espace) ne sont pas élaborés à partir d'informations proprioceptives ou motrices. Ceci permet donc d'élaborer une distinction entre les objets manipulables et non manipulables (Mc Carthy et Warrington, 1994). Le système sémantique pourrait ainsi être conçu comme un « réseau distribué géant » vers lequel convergent des connexions multiples venant de systèmes extérieurs sensoriels et moteurs et en interaction avec les systèmes permettant l'analyse des formes auditive et visuelle des mots. L'accès au sens et à la dénomination peut aussi être envisagé comme la reviviscence des apprentissages, c'est-à-dire comme la réactivation des réseaux neuronaux dont la mise en œuvre répétée et simultanée a permis au sujet d'élaborer sa connaissance des objets à partir des informations reçues par les canaux sensoriels et moteurs lors de chaque rencontre avec les mêmes « objets » et par les contextes émotionnels qui peuvent les accompagner. Les apprentissages perceptifs créent ainsi, selon Damasio, des réseaux unis par des zones de convergences (des nœuds) codant les événements sensoriels, moteurs, émotionnels, qui ont simultanément accompagné la perception de l'objet et dont la réactivation permet de faire l'hypothèse d'un modèle dit épisodique ou événementiel (et distribué) de l'accès au sens. Comment néanmoins structurer ces hypothèses sur des bases neuroanatomiques ?

Les études des productions verbales lors de tâches de dénomination et lors de tâches de fluence catégorielle ont montré que les productions verbales liées aux différentes catégories de mots activent des zones distinctes du lobe temporal dont la majorité n'empiète pas sur l'aire de Wernicke. Ainsi la dénomination des animaux et des outils active le cortex associatif visuel au voisinage du gyrus fusiforme, aire d'identification des objets dans la partie ventrale du lobe temporal ; toutefois la dénomination des outils et des actions liées à leur utilisation active aussi une zone temporale moyenne légèrement antérieure à l'aire V5, responsable de la perception du mouvement, ainsi qu'une aire prémotrice, toutes deux à gauche. Il apparaît bien ainsi que l'activation du lexique est une fonction largement distribuée et relayée par des zones du cerveau proches de celles qui gèrent les informations motrices et l'intégration perceptive des entités qui composent l'environnement. Les observations de malades cerébrolésés confortent aussi ces hypothèses. En effet les déficits catégoriels du traitement sémantique des verbes (noms d'action) coexistent avec des lésions de la partie postérieure du lobe frontal gauche, suggérant donc que le lobe frontal, impliqué dans la programmation des mouvements, a aussi acquis un rôle dans les représentations sémantiques des actions et dans les composants lexicaux impliqués dans le traitement des noms d'action (Daniele *et al.*, 1994). Le traitement sémantique des entités « vivantes » implique les structures temporo-limbiques bilatérales et la partie inférieure du lobe temporal, tout particulièrement le gyrus fusiforme (par exemple au cours d'encéphalites herpétiques) montrant l'implication de traitements visuels élaborés et de convergences sensorielles multimodales dans l'organisation des représentations sémantiques des vivants. Les déficits catégoriels affectant les objets manufacturés et les parties du corps empiètent sur les aires fronto-pariétales où la conjugaison des informations motrices et proprioceptives permet l'organisation des représentations sémantiques des objets manufacturés et des parties du corps (Gainotti *et al.*, 1995) tandis que pour Tranel et ses collaborateurs (1997), la zone critique pour le rassemblement des connaissances concernant les outils est électivement lésée au niveau de régions plus latérales du cortex temporal postérieur au voisinage de V5. L'utilisation de tâches de décision lexicale avec comparaison des résultats obtenus pour les mots concrets et les mots abstraits a pu montrer, en tomographie par émission de positrons, que les mots abstraits activent les régions temporales de manière bilatérale avec une nette prévalence droite où l'activation intéresse aussi l'amygdale et la partie antérieure du gyrus cingulaire, ce qui pourrait être lié à la valence émotionnelle des mots abstraits, en général plus importante que celle liée aux mots désignant des outils ou leur manipulation (Perani *et al.*, 1999). L'inventaire complet et cohérent de ces localisations demandera encore bien d'autres recherches. Cependant on peut déjà penser que les aires qui contrôlent l'accès lexical ne sont pas superposables à celles qui contrôlent l'accès aux autres connaissances conceptuelles et qui sont des aires de convergence transmodales (ou multimodales). Ceci explique d'ailleurs qu'un trouble de la dénomination puisse laisser intacte la connaissance des attributs sensoriels et fonctionnels des items non dénommés car ces connaissances rassemblées dépendent des zones de convergence. En outre, si les aires critiques pour la dénomination des différentes catégories d'objets sont pour l'essentiel situées en dehors de la zone de Wernicke, leurs lésions ne donnent que des troubles sélectifs de la dénomination alors que les troubles de la dénomination observés lors des lésions de l'aire de Wernicke sont massifs. On peut en inférer que ces aires de récupération lexicale « catégorie-spécifiques » apparaissent comme nécessaires mais non suffisantes à l'acte de dénomination et que leur rôle pourrait être de fournir des représentations prélexicales ou implicites « catégorielles » qui seront ensuite transformées en sorties verbales explicites (sous forme de mots parlés, écrits, lus) grâce à la médiation de l'aire de Wernicke puis des réseaux neuronaux qui permettront les diverses modalités de production des mots (Mesulam, 1998 ; voir figure 2.5).

Étude de l'expression orale

Elle repose sur l'écoute du langage spontané, la répétition de mots ou de phrases, la dénomination d'objets et d'images.

❒ Le volume verbal

Il peut être logorrhéique, adapté ou réduit, ce qui permet d'opposer les aphasies fluides ou « fluentes » aux aphasies « non fluentes » ou « réduites ». Les premières surviennent habituellement dans les lésions de l'hémisphère dominant

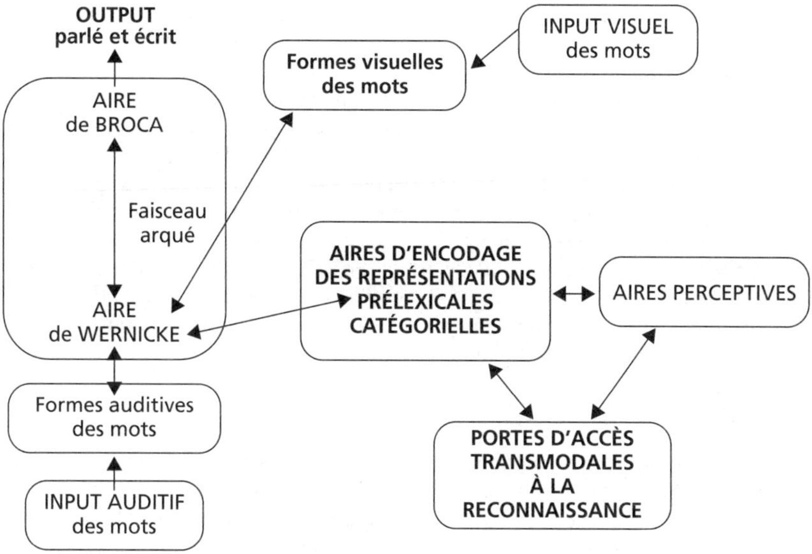

Fig. 2.5. *Interprétation du modèle proposé par Mesulam et représentant de manière schématique l'évocation lexicale et la compréhension des mots entendus et lus (Brain.* 1998;*121*:1013-1052*).*

Les portes d'accès transmodales (ou connexions transmodales) ne sont spécifiques d'aucune modalité sensorielle. Elles permettent la convergence d'informations multimodales rassemblant les divers engrammes perceptifs et émotionnels et jouent donc un rôle critique dans le rassemblement des connaissances sémantiques.

Les aires d'encodage des représentations prélexicales catégorielles ou aires lexicales intermédiaires jouent un rôle central dans la dénomination des couleurs, des animaux, des objets, des outils et des verbes d'action. L'anomie « catégorielle » résultant d'une lésion de ces aires reste « pure » si les zones de convergence multimodales sont intactes : cette dissociation entre le savoir lexical et le savoir conceptuel peut être considérée comme la base anatomique de la séparation de la pensée et du langage.

Les formes des mots entendus et lus sont encodées dans des aires unimodales qui entrent en connexion avec l'aire de Wernicke qui agit comme une aire de décodage et d'encodage phonologiques. C'est alors que peuvent s'établir les liens avec les zones de convergence transmodales qui construisent l'accès au sens. De même les connaissances sémantiques peuvent activer de manière «interne» les représentations prélexicales catégorielles. L'aire de Wernicke permet donc de lier les aspects perceptifs de la forme des mots aux *réseaux associatifs distribués* qui permettent l'accès au sens.

Les lésions situées en amont de l'aire de Wernicke entraînent une alexie pure en cas de disconnexion entre l'*input* visuel des mots et les formes visuelles des mots, ainsi qu'entre les formes visuelles des mots et l'aire de Wernicke. Une disconnexion entre l'*input* auditif des mots et leurs formes auditives ainsi qu'entre les formes auditives des mots et l'aire de Wernicke entraîne une surdité verbale.

situées en arrière de la scissure de Rolando alors que les secondes sont habituellement liées à des lésions situées en avant de la scissure de Rolando. Les aphasiques logorrhéiques ont un discours abondant et fluide, mais habituellement peu ou pas compréhensible par l'examinateur, et réalisant un jargon. La réduction du langage peut, à l'extrême, être une *suspension* du langage ; parfois le langage se réduit à quelques syllabes ou mots inlassablement répétés (« orgue de Barbarie ») et émis de façon involontaire lors de toute tentative de verbalisation : on les appelle des stéréotypies. Dans les formes moyennes, il est nécessaire de stimuler le sujet pour obtenir quelques tentatives de verbalisation. Cependant une réduction du langage peut coexister avec le jaillissement de phrases qui sont souvent des formules de politesse ou des phrases toutes faites : c'est la *dissociation automatico-volontaire* qui permet d'opposer le langage automatique au langage construit, propositionnel.

❒ La dysprosodie

Outre la prosodie émotionnelle gérée par l'hémisphère mineur (voir chapitre 17), il existe une prosodie linguistique caractérisant le rythme, le timbre et l'inflexion de la voix. Les dysprosodies observées chez l'aphasique désignent le remplacement de l'accent habituel du patient par un accent de type « étranger » que l'on peut parfois qualifier de germanique ou d'anglo-saxon : ainsi un parler lent, syllabe par syllabe, avec suppression des groupes diconsonantiques et utilisation des consonnes sourdes donne à la voix un pseudo-accent germanique (*« Bonjour, Docteur »* est ainsi dit : *« Pon... chou... Tô Teu... e... »*). Ailleurs une tendance à la diphtongaison des voyelles donne un pseudo-accent britannique (*« Je suis malade »* devient *« Je-é sé-uis ma-é la-éde »*). Les dysprosodies sont habituellement observées dans les aphasies de Broca.

❒ La désintégration phonétique

Désigné sous les noms de troubles arthriques, d'anarthrie, d'aphémie, d'aphasie motrice ou de réalisation phonématique, le terme de syndrome de désintégration phonétique, créé par Alajouanine, rassemble les perturbations de l'expression orale en rapport avec des difficultés de réalisation phonétique portant sur l'émission comme sur l'enchaînement des phonèmes. Le parler, globalement réduit, est lent, syllabaire, haché. Les mots sont habituellement contractés ; certains phonèmes sont supprimés et d'autres réitérés, ce qui entraîne une « réduction des contrastes » ; les consonnes sourdes sont préférées aux consonnes sonores, les groupes diconsonantiques sont supprimés (spectacle : *pec... ta... le...* ; chapeau : *a... po...*). Ces troubles, qui ne sont pas sans rappeler le langage enfantin, peuvent être analysés par l'épreuve de répétition de mots ou de phrases (comme *spectacle* ; *espiègle* ; *constitution* ; *ce gros verrou rouillé, le dévérouillerai-je* ; *il fut le peintre des princes et le prince des peintres*...). Les troubles comportent plusieurs aspects diversement associés chez chaque malade :

– un aspect paralytique avec insuffisance du souffle trachéal et faiblesse articulatoire,

– un aspect dystonique avec mouvements articulatoires excessifs, démesurés, syncinétiques,

– un aspect apraxique avec désorganisation des gestes nécessaires à l'élocution. Il se trouve englobé dans un trouble plus vaste de la gesticulation du visage et de la bouche que l'on appelle *apraxie bucco-faciale* et que l'on recherche en demandant au sujet de siffler, de souffler, de montrer les dents, de claquer la langue, de mettre la bouche en cul de poule.

Le syndrome de désintégration phonétique est le plus souvent associé aux autres signes d'une aphasie de Broca. Il peut aussi exister des anarthries pures (avec préservation de l'écriture et absence de tout signe d'aphasie) lors de lésions limitées de la partie operculaire *(pars opercularis)* de la troisième circonvolution frontale, de l'ensemble de l'opercule frontal ou de la substance blanche du bras antérieur de la capsule interne, ce qui renvoie au quadrilatère de Pierre Marie : ces anarthries sont aussi appelées aphémies ou qualifiées de dysarthries dans la littérature anglo-saxonne.

❐ Les troubles de la dénomination

• Le manque du mot

Il peut être observé dans le langage spontané et est électivement mis en évidence par l'épreuve de dénomination qui se traduit soit par une impossibilité de dénommer soit par une définition par l'usage *(couteau → pour couper)*, soit par la production de formules circonlocutoires, parfois accompagnées d'approximations synonymiques et intégrées dans des conduites d'approche *(« ...pour... euh... on le tient comme ça dans l'assiette; pour la viande... on coupe... »)*. Le manque du mot s'observe dans tous les types d'aphasie. Quand il est isolé, on parle alors d'aphasie amnésique. L'ébauche orale (ou « clé » phonémique) a ou non un effet facilitateur : le fait de dire la première syllabe du mot peut faire surgir le mot recherché; parfois la facilitation n'entraîne aucune réponse ou provoque une réponse erronée soit d'un mot commençant par la même syllabe soit d'un mot ne contenant même pas la syllabe prononcée. Ainsi, au manque du mot peut s'ajouter, en dénomination avec ou sans facilitation, comme dans le langage spontané, la production, au lieu du mot attendu, d'une autre production verbale : telle est la définition des paraphasies.

• Les paraphasies

Elles peuvent faire l'objet d'une classification inspirée de l'analyse structurale du langage (fig. 2.6).

Les *paraphasies phonémiques ou littérales* réalisent des distorsions de mots en rapport non avec des difficultés de la réalisation phonétique mais avec des perturbations de l'agencement phonémique par omissions, adjonctions, inversions, déplacements de phonèmes *(locomotive → colotomive; thermomètre → terbomètre, termonètre; crayon → credon, crason)*. L'examinateur peut parfois, dans le langage spontané ou dans la conversation, grâce à la parenté phonologique et au contexte, détecter le mot cible; toutefois, quand la structure du mot est trop bouleversée, sa valeur informative est perdue et l'on parle

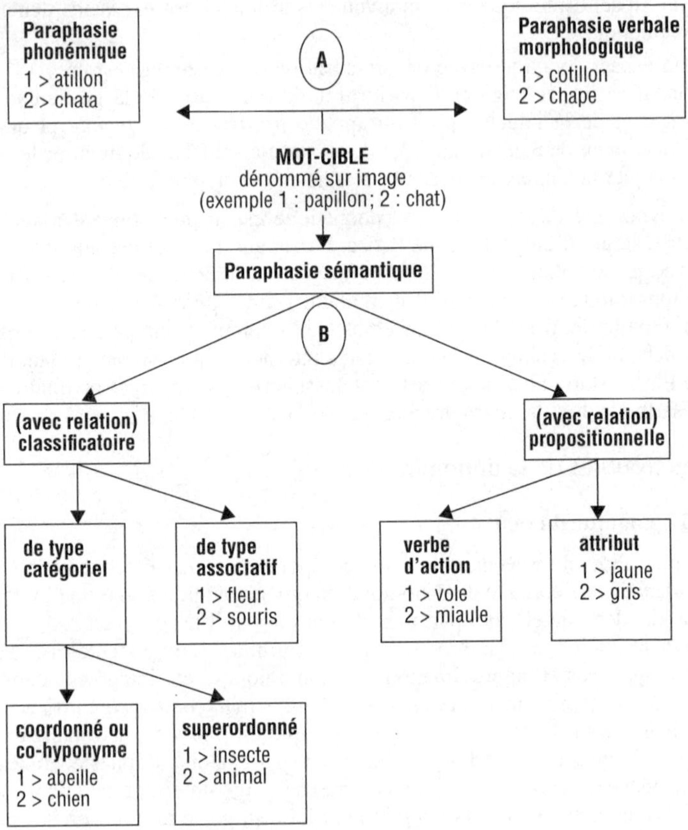

Fig. 2.6. *Classification des paraphasies.*
En A : paraphasies relevant d'un désordre de la deuxième articulation du langage. En B : paraphasies relevant d'un désordre de la première articulation du langage. La classification des paraphasies verbales (substitutions lexicales) sémantiques est celle proposée par H. Kremin.

alors de néologisme. Les paraphasies phonémiques correspondent à la désorganisation de la deuxième articulation du langage.

Les *paraphasies verbales* désignent la substitution d'un mot par un autre mot du lexique. Il peut s'agir :

– de *paraphasies verbales morphologiques* (ou paraphonies) quand le mot émis est phonétiquement proche du mot cible *(tulipe : tuile; constitution : consultation; échelle : échine; cravate : cravache)* et qui peuvent être interprétées, à l'instar des paraphasies phonémiques, comme un désordre de la deuxième articulation;

– de *paraphasies verbales sémantiques* quand le mot émis a un lien conceptuel avec le mot recherché *(table : chaise; clé : fer)*; elles peuvent s'interpréter comme un désordre de la première articulation du langage, c'est-à-dire du choix des mots.

Les paraphasies verbales sémantiques peuvent, selon la classification de Kremin, témoigner de deux types de relation avec le mot cible : classificatoire et propositionnelle (fig. 2.6).

Certaines paraphasies verbales sont de classification difficile *(buvard : poulain)* de même que la genèse de néologismes très éloignés du mot cible *(manteau : apur)*.

Il arrive qu'un petit nombre de paraphasies verbales *(mots de prédilection)* reviennent à plusieurs reprises dans le discours. Ailleurs, lors de l'épreuve de dénomination d'objets, le malade émet des paraphasies verbales qui sont la reprise d'un mot précédemment énoncé par le sujet ou l'examinateur : il s'agit alors de persévérations ou d'intoxication par le mot. La profusion des transformations paraphasiques peut aboutir à un jargon dont plusieurs variétés sont individualisées : jargon indifférencié fait d'une suite de phonèmes, jargon asémantique fait de néologismes, jargon paraphasique fait de paraphasies verbales. Dans tous les cas, le discours est incohérent et témoigne d'une « désintégration… des valeurs sémantiques du langage ».

❐ Les troubles du maniement de la grammaire et de la syntaxe

L'*agrammatisme* se caractérise par la réduction des monèmes grammaticaux et l'emploi de verbes à l'infinitif donnant au langage un style télégraphique *(« Nice : non !… trois semaines… à côté… des paniers… euh, il y a du monde… casino aussi… à Noël… et puis avant aussi… mais maintenant ma femme… à moi… avant non… 6 ans maintenant »)*.

L'agrammatisme parfois appelé agrammatisme expressif, accompagne les aphasies non fluentes.

La *dyssyntaxie* est radicalement différente et se caractérise par l'emploi de mots grammaticaux nombreux mais inappropriés qui sont l'équivalent de paraphasies sémantiques (*« la route dont je repars »* ; *« l'enfant que je tendais un bonbon vient par la prendre »*). Elles accompagnent d'ailleurs le langage paraphasique et s'associent à une incapacité de reconnaissance des erreurs grammaticales, d'où l'appellation d'agrammatisme impressif.

❐ Les perturbations du langage écrit

• Les troubles de la lecture

La compréhension du langage écrit est explorée par les épreuves d'exécution d'ordres écrits, les épreuves de correspondance entre des textes et des images. La lecture à haute voix permet d'apprécier les perturbations des transpositions visuophonatoires. S'il est rare qu'un texte parfaitement lu ne soit pas compris, par contre, des perturbations de la lecture n'impliquent pas obligatoirement l'existence de troubles majeurs de la compréhension.

Les alexies aphasiques se caractérisent par la production de paralexies qui procèdent des mêmes transformations de mots que celles observées dans les paraphasies. Elles accompagnent l'aphasie de Wernicke, et elles sont associées à une agraphie. Des paralexies phonémiques et verbales morphologiques avec troubles parallèles de l'écriture, tentatives réitérées d'autocorrections et une bonne qualité de la compréhension peuvent être observées dans les aphasies de conduction. Une alexie particulière, dite antérieure, peut accompagner l'aphasie de Broca. Certaines alexies « sans agraphie » ou pures ne s'accompagnent d'aucun autre trouble du langage écrit. Une étude des différents types d'alexies est présentée au chapitre 4.

- **Les troubles de l'écriture**

Les agraphies aphasiques réalisent des distorsions du langage écrit superposables aux désordres de la production verbale, tant sur le plan quantitatif (aphasies fluentes *vs* aphasies non fluentes) que qualitatif avec la production de paragraphies voire d'une jargonagraphie. Il existe aussi, à l'instar des alexies, des agraphies pures. Une étude des différents types d'agraphies est présentée au chapitre 3.

- **Les troubles du calcul**

Des troubles du calcul peuvent accompagner les aphasies. Ils sont envisagés au chapitre 6.

Les formes cliniques des aphasies

La multiplicité des classifications des aphasies incite à maintenir comme centre de gravité la dichotomie classique entre les aphasies de Broca et les aphasies de Wernicke.

L'aphasie de Wernicke et les autres aphasies ne comportant pas de perturbation de la réalisation phonétique

Il s'agit le plus souvent d'aphasies à langage fluide.

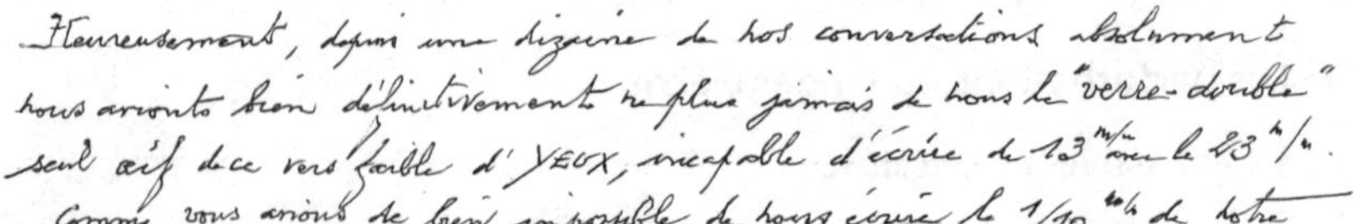
Heureusement, depuis une dizaine de nos conversations absolument
nous avions bien définitivement ne plus jamais de nous le "verre-double"
seul aif de ce vers faible d'YEUX, incapable d'écrire de 13 m/m ou le 23 h/m.
Comme vous avions de bien impossible de nous écrire le 1/10 de notre
aif verre double impossible. -

Fig. 2.7. *Fragment d'une lettre écrite par un patient atteint d'aphasie de Wernicke. Le patient exprime son désarroi après avoir cassé ses lunettes à double foyer. Jargonagraphie.*

❐ L'aphasie de Wernicke proprement dite

Elle est liée à une lésion de l'aire de Wernicke (voir *supra*). Elle est dénommée aphasie de Wernicke de type I dans la classification de Roch-Lecours et Lhermitte, d'aphasie sensorielle dans la classification de Wernicke, d'aphasie sensorielle centrale (Goldstein), d'aphasie sensorielle et d'aphasie acousticomnésique (dont les signes sont moins massifs) dans la classification de Luria.

Cette aphasie ne s'accompagne pas d'hémiplégie et s'associe habituellement à une hémianopsie latérale homonyme. Il n'existe ni trouble de la réalisation phonétique, ni réduction du langage. L'expression orale est au contraire caractérisée par une logorrhée et par l'émission de nombreuses paraphasies. La logorrhée est souvent telle qu'il est très difficile d'interrompre le sujet, de le canaliser, donc de l'interroger; elle est sous-tendue par une anosognosie du trouble. Les paraphasies truffent le langage spontané mais aussi les tentatives de dénomination ou de répétition. Elles sont de tous types, peuvent s'associer à une dyssyntaxie et font perdre au langage, quand elles sont trop nombreuses, sa valeur informative, pour aboutir à un véritable jargon. La compréhension est massivement atteinte avec des éléments plus ou moins marqués de surdité verbale. Il peut être difficile, dans les demandes d'exécution de gestes, de distinguer ce qui peut revenir à une apraxie ou à un trouble de la compréhension (fig. 2.7).

Une alexie et une agraphie aphasique complètent le tableau dans les formes massives.

Certaines aphasies de Wernicke se caractérisent par une prédominance des troubles affectant le langage écrit (aphasie de Wernicke de type III) que l'on peut rapprocher du *syndrome alexie-agraphie* décrit par Hecaen, associant un trouble de la reconnaissance des mots plus que des lettres, un déficit de la compréhension du langage écrit, une perte de la stratégie perceptive de la lecture qui peut parfois commencer par le milieu ou par la fin des mots, et une agraphie. Ce syndrome correspond à une lésion pariétale (gyrus angulaire) (fig. 2.8).

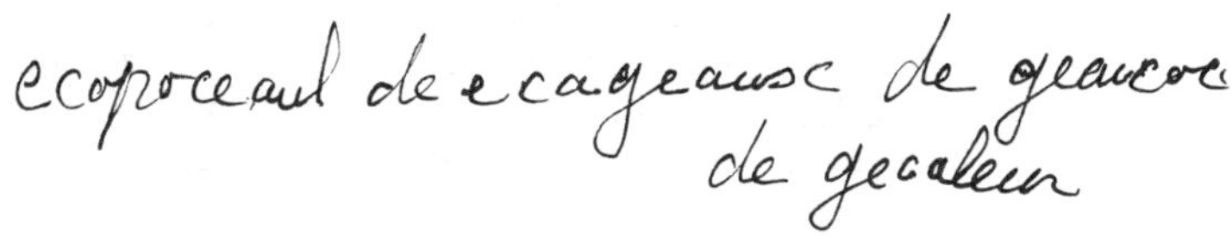

Fig. 2.8. *Agraphie (écriture copiée) au cours d'une aphasie de Wernicke.*

Certaines aphasies de Wernicke s'accompagnent d'un débit élocutoire réduit pouvant survenir d'emblée ou caractériser un mode évolutif coïncidant avec une régression de l'anosognosie.

❐ Les aphasies amnésiques ou anomiques

• L'aphasie amnésique

L'aphasie amnésique de Pitres se caractérise par un manque du mot avec définition par l'usage, sans trouble de la compréhension et sans paraphasie. Elle peut constituer le mode de présentation des aphasies progressives et notamment tumorales comme le mode évolutif d'une aphasie de Wernicke.

L'aphasie amnésique répond à de multiples sites lésionnels. Les aphasies amnésiques les plus pures sont observées lors des lésions temporales et tout particulièrement les lésions de la circonvolution temporale inférieure (Goodglass) tandis que les aphasies amnésiques liées à une lésion du gyrus angulaire ajoutent au déficit de l'évocation du mot, un déficit sémantique altérant la compréhension du sens du mot; dans ce cas, l'aphasie anomique est souvent associée à une alexie et une agraphie voire à un syndrome de Gertsmann. Toutefois, des manques du mot peuvent être observés dans de nombreux autres sites lésionnels, par exemple lors des lésions frontales gauches accompagnant alors une aphasie transcorticale motrice ou même lors de lésions de l'hémisphère droit.

• Les autres aspects des anomies

Les anomies aphasiques sont dues à une incapacité d'accès à la sélection lexicale et elles doivent être distinguées des anomies en rapport avec un déficit du traitement perceptif ou associatif des informations sensorielles (voir chapitre 7). Aussi le déficit de dénomination des aphasiques existe quelle que soit la modalité sensorielle de présentation des informations (la vue, le tact, l'audition) : on dit que l'anomie aphasique ne dépend pas du canal emprunté. Toutefois on peut exceptionnellement observer des aphasies spécifiques d'une modalité sensorielle, comme une aphasie tactile ou une aphasie optique qui sont plutôt considérées comme des syndromes de disconnexion (voir chapitre 7) entre le traitement associatif des informations sensorielles et les aires du langage. Il existe, dans le même champ des disconnexions, des anomies pour les couleurs. Les lésions du corps calleux peuvent entraîner des anomies tactiles gauches par disconnexion interhémisphérique (voir chapitre 15).

Certaines anomies sont spécifiques ou relativement spécifiques d'une catégorie lexicale. Avec les déficits de la compréhension verbale catégorielle envisagés plus haut (page 31), elles permettent d'esquisser le vaste problème de l'organisation catégorielle des connaissances, elle-même suggérée par la constatation d'altérations catégorielles, donc dissociées des connaissances (Shallice, 1988) : elles peuvent être associées à un trouble catégoriel de la compréhension verbale donc du savoir sémantique (voir *supra*) comme elles peuvent être « pures », c'est-à-dire liées au seul déficit catégoriel de la sélection lexicale. On peut ainsi observer des anomies pour les parties du corps, pour les objets familiers d'une pièce, pour les items animés (ou biologiques) avec préservation des items inanimés ou manufacturés ou manipulables ou encore des dissociations inverses. De même existe-t-il des dissociations entre la dénomination des images d'objets (noms), plutôt préservée, et celle des images d'actions (verbes), plutôt altérée dans les agrammatismes, des dissociations semblables ou inverses pouvant être observées dans des aphasies amnésiques ou sensorielles (Kremin, 1990). Il existe aussi des anomies pour les noms propres (noms de personnes, noms géographiques) qui relèvent de lésions topographiquement variables de l'hémisphère gauche, les sites électivement impliqués pouvant être, sans certitude absolue, la partie antérieure du lobe temporal (aire 38) et le thalamus gauches (Semenza). L'implication des structures profondes comme le caractère encore provisoire des limites catégorielles peuvent encore être illustrés par l'observation de Crosson concernant un cas d'anomie limitée aux termes médicaux après hémorragie affectant le pulvinar (Crosson *et al.*, 1997).

L'*aphasie de conduction* ou aphasie motrice afférente (Luria) ou aphasie centrale (Goldstein) se caractérise par d'importantes perturbations du langage spontané et surtout de la répétition qui comporte de nombreuses paraphasies phonémiques et verbales morphologiques alors qu'il n'existe pas de désintégration phonétique et que la compréhension est normale. La conscience du trouble est préservée comme en témoignent les tentatives d'autocorrection du langage oral comme de l'écriture spontanée et dictée alors que l'écriture copiée est préservée. Cette aphasie peut être conçue comme un déficit isolé de la sélection et de l'ordonnancement des phonèmes (2e articulation du langage). Elle est le plus souvent liée à une atteinte de la substance blanche sous-corticale du *gyrus supramarginalis* (aire 40) lésant le faisceau arqué et entraînant, comme l'avait postulé Wernicke, une dissociation entre le cortex temporo-pariétal et la troisième circonvolution frontale. Peuvent aussi donner une aphasie de conduction, des lésions étendues de l'aire de Wernicke (pouvant évoquer une prise en charge de la compréhension par l'autre hémisphère) interrompant le faisceau arqué à son origine, de même que des lésions des aires auditives primaires et secondaires (aires 41 et 42), de l'insula et de la substance blanche sous-jacente interrompant le faisceau arqué plus en aval ou plus en profondeur. Il a pu aussi être postulé l'existence de deux voies de production de la parole (fig. 2.9) : l'une, passive, transfère directement les entrées auditives vers le traitement phonologique, l'autre procède à un traitement sémantique précédant le traitement phonologique. Seule la première procédure serait atteinte dans l'aphasie de conduction, ce qui pourrait expliquer que les phrases nécessitant un traitement sémantique actif soient mieux répétées que les phrases où la mise en jeu de la fonction sémantique n'est pas sollicitée. Ainsi, un aphasique de conduction peut échouer à répéter le mot *magicien* mais pourra améliorer ses performances si ce mot est inclus dans une phrase dont on lui demande de décider si elle a ou non un sens comme par exemple : « L'homme qui noie un lapin de son chapeau est un magicien ». Dans l'aphasie de conduction, pourrait aussi être observé un déficit de la mémoire auditivoverbale à court terme dont le codage serait phonologique contrairement à la mémoire auditivoverbale à long terme dont le codage serait sémantique (voir chapitre 14).

- **L'aphasie transcorticale sensorielle**

Elle est définie par le contraste entre les perturbations de la compréhension et l'intégrité de la répétition avec tendance écholalique au cours d'une aphasie, par ailleurs semblable, sur le plan du langage parlé, à une aphasie de

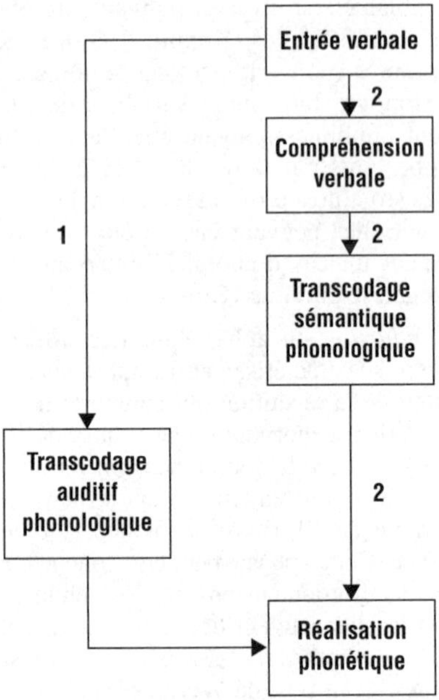

Fig. 2.9. *Les deux voies de production de la parole.*
1. Voie directe ou passive (lésée dans l'aphasie de conduction). 2. Voie active (lésée dans l'aphasie transcorticale motrice) (d'après McCarthy et Warrington. *Brain*. 1984;*107*:463-485).

Wernicke (aphasie de Wernicke de type II). Cette aphasie permet de dissocier anatomiquement l'aire de Wernicke conçue comme une aire de décodage phonémique d'une zone d'intégration sémantique dont l'altération entraverait la compréhension en préservant une répétition devenue psittacisme (fig. 2.10).

L'aphasie transcorticale sensorielle est typiquement liée à des lésions temporo-pariétales postérieures à l'aire de Wernicke dans la zone bordante et tout particulièrement au niveau des aires 37 (aire de transition temporo-occipitale) et 39 (gyrus angulaire), les lésions pouvant s'étendre au lobe occipital tout particulièrement au niveau des aires visuelles associatives 18 et 19.

L'aphasie transcorticale sensorielle peut exceptionnellement s'accompagner d'une préservation (relative) de la dénomination (fig. 2.11).

Les aphasies à langage réduit

❒ L'aphasie de Broca

Les lésions, antérieures, intéressent non seulement la *pars triangularis* et la *pars opercularis* de la troisième circonvolution frontale mais aussi les régions

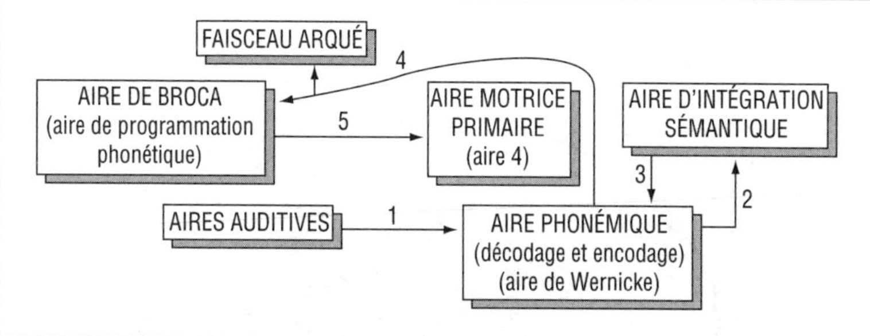

Topographie lésionnelle	*Type de troubles*	*Autres appellations*
Aires auditives (bilatérales)	Surdité corticale, agnosie auditive	
Circuit 1	Surdité verbale pure	
Aire de Wernicke	Aphasie de Wernicke	
Circuit 2	Aphasie transcorticale sensorielle avec intégrité de la dénomination	
Aire d'intégration sémantique ou circuits 2 et 3	Aphasie transcorticale sensorielle	Aphasie de Wernicke de type II (48)
Circuit 3	Aphasie amnésique	
Circuit 4	Aphasie de conduction	
Aire de Broca	Aphasie de Broca	Aphasie motrice efférente de Luria
Circuit 5	Aphémie (Déjerine)	Anarthrie pure (Pierre Marie)

Fig. 2.10. *Représentation des aires corticales du langage parlé et de leurs connexions connues ou supputées en fonction des signes de certaines aphasies* (d'après les schémas de Kussmaul et de Heilman *et al. Brain.* 1976;*99*:415-426).

Toutefois, ces schémas occultent le rôle « initiateur » du lobe frontal et le rôle des noyaux gris, tout particulièrement du thalamus dans l'activation des tâches linguistiques et de l'accès au lexique (voir aussi fig. 2.5).

corticales voisines et notamment l'insula, s'étendant en profondeur vers la substance blanche des capsules externe et interne et vers les noyaux gris centraux (quadrilatère de Pierre Marie, voir fig. 2.4). Aussi s'associe-t-elle habituellement à une hémiplégie droite, totale ou à prévalence brachiofaciale, parfois à une hémianesthésie et à une hémianopsie latérale homonyme. Les autres troubles neurologiques le plus souvent associés sont une apraxie idéomotrice de la main gauche et bien sûr une apraxie bucco-faciale. Dénommée

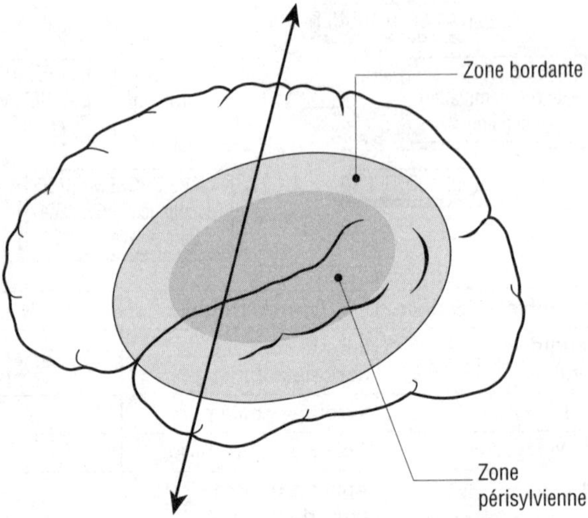

Fig. 2.11. *Répartition anatomique schématique des aphasies altérant (zone périsylvienne) et préservant la répétition (zone bordante) et limite verticale séparant les aphasies à langage réduit et les aphasies fluides* (d'après D.-F. Benson. *The Neurology of Thinking*. Oxford University Press, 1994).
On peut distinguer deux vastes zones impliquées dans le traitement du langage. L'une, « périsylvienne », contient les aires classiques de Broca et de Wernicke, le *gyrus supramarginalis* et leurs faisceaux d'association. Cette zone est impliquée dans le décodage et l'encodage phonémiques ainsi que dans la réalisation phonétique. Ses lésions produisent des aphasies de séméiologie variée mais dont le caractère commun est d'altérer la répétition. L'autre zone, bordant en couronne la précédente, implique le cortex préfrontal en avant, le carrefour temporo-pariéto-occipital (dont le gyrus angulaire) en arrière. Ses lésions donnent les aphasies transcorticales qui altèrent en avant l'initiation articulatoire (aphasie transcorticale motrice ou dynamique), en arrière les traitements sémantiques (aphasie transcorticale sensorielle) mais qui respectent la répétition. En outre, une frontière représentée par la scissure de Rolando sépare approximativement les sites lésionnels des aphasies « non fluentes » (à langage réduit) ou antérieures des aphasies « fluentes » ou postérieures.

aphasie d'expression par Déjerine, aphasie motrice efférente par Luria, aphasie de réalisation phonématique par Hecaen, cette aphasie se caractérise par une réduction du langage avec des difficultés de l'articulation des mots, une certaine facilitation par l'ébauche orale, des troubles de l'écriture alors que la compréhension est perturbée de manière plus discrète que dans l'aphasie de Wernicke.

La réduction du langage est toujours manifeste mais d'intensité variable. Dans certains cas, les malades parlent peu et doivent être incités de manière répétée pour émettre quelques mots. D'ailleurs, la réduction du langage est parfois telle que le malade ne produit que des *stéréotypies*. Parfois une émission verbale laborieuse peut être entrecoupée de phrases, de mots prononcés de manière fluide (formules de politesse, jurons, etc.) illustrant le principe de la dissociation automatico-volontaire du langage. Les troubles de l'expression orale réalisent le syndrome de désintégration phonétique souvent accompagné d'une apraxie bucco-faciale. Ils peuvent s'associer à une dysprosodie. La production du chant est souvent épargnée : des mélodies peuvent ainsi être fredonnées ou marmonnées et le chant, ou tout simplement l'inscription de la production orale dans une ligne mélodique même sobre, peut favoriser l'expression verbale. Les monosyllabes sont par ailleurs mieux réalisés que les dissyllabes et les logatomes sont mieux réalisés que les mots de même longueur, peut-être en raison de l'ambiguïté introduite par leur charge significative.

L'évolution peut se faire à l'oral mais aussi à l'écrit vers un agrammatisme qui dans certains cas domine le tableau clinique *(aphasie agrammatique)* : le contraste entre l'efficacité de la sélection des mots du lexique et l'incapacité de les combiner en raison de l'utilisation réduite des mots grammaticaux peut être illustré par l'épreuve des contraires décrite par Hecaen au cours de laquelle les contraires de type lexical (grand, petit) sont mieux préservés que les contraires morphologiques (légal, illégal), la même dissociation étant d'ailleurs observée dans les aphasies de conduction.

L'étude de la dénomination, outre les difficultés de réalisation phonétique, révèle un défaut d'évocation des mots plus ou moins corrigé par l'ébauche orale; les troubles de la compréhension sont habituellement modérés et en tout cas la compréhension est de meilleure qualité que la production orale. Les difficultés intéressent moins les syntagmes nominaux et verbaux *(Le gros chien aboie)* que les liens signifiants dépendant de mots grammaticaux *(Après s'être levé et avant de partir, Pierre a pris son petit déjeuner)*.

L'écriture peut montrer des transformations paragraphiques, une dysorthographie, un agrammatisme (voir chapitre 3). La compréhension du langage écrit est médiocre, les difficultés intéressant les phrases complexes mais parfois aussi les mots. Outre la désintégration phonétique extériorisée dans la lecture à haute voix, peuvent être observées une alexie dite antérieure, une alexie phonologique, une dyslexie profonde (voir chapitre 4).

Les sujets sont conscients de leur trouble, ce qui explique la fréquence des réactions dites de catastrophe et d'une dépressivité (voir chapitre 17).

❐ L'anarthrie pure de Pierre Marie

Les anarthries pures de Pierre Marie réalisent un mutisme ou un syndrome de désintégration phonétique, l'un et l'autre étant habituellement successifs et par ailleurs caractérisés par la préservation de la compréhension et de l'expression écrite qui permet de communiquer avec les patients. Une apraxie bucco-faciale y est associée. Les sites lésionnels ont déjà été envisagés (voir *supra*). Certaines désintégrations phonétiques isolées, ou relativement isolées, peuvent représenter le mode évolutif d'une aphasie de Broca. Il faut à ce sujet rappeler que les lésions limitées à l'aire de Broca donnent le plus souvent un mutisme rapidement suivi d'une désintégration phonétique sans autre trouble significatif du langage.

❐ L'aphasie totale de Déjerine ou grande aphasie de Broca

Elle se caractérise par une suspension du langage, une compréhension nulle, l'impossibilité de lire et d'écrire. Elle correspond souvent à de vastes lésions hémisphériques gauches pré- et rétrosylviennes et s'accompagne donc d'une hémiplégie sensitivo-motrice mais elle peut, plus exceptionnellement, être liée à des lésions non contiguës des aires de Broca et de Wernicke : elle ne s'accompagne alors pas d'hémiplégie et elle est souvent, mais pas toujours, liée à une embolie cérébrale.

Les autres aphasies

❐ L'aphasie transcorticale motrice

L'aphasie transcorticale motrice (ou aphasie frontale dynamique, selon Luria) se caractérise par le contraste entre une réduction massive du langage spontané (qui peut aller jusqu'au mutisme) et la préservation des capacités de répétition qui peut même être écholalique. La compréhension auditivoverbale est normale ou assez bien préservée, de même que la lecture à haute voix et la compréhension du langage écrit. La dénomination montre un manque du mot d'intensité variable, volontiers amendé par l'ébauche orale. Cette aphasie, centrée par un déficit de l'initiation élocutoire est liée à des lésions situées en avant ou au-dessus de l'aire de Broca qui peut être partiellement intéressée; il peut aussi s'agir de lésions de l'aire motrice supplémentaire à la face interne de l'hémisphère gauche, en particulier lors d'infarctus de la cérébrale antérieure : le mutisme, initialement total, s'améliore secondairement ou coexiste avec une restauration de la répétition; une agraphie non apraxique est volontiers associée. Enfin, il apparaît que des lésions de la substance blanche du lobe frontal, situées au-dessus et en dehors de la corne frontale, donnent aussi une aphasie transcorticale motrice dont le dénominateur commun pourrait être représenté par une atteinte de l'aire motrice supplémentaire elle-même ou par une lésion entraînant une disconnexion entre l'aire motrice supplémentaire et l'aire de Broca. L'aire motrice supplémentaire est en effet la structure la plus haute d'un ensemble fonctionnel (fig. 2.12) responsable de l'initiation élocutoire et comportant par ailleurs, de haut en bas, le gyrus cingulaire, le noyau réticulaire du thalamus et la substance blanche péri-aqueducale : les lésions de l'une ou l'autre de ces structures entraînent un mutisme tandis que leur stimulation entraîne une vocalisation. Ce système est lié par le gyrus cingulaire à de nombreuses structures limbiques dont les influences se rassemblent au niveau de l'aire motrice supplémentaire elle-même connectée à l'aire de Broca. L'aphasie transcorticale motrice exprime ainsi la suppression des influences limbiques sur les aires cérébrales responsables de l'expression du langage.

❐ L'aphasie transcorticale mixte

L'aphasie transcorticale mixte (avec suspension du langage et incapacité de la compréhension) réalise le tableau d'une aphasie globale avec préservation de

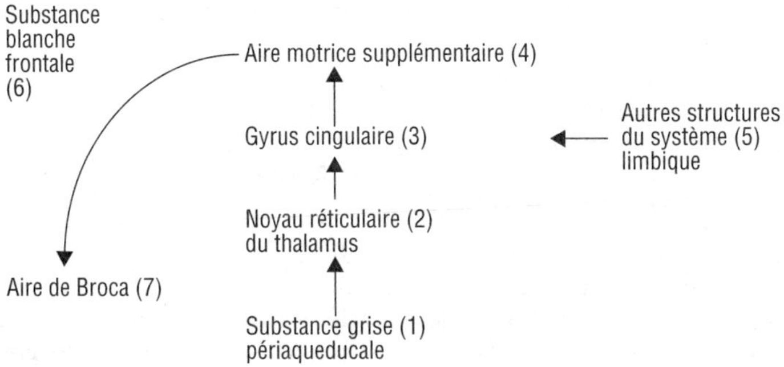

Fig. 2.12. *Le système de contrôle de l'initiation élocutoire (1, 2, 3, 4) et les sites lésionnels responsables de l'aphasie transcorticale motrice (4, 6).*

la répétition. Dénommée aussi syndrome d'isolement de l'aire du langage, elle est liée à de vastes lésions de la couronne périsylvienne (voir fig. 2.11) et a pu être observée au cours d'intoxications oxycarbonées, dans des infarctus jonctionnels après occlusion carotidienne et dans des infarctus étendus fronto-pariétaux internes du territoire de la cérébrale antérieure. Les capacités de répétition persistant après lésion conjointe du faisceau arqué, il est possible qu'elles reflètent une activité de l'hémisphère droit.

❒ Les aphasies sous-corticales

Les aphasies sous-corticales peuvent être liées à l'atteinte :

– de la substance blanche périventriculaire et sous-corticale,

– du thalamus,

– de la région capsulo-striée.

• Les aphasies par lésions de la substance blanche périventriculaire et sous-corticale

Les lésions périventriculaires donnent un tableau d'aphasie transcorticale motrice plus ou moins pur (voir *supra*). Une lésion de l'isthme temporal peut perturber la compréhension ou même donner un tableau voisin de l'aphasie transcorticale sensorielle ; une lésion de l'isthme frontal, sous l'opercule frontal, peut entraîner un tableau d'aphasie de conduction.

• Les aphasies thalamiques et capsulo-striées

Parfois rapprochées des aphasies transcorticales en raison de la préservation de la répétition, elles offrent une séméiologie variée et doivent être suspectées quand :

– une aphasie ressemblant à un Wernicke s'accompagne d'une hémiplégie droite ;

– il existe une diminution de l'intensité vocale (hypophonie) ;

– des troubles arthriques ou une réduction de la fluence verbale s'associent à des paraphasies verbales ;

– il existe des paraphasies « extravagantes », des persévérations et une incohérence du discours (*épis de blé → des liennes de jointure fixe en génuflexion* ; *fourchette → c'est une chose qui prend son air en « brique »*. Question : *« En quoi se ressemblent l'air et l'eau ? »* ; Réponse : *« ... un des moyens pour commettre une arme tranchante »*).

La moitié des cas d'aphasies sous-corticales réalise le tableau des *« aphasies dissidentes »* de Puel et ses collaborateurs, associant une hypophonie, une réduction du volume verbal, des paraphasies verbales souvent étranges voire extravagantes et des persévérations aboutissant à des propos incohérents, une compréhension du langage oral totalement ou largement préservée. Ces aphasies correspondent le plus souvent à des aphasies thalamiques, qu'il s'agisse d'hémorragies ou d'infarctus intéressant soit le territoire tubéro-thalamique (ou polaire antérieur) soit, plus exceptionnellement, le territoire paramédian. Un déficit important de la mémoire verbale y est associé. Les troubles du langage liés à un infarctus du territoire de l'artère choroïdienne antérieure gauche réalisent aussi le tableau d'une aphasie thalamique. Les aphasies striato-caudées par hémorragie ou infarctus des artères lenticulo-striées donnent des aphasies se rapprochant des aphasies classiques de Broca ou de Wernicke, des aphasies globales ou transcorticales mixtes en cas de lésions étendues, des aphasies dissidentes avec ou sans troubles arthriques. Des productions verbales prolixes, extravagantes, riches en persévérations et en glissements sémantiques, qui font perdre le « fil d'un discours » devenu incohérent, contaminant aussi l'expression graphique, peuvent constituer l'élément essentiel de certaines aphasies lenticulo-caudées ou limitées au noyau caudé. Elles peuvent s'enrichir de « signes frontaux » (comportement de préhension, persévérations dans les séries gestuelles). Des lésions strictement putaminales peuvent donner des perturbations du débit articulatoire avec pseudo-bégaiement et palilalie, isolés ou associés à une réduction de la fluence et un manque du mot.

Les études isotopiques du débit sanguin ou de la consommation en oxygène ont pu objectiver, lors des aphasies sous-corticales, un déficit fonctionnel plus ou moins étendu du cortex, notamment frontal et pariétal. Toutefois le mécanisme des aphasies sous-corticales ne se résume pas à la désafférentation du cortex et les expériences de stimulation confortent l'hypothèse d'un rôle spécifique des noyaux gris centraux dans la mise en œuvre des capacités langagières : ce rôle s'exercerait par l'intermédiaire d'une multitude de boucles cortico-striato-pallido-thalamiques dont les lésions perturberaient, selon Cambier, la dynamique attentionnelle et intentionnelle de la communication, le choix lexical et la cohérence sémantique, l'exécution de la parole dans ses aspects vocaux et articulatoires. Ainsi, selon Crosson, la programmation motrice et la formulation lexicale dépendraient des aires antérieures, le décodage phonologique et lexical dépendrait des aires temporo-pariétales qui exerceraient en outre un précontrôle sur les aires antérieures grâce aux influences facilitatrices ou inhibitrices des noyaux gris centraux et du thalamus.

❐ L'aphasie des gauchers et des ambidextres

Chez le gaucher et l'ambidextre, existe plus fréquemment, et de manière plus accentuée que chez le droitier, une dominance « partagée » pour le langage. Il s'ensuit qu'une aphasie peut survenir soit après une lésion droite, soit après une lésion gauche : il s'agit d'aphasies habituellement modérées et régressives, avec des perturbations le plus souvent modérées de la compréhension.

❐ Les aphasies croisées

On désigne sous ce terme les aphasies par lésion de l'hémisphère droit chez le droitier, à condition qu'il n'y ait pas de notion de gaucherie familiale et que l'intégrité de l'hémisphère gauche puisse être solidement documentée. Leur fréquence est estimée à 1 %. Le tableau considéré comme le plus habituel est celui d'une aphasie d'expression avec réduction du volume verbal, stéréotypies, paraphasies surtout phonémiques, agrammatisme avec expression écrite agrammatique ou jargonagraphique alors que la compréhension est épargnée ou modestement atteinte. Les troubles associés peuvent mêler les signes d'une atteinte de l'hémisphère majeur (avec certains éléments d'un syndrome de Gerstmann) et de l'hémisphère mineur (avec notamment des perturbations visuospatiales). Les lésions sous-corticales sont considérées comme fréquentes. Loin s'en faut toutefois que ce tableau soit constant : on a en effet aussi pu observer des aphasies de Broca, des aphasies de Wernicke avec les mêmes troubles sévères de la compréhension que ceux observés dans leurs homologues hémisphériques gauches, des aphasies de conduction, des surdités verbales et même des aphasies globales. De même la réputation de bénignité évolutive des aphasies croisées est loin d'être constante.

La séméiologie des aphasies peut ou non correspondre avec les localisations lésionnelles : ainsi une lésion antérieure peut donner une aphasie non fluente, voire un « Broca », mais peut aussi donner une aphasie fluente avec paraphasies, de telles atypies s'observant dans un tiers environ des cas.

Ces constatations suggèrent que les dominances hémisphérique droite pour le langage et hémisphérique droite pour la main puissent être dissociées ; elles suggèrent aussi que la latéralisation droite du langage peut être plus ou moins complète, ce qui peut rendre compte du caractère plus ou moins bénin de l'aphasie croisée. Si l'asymétrie des formations anatomiques, et en particulier un plus grand développement du *planum temporale* gauche (pouvant être mis en évidence dès la 31e semaine de la gestation), a été invoquée comme fondement de la dominance hémisphérique gauche, rien ne prouve qu'une asymétrie inverse existe en cas d'aphasie croisée ; bien plus, une asymétrie anatomique comparable à celle d'un « droitier » a même pu être observée.

❐ L'aphasie des sourds-muets ou aphasie du langage des signes

Les lésions de l'hémisphère gauche du sourd-muet peuvent entraîner des perturbations du langage oral quand il a été acquis et parallèlement du langage des signes, de même que la compréhension du langage des signes peut être altérée en même temps que la compréhension du langage lu sur les lèvres. La spécialisation de l'hémisphère gauche pour le langage apparaît donc comme indépendante des canaux sensoriels qui ont permis son élaboration.

❐ L'aphasie des polyglottes

Les aphasies des sujets parlant deux ou plusieurs langues se caractérisent souvent par la plus grande robustesse de la langue maternelle mais il ne s'agit pas là d'une constatation constante : ainsi, la langue usuelle au sujet au moment de l'installation de l'aphasie peut récupérer le plus rapidement; la lecture et l'écriture (composantes visuelles du langage) peuvent expliquer la récupération plus rapide d'une langue secondairement apprise par rapport à un dialecte ou un patois véhiculés par la seule voix verbale. Mais l'importance affective de la langue doit aussi être prise en compte : ainsi a-t-on pu observer une restitution préférentielle de la langue hébraïque chez des sujets émigrés en Israël et dont la langue maternelle était l'allemand, le russe, ou l'anglais.

❐ Hémisphère droit et langage

Un certain nombre d'arguments plaident pour une « contribution » de l'hémisphère droit à l'activité langagière : préservation d'un langage automatique malgré des lésions massives de l'hémisphère gauche, aggravation d'une aphasie liée à une lésion hémisphérique gauche lors de la survenue d'une nouvelle lésion de l'hémisphère droit, aggravation d'une aphasie par lésion gauche lors d'un test de Wada (injection intracarotidienne d'amytal sodique) effectué du côté droit, tandis que quelques rares observations d'amélioration des capacités de langage écrit ou oral chez des cérébrolésés gauches après excision lobaire voire hémisphérectomie suggèrent même une inhibition des capacités langagières de l'hémisphère droit par l'hémisphère gauche lésé. Enfin les études faites chez les commissurotomisés montrent que l'hémisphère droit est capable de comprendre le sens de mots, qu'ils soient présentés à l'oral ou à l'écrit, ce qui indique donc une compétence de cet hémisphère dans les traitements lexico-sémantiques. Il faut y ajouter son rôle dans la prosodie émotionnelle (voir chapitre 17) et dans la fonction pragmatique du langage, c'est-à-dire le langage dans sa fonction de communication telle qu'elle se déploie dans le discours conversationnel qui, au-delà des aspects phonologiques, synataxiques et sémantiques, doit s'adapter au contexte, répondre avec pertinence aux attentes de l'interlocuteur, mobiliser la « mise en acte » de la parole avec la mimique, le geste, la posture. Ainsi, les malades atteints de lésions hémisphériques droites peuvent présenter des troubles dans l'organisation du discours, qui peut paraître « décousu » avec des digressions, des commentaires inadaptés voire insolites (*tangential speech*), des difficultés pour repérer les « incongruités » ou les informations implicites (comme la morale d'une histoire). L'humour, les métaphores peuvent être difficilement accessibles. Les actes de langage, c'est-à-dire l'intention, la requête du locuteur sont difficilement accessibles. Ainsi, en fonction du contexte, la phrase « J'ai froid » peut être une constatation purement informative ou être un moyen de suggérer que l'on ferme une fenêtre d'une pièce d'habitation ou la vitre d'une voiture; la requête elle-même peut cacher un agacement ou solliciter une aide. Telles sont les informations qui, au-delà du sens littéral des mots, surgissent du contexte et permettent d'étudier l'aptitude du sujet à utiliser son langage pour communiquer (Hannequin).

❐ L'aphasie de l'enfant

Les aphasies de l'enfant surviennent après que l'enfant a acquis certaines capacités langagières et sont consécutives à une souffrance lésionnelle intéressant, dans la majorité des cas, l'hémisphère gauche : elles s'opposent aux dysphasies développementales qui altèrent l'élaboration même du langage et surviennent en l'absence de substratum lésionnel.

L'aphasie de l'enfant a initialement été envisagée comme étant surtout une aphasie d'expression, avec réduction du langage améliorée par les sollicitations et l'ébauche orale, simplification de la syntaxe, désintégration phonétique, relative discrétion des troubles de la compréhension. Le langage écrit est sévèrement perturbé, avec alexie globale littérale et verbale, tandis que la production graphique peut être impossible ou grevée de dysorthographies. L'évolution est souvent favorable sur le plan linguistique mais il apparaît ensuite une insuffisance du rendement scolaire liée à d'importantes difficultés d'acquisition des connaissances. En fait, ce tableau relativement stéréotypé a été remis en question et pourrait correspondre à des aphasies sélectionnées sur la présence d'une hémiplégie, donc correspondant en majorité à des lésions plutôt antérieures. C'est dire que certaines aphasies de l'enfant sont fluides (au moins en début d'évolution), qu'elles peuvent, à l'instar de l'adulte, se manifester par des paraphasies verbales ou phonémiques, des persévérations et des stéréotypies, des troubles sévères de la compréhension. Des tableaux d'aphasie fluide peuvent correspondre à des lésions de la partie postérieure de l'hémisphère dominant. Les cas de meilleur pronostic correspondraient aux lésions traumatiques. Dans certaines séries, un pronostic plus favorable est attaché aux aphasies survenant le plus précocement (et en particulier avant 8 ans), ce qui n'a pas été unanimement constaté. C'est vers l'âge de 10 ans que les aphasies de l'enfant partagent les caractères de celles des adultes.

Le *syndrome de Landau-Kleffner* ou *syndrome d'aphasie acquise avec épilepsie* survient entre 18 mois et 13 ans. L'aphasie associe des troubles de l'expression verbale (qui est réduite et affectée de distorsions phonétiques et de paraphasies phonémiques) et des troubles de la compréhension orale parfois associés à une agnosie auditive (intéressant les voix, les bruits familiers et pouvant conduire à prendre l'enfant pour un sourd). À ces troubles s'ajoutent des crises épileptiques partielles ou généralisées et des troubles du comportement (instabilité, troubles caractériels, énurésie, perturbations du sommeil). L'électroencéphalogramme montre des pointes-ondes bilatérales prédominant en temporal et accrues par le sommeil lent, au cours duquel l'aspect observé peut être indissociable de celui du syndrome de pointes-ondes continues du sommeil durant lequel des pointes-ondes diffuses occupent la majeure partie du sommeil lent. Il n'a pas été individualisé de substratum lésionnel objectivable par l'imagerie mais il a été observé des cas secondaires ou associés à des pathologies diverses (artérite cérébrale, neurocysticercose, kyste arachnoïdien de la vallée sylvienne gauche). Le pronostic de l'aphasie est d'autant meilleur que les troubles apparaissent plus tard, les cas ayant le plus mauvais pronostic étant âgés de moins de 6 ans. La corticothérapie paraît être le traitement le plus actif. Les cas rebelles peuvent être améliorés par les immunoglobulines voire par les résections transpiales du cortex concerné par l'activité épileptique.

Étiologie et pronostic

Les causes les plus fréquentes d'aphasies sont les accidents vasculaires cérébraux, les traumatismes craniocérébraux, les tumeurs intracrâniennes. Les aphasies peuvent faire partie de la séméiologie des démences de même que des atrophies « lobaires » entraînent des aphasies « progressives ». Les aphasies brèves peuvent relever d'accidents ischémiques transitoires, de migraines accompagnées de crises épileptiques focales mais une aphasie prolongée n'exclut pas une étiologie épileptique (état de mal guérissant sous traitement spécifique).

Le pronostic de l'aphasie dépend de l'étiologie (suivant qu'elle renvoie à des causes stabilisées comme les séquelles d'une contusion traumatique du lobe temporal gauche ou évolutives comme une tumeur intracrânienne). Les aphasies des gauchers et des ambidextres sont souvent moins massives et de tendance plus régressive que celles des droitiers. Au cours des ictus, le pronostic est essentiellement fonction de la gravité initiale de l'aphasie et de ses modalités évolutives dans les quatre premières semaines suivant l'ictus.

Outre la régression des lésions initiales, l'amélioration des aphasies peut s'expliquer par le transfert fonctionnel sur d'autres structures de l'hémisphère gauche, en particulier périlésionnelles et sur la contribution de l'hémisphère droit (voir *supra* page 52). Il est intéressant de constater que l'imagerie dynamique a pu montrer, à la phase aiguë de l'ictus, une dépression métabolique des zones lésionnelles de l'hémisphère gauche mais aussi une dépression par diaschisis de zones non lésées de l'hémisphère gauche et de l'hémisphère droit : l'amélioration est associée avec la régression de la dépression métabolique des zones non lésées, tout particulièrement de l'hémisphère droit (Cappa *et al.*, 1997). Toutefois les meilleures évolutions sont associées à la réactivation métabolique périlésionnelle, tout particulièrement au niveau du gyrus temporal supérieur gauche, ce qui montre que l'atteinte partielle des zones du langage est le meilleur facteur de bon pronostic (Heiss *et al.*, 1997 ; Karbe *et al.*, 1998).

Les traitements médicamenteux des aphasies sont essentiellement à visée étiologique : il en est ainsi par exemple des aphasies épileptiques ou des aphasies liées à une tumeur maligne. Quant à la pharmacothérapie fondée sur le substratum biochimique des innombrables circuits neuronaux qui sous-tendent le langage, elle demeure balbutiante : le piracétam s'est avéré un adjuvant de la prise en charge orthophonique ; la bromocriptine a pu améliorer des aphasies à langage réduit tandis que les troubles de dénomination et de la compréhension pourraient être améliorés par les substances cholinergiques comme les anticholinestérasiques (Albert, 1998).

La description séméiologique des aphasies permet d'imaginer le désarroi psychologique entraîné, en l'absence d'anosognosie, par l'impossibilité phonétique, phonémique ou sémantique de communiquer. L'évolution sera d'autant meilleure que le sujet a des troubles modérés de la compréhension et qu'il surmonte une tendance dépressive, des réactions de catastrophe, des manifestations caractérielles secondaires à sa détresse pour participer activement à sa rééducation. Même si les méthodes de prise en charge sont diverses, l'évolution est de meilleure qualité quand le patient bénéficie de séances rééeducatives et la réhabilitation des aphasiques constitue aujourd'hui l'une des missions du métier d'orthophoniste. Certes il est des cas où la situation rééducative reste bloquée : ainsi en est-il des aphasies globales avec suspension du langage et compréhension nulle dont il faut attendre les premiers balbutiements et l'accès à la réalisation de quelques ordres simples ; ainsi en est-il aussi des aphasies de Wernicke avec un jargon logorrhéique, une compréhension massivement atteinte et une anosognosie, dont il faut guetter la première prise de conscience des troubles, une régression modérée des troubles de la compréhension, avant de pouvoir envisager de limiter la logorrhée en « canalisant » l'expression verbale du malade.

La rééducation du langage dispose de multiples méthodes qui d'ailleurs ne sont pas exclusives les unes des autres :

– Les *méthodes de stimulation* exaltent les processus attentionnels et visent à faire surgir des processus langagiers que l'on estime inactivés par l'aphasie.

– La *méthode dite séméiologique de Ducarne de Ribaucourt* est fondée aussi sur la stimulation en y associant des techniques d'apprentissage planifiées grâce à une étude minutieuse des perturbations du langage. L'utilisation d'un matériel audiovisuel et de l'ordinateur permet au malade d'autoévaluer ses productions. Le recours à des procédures palliatives est envisagé en cas de prévision d'échec du réapprentissage : les prothèses de parole permettent ainsi à des anarthriques de transformer leur langage tapé au clavier en paroles prononcées par l'ordinateur.

Le réapprentissage peut utiliser des stratégies de réorganisation (voir *infra*).

– Les *méthodes comportementales* d'inspiration behavioriste, ces méthodes sont fondées sur la recherche des stimulations aptes à permettre l'apprentissage en suscitant des réponses contrôlées qui pourront faire l'objet de renforcements et en organisant des exercices de complexité croissante. Le conditionnement opérant proposé par Holland (Seron *et al.*, 1978), avec ou sans support informatique, fait l'inventaire du langage résiduel et des principales difficultés du patient, choisit des thèmes langagiers conformes aux intérêts du patient, définit un programme gradué, renforce systématiquement les réponses correctes, tout particulièrement par les encouragements de thérapeute. La VIC (*Computerized Visual Communication,* Weinrich, 1991) permet à des aphasiques sévères d'apprendre à communiquer à l'aide d'images et d'icones représentant des mots qui sont ensuite utilisés pour communiquer grâce à l'ordinateur à l'aide de phrases simples et agrammatiques, ce qui permet au moins d'extraire le patient de son isolement relationnel. Les thérapies mélodiques, fondées sur la constatation empirique de la facilitation exercée par le chant sur l'expression orale d'aphasiques réduits, ont été développées aux États-Unis sous le nom de *Melodic Intonation Therapy* tandis qu'en langue française, une autre méthode a été mise au point en 1997 par Van Eeckhout et ses collaborateurs sous le nom de «thérapie mélodique et rythmée». Cette méthode est fondée sur le rythme (accentuation de chaque unité signifiante d'une phrase comme *«Je* ***suis*** *content* ***de sortir*** *demain»*), la scansion par les gestes, la mélodie faite de deux notes dont l'intervalle est d'une quarte, le schéma visuel représentant la partition musicale dont les deux notes, l'une aiguë, l'autre grave, correspondant chacune à une syllabe, sont représentées par un trait vertical sur deux lignes, la supérieure pour la note aiguë, l'inférieure pour la note grave. Il est intéressant de noter que la tomographie par émission de positrons (TEP) en situation mélodique chez l'aphasique montre, en dehors des zones d'hypométabolisme lésionnelles, une activation pariéto-temporo-frontale limitée à l'hémisphère gauche.

– Les *méthodes cognitives* fondent leur approche, non pas sur les symptômes, mais sur les modèles cognitifs susceptibles de les expliquer : après validation du modèle, il reste le choix de la méthode qui peut être le plus souvent une tentative de réorganisation de la fonction, la facilitation de la fonction, et parfois le rétablissement de la fonction dans son état antérieur ou encore le recours à une stratégie palliative. Ainsi en était-il déjà pour Luria (1963, 1970) pour qui des organisations fonctionnelles indépendantes peuvent générer une compétence neuropsychologique unitaire. L'objectif de la rééducation est alors de tenter la réorganisation de la fonction en recherchant, en présence de chacun des troubles présentés par le malade, s'il est possible de l'aider à mettre en œuvre une autre organisation fonctionnelle que celle qui lui est habituelle pour améliorer ou restaurer une compétence déficitaire : la visualisation de diagrammes articulatoires peut ainsi améliorer les troubles de la réalisation phonétique. Parmi les modèles développés pour expliquer les troubles du langage et leur dissociation, il a pu ainsi être proposé, en présence d'une alexie sans agraphie laissant persister un déchiffrage des lettres en suivant leur contour avec le doigt, de ne pas se contenter, sur le plan rééducatif, de remplacer l'afférence visuelle par l'afférence gestuelle mais d'utiliser le geste comme relais entre la perception visuelle et la verbalisation (Beauvois et Derouesné, 1982).

– Les *méthodes «sociothérapiques»* privilégient le fonctionnement langagier du patient dans sa vie quotidienne, professionnelle et familiale, ce qui impose d'adapter la rééducation à l'environnement du patient. La rééducation en groupe peut favoriser cet abord rééducatif si la composition des groupes permet d'allier des contextes socioculturels proches et des troubles du langage assez voisins dans leur qualité et leur intensité. Car il est vrai que le problème reste souvent pour l'aphasique de pouvoir transférer les progrès réalisés avec son thérapeute dans le cadre de sa vie familiale et sociale.

En tout cas, aucune méthode n'a pu faire la preuve de sa supériorité. Les thérapeutes, mis à part les troubles dissociés ciblant un déficit électif, ont tendance à utiliser des approches méthodologiques variées, sans négliger l'approche pragmatique ciblée sur les échanges de la vie quotidienne et recourant à tous les modes, verbaux ou non, de communication. Moins que du type de technique rééducative, le pronostic dépend de la dimension stimulante du climat rééducatif, fondée sur une analyse précise des troubles du langage tout comme sur l'encouragement et le soutien qu'instaure la relation thérapeu-

Tableau 2.II. *Caractères séméiologiques des principaux types d'aphasies*

Type d'aphasie	*Langage spontané*	*Compré-hension*	*Répétition*	*Dénomina-tion*	*Lecture*	*Écriture*	*Signes associés*	*Localisation*
Aphasie globale ou totale ou grande aphasie de Broca	Nul	Nulle ou très perturbée	Nulle	Nulle	Nulle	Nulle	1) hémiplégie sensitivo-motrice 2) absence d'hémiplégie	1) Vastes lésions pré- et rétrosylviennes 2) Lésions non contiguës des aires de Broca et de Wernicke
Anarthrie pure	Nul ou réduit	Préservée	Nulle ou altérée (désintégration phonétique)	Possible par écrit	Comprise mais non parlée	Préservée	Hémiplégie inconstante	Opercule frontal, quadrilatère de Pierre Marie
Aphasie de Broca	Réduit, stéréotypies, désintégration phonétique	Peu perturbée	Laborieuse avec désintégration phonétique	Perturbée	Alexie antérieure, dyslexie profonde	Dysorthographie	Hémiplégie	Opercule frontal, insula et quadrilatère de Pierre Marie
Aphasie de Wernicke	Fluide, logorrhée avec jargon	Très altérée	Paraphasies	Très altérée	Alexie aphasique	Agraphie aphasique	Hémianopsie	Aire de Wernicke
Aphasie de conduction	Fluide, autocorrections	Préservée	Paraphasies	Paraphasies	Paralexies, compréhension préservée	Paragraphies en dictée	Signes pariétaux	*Gyrus supramarginalis* et faisceau arqué

Tableau 2.II. *Caractères séméiologiques des principaux types d'aphasies* (suite)

Type d'aphasie	*Langage spontané*	*Compréhension*	*Répétition*	*Dénomination*	*Lecture*	*Écriture*	*Signes associés*	*Localisation*
Aphasie amnésique	Fluide	Préservée	Préservée	Manque du mot	Préservée	Préservée		Lobe temporal
Aphasie transcorticale motrice	Réduit voire mutisme	Préservée	Préservée	Manque du mot	Préservée	Agraphie	Hémiplégie (crurale) inconstante	Antérieure et supérieure à l'aire de Broca
Aphasie transcorticale sensorielle	Fluide	Altérée	Préservée, écholalie	Paraphasies	Alexie aphasique	Agraphie	Signes sensitifs, hémianopsie	Partie postérieure zone bordante
Aphasie transcorticale mixte	Réduit	Altérée	Préservée	Très altérée	Nulle	Nulle	Hémiplégie, troubles sensitifs, hémianopsie	Vastes lésions de la couronne bordant les aires du langage
Aphasie dissidente	Réduit avec hypophonie (parfois fluide dans les lésions caudées)	Préservée	Préservée	Paraphasies extravagantes	Altérations variables	Altérations variables	Hémiplégie, troubles sensitifs, hémianopsie, atteinte de la mémoire verbale	Thalamus, région lenticulo-caudée

tique. Mais le thérapeute restera toujours fort démuni en présence d'un malade anosognosique ou d'un malade présentant des troubles massifs de la compréhension ou encore en présence d'une aphasie globale. Le thérapeute doit alors considérer que les connaissances techniques sur l'aphasie doivent contribuer, non pas à oublier, mais au contraire à mieux approcher le drame que représente la dévastation aphasique du langage. Ce drame est parfois limité aux proches en cas d'anosognosie ou d'indifférence du malade. Ce drame est parfois vécu de manière pathétique par le malade comme le manifestent les témoignages recueillis chez des aphasiques : « J'avais l'impression d'être enterrée vivante », disait une patiente… « Déchu, déchu », répondait Valéry Larbaud, interrogé sur son état de santé… Ces témoignages montrent que soigner est aussi accompagner. Le dépistage (et le traitement) d'une dépression (voir page 251), une assistance psychothérapique peuvent avoir leur part dans la prise en charge thérapeutique. On sait la difficulté qu'il peut y avoir à interrompre des rééducations quand les patients n'ont eu qu'une amélioration partielle qui demeure stagnante et quand le climat rééducatif permet des échanges qui demeurent laborieux ou rudimentaires dans la vie quotidienne. C'est dire aussi l'intérêt et le soutien que peut apporter la vie associative.

BIBLIOGRAPHIE

ALAJOUANINE TH. — *L'aphasie et le langage pathologique*. J.-B. Baillière et Fils, Paris, 1968.

ALBERT M.-L. — Treatment of aphasia. *Arch Neurol*. 1998;*55*:1417-1419.

BEAUVOIS M.-F., DEROUESNÉ J. — Recherche en neuropsychologie et rééducation : quels rapports? *In : Rééduquer le cerveau*, X. SERON et C. LATERRE (1 vol). Mardaga, Bruxelles, 1982.

CAPLAN D. — *Neurolinguistics and linguistic aphasiology.* Cambridge University Press, 1987:159-200.

CAPPA S.-F., PERANI D., GRASSI F. *et al.* — A PET follow-up study of recovery after stroke in acute aphasics. *Brain and Language*. 1997;*56*:55-67.

CROSSON B. — Subcortical functions in language : a working model. *Brain and Language*. 1985;*25*:257-292.

CROSSON B., MOBERG P.J., BOONE J.R. *et al.* — Category-specific naming deficit for medical terms after dominant thalamic/capsular hemorrhage. *Brain and Language*. 1997;*60*:407-442.

DAMASIO A.-R. — Aphasia. *New England J Med*. 1992;*326*(8):531-539.

DANIELE A., GIUSTOLISI L., SILVERI M.C. *et al.* — Evidence for a possible neuroanatomical basis for lexical processing of nouns and verbs. *Neuropsychologia*. 1994;*11*:1325-1341.

DE AJURIAGUERRA J., HECAEN H. — *Le Cortex cérébral.* Masson, Paris, 1964.

DUCARNE DE RIBAUCOURT B. — *Rééducation séméiologique de l'aphasie.* Masson, Paris, 1988.

ECCLES J.-C. — *Évolution du cerveau et création de la conscience*. Champs Flammarion, Paris, 1994.

EUSTACHE F., LAMBERT J., VIADER F. — *Rééducations neuropsychologiques* (1 vol). De Boeck Université, Paris, Bruxelles, 1997.

EUSTACHE F., LECHEVALIER B. — *Langage et aphasie*. De Boeck Université, Bruxelles, 1989.

FREEDMAN M., ALEXANDER M.-P., NAESER M.-A. — Anatomic basis of transcortical motor aphasia. *Neurology*. 1984;*34*:409-417.

GAINOTTI G., SILVERI M.-C., DANIELE M., GUISTOLISI M. — Neuroanatomical correlates of category-specific semantic disorders: a critical survey. *Memory*. 1995;*3*:247-264.

GOODGLASS H.-G. — *Understanding aphasia*. Academic Press, London, 1993.

HANNEQUIN D., GOULET P., JOANETTE Y. — *La contribution de l'hémisphère droit à la communication verbale*. Masson, Paris, 1987.

HART J., BERNDT R., CARAMAZZA A. — Category-specific naming deficits following cerebral infarction. *Nature*. 1985;*316*:439-440.

HEISS W.-D., KARBE H., WEBER-LUXENBURGER G. *et al.* — Speech-induced cerebral metabolic activation reflects recovery from aphasia. *J Neurol Sci*. 1997;*145*:213-217.

JAKOBSON R. — *Essais de linguistique générale*. Éditions de Minuit, Paris, 1963.

KARBE H., THIEL A., WEBER-LUXENBURGER G. *et al.* — Brain plasticity in poststroke aphasia : what is the contribution of the right hemisphere? *Brain and Language*. 1998;*64*:215-230.

KERTESZ A. — *The Western Aphasia Battery*. Grune and Stratton, London, 1982.

KERTESZ A., SHEPPARD A., MACKENZIE R. — Localization in transcortical sensory aphasia. *Arch Neurol*. 1982;*39*:475-478.

KREMIN H. — La dénomination et ses problèmes. *In : Linguistique et neuropsycholinguistique ; tendances actuelles*. JL Nespoulos et M Leclerq, Société de Neuropsychologie de Langue française, Paris, 1990.

LEBRUN Y. — The inside of aphasia. *In : The management of aphasia, Neurolinguistics 8*. Y Lebrun et R Hoops, Swets et Zeitlinger, Amsterdam and Lisse, 1978.

LOONEN M.-C., VAN DONGEN H.-R. — Acquired childhood aphasia. *Arch Neurol*. 1990;*47*:1327-1328.

MARTINET A. — *Éléments de linguistique générale*. Armand Colin, Paris, 1970.

MCCARTHY R.-A., WARRINGTON E.-K. — A two route model of speech production: evidence from aphasia. *Brain*. 1984;*107*:463-465.

MCCARTHY R.-A, WARRINGTON E.-K. — *Neuropsychologie clinique* (1 vol). PUF, Paris, 1994.

MESULAM M.-M. — From sensation to cognition. *Brain*. 1998:*121*:1013-1052.

PERANI D., CAPPA S.F., SCHNUR T. *et al.* — The neural correlates of verb and noun processing. A PET study. *Brain*.1999;*122*:2337-2344.

PLUCHON C. — *Le cerveau foudroyé ou la déchirure aphasique*. L'Ortho édition, Isbergues, 1991.

PUEL M., DEMONET J.-F., CARDEBAT D. *et al.* — Aphasies sous-corticales. *Rev Neurol.* 1984;*140*(12):695-710.

ROCH-LECOURS A., LHERMITTE F. — *L'Aphasie*. Flammarion Médecine Sciences, Paris, 1979.

SABOURAUD O. — *Le langage et ses maux*. Odile Jacob, Paris, 1995.

SCHIFF H.-B., ALEXANDER M.P., NAESER M.A., GALABURDA A.-M. — Aphemia. Clinical-Anatomic Correlations. *Arch Neurol.* 1983;*40*:720-727.

SERON X., VAN DER LINDEN M., VANDERKAA-DELVENNE M.-A. — The operant school of aphasia rehabilitation. *In : The management of aphasia, Neurolinguistics 8*. Y Lebrun et R Hoops, Swets et Zeitlinger, Amsterdam and Lisse, 1978.

SHALLICE T. — *From neuropsychology to mental structure* (1 vol). Cambridge University Press, New York, 1988.

TRANEL D., DAMASIO H., DAMASIO A.-R. — A neural basis for the retrieval of conceptual knowledge. *Neuropsychologia*. 1997;*35*:1319-1327.

VAN HOUT A., EVRARD P., LYON G. — On the positive semiology of acquired aphasia in children. *Developmental Medicine and Child Neurology.* 1985;*27*:231-241.

WARRINGTON E.-K. — The selective impairment of semantic memory. *Quaterly Journal of Experimental Psychology.* 1975;*27*:635-657.

WARRINGTON E.-K, SHALLICE T. — Category-specific semantic impairments. *Brain*. 1984;*107*:829-853.

WEINRICH M. — Computerized visual communication as an alternative communication system and therapeutic tool. *J Neurolinguist*. 1991;*6*:159-176.

3 LES TROUBLES DE L'ÉCRITURE : AGRAPHIES ET HYPERGRAPHIES

L'écriture permet de représenter ce qu'un individu veut dire par des signes conventionnels qui s'inscrivent le plus souvent dans les deux plans de l'espace, à l'instar du dessin. Ces signes peuvent être des *idéogrammes* quand « ils traduisent les idées par des signes susceptibles de suggérer les objets » (Littré) : il en est ainsi dans la langue chinoise. Ces signes permettent le plus souvent de transcrire des sons verbaux grâce à l'assemblage de lettres dont la forme et la correspondance phonique constituent l'alphabet d'une langue. Les Phéniciens semblent avoir été les inventeurs de l'alphabet. Ainsi, chaque son (ou phonème) peut s'exprimer par une lettre (ou graphème). Néanmoins nombre de langues comportent des irrégularités orthographiques, soit qu'un phonème puisse correspondre à plusieurs graphèmes (le son *« o »* peut, selon les cas, s'écrire *« o »*, *« au »*, *« eau »*, etc.), soit qu'un graphème puisse correspondre à plusieurs phonèmes. Ces pluralités de la conversion graphémo-phonémique ne sont pas optionnelles mais s'exercent comme des contraintes dont les règles définissent la « manière de bien écrire » c'est-à-dire l'orthographe des langues. La langue japonaise possède deux systèmes d'écriture : un système idéographique (appelé *kanji*) utilisé pour les noms, les adjectifs, les verbes, les adverbes et un système alphabétique (appelé *kana*) surtout utilisé pour écrire les onomatopées et les mots d'origine étrangère.

L'écriture est réalisée de la manière la plus aisée par la main dite dominante, c'est-à-dire la plus habile mais il s'agit d'une aptitude qui peut être exercée même maladroitement par tout segment du corps. Les *allographes* constituent les différentes manières d'écrire les lettres (majuscule, minuscule, script, gothique, ronde, cursive, etc.). L'écriture acquiert tout au long de l'enfance des particularités de réalisation d'un individu à l'autre : ces particularités se stabilisent et permettent, une fois cette écriture connue, de la reconnaître comme l'on reconnaît un individu en entendant le son de la voix. Notre manière d'écrire, donc de former les lettres, pourrait même refléter certains traits de notre personnalité. Toutefois notre capacité d'écrire peut s'exprimer par l'assemblage de lettres choisies soit sur des plaques ou des cubes comme dans des jeux d'enfants soit sur un clavier de machine à écrire ou d'ordinateur. L'*épellation* est la manière verbale de dire lettre après lettre l'orthographe des mots (tableau 3.I).

L'écriture est un geste moteur qui nécessite l'intégrité des sensibilités et de la motricité (d'où par exemple la micrographie parkinsonienne). Comme tout geste moteur, elle nécessite une organisation mettant en jeu des compétences de type « praxique ». L'écriture est aussi une activité visuoconstructive mettant en jeu une importante activité de spatialisation : on écrit ainsi de gauche à droite et de haut en bas. Telles sont les conditions qui permettent à l'écriture de mettre en œuvre la fonction langagière qu'elle représente et à laquelle il convient d'ajouter ses dimensions motivationnelle et émotionnelle.

Tableau 3.I. *Plan sommaire d'examen de l'écriture*

1. Écriture spontanée d'une ou plusieurs phrases 2. Écriture dictée : – d'une phrase : « Le cheval blanc galope à travers l'immense prairie » – de mots réguliers et irréguliers (voir liste ci-dessous) – de logatomes 3. Écriture copiée de mots des listes ci-dessous 4. Lecture et épellation des mots écrits LISTE. Mots réguliers : bocal, canari, four, rivage, moto, tour, piano, cheval, montagne, mari. Mots irréguliers : album, oignon, croc, agenda, zinc, pied, femme, second, monsieur, août. Logatomes : brupa, rocrin, ripo, jendou, foma, iglu, drito, agrinu, trigalou, tris
(d'après P. Morin. *et al.* Les troubles aphasiques du langage écrit. *Rev Prat.* 1991;*41*(2):117-121).

Les *agraphies* désignent les difficultés praxiques, visuospatiales ou langagières de « s'exprimer par écrit » en l'absence de paralysie, ou de trouble affectant la coordination des mouvements. Les *hypergraphies* désignent un comportement excessif d'écriture et en tout cas inadapté à la situation environnementale : elles peuvent ou non s'accompagner d'une agraphie.

L'écriture étant un mode particulier et plus tardivement acquis d'expression du langage (tant dans l'histoire de l'humanité que dans l'histoire de chaque homme), un long débat s'est instauré sur l'autonomie ou la dépendance du langage écrit par rapport au langage oral, ce qui renvoyait dans la vague associationniste à la recherche d'un « centre graphique » qui pourrait rendre compte de l'existence d'agraphies pures coexistant avec des agraphies aphasiques.

LES AGRAPHIES

Séméiologie des agraphies

Les agraphies aphasiques

Elles accompagnent les perturbations du langage oral. L'*anarthrie pure* de Pierre Marie ne s'accompagne pas typiquement d'agraphie bien que des paragraphies littérales et un déficit de l'épellation, voire un agrammatisme, puissent être observés. L'écriture est difficile à explorer dans sa composante motrice dans l'*aphasie de Broca* en raison de l'hémiplégie : les lettres écrites avec la main non dominante sont donc maladroites, parfois grossies en capitales. Mais les désordres objectivables par l'écriture manuelle ou l'assemblage de cubes alphabétiques montrent des paragraphies littérales donnant à la production, habituellement réduite, un caractère dysorthographique avec parfois un agrammatisme. La dictée est laborieuse, la copie de meilleure qualité, l'épellation très déficitaire. Dans les *aphasies transcorticales motrices*, la production écrite est, comme la production orale, réduite, avec des omissions de lettres ou de mots et une amélioration des performances par la dictée.

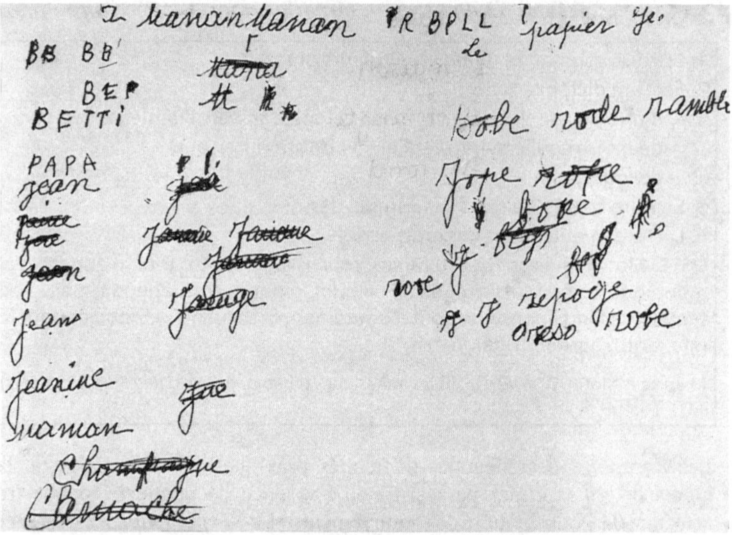

Fig. 3.1. *Échantillon d'écriture au cours d'une aphasie de conduction. Les nombreuses autocorrections avec paragraphies « en cascade » témoignent de la conscience du trouble.*

Dans l'*aphasie de conduction*, l'écriture est, à l'instar de la production verbale, truffée de paragraphies littérales surchargées de ratures et d'autocorrections générant d'autres paragraphies en cascade (fig. 3.1). Les performances sont meilleures en copie que dans l'écriture spontanée et dictée. Dans l'*aphasie de Wernicke*, la jargonagraphie est en règle générale à l'image de la jargonaphasie, avec des paragraphies littérales et verbales, des néologismes et de la dyssyntaxie. Dans l'*alexie-agraphie*, dont le « centre de gravité » est pariétal et plus précisément au niveau du gyrus angulaire, l'écriture peut être réduite à des « traits informes », ou revêtir un type spatial avec fragmentation des mots, décalages entre les mots, inclinaison de la ligne d'écriture qui peut en outre dépasser les limites de la feuille. Les autres perturbations observées peuvent être paragraphiques ou dyssyntaxiques voire jargonagraphiques. Elles peuvent s'associer aux autres éléments d'un syndrome de Gerstmann ou à une aphasie sensorielle plus ou moins marquée quand la lésion s'étend vers le cortex temporal postérieur.

Le syndrome de Gerstmann

Il associe typiquement une *agnosie digitale* (incapacité de désigner et distinguer les doigts), une *indistinction droite-gauche*, une *acalculie* (intéressant le calcul mental et écrit avec un trouble de l'ordonnancement des chiffres et de la disposition spatiale des opérations) et une *agraphie* reflétant parfois des perturbations apraxiques ; le plus souvent l'écriture est paragraphique voire jargonagraphique et améliorée par la copie. La lésion intéresse la région pariétale postérieure de l'hémisphère dominant et en particulier l'aire de jonction entre le pli courbe (gyrus angulaire) et le gyrus occipital moyen (O2). Gerstmann avait initialement interprété l'agnosie digitale comme une amputation sectorielle du schéma corporel. Ainsi le malade est incapable de nommer, de reconnaître, de désigner, de distinguer ses propres doigts comme ceux de l'examinateur. Il existe aussi des difficultés pour imiter les mouvements des doigts de l'examinateur (« apraxie du choix des doigts ») et pour imiter les positions des doigts de l'examinateur alors que les mouvements sont corrects sur instruction verbale (« apraxie constructive des doigts »). Les troubles prédominent sur les trois doigts centraux. Ultérieurement, Gerstmann rattacha le deuxième symptôme cardinal (l'agraphie) aux deux autres symptômes (qualifiés d'accompagnement, à savoir l'indistinction droite-gauche et l'acalculie) en évoquant un dénominateur commun à ce syndrome qui pourrait s'organiser autour de l'agnosie digitale, l'auteur évoquant l'importance des doigts et des mains dans l'écriture, le calcul, l'orientation droite-gauche. Le syndrome est souvent accompagné d'une apraxie constructive, et parfois d'une hémianopsie latérale homonyme, d'une aphasie amnésique voire d'une agnosie visuelle ou d'une alexie en cas d'extension postérieure de la lésion. Quand il existe une aphasie de Wernicke, l'individualisation du syndrome est impossible à tel point qu'il avait même été proposé que le syndrome de Gerstmann ne soit qu'un ensemble de manifestations liées à une aphasie même légère. Même en reconnaissant, en l'absence ou en dépit d'une aphasie légère, la réalité du syndrome, de nombreuses controverses ont été suscitées par son interprétation soit comme reflétant une même perturbation de base soit comme l'addition de troubles de nature différente et seulement unis par la topographie lésionnelle. C'est ainsi que Benton (1961) désigna le syndrome comme une « fiction » tandis que l'hypothèse d'un « dénominateur commun » a toujours eu ses partisans : incapacité du sujet à relier spatialement, les uns avec les autres, et avec lui-même, les objets qui font partie d'un tout organisé (Stengel, 1944) ou, plus récemment, désordres visuospatiaux impliquant la manipulation mentale des images (Mayer *et al.*, 1999).

Les agraphies pures

Elles sont rares et surviennent en l'absence de tout trouble du langage oral, de la lecture et même typiquement en l'absence de perturbation praxique. Elles peuvent être liées à une lésion de la partie postérieure de F2 (« Centre d'Exner »), du lobule pariétal supérieur, de la région périsylvienne postérieure, voire de structures sous-corticales. Elles ne constituent pas un ensemble homogène : l'épellation est préservée ou non, il en est de même de la copie ; les perturbations vont de la dysorthographie à la jargonagraphie ; on peut observer des persévérations de « traits, de lettres, de syllabes ».

Les agraphies confusionnelles

Elles pourraient remettre en cause l'étiologie « focale » de certaines agraphies pures d'origine tumorale et permettent de souligner la fragilité de la capacité d'écrire comme la vulnérabilité aux souffrances cérébrales diffuses aspécifiques. Elles associent des déformations de lettres sans réitérations, des désordres spatiaux voisins de ceux observés dans l'agraphie pariétale (voir *supra*), une réticence à écrire, de l'agrammatisme, des erreurs d'épellation, tout trouble régressant quand régresse la confusion mentale.

Les agraphies apraxiques

Elles désignent les agraphies en rapport avec l'atteinte du savoir-faire gestuel nécessaire à la réalisation des lettres, à l'ordonnancement spatial des mots, à la manipulation des outils nécessaires à l'écriture. L'écriture peut être totalement irréalisable ; elle peut être constituée de lettres mal formées, mal agencées. Une agraphie apraxique associée ou non à des désordres linguistiques peut s'observer dans le syndrome de Gerstmann et dans l'agraphie-alexie : c'est donc dire qu'une telle apraxie relève pour l'essentiel d'une localisation pariétale. Une agraphie apraxique peut accompagner une ataxie optique avec des lettres dispersées sur la feuille. Elle peut aussi accompagner une apraxie idéomotrice : les performances sont parfois meilleures en copie et l'épellation est inconstamment préservée. L'agraphie apraxique peut enfin accompagner une apraxie constructive : la copie est de mauvaise qualité ou servile mais l'épellation est toujours préservée. L'*agraphie idéatoire* désigne une incapacité du choix et de la production de la forme des lettres : typiquement le patient déforme, omet des lettres ou met une lettre pour une autre, alors que la copie est satisfaisante à condition que le patient conserve les mêmes allographes. Il n'existe pas d'apraxie associée des membres, d'où son nom d'agraphie apraxique sans apraxie.

Les agraphies spatiales

Les lésions postérieures de l'hémisphère mineur (non dominant) peuvent entraîner une agraphie massive faite de la répétition de traits plus ou moins arrondis simulant des graphèmes déformés de façon caricaturale. Mais habituellement, l'aspect est celui d'une *agraphie spatiale* dont les trois aspects sont la limitation de l'écriture à la partie droite de la feuille, l'impossibilité de maintien de la ligne droite et les itérations de jambages, de lettres voire de groupes de lettres. L'héminégligence explique aussi que lors de la copie, seule la partie droite des mots soit transcrite. Les itérations pourraient traduire la désactivation des contrôles des afférences visuelles et kinesthésiques, exprimant ainsi une agraphie afférente s'intégrant dans la désorganisation attentionnelle des lésions de l'hémisphère droit chez le droitier.

Des agraphies spatiales intéressant l'un ou l'autre hémiespace ont pu être observées chez des sujets droitiers ou gauchers. On a pu décrire des agraphies directionnelles, avec écriture en miroir ou en boustrophédon. On a pu aussi observer un déficit de l'épellation et de l'orthographe des premières ou des dernières lettres des mots plaidant pour une représentation interne de la forme graphique des mots dont la partie droite ou gauche pourrait ainsi être négligée par atteinte de l'un ou l'autre hémisphère.

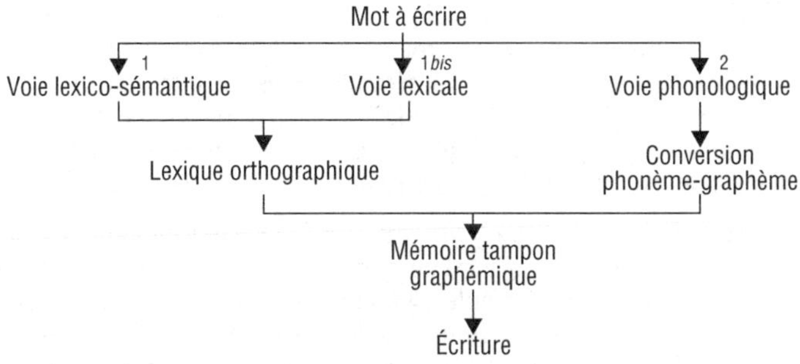

Fig. 3.2. *Les deux voies de l'orthographe (1 et 1bis, orthographe fondée sur le lexique; 2, orthographe fondée sur la prononciation)*
(d'après R.-A. McCarthy et E.-K. Warrington. *Neuropsychologie cognitive*. PUF, Paris, 1994).

Les agraphies calleuses

Elles intéressent la seule main gauche chez le droitier et seraient liées à un déficit du transfert des informations visuokinesthésiques et langagières de l'hémisphère gauche où elles sont organisées vers la zone motrice de l'hémisphère droit. L'aspect réalisé peut être celui d'une agraphie apraxique (avec épellation et écriture non manuscrite préservée) ou d'une agraphie aphasique ou encore d'une agraphie composite parfois massivement désorganisée et réduite à un gribouillis (voir chapitre 15).

Apport de la neuropsychologie cognitive

Quelques observations privilégiées ont permis de valider un modèle d'organisation de l'écriture (comme de la lecture) à deux voies : une voie lexicale et une voie phonologique (fig. 3.2).

La *voie lexicale* ou *lexico-sémantique* permet d'écrire un mot en accédant directement à sa forme orthographique contenue dans un lexique mémorisé; la *voie phonologique* permet d'écrire en se fondant sur la prononciation donc en convertissant les phonèmes en graphèmes. La voie phonologique suffirait si tous les mots s'écrivaient comme ils se prononcent. Or il existe des mots dits irréguliers quand leur orthographe n'est pas conforme aux règles habituelles de correspondance entre les phonèmes et les graphèmes (ainsi le mot *« oignon »* se prononce *« o-n-ion »*; d'autres mots sont ambigus dès lors que l'un des sons qui le compose peut s'orthographier de plusieurs manières (il en est ainsi du mot *« bateau »* qui pourrait aussi s'écrire *« bato »* ou *« batau »*) et *a fortiori* s'il s'agit d'homophones que seuls le contexte et l'orthographe permettent de distinguer (comme *« thym »*, *« teint »*, *« tain »*). C'est donc la voie lexicale qui permet ainsi d'accéder à une représentation globale de la forme (configuration) du mot en activant ce qui peut être conçu comme un lexique orthographique. À l'opposé, seule la voie phonologique permet l'écriture de logatomes (suite de syllabes dépourvues de sens comme *«tilugo»*) ou de mots signifiants mais inconnus du sujet donc non représentés dans sa mémoire sémantique. Le lexique orthographique pourrait aussi être activé directement, sans médiation sémantique, ce qui pourrait expliquer que des sujets normaux fassent en écriture des confusions d'homophones *(voie lexicale non sémantique)*.

Les malades atteints d'*agraphie lexicale* (dite aussi agraphie de surface ou orthographique) ne peuvent orthographier les mots qu'à partir de leur prononciation, c'est-à-dire par la seule voie phonologique : il s'ensuit qu'ils peuvent écrire correctement les logatomes et les mots réguliers quelle que soit leur fréquence. Par contre, les mots irréguliers et ambigus font l'objet d'erreurs dites de régularisation, les patients reconstituant l'orthographe en utilisant les correspondances graphèmes-phonèmes les plus fréquentes dans la langue. L'agraphie lexicale s'associe souvent à une alexie non obligatoirement lexicale, ce qui plaide pour l'indépendance des voies de la lecture et de l'écriture. Une aphasie peut ou non s'y associer et elle est volontiers modérée. L'association à un syndrome de Gerstmann est fréquente. Il est vrai que si de multiples sites lésionnels ont été observés (régions temporale postérieure ou frontale gauche, noyau caudé ou thalamus gauche), c'est la région du gyrus angulaire gauche qui est le plus souvent en cause. Ce type d'agraphie peut être observé dans la maladie d'Alzheimer et les atrophies progressives du lobe temporal gauche. Les malades atteints d'*agraphie phonologique* ne peuvent orthographier les mots qu'après activation de leur lexique mémorisé c'est-à-dire par la seule voie lexico-sémantique. Il s'ensuit que, ne pouvant orthographier à partir de la prononciation, ils écrivent et épellent mal les logatomes alors que les performances sont correctes pour les mots. Il peut toutefois exister des difficultés d'écriture des mots grammaticaux et des mots abstraits sans que l'on puisse incriminer toujours un trouble de la compréhension auditive. Une alexie du même type peut s'y associer. L'aphasie, de type variable, est habituelle. Les lésions intéressent volontiers le *gyrus supramarginalis* et l'insula et, de manière plus générale, la région périsylvienne postérieure mais aussi certaines structures sous-corticales. Les malades présentant une *agraphie* (ou *dysgraphie profonde,* ainsi nommée par analogie avec l'alexie profonde) sont incapables d'écrire les non-mots, comme dans l'agraphie phonologique, mais ils ont aussi des difficultés pour orthographier les mots et en particulier les noms abstraits plus que les noms concrets (effet de concrétude), les verbes, les adjectifs et les mots grammaticaux plus que les substantifs (effet de classe), et les mots les moins fréquents. Ils font en outre des paragraphies sémantiques écrivant des mots sémantiquement liés au mot dicté, comme par exemple «hélice» pour «escadrille», «industrie» pour «agriculture», «sourire» pour «rire», ce qui implique aussi un dysfonctionnement de la voie lexicale; les lésions, hémisphériques gauches, sont plus étendues que celles observées dans l'agraphie phonologique mais épargneraient le gyrus angulaire. La mémoire tampon graphémique est le lieu de convergence et de maintien temporaire des représentations graphémiques issues des systèmes phonologique et lexico-sémantique : l'atteinte de cette mémoire de travail spécialisée ou *syndrome de la mémoire tampon graphémique* entraîne des omissions, des substitutions, des transpositions et des additions de lettres aussi bien pour les mots que pour les non-mots. Ces erreurs ne sont influencées ni par la concrétude, ni par la classe, ni par la fréquence des mots mais seulement par leur longueur. À longueur égale, les mots ne comportant qu'un monème (comme *canari*) entraînent plus d'erreurs que les mots composés de plusieurs monèmes *(para/sol)*. Il est difficile d'assigner à ce syndrome une localisation, ni même une latéralisation, univoques. Les erreurs concernent également tous les modes de l'expression écrite (épellation, dictée, copie). Les représentations stockées dans la mémoire tampon graphémique sont ensuite adressées à l'aire graphémique dont l'atteinte produit l'agraphie idéatoire (voir *supra*) et dont la localisation lésionnelle correspond au lobe pariétal dans l'hémisphère homo- ou hétérolatéral à la main qui écrit. L'*atteinte du système allographique* se manifesterait par des lettres de forme normale mais de choix inadapté (majuscule, minuscule) ou aléatoire, et avec des difficultés pour changer de variété allographique (script en cursive, par exemple) sans atteinte de l'épellation (fig. 3.3).

LES HYPERGRAPHIES

Séméiologie des hypergraphies

L'*épilepsie du lobe temporal* peut entraîner, entre les crises, une hypergraphie : la personnalité est souvent obsessionnelle et peut s'accompagner d'une exaltation de l'humeur, d'une hyperreligiosité. L'écriture est normale et reflète les préoccupations des sujets ; parfois même les patients montrent de la créativité, écrivant des poèmes ou des nouvelles. Il s'agit d'une hypergraphie « émotionnelle », prédominant dans les épilepsies de l'hémisphère non dominant.

Des accès d'une écriture normale ou jargonagraphique peuvent exceptionnellement être observés en période critique ou postcritique, accompagnant des crises épileptiques avec foyer fronto-temporal droit. Des salves répétitives d'écriture de mots grossiers ou orduriers peuvent s'intégrer dans la maladie des tics de Gilles de la Tourette (coprographie).

L'*hypergraphie frontale* peut être l'une des manifestations du comportement d'hyperutilisation. La *graphomanie* désigne un besoin impérieux d'écrire entraînant une production écrite abondante et incoercible, le sujet copiant ce qu'il voit ou entend réitérant les mêmes phrases en respectant orthographe et syntaxe mais avec une incohérence sémantique : ce comportement, contrastant avec une indifférence affective et une passivité, a pu être observé au cours d'une lésion frontale bilatérale et calleuse. L'*échographie*, elle aussi rare, est la reproduction écrite incoercible par le sujet des phrases qu'on lui adresse.

Les *hypergraphies hémisphériques droites* sont observées au cours d'ictus avec lésions cortico-sous-corticales périsylviennes ou thalamiques. L'écriture est déclenchée par la vue d'un crayon ou par un ordre et se poursuit de manière semi-automatique. L'agencement spatial est perturbé, les lettres sont irrégulières, la valeur informative est pauvre mais la grammaire et le choix lexical sont corrects. Ces hypergraphies pourraient résulter d'une levée de l'inhibition qu'exercerait normalement l'hémisphère droit (qui organise la

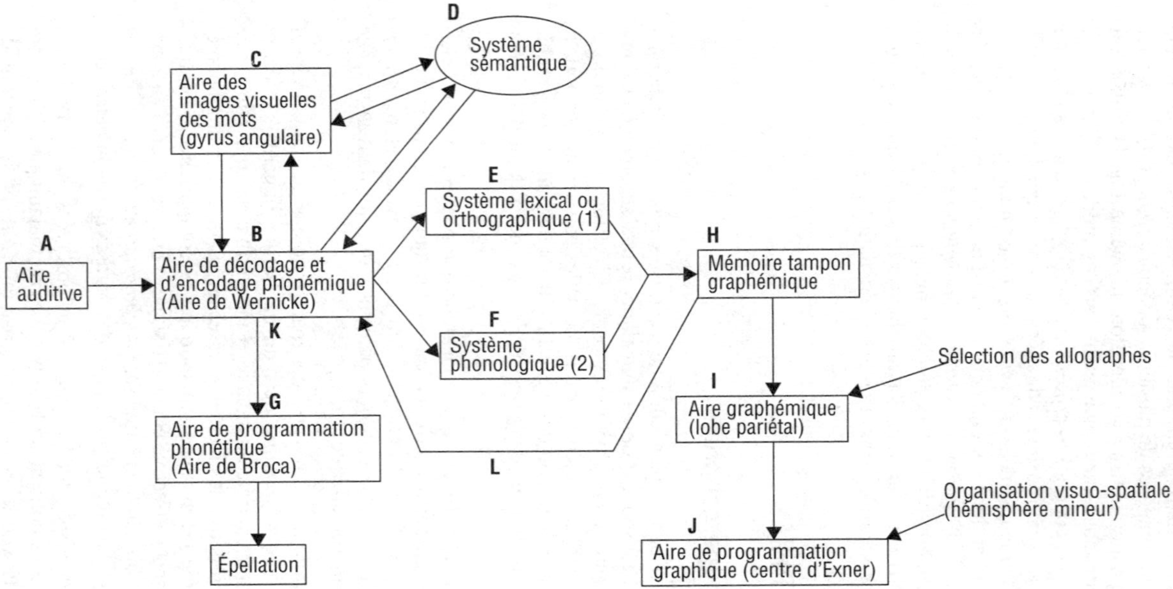

Fig. 3.3. *Un modèle cognitif et anatomique de l'écriture et de l'épellation* (d'après K.M. Heilman et E. Valenstein. *Clinical Neuropsychology.* Oxford University Press, 1993).

1. Confins pariéto-occipitaux, lobe temporal, noyau caudé, thalamus. 2. Région périsylvienne postérieure, noyaux gris centraux. Le mot entendu (A) active son image visuelle (C) : les informations ainsi collectées activent le système sémantique (D). La répétition (qui ne nécessite pas la compréhension donc l'accès au système sémantique) se fait grâce aux connexions entre l'aire de Wernicke (B) et l'aire de Broca (G) *via* le faisceau arqué (K). Le processus d'écriture peut être initié soit par le système lexical ou orthographique (E) dont le silence fonctionnel induit l'agraphie lexicale, soit par le système phonologique (F) dont le silence fonctionnel induit l'agraphie phonologique. La structure graphique des mots est provisoirement stockée dans une mémoire tampon (H) puis transmise à l'aire graphémique pariétale puis à l'aire de programmation graphique frontale d'Exner. L'hémisphère non dominant intervient dans l'organisation visuospatiale de l'écriture. L'épellation pourrait procéder d'un lien (L) entre la mémoire graphémique et l'aire d'encodage-décodage phonémique puis la transmission de l'information suivrait le faisceau arqué (K).

dimension spatiale de l'écriture sur les fonctions graphiques de l'hémisphère gauche). La *graphomimie*, observée au cours d'une vaste lésion hémisphérique droite réalise un comportement subpermanent et anosognosique d'écriture réalisée avec un crayon ou avec le doigt ; l'écriture est massivement désorganisée sur le plan spatial et réduite à un gribouillis. Elle est dépourvue de tout désir de communication.

BIBLIOGRAPHIE

BEAUVOIS M.-F., DEROUESNÉ J. — Lexical or orthographical agraphia. *Brain*. 1981;*104*:21-49.

BENTON A.-L. — The fiction of the Gerstmann syndrome. *J Neurol Neurosurg Psychiatry*. 1961;*24*:176-181.

CAMBIER J., MASSON C., BENAMMOU S., ROBINE B. — La graphomanie. Activité graphique compulsive manifestation d'un gliome fronto-calleux. *Rev Neurol*. 1988;*144*(3):158-164.

CHEDRU F., GESCHWIND N. — Writing disturbances in acute confusional states. *Neuropsychologia*. 1972;*10*:343-353.

DUBOIS J., HECAEN H., MARCIE P. — L'agraphie pure. *Neuropsychologia*. 1969;*7*:271-286.

GIL R., NEAU J.-P., AUBERT I. *et al.* — Graphomimie anosognosique : variété particulière d'hypergraphie au cours d'un infarctus sylvien droit. *Rev Neurol*. 1995;*151*:198-201.

HECAEN H., ANGELERGUES R., DOUZENIS J.-A. — Les agraphies. *Neuropsychologia*. 1963;*1*:179-208.

LECOURS A.-R., LHERMITTE F. — *L'Agraphie*. Flammarion Médecine Sciences, Paris, 1979.

MAYER E., MARTORY M.-D., PEGNA A.J. *et al.* — A pure case of Gerstmann syndrome with a subangular lesion. *Brain*. 1999;*122*:1107-1120.

MORIN P., VIADER F., EUSTACHE F., LAMBERT J. — *Les agraphies*. Rapport de neurologie, Congrès de psychiatrie et de neurologie de langue française. Masson, Paris, 1990.

ROBERTS J.-K.-A., ROBERTSON M.-M., TRIMBLE M.-R. — The lateralizing signifiance of hypergraphia in temporal lobe epilepsy. *J Neurol Neurosurg Psychiatry*. 1982;*45*:131-138.

ROELTGEN D.-P., HEILMAN K.-M. — Apraxic agraphia in a patient with normal praxis. *Brain and Language*. 1983;*18*:35-46.

SERRATRICE G., HABIB M. — *Troubles de l'écriture. Encycl Méd Chir*. Neurologie. Éditions techniques, 17-019-8-10, 1995.

SHALLICE T. — Phonological agraphia and the lexical route in writing. *Brain*. 1981;*104*:412-429.

STENGEL E. — Loss of spatial orientation, constructional apraxia and Gerstmann's syndrom. *J Mental Science*. 1944;*90*:753.

YAMADORI A., MORI E., TABUCHI M. *et al.* — Hypergraphia : a right hemisphere syndrome. *J Neurol Neurosurg Psychiatry*. 1986;*49*:1160-1164.

4 | LES ALEXIES

L'alexie désigne traditionnellement la perturbation (pouvant aller jusqu'à l'incapacité totale) de *la compréhension du langage écrit*. Dans son sens le plus restrictif, le déficit est langagier, en sachant que l'étape initiale du traitement est visuelle et que les lettres et les mots doivent d'abord être reconnus comme tels ; mais la compréhension d'un texte dépend aussi de son balayage visuospatial ; ainsi une héminégligence altère la compréhension d'un texte à cause du caractère parcellaire de son exploration : on parle parfois d'alexie spatiale ou d'alexie par négligence.

Les alexies proprement dites (réalisant dans leurs formes extrêmes une *cécité verbale*) ont été diversement classées. Toutefois il n'est pas d'usage de dénommer alexie une perturbation de la lecture à haute voix sans atteinte de la compréhension : une désintégration phonétique altère la lecture à haute voix comme toute expression verbale et, malgré d'abondantes paraphasies (dénommées paralexies car suscitées par la lecture), la compréhension d'un texte lu au cours d'une aphasie de conduction peut être bonne ou peu perturbée (tableau 4.I).

Tableau 4.I. *Plan sommaire d'examen de la lecture*

1. Compréhension d'ordres écrits et correspondance texte-action (le texte écrit doit être affecté à l'image correspondante présentée en choix multiple)
2. Lecture à haute voix d'un texte et évaluation de sa compréhension. Rechercher l'effet de stratégies vicariantes (lecture par épellation; lecture en suivant le contour des lettres avec le doigt)
3. Lecture de lettres
4. Lecture de logatomes, de mots réguliers et irréguliers

Le terme de *dyslexie,* qui était autrefois réservé aux désordres de l'apprentissage de la lecture, tend à remplacer le terme *alexie,* en opposant les dyslexies acquises et les dyslexies développementales.

On peut distinguer les *alexies périphériques* liées à un déficit du traitement visuel de l'information écrite (alexie pure ou agnosique et alexie par négligence) et les *alexies centrales* liées à un déficit spécifiquement linguistique.

On peut aussi classer les alexies de manière anatomoclinique.

LES VARIÉTÉS ANATOMOCLINIQUES D'ALEXIE

Trois types d'alexie peuvent être individualisés. L'alexie sans agraphie, l'alexie avec agraphie et l'alexie frontale.

L'*alexie sans agraphie* ou *alexie « pure »* ou *alexie « agnosique »* ou *alexie « postérieure »* se caractérise par le contraste existant entre l'incapacité de la lecture et le caractère (presque) correct de l'écriture, le patient ne pouvant alors pas relire ce qu'il vient d'écrire alors qu'il n'existe pas de troubles du langage, sauf parfois un léger manque du mot. L'alexie peut intéresser les lettres (alexie littérale), les mots (alexie verbale), la phrase (alors que les mots isolés sont assez bien identifiés) ou être globale (la lecture des chiffres et des nombres restant préservée). En cas d'alexie littérale, le malade ne peut pas lire par épellation, les difficultés croissant avec la longueur des mots par un effet de simultagnosie : les premières lettres sont ainsi bien identifiées et les dernières syllabes sont inventées car supposées plausibles (*« incohérent »* est lu *« incognito »*) ; un mot peut être ainsi remplacé par un autre mot qui a une forme graphique voisine mais parfois par un autre mot lié sémantiquement. Les mots du lexique sont beaucoup mieux lus que les mots grammaticaux ou les logatomes. En règle générale, et contrairement à ce que l'on observe dans les aphasies, l'alexie verbale l'emporte sur l'alexie littérale, le malade déchiffrant alors les mots de manière analytique, en les épelant *(alexie avec épellation)*, ce qui l'expose d'ailleurs à des erreurs. Les logatomes sont bien lus mais la compréhension du langage écrit reste laborieuse et seuls les ordres simples sont exécutés. C'est surtout quand l'alexie est globale, intéressant lettres et mots, que le malade utilise, pour reconnaître les lettres, ses afférences kinesthésiques en en suivant le contour avec le doigt.

L'alexie pure s'associe généralement à une hémianopsie latérale homonyme droite, parfois à une agnosie visuelle (ou à une anomie pour les couleurs), à une aphasie optique et plus rarement à une agnosie pour les images et les objets. La lésion responsable est le plus souvent un infarctus de l'artère cérébrale postérieure gauche lésant le lobe occipital et le splénium du corps calleux : les informations visuelles n'atteignent que le seul hémisphère droit et la lésion calleuse empêche le transfert des informations graphiques vers les aires du langage (alexie splénio-occipitale). Toutefois l'atteinte du corps calleux peut manquer, les connexions entre le lobe occipital droit et la région pariéto-temporale gauche pouvant être interrompues au niveau de la substance blanche de la jonction temporo-pariéto-occipitale : il s'agirait dans tous les cas d'une disconnexion; cependant l'alexie avec épellation a pu aussi être interprétée comme un déficit de l'analyse de la forme visuelle des mots ou encore comme un déficit de type simultagnosique. Il existe en langue japonaise des cas d'alexie intéressant les systèmes *Kanji* (idéographique) et *Kana* (alphabétique) soit de manière globale (pour les lésions occipitales) soit de manière dissociée, ce qui plaide pour la dualité anatomique des structures assurant le traitement des informations en *Kanji* et en *Kana*.

L'*alexie-agraphie* ou alexie centrale associe une incapacité de la compréhension du langage écrit qui ne s'améliore pas lorsqu'on tente de faire suivre avec le doigt le contour des lettres, et une agraphie. La lecture à haute voix est impossible ou truffée de paralexies phonémiques et verbales pouvant réaliser un jargon. Le langage oral est typiquement normal ou peu perturbé. Une telle alexie serait liée à une atteinte du gyrus angulaire gauche et se limiterait donc à une atteinte de l'encodage et du décodage du langage écrit. Elle peut s'accompagner d'une apraxie idéomotrice, d'une apraxie constructive ou des éléments d'un syndrome de Gerstmann. Il existe néanmoins une imbrication entre l'alexie-agraphie « angulaire », l'alexie-agraphie accompagnée d'un manque du mot, voire de paraphasies par extension lésionnelle à la jonction temporo-pariétale et les alexies de l'aphasie de Wernicke habituellement désignées sous le nom d'*alexies aphasiques.* L'alexie-agraphie angulaire altère, dans la langue japonaise, l'écriture en *Kanji* et en *Kana* tandis que l'alexie se limite aux seuls caractères *Kana*, la lecture en *Kanji* étant au moins relativement préservée (peut-être par la mise en jeu d'une compétence hémisphérique droite).

L'alexie frontale ou alexie antérieure ou «troisième alexie» accompagne habituellement une aphasie de Broca : les lettres sont mal identifiées, les mots isolés peuvent être reconnus globalement (alexie littérale), l'épellation est donc très déficitaire; la compréhension des phrases est très altérée. Une agraphie accompagne le trouble de la lecture. Cette alexie pourrait procéder d'une parésie résiduelle du balayage oculaire de la gauche vers la droite (par lésion de l'aire 8, et l'on sait la déviation du regard observé au stade aigu des hémiplégies droites avec aphasies), d'un déficit du traitement séquentiel des mots auquel s'ajoutent les difficultés à comprendre les mots et les liens grammaticaux. Il s'agit donc peut-être d'une alexie composite pouvant mêler un dysfonctionnement frontal, de l'agrammatisme et une dyslexie profonde (voir *infra*).

APPORT DE LA NEUROPSYCHOLOGIE COGNITIVE

Les alexies centrales

La lecture peut se faire à partir de deux voies (fig. 4.1). La *voie phonologique* permet de lire à partir de la prononciation, en «déchiffrant les mots» (c'est la conversion graphème-phonème). Mais cette voie, si elle permet de lire des mots inconnus ou des logatomes, est insuffisante pour prononcer correctement des mots irréguliers comme *femme*, *oignon*, *paon* qui, par convention, ne se prononcent pas comme ils s'écrivent. L'autre voie est *lexicale* : elle permet d'activer directement un lexique visuel permettant d'identifier les mots sans avoir besoin de recourir à un déchiffrage des correspondances entre les lettres et les mots; cette voie permet sans doute d'accéder à un grand nombre de mots dans la lecture mais elle seule permet de lire les mots irréguliers alors qu'elle est, par définition, incapable de lire des logatomes (car ils n'appartiennent pas au lexique).

La *dyslexie de surface*, par atteinte de la voie lexicale, ne permet qu'une lecture phonologique : les mots réguliers sont ainsi déchiffrés de même que les logatomes alors qu'il existe des difficultés à lire les mots irréguliers, d'autant plus importantes que les mots sont moins fréquents; les erreurs de lecture créent des paralexies allant dans le sens d'une régularisation, le malade appliquant les règles usuelles de prononciation des graphèmes; les paralexies pouvant être soit des non-mots, soit le plus souvent des mots (ainsi *«ail»* est lu *«aile»*); la compréhension des homophones peut être difficile *(sot, seau, sceau; pouls, pou; chêne, chaîne...)*. La dyslexie de surface s'accompagne habituellement de troubles de l'écriture et souvent d'une

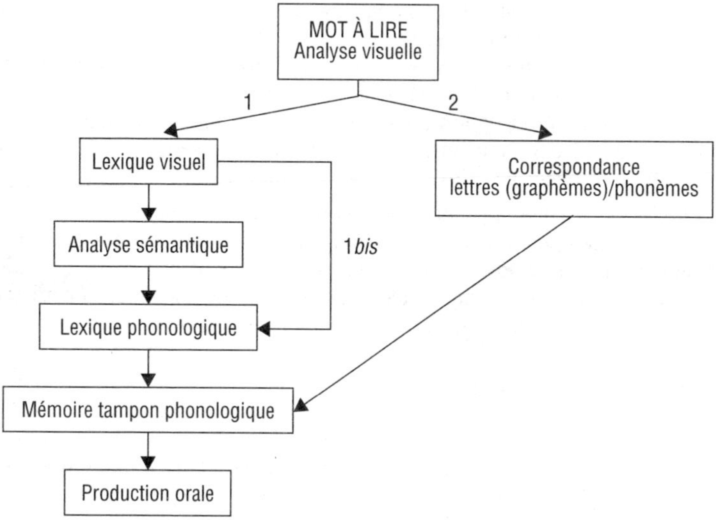

Fig. 4.1. *Les deux voies de la lecture.*
1 et 1*bis*. fondée sur le lexique; 2. fondée sur la prononciation (conversion des lettres en sons).

aphasie fluide. Les lésions, traumatiques, tumorales ou vasculaires (par exemple un infarctus sylvien postérieur), intéressent la région temporale postérieure et la substance blanche sous-jacente; elles peuvent s'étendre au gyrus supramarginal et au gyrus angulaire; le dénominateur commun lésionnel paraît être la partie postérieure des circonvolutions temporales supérieure et moyenne (T1 et T2). Une dyslexie de surface pure, avec respect des règles de conversion graphème-phonème (on peut alors parler d'alexie lexicale), peut s'observer dans la maladie d'Alzheimer et l'aphasie progressive, accompagnée d'une atteinte massive de la voie lexico-sémantique.

L'*alexie phonologique* désigne l'incapacité de lire à partir de la prononciation par perturbation de la voie phonologique : la lecture ne peut se faire qu'après activation du lexique visuel : les logatomes ne peuvent donc pas être déchiffrés alors que les mots sont lus correctement; parmi les mots, les meilleures performances sont obtenues pour les noms (effet de classe), les mots les plus fréquents et les mots concrets. Les mots grammaticaux offrent des difficultés majeures. La *dyslexie profonde* associe, au syndrome d'alexie phonologique, la production d'erreurs (paralexies) soit sémantiques (parfois quasi synonymiques comme *« les écoles »* pour *« les élèves »*, *« cousin »* pour *« oncle »*, *« rivage »* pour *« côte »*), soit dérivationelles (transformant la catégorie grammaticale des mots comme *« peureux »* pour *« peur »*, *« France »* pour *« Français »*) et des erreurs visuelles (aboutissant à un mot morphologiquement proche comme *« sandale »* pour *« scandale »*, *« venin »* pour *« venir »*). La dyslexie profonde coexiste anatomiquement avec de volumineuses lésions de l'hémisphère gauche. Elle accompagne souvent une aphasie de Broca. Elle pourrait témoigner d'une lecture par l'hémisphère droit (ce que suggèrent les analogies de lecture observées dans la dyslexie profonde et dans les disconnexions calleuses) ou des capacités résiduelles de lecture de l'hémisphère gauche, ajoutant au déficit phonologique, un dysfonctionnement du système lexico-sémantique (soit intrinsèquement, soit au niveau de son accès soit au niveau de ses liens avec lexique phonologique).

La *lecture asémantique* est une lecture normale mais sans accès au sens, observée chez des sujets déments (rappelant l'hyperlexie d'enfants autistes ou débiles) et permettant de postuler l'existence d'une voie lexicale non sémantique qui serait intacte alors que le dysfonctionnement intéresserait la voie lexico-sémantique.

Les alexies périphériques

Elles regroupent les alexies par épellation (voir *supra*) et les alexies par négligence : ces dernières le plus souvent consécutives à une lésion pariétale de l'hémisphère droit, perturbent la lecture du début des mots : les substitutions de lettres entraînent la production d'autres mots du lexique (*« voix »* pour *« choix »*, *« enduit »* pour *« produit »*...). Il est plus rare d'observer une négligence droite portant sur la fin des mots.

BIBLIOGRAPHIE

BEAUVOIS M.-F., DEROUESNÉ J. — Phonological alexia : Three dissociations. *J Neurol Neurosurg Psychiatry.* 1979;*42*:1115-1124.

BENSON D.-F. — The third alexia. *Arch Neurol.* 1977;*34*:327-331.

DAMASIO A.-R. — Varieties and significance of the alexias. *Arch Neurol.* 1977;*34*:325-326.

DÉJERINE J. — Sur un cas de cécité verbale avec agraphie, suivi d'autopsie. *Mem Soc Biol.* 1891;*3*:197-201.

HECAEN H. — *Introduction à la neuropsychologie.* Larousse Université, Paris, 1972.

SHALLICE T., WARRINGTON E.-K., MCCARTHY R. — Reading without semantics. *Quaterly Journal of Experimental Psychology.* 1983;*35A*:111-138.

WARRINGTON E.-K., SHALLICE T. — Word-form dyslexia. *Brain.* 1980;*103*: 99-112.

5 | LES APRAXIES

« La main est action : elle prend, elle crée et parfois on dirait qu'elle pense. »
Focillon

Les apraxies désignent des perturbations de l'activité gestuelle, qu'il s'agisse de « mouvements adaptés à un but » ou de la manipulation réelle ou mimée d'objets, ne s'expliquant « ni par une atteinte motrice, ni par une atteinte sensitive ni par une altération intellectuelle » (Déjerine, 1914) et survenant lors de la lésion de certaines zones cérébrales.

L'APRAXIE IDÉOMOTRICE

Décrite par Liepmannn (1900, 1908), elle concerne les gestes simples et en pratique ce vocable réunit les gestes dits intransitifs, c'est-à-dire n'impliquant pas la manipulation d'objets réels. Cette apraxie peut ne pas apparaître dans la vie quotidienne qui comporte nombre de mouvements automatisés par leur innombrable répétition. C'est donc l'examen clinique qui repère au mieux l'apraxie idéomotrice et de manière très élective au niveau des membres supérieurs où l'activité gestuelle est naturellement la plus riche chez l'être humain.

Par exemple, chez un sujet dont la compréhension verbale est par définition jugée suffisante pour saisir la consigne, on étudiera successivement la réalisation sur ordre verbal ou sur imitation visuelle de gestes porteurs ou non d'une signification. Les *gestes sans signification* sont des gestes *arbitraires*, comme faire deux anneaux entrecroisés entre le pouce et l'index, mettre le pouce et l'index droits sur l'oreille gauche en même temps que l'index gauche sur les lèvres, mettre le dos de la main sur le front, décrire un cercle en l'air avec l'index, et les exemples pourraient être multipliés (fig. 5.1). Les *gestes significatifs* ont une intentionnalité communicative ou fonctionnelle. Les premiers sont des gestes *expressifs*, comme envoyer un baiser, dire au revoir avec la main, menacer quelqu'un du poing, faire le salut militaire, faire un pied de nez, prêter serment. Les seconds sont des gestes dont la réalisation doit mimer l'utilisation d'objets comme des jeux de mimes ou *pantomimes* : certains, dirigés vers le corps, sont dits *réflexifs*, comme boire un verre d'eau, se brosser les dents, se peigner, se saisir d'un téléphone pour écouter, se limer les ongles ; les autres sont dits *non réflexifs*, tels les gestes de planter un clou, visser, tourner une clé dans une serrure, moudre du café, peindre un mur, se servir d'un téléphone. Outre l'expression gestuelle, l'examinateur doit étudier la capacité du sujet à comprendre le sens des mêmes gestes réalisés devant lui.

Les perturbations s'expriment par l'incapacité de toute ébauche gestuelle, par la réalisation de mouvements inadaptés (parapraxies), par des persévérations du même geste, et parfois par des tentatives vaines d'autocorrection. Dans quelques cas, prié de mimer un geste fonctionnel comme se brosser les dents, le sujet utilise *un segment de corps comme objet* et se frotte les dents avec son index.

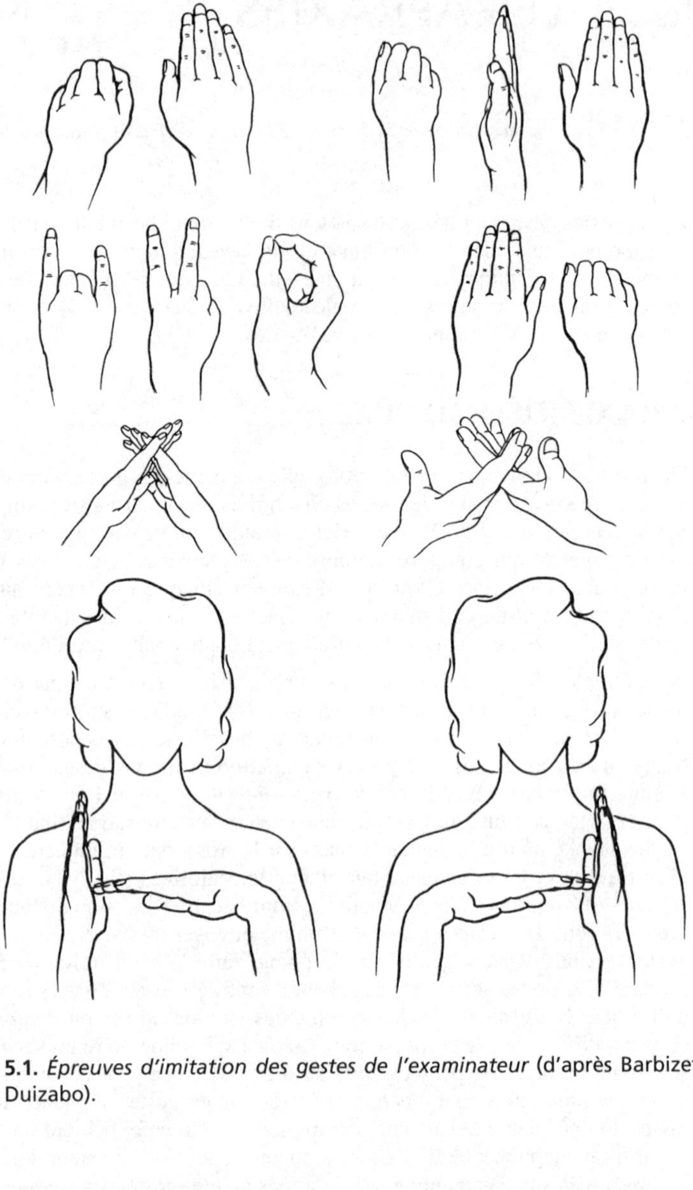

Fig. 5.1. *Épreuves d'imitation des gestes de l'examinateur* (d'après Barbizet et Duizabo).

L'apraxie idéomotrice peut être bilatérale ou intéresser un seul membre, en l'occurrence le membre supérieur gauche. L'incapacité gestuelle peut se manifester quelle que soit la modalité de sollicitation du geste. Elle peut aussi être dissociée et n'apparaître que sur ordre verbal (apraxie verbomotrice) ou sur imitation (apraxie visuomotrice).

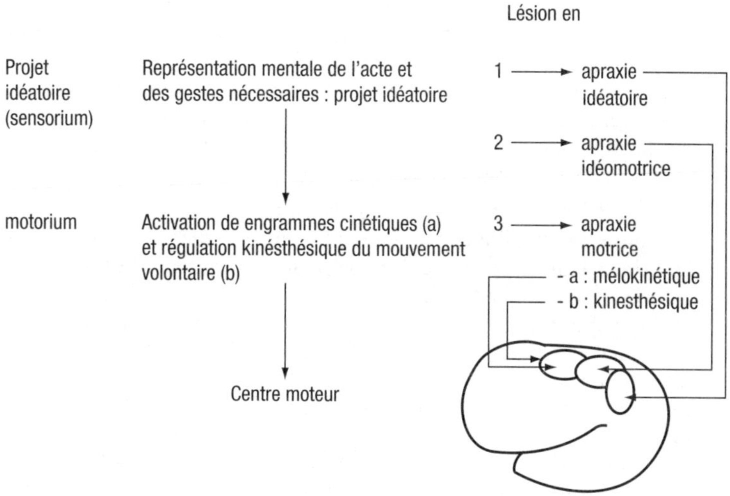

Fig. 5.2. *Les principales formes d'apraxies.* Les termes de motorium et sensorium renvoient aux conceptions associationnistes et en particulier à celle de Déjerine. La topographie lésionnelle proposée est celle de Liepmannn et, pour les apraxies motrices, respecte la classification de Luria (voir *Organisation et hypothèses concernant la désorganisation des gestes*).

L'*apraxie idéomotrice bilatérale* est le plus souvent liée aux lésions (pariétales et en particulier du *gyrus supramarginalis*) de l'hémisphère gauche. Au cours des lésions frontales, on observe une difficulté d'imitation des gestes et de réalisation des gestes séquentiels. Ces désordres accompagnent les perturbations de la programmation liées aux lésions frontales et en particulier à ce que Luria avait appelé l'organisation dynamique des actes moteurs (apraxie dynamique, voir chapitre 13). La nature de la désorganisation gestuelle est très certainement différente au cours des lésions frontales et pariétales encore que les discordances relevées dans la littérature sur la réalité ou non d'une apraxie frontale montrent les limites des analyses séméiologiques. En tout cas, il devrait être possible d'isoler deux types d'apraxies frontales, une apraxie dynamique, à intégrer dans les perturbations de la programmation caractéristiques du syndrome frontal et une apraxie idéomotrice par lésion du cortex moteur associatif (fig. 5.4); ainsi l'atteinte de l'aire motrice supplémentaire (gauche) peut aussi entraîner une apraxie bilatérale ne s'accompagnant pas, selon Heilman, de troubles de la discrimination des gestes mimés (voir *Hypothèses concernant la désorganisation des gestes*, p. 82). Il est aussi établi que des lésions sous-corticales (en particulier du thalamus, du noyau lenticulaire et de la substance blanche périventriculaire) puissent donner une apraxie idéomotrice.

Les *apraxies unilatérales* sont, en dépit du cas princeps de Liepmann, le plus souvent gauches. Certaines, dénommées *apraxies sympathiques*, accompagnent une aphasie de Broca et pourraient être liées à une disconnexion entre le cortex moteur associatif (aire 6) gauche et son homologue droit dont les fibres associatives cheminent dans la portion antérieure du corps calleux : elles pourraient ainsi être lésées par une lésion de la profondeur du lobe frontal. Ainsi l'apraxie existe-t-elle du côté non hémiplégique. L'apraxie idéomotrice unilatérale gauche *sur ordre verbal* peut bien sûr être liée à une lésion calleuse, comme l'avait indiqué Liepmann, alors que les ordres moteurs sont correctement exécutés dès lors qu'ils intéressent le membre supérieur droit.

La rupture de l'équilibre entre les comportements moteurs d'exploration sous-tendus par le lobe pariétal et les comportements d'inhibition sous-tendus par le lobe frontal a conduit Denny-Brown à opposer deux désordres moteurs qu'il qualifia d'apraxiques encore que ce terme puisse être discuté : l'apraxie unilatérale kinétique *répulsive* dénommant la contamination des gestes par des réactions de retrait, d'évitement, d'éloignement du membre de sa cible et qui répond à des lésions pariétales; l'apraxie unilatérale kinétique d'*aimantation*, où se mêlent une activité de préhension voire d'utilisation et une exaltation tonique comme si l'objet exerçait une aimantation irrépressible rendant la main esclave de son environnement : ce type de comportement qui peut être considéré comme l'une des formes cliniques de la main étrangère fait partie des désordres engendrés par les lésions frontales.

L'APRAXIE IDÉATOIRE

L'apraxie idéatoire désigne l'incapacité de manipuler des objets. Cette définition a été obscurcie par la distinction des deux grandes variétés d'apraxies en fonction du paradigme « tâches simples » pour les apraxies idéomotrices et « tâches complexes » pour les apraxies idéatoires comme si ces dernières impliquaient obligatoirement des manipulations d'objets. Comme il est difficile d'affirmer l'étanchéité des distinctions entre apraxies idéomotrice et idéatoire et, si l'on considère que les perturbations de gestes mimés sont à classer dans les apraxies idéomotrices, on peut au moins provisoirement cantonner l'apraxie idéatoire aux perturbations de gestes impliquant des manipulations d'objets réels qui doivent bien entendu être parfaitement identifiés afin d'éliminer la perplexité ou l'incohérence manipulatoire d'un objet non ou mal reconnu visuellement et tactilement. On peut utiliser des manipulations impliquant plusieurs séquences de gestes comme par exemple mettre une feuille de papier dans une enveloppe et la cacheter, verser de l'eau d'un verre dans une bouteille à l'aide d'un entonnoir, se servir d'une boîte d'allumettes pour allumer une bougie… Les gestes sont inappropriés, incohérents, désorganisés : le malade ne sait plus comment ouvrir la boîte d'allumettes qu'il manipule en tous sens. Arrive-t-il à extraire une allumette qu'elle est tapotée sur n'importe quelle face de la boîte, etc. Il est tentant d'imputer ces comportements à une désorganisation de la planification mentale des actes élémentaires nécessaires à la réalisation de l'action projetée. La fréquence de ces apraxies chez les déments a même conduit nombre d'auteurs, dont Déjerine et Pierre Marie, à considérer que seules des lésions étendues, donc une détérioration mentale, pouvaient expliquer l'intensité de cette déstructuration gestuelle. Cependant, les échecs manipulatoires peuvent survenir aussi en présence d'objets isolés et de manipulations mono- ou pauciséquentielles telles que demander de se peigner avec une brosse à cheveux, de porter une pipe aux lèvres, etc. Ceci a conduit à considérer le déficit du plan idéatoire comme secondaire à une agnosie ou une amnésie d'utilisation. Ainsi, reprenant le terme déjà utilisé, en particulier par Déjerine, d'apraxie de conception, Heilman propose de distinguer quatre types d'erreurs. Le premier concerne la connaissance de l'action outil-objet : un déficit d'un geste mimé peut ainsi témoigner d'une apraxie idéatoire quand le sujet prié de montrer comment on se sert d'un tournevis fait le geste de frapper avec un marteau ou d'une apraxie idéomotrice quand il fait maladroitement de vagues arcs de cercle, démontrant cependant qu'il a la connaissance du geste et que son déficit concerne la production du mouvement. Le deuxième type d'erreurs concerne la connaissance de l'association outil-objet, comme choisir parmi des outils un marteau quand on montre au sujet une pièce de bois avec un clou partiellement enfoncé en lui demandant de poursuivre la tâche. Le troisième type d'erreurs concerne la connaissance mécanique des outils (choisir parmi plusieurs marteaux ou plusieurs tournevis celui qui est le plus adéquat en fonction de la tâche) ; le quatrième type concerne la connaissance de la fabrication d'outils dont on sait depuis Bergson qu'elle est une des caractéristiques de l'*Homo sapiens*, inséparable de l'*Homo faber*. L'apraxie idéatoire est liée à des lésions de la partie postérieure de l'hémisphère gauche, et plus particulièrement de la région temporo-pariétale.

L'APRAXIE MÉLOKINÉTIQUE ET L'APRAXIE KINESTHÉSIQUE : DEUX VARIÉTÉS D'APRAXIE MOTRICE?

L'*apraxie mélokinétique* (étymologiquement, apraxie des « mouvements des membres ») est difficile à distinguer des troubles parétiques et se caractérise par des difficultés à réaliser des mouvements fins et successifs, comme pianoter ou faire successivement le geste de serrer le poing puis de faire un anneau entre le pouce et l'index. Les difficultés intéressent tant la motilité volontaire que la motilité automatique et elles associeraient, selon Luria, une « désautomatisation des actes moteurs complexes et la mise en œuvre d'automatismes élémentaires ». Elles sont unilatérales et sont habituellement confinées à un petit territoire musculaire. Les mouvements perdent ainsi leur fluidité et apparaissent hachés, malhabiles ; ils peuvent être contaminés par des « automatismes compulsifs » qui se traduisent par une répétition du même mouvement (la difficulté à pianoter peut conduire le même doigt à réitérer un mouvement et cette réitération peut s'observer aussi dans le dessin) : ce comportement d'allure persévérative ne correspond pas dans les cas purs à un trouble de la programmation, qui concerne les lésions préfrontales. Cette apraxie encore dénommée innervatoire pourrait en effet être liée à une perte des « engrammes ou des mélodies cinétiques » (séquences d'enchaînement de l'activation des contractions musculaires nécessaires à l'harmonie du mouvement), entravant ainsi la réalisation motrice de l'acte et s'observant dans les lésions de l'aire prémotrice (aire 6) hétérolatérale.

Si les notions d'apraxie motrice et d'apraxie mélokinétique sont souvent confondues, Luria (1978) isole une autre variété d'apraxie motrice liée à un trouble «de la base afférente du mouvement volontaire» et qu'il dénomme *«apraxie afférente ou kinesthésique»*. Proche elle aussi des troubles parétiques mais indemne dans les cas purs de tout déficit moteur segmentaire, elle est liée à des lésions des parties postcentrales (rétrorolandiques) du cortex sensori-moteur mais ne peut s'expliquer seulement par des perturbations sensitives. Cette apraxie se caractérise par une perte de la sélectivité des mouvements qui, au niveau des doigts, se manifeste par d'intenses difficultés à reproduire des positions élémentaires. Les doigts réalisent des mouvements mal différenciés, quasi athétoïdes, inadaptés au but à atteindre (comme la taille de l'objet à saisir par exemple). Le geste est encore plus maladroit dans le mime d'utilisation d'objet ou d'outil en raison de la perte de l'influence régulatrice de la vue. Cette apraxie kinesthésique se distingue de l'apraxie mélokinétique car cette dernière préserve les mouvements isolés ; elle se distingue de l'apraxie idéomotrice car cette dernière épargne les mouvements automatisés, ce qui limite son retentissement sur les gestes de la vie quotidienne. Les troubles sont plus fréquents au cours des lésions de l'hémisphère dominant mais se manifestent avec le plus de netteté au niveau de la main opposée à la lésion (aires postcentrales 1, 2, 3, 5 et surtout aire 7, aire d'association sensitive située dans le lobule pariétal supérieur).

Hypothèses concernant la désorganisation des gestes

La réalisation d'un mouvement intentionnel suppose, selon Liepmann, plusieurs étapes.

– La *conception d'un projet idéatoire* nécessite la représentation mentale de l'acte à accomplir puis la succession de gestes nécessaires à son exécution : tel est le rôle du *sensorium motorium* (ou du *sensorium* selon l'acception de Déjerine) dont l'altération définit l'*apraxie idéatoire* ou *apraxie de conception*.

– La *transmission de ce projet* se ferait soit directement à la zone motrice (Liepmann) soit au *motorium* (selon l'acception de Déjerine, voir fig. 5.2) où sont activés les *engrammes cinétiques* correspondant au niveau de chaque hémicorps aux représentations mentales du mouvement : c'est l'incapacité de transmettre le projet idéatoire aux structures motrices d'aval qui définit l'*apraxie idéomotrice*, apraxie de transmission conçue comme la difficulté de réaliser des gestes pourtant correctement conçus dans un projet idéatoire.

– L'*apraxie motrice* est liée à la lésion du *motorium* (au sens de Déjerine) ou à ses connexions avec le centre moteur, ce qui induit une désorganisation des activités musculaires élémentaires constitutives du mouvement ou des mélodies cinétiques : il s'agit donc d'une *apraxie d'exécution* ou *apraxie mélokinétique*, dernière étape avant la parésie ou la paralysie qui résultent de la lésion du centre moteur. L'apraxie mélokinétique peut aussi être conçue comme liée à une lésion du centre moteur trop discrète pour induire une paralysie. Luria distingue de l'apraxie mélokinétique, l'*apraxie kinesthésique*.

Von Monakow, à qui l'on doit le concept de *diaschisis*, s'inscrit contre l'enfermement des mouvements dans des centres localisés : l'instinct (les besoins vitaux) suscite des mélodies cinétiques dont l'acquisition est d'autant moins altérée qu'elles répondent à des désirs réels de mouvements et non à des ordres arbitraires et qu'elles sont d'acquisition ancienne, donc mieux enracinées. Ainsi s'expliquerait la persistance de certains mouvements ou la possibilité de leur réalisation spontanée au cours des apraxies. En outre les lésions focales observées sont trop disparates pour admettre leur spécificité topographique et l'essentiel résulte de la désactivation (désafférentation, diaschisis) étendue provoquée par la lésion focale.

Selon d'autres conceptions où l'on retrouve des idées défendues par Foix, Morlaas ou Lhermitte, la source de l'apraxie idéomotrice réside dans un désordre du traitement des informations posturales et visuospatiales dont la synthèse est nécessaire à la mise en œuvre du mouvement tandis que l'apraxie idéatoire relève de la perte du sens de l'utilisation des objets, même si ces objets sont dénommés et reconnus. Ces conceptions, défendues dans le premier quart de ce siècle, vont bien dans le sens d'une conception multifactorielle de la fonction sémantique conçue comme la convergence de souvenirs sensoriels multiples (visuels, tactiles, gustatifs, olfactifs, kinesthésiques) mêlés à l'impact de la vie émotionnelle et de la fonction langagière. La fonction sémantique est donc une fonction ouverte qui va bien au-delà de la nomination et de la reconnaissance visuelle qui n'épuisent pas le savoir sur les objets et ne disent en tout cas rien ou peu sur la capacité des hommes à manipuler. Ainsi, l'apraxie idéatoire pourrait apparaître comme l'expression d'un trouble particulier de la mémoire sémantique qui concernerait le savoir-faire.

Il pourrait aussi être distingué une conceptualisation de séquences d'actions (perturbée selon Hecaen, dans l'apraxie idéatoire), un système particulier de signes expressifs (envoyer un baiser, dire au revoir, etc.) dont la perturbation réaliserait une variété d'apraxie idéomotrice dont une autre variante serait représentée par la perturbation des gestes descriptifs et des pantomimes.

Heilman pense que les représentations motrices organisées dans le temps et dans l'espace que l'on peut appeler « praxicons » ou représentations gestuelles sont stockées dans le lobe pariétal dominant puis doivent ensuite être transcodées dans un programme moteur grâce à des connexions avec l'aire motrice supplémentaire, les noyaux gris centraux et enfin le cortex moteur (fig. 5.3). Les lésions de ces zones (à l'exception du cortex moteur) tout comme les lésions des connexions entre ces zones peuvent induire une apraxie idéomotrice. Ainsi peut-on expliquer que, chez un apraxique, la préservation de la capacité de reconnaître le caractère correct ou incorrect d'un geste appris dépend de l'intégrité ou non des « praxicons » et permettrait donc de distinguer les apraxies pariétales des apraxies d'autres localisations. Heilman a ensuite scindé les « praxicons » en deux types : d'entrée, permettant la reconnaissance des gestes, et de sortie, permettant leur exécution ; ainsi en est-il de l'observation d'un apraxique sur imitation capable de reconnaître les gestes (suggérant l'intégrité des « praxicons » d'entrée et la localisation de l'atteinte entre les « praxicons » d'entrée et de sortie), la préservation des gestes mimés sur commande suggérant en effet que les « praxicons » de sortie étaient intacts et activables par le langage

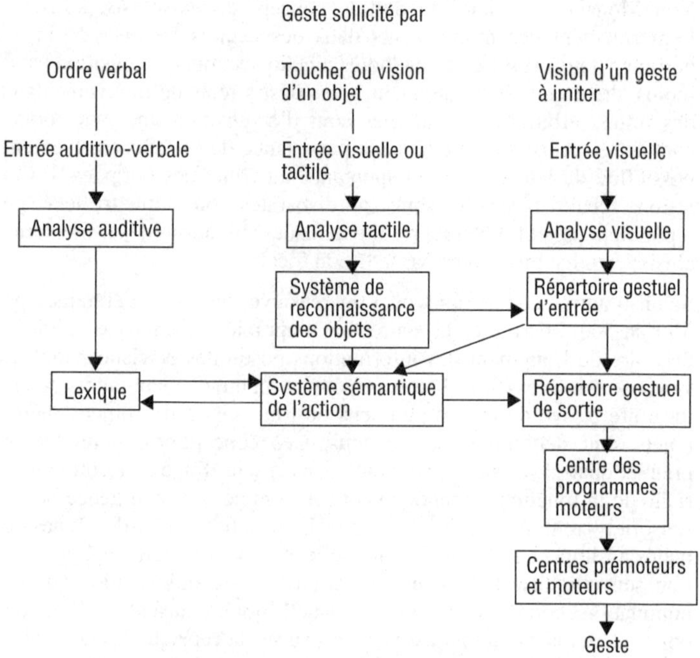

Fig. 5.3. *Modèle (simplifié) proposé par Rothi* et al. *pour expliquer la production des gestes.* Le répertoire des gestes est appelé «praxicons». Le centre des programmes moteurs permet le transcodage des représentations gestuelles (voir fig. 5.4).

(fig. 5.4). De plus, à l'instar de l'aphasie qui peut atteindre la compréhension en respectant la répétition, l'incapacité de reconnaître les gestes mimés (pantomimagnosie) peut-elle coexister avec la préservation de l'imitation des gestes. Chez les aphasiques, la pantomimagnosie est souvent associée à un déficit de la compréhension de la lecture : la compréhension des gestes pourrait ainsi représenter le stade prélinguistique de la compréhension des textes (Varney).

Quant à l'apraxie idéatoire, elle peut relever d'une désorganisation d'un plan idéatoire bouleversant la séquence d'une série d'actes élémentaires et elle s'observe alors volontiers dans la démence d'Alzheimer ou la confusion. Elle peut aussi être une apraxie conceptuelle relative à la manipulation des objets (voir *supra*).

L'APRAXIE CONSTRUCTIVE

L'apraxie constructive désigne l'altération d'une autre capacité humaine, celle de construire, c'est-à-dire assembler des éléments dans les deux ou les trois plans de l'espace. Le bonhomme que dessine l'enfant, le plan du maître

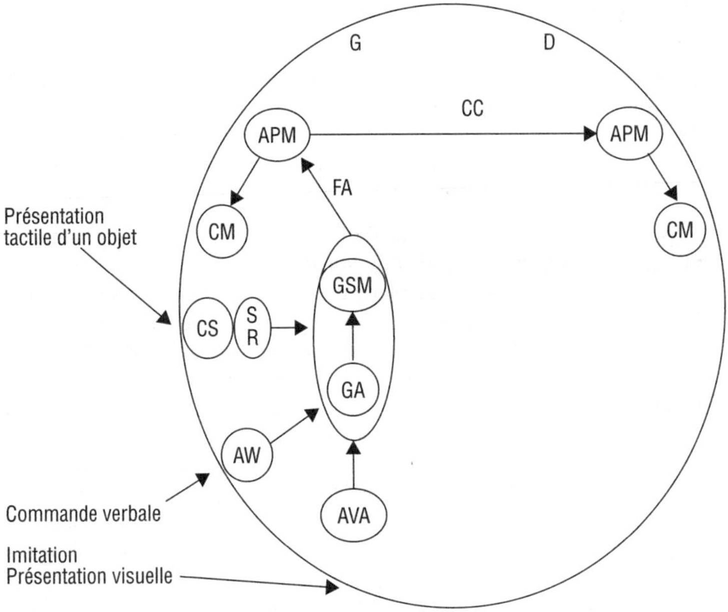

Fig. 5.4. *Schéma de l'apraxie idéomotrice* (modifié, d'après Heilman).

G. Hémisphère cérébral gauche. D. Hémisphère cérébral droit. AW. Aire de Wernicke. AVA. Aire visuelle associative. GA. (Gyrus angulaire) et GM. (*Gyrus supramarginalis*), lieux de stockage des représentations gestuelles ou « praxicons ». FA. Faisceau arqué permettant les connexions entre les aires pariétales et l'APM. APM. Aire prémotrice (cortex moteur associatif et en particulier l'aire motrice supplémentaire), lieu de transcodage des « praxicons » en programmes moteurs. CM. Cortex moteur. CC. Corps calleux. CS. Cortex somesthésique. SR. Système de reconnaissance tactile des objets. Une lésion pariétale induit une apraxie idéomotrice perturbant conjointement la réalisation et la compréhension des gestes par destruction du répertoire des représentations gestuelles. Une lésion du FA induit une apraxie idéomotrice respectant la compréhension des gestes, les «praxicons» étant respectés. Une lésion cortico-sous-corticale des aires motrice et prémotrice gauches (produisant une hémiplégie droite avec aphasie de Broca) entraîne une apraxie idéomotrice gauche (apraxie sympathique) par lésion des fibres calleuses à leur origine. Une lésion du CC entraîne une apraxie idéomotrice gauche par déficit du transfert interhémisphérique entre l'APM gauche et l'APM droite, de même qu'une lésion de la substance blanche du lobe frontal droit (détruisant les fibres calleuses à leur émergence) ou de l'APM droite.

d'œuvre ou de l'amateur, le dessin d'un jardin ou l'esquisse d'un détail architectural, la construction de maquettes ou de demeures, tels sont, entre mille, des exemples nécessitant le déploiement d'une compétence constructive qui associe le maniement de données visuoperceptives, et visuospatiales ordonnancées dans un projet qui se crée grâce à l'activité motrice : Kleist parlait ainsi d'associations kinesthéso-optiques.

La mise en évidence d'une apraxie constructive se fait en demandant au sujet, sur ordre et sur imitation, de dessiner un carré, un cube, une maison, une bicyclette. On peut aussi s'aider de bâtonnets ou d'allumettes ou de la réalisation d'un puzzle tout comme l'on peut s'adresser au test de praxies tridimensionnelles de Benton (fig. 5.5 et 5.6).

L'apraxie constructive témoigne d'une lésion pariétale qui peut intéresser l'un ou l'autre hémisphère : la distinction de la latéralité lésionnelle n'est pas évidente même s'il serait logique de considérer que les apraxies constructives droites devraient s'associer aux désordres visuospatiaux propres aux lésions de l'hémisphère droit. Ainsi une apraxie constructive au cours de laquelle existe une amputation d'une moitié (et habituellement la moitié gauche du dessin) est le fait d'une lésion de l'hémisphère non dominant (habituellement l'hémisphère droit). Le phénomène d'accolement au modèle conduisant le malade à inscrire son dessin à l'intérieur de celui de l'examinateur *(closing in)* est le fait des lésions de l'hémisphère gauche. L'existence d'un modèle ou l'aide par des repères (comme des points au sommet du cube) peuvent améliorer les performances des malades ayant une lésion de l'hémisphère gauche. La latéralisation lésionnelle gauche est compatible avec le maintien de certaines capacités d'apprentissage. Aussi a-t-on voulu opposer les apraxies « idéatoires » dues aux lésions gauches, qui exprimeraient essentiellement un trouble de la programmation, aux apraxies par lésion droite, qui relèveraient d'une désorganisation spatiale.

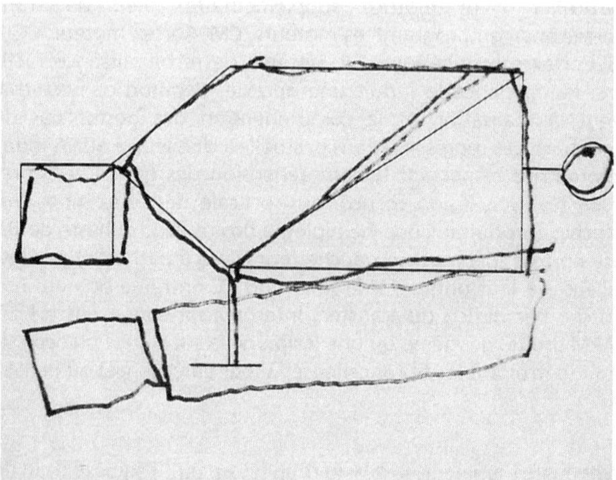

Fig. 5.5. *Apraxie constructive. Tentative de copie avec phénomène d'accolement au modèle.*

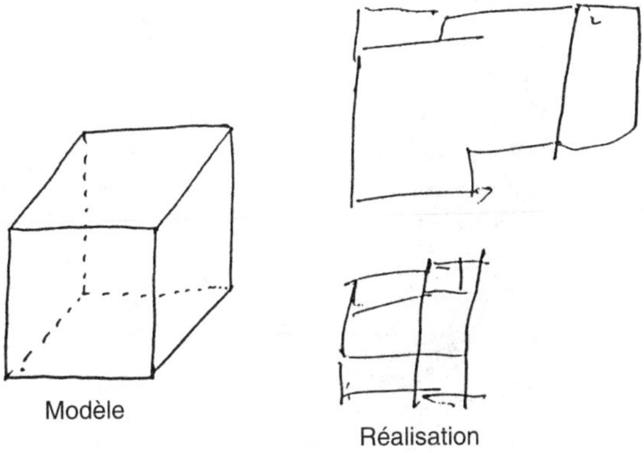

Fig. 5.6. *Apraxie constructive (lésion pariétale de l'hémisphère gauche)* (d'après R Gil. *Neurologie pour le praticien*. Simep, Paris, 1989).

L'APRAXIE DE L'HABILLAGE

L'apraxie de l'habillage est un trouble singulier survenant, comme l'avaient souligné Pierre Marie puis Brain, en l'absence d'apraxie idéatoire ou idéomotrice : il s'agit donc d'un type particulier d'apraxie réflexive (puisque le corps en est l'objet) mais ne concernant que l'activité d'habillage dont on connaît la place qu'elle occupe, depuis la naissance jusqu'à la mort, dans la plupart des groupes culturels de l'humanité. Dire que « l'habit ne fait pas le moine » témoigne de la fonction identitaire du vêtement et du mélange de dextérité automatisée et de création que constitue cet ensemble de gestes qui accompagne quotidiennement la vie des hommes. La *région postérieure de l'hémisphère droit* est le lieu de convergence des informations visuelles, spatiales et motivationnelles nécessaires au déploiement de cette activité : le sujet ayant une lésion de cette région contemple énigmatiquement son vêtement, le tourne et le retourne, peut enfiler à force d'essais et d'erreurs l'une des manches dans l'un ou l'autre bras, pour renoncer finalement à pouvoir enfiler l'autre manche qui pend dans son dos comme un problème dont la solution est devenue insurmontable (fig. 5.7). Enfiler un pantalon, des chaussures, nouer une cravate offrent les mêmes obstacles; *a fortiori* l'ordre des vêtements n'est plus conceptualisé et le malade livré à lui-même avec quelques habits n'aboutit qu'à un accoutrement tristement burlesque. Dans les cas légers, sa mise en évidence nécessite que les vêtements soient présentés au malade de manière inhabituelle (par exemple, en retournant l'une des jambes du pantalon ou l'une des manches de la veste). L'apraxie de l'habillage est souvent associée à une apraxie constructive. Elle peut aussi être associée à une hémiasomatognosie : on peut considérer qu'elle garde son identité séméiologique quand elle intéresse la vêture du corps dans sa totalité. Elle

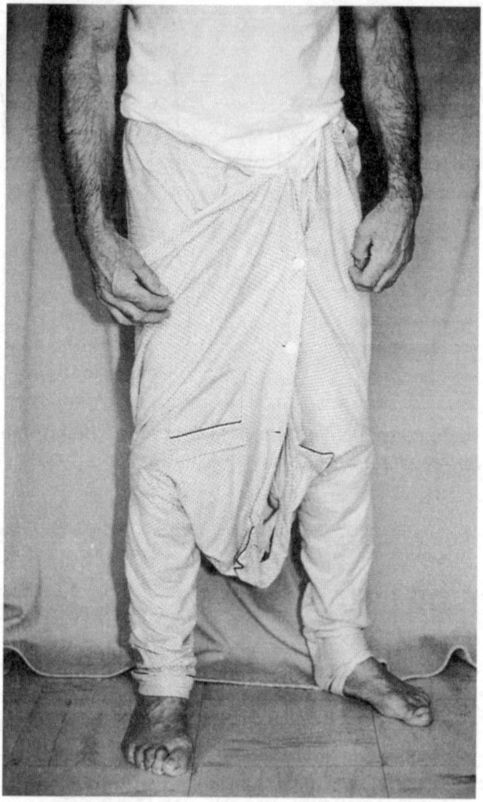

Fig. 5.7. *Apraxie de l'habillage.*

n'est probablement qu'un mode particulier de l'hémiasomatognosie quand le recouvrement par le drap ou l'habillage «ignorent» l'hémicorps gauche. L'apraxie de l'habillage est fréquente dans la maladie d'Alzheimer.

L'APRAXIE DE LA MARCHE

L'apraxie de la marche désigne, chez un malade non parétique, l'incapacité de disposer convenablement ses membres inférieurs : le sujet ne peut plus avancer ses membres inférieurs alternativement ou il le fait de manière rudimentaire avec une tendance à la rétropulsion. Ce trouble est aussi appelé ataxie frontale mais peut s'observer non seulement dans des tumeurs frontales ou fronto-calleuses mais aussi dans des hydrocéphalies ou chez des sujets âgés et déments. La distinction peut d'ailleurs être séméiologiquement difficile entre des perturbations intéressant la programmation motrice d'un projet idéatoire typiquement préservé et un désordre de la motilité automatique tel qu'on peut l'observer dans les perturbations de la marche et de l'équilibre chez le parkinsonien.

L'apraxie de la marche permet d'évoquer aussi deux autres types d'apraxies. L'*apraxie idéomotrice des membres inférieurs* (faire le geste de taper dans un ballon, dessiner un huit avec le pied le membre inférieur étant relevé au-dessus du pied du lit) peut accompagner une apraxie idéomotrice uni- ou bilatérale des membres supérieurs. L'*apraxie truncopédale* affecte les mouvements axiaux et bilatéraux du corps : se retourner dans le lit, se coucher et, comme manœuvre d'examen, prendre la « position du boxeur ». L'autonomie de cette apraxie est discutée, certains pensant qu'elle accompagne toujours une apraxie idéomotrice par lésion de l'hémisphère dominant pour le langage.

L'APRAXIE BUCCO-FACIALE

L'apraxie bucco-faciale accompagne souvent la suspension du langage de l'anarthrique et de l'aphasique global ou la désintégration phonétique de l'aphasique de Broca. Il est en effet frappant de constater que les muscles qui concourent à la réalisation de l'expression verbale (bouche, langue, joues, respiration) se voient dans l'impossibilité de générer volontairement des mouvements à but non langagier alors que ces mouvements sont préservés quand ils surviennent de manière automatique. Ainsi tente-t-on de demander au malade, sur ordre verbal ou sur imitation, de tirer la langue, de montrer les dents, de mettre la bouche en cul de poule, de se pourlécher les lèvres, de claquer la langue ; la partie supérieure du visage, notamment les mouvements des paupières, est le plus souvent épargnée. Ces perturbations ont quelque analogie avec la composante apraxique des troubles de la réalisation phonétique. Toutefois une apraxie bucco-faciale peut, bien que plus rare, survenir au cours d'une aphasie de conduction ou de Wernicke. L'apraxie bucco-faciale est plus souvent associée à une apraxie idéomotrice qu'à une apraxie idéatoire. L'apraxie unilatérale kinétique d'aimantation est toujours, selon Hecaen, accompagnée d'une apraxie bucco-faciale.

LES APRAXIES PALPÉBRALES

Les apraxies palpébrales peuvent concerner la fermeture ou l'ouverture des yeux.

Une *incapacité de fermer les yeux* avec persistance du réflexe cornéen, du réflexe cochléo-palpébral et même du réflexe de clignement à la menace peut témoigner d'une paralysie supranucléaire comme d'une apraxie de la fermeture des yeux. Une abolition du phénomène de Bell (déviation vers le haut des yeux lors de leur fermeture) et une parésie des saccades (mouvements oculaires rapides permettant de porter son regard sur des cibles successives) induisant un spasme de fixation sont des arguments en faveur d'une paralysie supranucléaire qui accompagne des lésions sévères des neurones du cortex moteur comme dans des infarctus bioperculaires, dans la sclérose latérale amyotrophique, dans la maladie de Creutzfeldt-Jakob. Au cours des apraxies, la fréquence des clignements palpébraux spontanés doit être respectée de même que la motilité faciale spontanée; de tels faits pourraient s'observer dans des lésions du *gyrus supramarginalis* de l'hémisphère dominant ainsi que du lobe frontal tout comme dans certaines apraxies développementales associées à un retard mental. Les apraxies frontales pourraient se rapprocher des apraxies kinétiques et traduire l'incapacité d'inhiber l'ouverture des yeux provoquée par les stimulations visuelles.

L'*apraxie de l'ouverture des yeux* survient en l'absence de blépharospasme et s'accompagne, lors des tentatives d'ouverture des yeux, d'une contraction des muscles frontaux. Un tel trouble peut être observé dans des affections du système extrapyramidal : chorée de Huntington, syndrome de Shy-Drager, paralysie supranucléaire progressive, maladie de Parkinson. S'agit-il alors d'une apraxie ou d'un désordre moteur qui pourrait être interprété comme une akinésie de l'ouverture palpébrale ou comme une inhibition involontaire des muscles releveurs des paupières ? Toutefois cette même incapacité d'ouvrir les yeux a pu aussi être observée dans des lésions corticales bilatérales ou du seul hémisphère droit et plus particulièrement du lobe pariétal.

Reste le problème de savoir s'il est possible de réduire l'apraxie de l'ouverture et de la fermeture des yeux à une dissociation automatico-volontaire des mouvements palpébraux, altérant l'initiation volontaire du mouvement des paupières. La littérature n'offre guère d'explication uniciste convaincante.

LA(LES) MAIN(S) ÉTRANGÈRE(S)

Le *concept de main étrangère* recouvre des faits disparates. Outre la main étrangère par « asomatognosie » (voir chapitre 10), plusieurs entités peuvent être individualisées. La *dyspraxie diagonistique* décrite après section du corps calleux par Akelaïtis désigne un comportement conflictuel intermanuel, caractérisé par le fait que les mouvements d'une main réalisent l'inverse de ce qui est fait ou doit être fait par l'autre main. Il existe donc un « conflit » entre l'acte que le sujet veut faire et l'acte que réalise au même moment une main, le plus souvent la gauche : ainsi la main gauche repose sur le comptoir du boulanger le pain dont le sujet vient de se saisir de la main droite ; ainsi encore le sujet ayant soif et désirant boire emplit un verre de sa main droite puis l'autre main se saisit du verre et le vide. Ce comportement traduit une perturbation du transfert interhémisphérique par la section calleuse, ce qui entraîne une ignorance d'un hémicorps par rapport à l'autre.

Le *signe de la main étrangère* a été décrit par Brion et Jedynak pour désigner l'incapacité qu'a le malade de reconnaître l'une de ses mains quand elle est placée dans l'autre main en dehors du contrôle de la vue. (Ainsi, un patient, alors qu'il était prié de s'habiller, accroche derrière son dos une de ses mains avec l'autre et dit à l'examinateur : *« Lâchez ma main, vous m'empêchez de m'habiller !* ».) Le sujet sait qu'il tient une main mais ne reconnaît pas qu'il s'agit de la sienne. Observé aussi dans les lésions calleuses, ce signe témoigne, en outre, de l'ignorance et de l'étrangeté d'un hémicorps par rapport à l'autre en raison d'une disconnexion interhémisphérique. Par la suite, le signe de la main étrangère a désigné la tendance irrépressible d'une main à explorer l'environnement en tâtonnant, en saisissant, en agrippant, en manipulant les objets rencontrés. Quand on attire l'attention du sujet sur son comportement manuel, il déclare qu'il est involontaire, que la main agit d'elle-même et il peut exister une personnification de la main dont le sujet peut parler comme d'un enfant. La main intéressée est le plus souvent la main dominante. Les lésions intéressent la partie antérieure du corps calleux, et la région frontale incluant l'aire motrice supplémentaire, la partie antérieure du gyrus cingulaire et le cortex préfrontal médian. Selon la conception de Goldberg, le cortex prémoteur latéral orienté vers le monde extérieur est libéré de l'influence inhibitrice de l'aire motrice supplémentaire (ASM) homolatérale lésée et de l'ASM hétérolatérale déconnectée par la lésion calleuse. Le comportement de la main peut la faire qualifier de capricieuse, peut rappeler l'apraxie d'aimantation de Denny-Brown ou peut réaliser une utilisation compulsive des objets entrant dans le cadre du syndrome de dépendance à l'environnement décrit par Lhermitte (voir chapitre 13). L'association à un *grasping* est possible.

Le concept de main étrangère a été étendu à la *désafférentation* sensitive d'une main ataxique et animée de mouvements anormaux. La dégénérescence cortico-basale peut entraîner une main étrangère avec des mouvements anormaux soit de type postural soit plus élaborés à relier à l'atteinte pariétale et frontale (en particulier de l'aire motrice supplémentaire).

BIBLIOGRAPHIE

DOODY R.-S., JANKOVIC J. — The alien hand and related signs. *J Neurol Neurosurg Psychiatry*. 1992;*85*:806-810.

HABIB M., ALICHERIF A., BALZAMO M. *et al.* — Caractérisation du trouble gestuel dans l'apraxie progressive primaire. *Rev Neurol.* 1995;*151*(10):541-551.

HECAEN H. — Les apraxies idéomotrices. Essai de dissociation. *In : Du Contrôle moteur à l'organisation du geste*. H Hecaen et M Jeannerod, Masson, Paris, 1978.

HEILMAN K.-M., ROTHI L.-J.-G. — Apraxia. *In : Clinical Neuropsychology*. K. M. Heilman et E. Valenstein, Oxford University Press, Oxford, 1993.

JOHNSTON J.-C., ROSENBAUM D.-M., PICONE C.-M., GROTTA J.-C. — Apraxia of eyelid opening secondary to right hemisphere infarction. *Neurology*. 1989;*25*:622-624.

LE GALL D., AUBIN G. — *Apraxies et désordres apparentés*. Société de Neuropsychologie de langue française, 1993.

LEVINE D.-N., RINN W.-E. — Opticosensory ataxia and alien hand syndrome after posterior cerebral territory infarction. *Neurology*. 1986;*36*:1094-1097.

PONCET M., CECCALDI M. — Dyspraxie diagonistique et main étrangère (main capricieuse): deux comportements gestuels distincts. *In : Apraxies et désordres apparentés*. D Le Gall et G Aubin. Société de Neuropsychologie de langue française, 1993.

RILEY D.-E., LANG A.-E., LEWIS A. *et al.* — Cortical-basal degeneration. *Neurology.* 1990;*40*:1203-1212.

ROSS RUSSELL R.-W. — Supranuclear palsy of eyelid closure. *Brain.* 1980;*103*:71-82.

ROTHI L.-G., OCHIPA C., HEILMAN K.-M. — A cognitive neuropsychological model of limb praxis. *Cognitive Neuropsychology.* 1991;*8*:443-458.

6 | LES ACALCULIES

« Le souffle de la fausseté n'atteint aucunement le nombre ;
car la fausseté combat et hait sa nature,
tandis que la vérité est chose propre et
connaturelle au nombre. »
Philolaos

Les nombres sont faits de chiffres répertoriés dans un *lexique* (douze, 12), unis entre eux par des *règles syntaxiques* (trois cent vingt et un, 321), bénéficiant tant au niveau de leur *compréhension* que de leur *production* de plusieurs types de signifiants (ou notations) dont deux sont essentiellement utilisés : la *notation verbale* utilisée à l'oral et à l'écrit ; la *notation arabe*, utilisée à l'écrit. Ces deux types de notations bénéficient d'un *transcodage* mutuel permettant de passer d'un système à l'autre. Les nombres permettent des *calculs* exprimés sous forme de *signes arithmétiques* qui peuvent être dits (multiplier), lus ou écrits verbalement (moins, plus…) ou symboliquement (–, +, =…) permettant ainsi de réaliser les quatre opérations de base. Ces opérations peuvent être effectuées mentalement ou par écrit en utilisant une *disposition spatiale* rigoureuse, comme l'alignement séquentiel de la droite vers la gauche des unités, dizaines, centaines… joint dans l'addition par exemple à un alignement vertical de chaque classe lexicale numérique.

Une acalculie ou une dyscalculie peut donc procéder de mécanismes multiples voire composites. La classification proposée en 1961 par Hecaen et ses collaborateurs peut fournir la matrice des situations rencontrées en clinique et qui conduit à distinguer :

– les acalculies en rapport avec des troubles de la lecture et de l'écriture des nombres, liées ou non à une alexie ou une agraphie verbale parfois dénommées acalculies aphasiques ;

– les acalculies spatiales ;

– les désordres du calcul lui-même ou anarithmétie, pouvant correspondre à l'acalculie primaire selon l'acception de Berger (1926) à opposer aux acalculies secondaires à des troubles du langage, de la mémoire, de l'attention ou à d'autres distorsions cognitives.

LES ACALCULIES APHASIQUES ET LES DÉFICITS DE LA COMPRÉHENSION ET DE LA PRODUCTION ORALES DES NOMBRES

Les alexies et les agraphies pour les chiffres et les nombres

L'incapacité de lire et d'écrire les nombres accompagne *souvent mais non constamment une aphasie* et peut s'associer à une apraxie idéatoire ou idéomotrice, à des désordres visuoconstructifs, à une alexie pour les mots et les lettres, à une agraphie. Mais des dissociations sont possibles entre la lecture et l'écriture des chiffres d'une part, des lettres et des mots d'autre part. Ainsi peut-on observer une incapacité sélective de la compréhension écrite des nombres, tant en notation verbale qu'en notation arabe contrastant avec une compréhension normale des mots écrits. De même a pu être observée une agraphie pour les mots et les lettres coexistant avec une préservation de l'écriture des chiffres et des nombres. Si la plupart des alexies et des agraphies sont mixtes (lettres, nombres), on peut aussi observer des alexies verbales isolées, des alexies numérales isolées, des agraphies verbales isolées et des agraphies isolées pour les nombres.

L'*alexie des nombres* peut être globale ou intéresser les chiffres isolés (ce qui peut être considéré comme comparable à l'alexie littérale) ou encore les nombres avec perte de la signification positionnelle des chiffres, omission et inversion. De même peut-on distinguer une *agraphie pour les chiffres isolés et une agraphie pour les nombres* (fig. 6.1). L'alexie et l'agraphie pour les chiffres pourraient correspondre à une atteinte lexicale tandis que l'alexie et l'agraphie pour les nombres pourraient correspondre à l'atteinte des processus syntaxiques numériques permettant la combinaison des chiffres en nombres. Mais d'autres dissociations ont été observées :

– Altération de la compréhension des nombres écrits en notation verbale *(« Parmi les chiffres suivants, quel est le plus grand, trois cent quarante-huit ou deux cent cinquante-neuf ? »)* contrastant avec la préservation de la compréhension des nombres écrits en notation arabe (*348* et *259*).

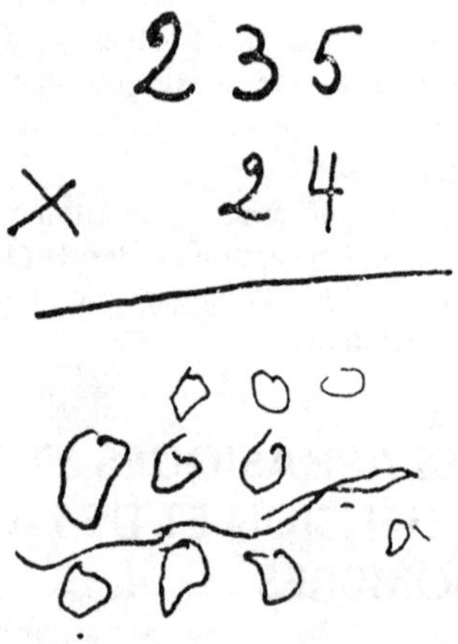

Fig. 6.1. *Multiplication exécutée par un malade agraphique pour les nombres. On notera que la disposition spatiale de la multiplication est préservée* (d'après H. Hecaen. *Rev Neurol.* 1961;*105(2)*:85-103).

– Altération de la compréhension des signes arithmétiques écrits contrastant avec la préservation de la compréhension des nombres écrits quel que soit le système de notation, le même contraste s'observant aussi en écriture et en dénomination (chez deux patients avec une aphasie amnésique et de conduction).

Les lésions observées dans les alexies et les agraphies pour les chiffres et les nombres intéressent plutôt l'hémisphère gauche : les lésions peuvent être étendues en cas d'association à une aphasie mais l'alexie et l'agraphie pour les nombres paraît électivement liée à des lésions du lobe pariétal et tout particulièrement du gyrus angulaire gauche, mais une atteinte associée du lobe pariétal droit est possible.

Les déficits de la compréhension et de la production orales des nombres

La compréhension orale des nombres peut être atteinte (avec échec aux comparaisons de nombres présentés verbalement) alors que les nombres écrits en chiffres arabes peuvent être aisément comparés et en l'absence de troubles de la compréhension générale.

La production des nombres peut être altérée à la lecture (alexie), à l'écrit (agraphie) mais aussi à l'oral avec, au cours d'aphasies fluentes, des substitutions de nombres à d'autres qui doivent être considérées comme des paraphasies : les performances des sujets en calcul sont alors altérées alors même que les capacités de calcul sont intrinsèquement préservées. Ainsi en est-il de ce patient, chez qui la lecture de nombres en chiffres arabes était préservée et qui, confronté au problème écrit « 4 + 5 », écrivait « 5 », disait « 8 » mais sur choix multiple indiquait la bonne réponse : « 9 ». L'étude du transcodage des nombres (du code arabe au code verbal et inversement) a pu montrer que les erreurs des aphasies de Broca évoquent un déficit morphosyntaxique (avec bouleversement des classes lexicales : *treize → 3* ; *quinze → 50*) alors que dans l'aphasie de Wernicke les erreurs restent dans le cadre de la même classe lexicale *(douze → 11).*

LES ACALCULIES SPATIALES

Elles se caractérisent par le bouleversement de l'agencement spatial des nombres qu'écrit le sujet avant de réaliser le calcul qui lui est demandé alors que le principe même du calcul est conservé comme en témoigne la préservation habituelle du calcul mental. En effet les erreurs ne dépendent ni du type de calcul ni de sa complexité. L'acalculie spatiale est souvent (deux fois sur trois pour Hecaen et ses collaborateurs) associée à une agnosie spatiale unilatérale gauche et il est alors légitime de penser que les erreurs viennent de l'omission de la partie gauche des nombres et des opérations arithmétiques. Le problème est de savoir si toutes les acalculies spatiales relèvent d'une héminégligence ou s'il existe des désordres spatiaux spécifiques pour le calcul. Il reste aussi que les acalculies spatiales peuvent s'associer à des perturbations visuoconstructives, à une apraxie de l'habillage, à des agnosies spatiales (et en particulier à une planotopokinésie), à une dyslexie de type spatial, à une hémiasomatognosie. L'existence de dissociations entre ces troubles et les acalculies spatiales montre qu'il est difficile de faire de ces acalculies une simple conséquence des troubles associés. Les lésions intéressent donc les régions postrolandiques (et en particulier pariéto-occipitales) de l'hémisphère droit mais des lésions bihémisphériques ont pu aussi être observées.

Tableau 6.I. *Plan de l'examen des capacités de calcul*

Préalablement à l'examen du calcul, il faut déterminer s'il existe ou non une aphasie (avec ou sans troubles de la compréhension, avec ou sans paraphasies dans le langage écrit et parlé), une apraxie constructive, une agnosie spatiale unilatérale, une planotopokinésie, un syndrome démentiel.
1) Lecture à haute voix (B21, B22) couplée à l'étude de la compréhension écrite (A11 et A12) des chiffres et nombres en notations verbale et arabe en demandant dans plusieurs paires de chiffres, lequel des deux chiffres est le plus grand et en faisant désigner des chiffres et nombres présentés visuellement. Demander de lire : *7, 9*; *28, 31*; *cinquante et un, vingt-trois*; *102, 943*. Demander dans chaque paire lequel est le plus grand. Si besoin, faire dans chaque paire une épreuve de désignation orale.
2) Étude de la compréhension auditivoverbale (A21) des chiffres et nombres dits au malade en lui demandant dans plusieurs paires de chiffres (*3* et *9*; *37* et *29*; *71* et *68*; *302* et *179*) lequel est le plus grand.
3) Répétition de chiffres et nombres (B21).
4) Écriture en notations verbale et arabe de chiffres et nombres dictés et copiés (B111, B112, B121, B122). Tenter de distinguer les erreurs lexicales (exemple : *12, 21*) et les erreurs syntaxiques (exemple : *12, 102*).
5) Demander au sujet de lire, d'écrire les signes opératoires de base sous forme verbale (Plus, Moins...) et sous forme symbolique (+, –...) et de les expliquer (A22, B13, B23).
6) Transcodage de la notation arabe en notation verbale et inversement (c). (Par exemple *8, 12, Trente-deux, Sept*)
7) Évaluation du système sémantique de la représentation des nombres en demandant de faire à côté de chiffres le nombre de points correspondants (Exemple : *7*.......)
8) Calcul mental et écrit pour les quatre opérations de base. Apprécier la vitesse du calcul. Tenter d'analyser les erreurs (l'atteinte de certaines opérations est-elle sélective ou globale ? La disposition spatiale est-elle correcte ? Les procédures de calcul sont-elles préservées pour les retenues, l'alignement de chiffres avec les déports nécessaires, les tables de multiplication sont-elles connues ou oubliées ou mémorisées mais mal appliquées ?)
9) Faire des opérations en série (suite des nombres obtenus en enlevant *7* de *100*). Tester l'empan verbal et la résolution de problèmes arithmétiques comme ceux proposés dans la WAIS.

Les indications composées d'une lettre suivie de deux ou trois chiffres (par exemple B21) renvoient à la figure 6.3 où sont matérialisées les étapes de l'examen des capacités de calcul.

L'ANARITHMÉTIE

L'anarithmétie ou acalculie primaire désigne les perturbations intéressant la mise en œuvre des opérations arithmétiques : mémorisation des faits arithmétiques (tables, en particulier pour la multiplication), utilisation des retenues et des autres procédures de calcul. L'anarithmétie peut s'associer à une aphasie, un déficit visuoconstructif, un déficit cognitif global, une alexie verbale, une indistinction droite-gauche.

Le déficit du calcul peut être sélectif avec préservation des capacités de rappel et d'emploi des procédures de calcul contrastant avec une très grande lenteur à réaliser les opérations arithmétiques. L'anarithmétie peut intéresser de manière dissociée certaines capacités de calcul : altération des capacités de multiplication et de division avec préservation de l'addition et de la soustraction; atteinte sélective de l'utilisation des retenues ou incapacité de réalisation des multiplications à plusieurs chiffres par absence de décalage d'une colonne vers la gauche de chaque produit intermédiaire; incapacité de faire des additions écrites avec préservation de la soustraction et, chez le même malade, intégrité du calcul mental.

Les différentes variétés d'anarithmétie coexistent en règle générale avec des lésions de l'hémisphère gauche, pariéto-temporales ou pariéto-occipitales, l'implication du gyrus angulaire gauche semblant jouer un rôle essentiel. L'acalculie du syndrome de Gerstmann a pu être décrite soit comme une anarithmétie soit comme une acalculie spatiale (voir page 64) mais ce syndrome est un ensemble composite et non pas une entité clinique (voilà pourquoi Benton le considérait comme une « fiction »). En tout cas l'acalculie n'y comporte aucune spécificité car, outre une anarithmétie, elle peut aussi être due aux désordres visuoconstructifs associés ou être de type agrapho-alexique. Les lésions frontales préservent généralement les opérations élémentaires mais perturbent les opérations complexes et la résolution de problèmes ainsi que les opérations en série (décompter de 7 en 7 à partir de 100; Luria, 1978) mais il ne s'agit pas de troubles spécifiques du calcul (voir chapitre 13). Toutefois des lésions intéressant F1 et F2 peuvent induire une acalculie associée à une agraphie : l'agraphie dans le cas de Toghi et de son équipe épargnait d'ailleurs l'écriture des nombres et l'acalculie était bien une anarithmétie avec une incapacité sélective des multiplications et des divisions liée aux difficultés à se rappeler des tables puis ultérieurement à les appliquer.

Parmi les modèles cognitifs proposés pour rendre compte des acalculies (fig. 6.2), McCloskey (1987) postule une organisation en trois systèmes cognitifs : le *système de compréhension des nombres* (en notations arabe et verbale); le *système de production des nombres* (en notations arabe et verbale). Chaque système de notation comporte un stock lexical (3, 2...) et les règles syntaxiques qui permettent de les combiner (23, trente-deux...). La notation arabe est écrite et la notation verbale est à la fois écrite et parlée. Il reste le *système de calcul* qui contient les outils nécessaires à l'interprétation de symboles mathématiques, à la récupération en mémoire des faits arithmétiques (en particulier tables de multiplication) et à la mise en œuvre des

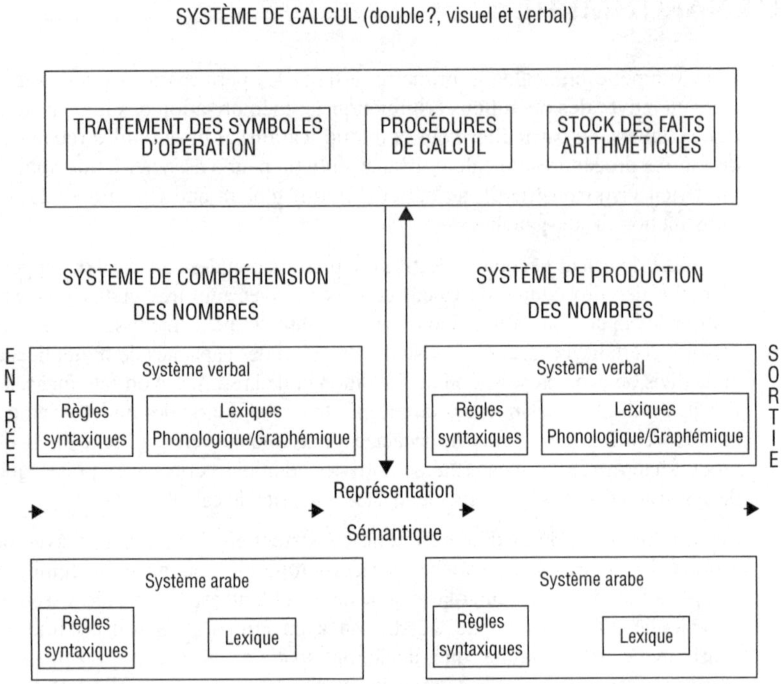

Fig. 6.2. *Modèle de l'organisation du calcul, selon McCloskey.*
Un double système de calcul, visuel et verbal, est postulé par McNeil et Warrington. À côté de ce système de calcul, pourrait prendre place une conversion analogique permettant, par l'estimation des quantités, un deuxième mode de calcul, le calcul approximatif. Le transcodage numérique du code arabe au code verbal pourrait être effectué soit selon des règles syntaxiques (codage asémantique du modèle de Deloche et Seron), soit après articulation sur une représentation sémantique. On peut aussi penser que les signes opératoires doivent être compris dans un système de compréhension distinct avant d'être appliqués au niveau du calcul.

procédures de calcul. Ces trois systèmes sont unis par le *système sémantique de la représentation des nombres* (fig. 6.3). L'existence d'une dissociation entre le calcul mental et le calcul écrit pourrait suggérer (McNeil *et al.*, 1994) qu'il existe à l'intérieur du système de calcul deux sous-systèmes, l'un visuel pour le calcul écrit en notation arabe et un calculateur verbal tandis qu'un canal indépendant permettrait le transcodage des nombres d'une notation à l'autre. Par ailleurs, constatant chez un malade aphasique et acalculique une préservation des approximations (« 2 + 2 = 5 » était accepté comme exact mais des erreurs plus grossières — par exemple « 2 + 2 = 9 » — étaient rejetées), Dehaene et Cohen (1991) ont postulé deux systèmes de calcul mental : l'un pour le calcul exact nécessitant le traitement des représentations symboliques

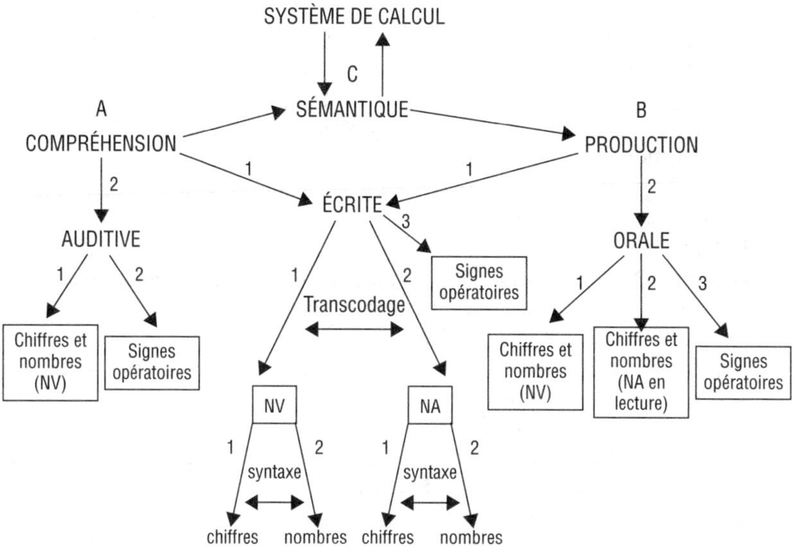

Fig. 6.3. *Schéma des étapes de l'examen du calcul (voir tableau 6.I)*
NA. Notation arabe. NV. Notation verbale.

des chiffres et permettant le calcul exact, l'autre pour la manipulation de grandeurs numériques approximatives sous forme analogique. Ainsi pourrait s'expliquer, lors de lésions gauches massives, la préservation de capacités limitées de calcul (l'intuition mathématique) de l'hémisphère droit.

Il reste que certains considèrent que les acalculies n'existent pas au sens de troubles spécifiques du calcul mais sont la conséquence de désordres associés, qu'il s'agisse de désordres instrumentaux (aphasie, agnosies spatiales, apraxie constructive) ou d'une détérioration intellectuelle globale.

BIBLIOGRAPHIE

ANDERSON S.-W., DAMASIO A.-R., DAMASIO H. — Troubled letters but not numbers : Domain specific cognitive impairment following focal damage in frontal cortex. *Brain*. 1990;*113*:749-766.

ASSAL G., JACOT-DESCOMBES C. — Intuition arithmétique chez un acalculique. *Rev Neurol*. 1984;*140*:374-375.

BENTON A.-L. — The fiction of the Gerstmann syndrome. *J Neurol Neurosurg Psychiatry*. 1961;*24*:176-181.

BOLLER F., GRAFMAN J. — Acalculia. *In : Handbook of Clinical Neurology*. PJ Vinken, GW Bruyn, HL Klawans, Amsterdam, 1985:473-481.

CARAMAZZA A., MCCLOSKEY M. — Dissociation of calculation processes. *In : Mathematical disabilities*, G Deloche et X Seron. Lawrence Erlbaum (NJ), 1987:221-234.

COLLIGNON R., LECLERQ C., MAHY J. — Étude de la séméiologie des troubles du calcul observés au cours des lésions corticales. *Acta Neurologica Belgica*. 1977;*77*:257-275.

DEHAENE S., COHEN L. — Two mental calculation systems : a case study of severe acalculia with preserved approximation. *Neuropsychologia*. 1991;*29*(11):1045-1074.

DELOCHE G., SERON X. — From three to three : a differential analysis of skills in transcoding quantities between patients with Broca's and Wernicke's aphasia. *Brain*. 1982;*105*:719-733.

HECAEN H., ANGELERGUES R., HOUILLIER S. — Les variétés cliniques des acalculies au cours des lésions rétrorolandiques : Approche statistique du problème. *Rev Neurol*. 1961;*2*:85-103.

KINSBOURNE M., WARRINGTON E.-K. — The developmental Gerstmann syndrome. *Arch Neurol*. 1963;*8*:490-501.

MCCLOSKEY M., CARAMAZZA A. — Cognitive mechanisms in normal and impaired number processing. *In : Mathematical disabilities*, G. DELOCHE et X. SERON. Lawrence Erlbaum, Hillsdale (NJ), 1987:201-219.

MCNEIL J.-E., WARRINGTON E.-K. — A dissociation between addition and subtraction with written calculation. *Neuropsychologia*. 1994;*32*(6):717-728.

SERON X., DELOCHE G. — Les troubles du calcul et du traitement des nombres. *In : Neuropsychologie humaine*. X Seron et M Jeannerod, Mardaga, Liège.

TOGHI H., SAITOH K., TAKAHASHI S. *et al.* — Agraphia and acalculia after a left prefrontal (F1, F2) infarction. *J Neurol Neurosurg Psychiatry*. 1995;*58*:629-632.

WARRINGTON E.-K. — The fractionation of arithmetic skills : A single case study. *Quarterly Journal of Experimental Psychology*. 1982;*34A*:31-51.

7 LA CÉCITÉ CORTICALE ET LES AGNOSIES VISUELLES

« Notre connaissance dérive de deux sources,
dont la première est la capacité de recevoir des représentations…
et la seconde, la faculté de connaître un objet au moyen de ces représentations…
Intuition et concepts, tels sont donc les éléments de toute notre connaissance…
Sans la sensibilité, nul objet ne nous serait donné,
sans l'entendement, nul ne serait pensé. »
Kant

LA CÉCITÉ CORTICALE

La *cécité corticale* désigne l'abolition de la vision en rapport avec une destruction du cortex visuel occipital (aire striée ou aire 17 occupant le sillon calcarin et la face interne du lobe occipital) et plus généralement des connexions géniculo-calcarines ou radiations optiques, ce qui a pu faire proposer le terme, resté peu usité, de *cécité cérébrale.* Ainsi définie, la cécité corticale doit être distinguée :

– de la double hémianopsie, qui respecte la vision maculaire, donc la vision centrale, le malade voyant comme à travers « un canon de fusil ». Une double hémianopsie peut néanmoins précéder ou suivre une cécité corticale ;
– de la *cécité psychique de Munk* où il n'y a pas disparition de la sensation visuelle et que l'on appelle maintenant agnosie visuelle (voir *infra*) ;
– de la *cécité hystérique* qui laisse le malade indifférent mais non anosognosique et au cours de laquelle il est possible de déclencher un réflexe de clignement à la menace mais dont le diagnostic peut être difficile ;
– de la cécité simulée (dans le cadre d'un syndrome de Münchhausen).

Description séméiologique

La cécité corticale (le plus souvent due à un infarctus bioccipital) peut s'installer soudainement ou de manière bégayante après une hémianopsie unilatérale ou d'emblée bilatérale. Il s'agit d'une cécité « véritable », totale ou importante, pouvant laisser une vague perception de la lumière ou du mouvement. Cette cécité ne s'accompagne d'aucune anomalie du fond d'œil et les réflexes photomoteurs sont conservés alors que le réflexe de clignement à la menace est aboli ; la capacité d'évoquer des images visuelles peut disparaître ; quand elle persiste, les couleurs sont absentes tout comme dans les rêves. Cette cécité s'accompagne souvent d'anosognosie (syndrome d'Anton), le malade se refusant à admettre qu'il est aveugle même s'il se cogne aux obstacles en marchant ; l'anosognosie peut parfois se réduire à une indifférence ou à une appréciation partielle de l'importance du déficit visuel. La réalité de cette méconnaissance de la cécité a été discutée : en effet il peut exister des hallucinations visuelles simples ou élaborées qui expliqueraient alors la négation de la cécité; il peut par ailleurs s'associer à la cécité une amnésie antérograde, le fait d'être aveugle ne pouvant donc pas être mémorisé et parfois il existe aussi une confabulation visuelle remplaçant la perception absente par des souvenirs visuels. Mais l'anosognosie peut être irréductible à ces explications. La cécité corticale est rarement isolée. Elle peut s'accompagner d'une confusion mentale, d'une désorientation spatiale, d'une acalculie, de troubles sensitivo-moteurs dimidiés, d'une amnésie korsakovienne par infarctus bilatéral des cérébrales postérieures lésant les lobes occipitaux et les hippocampes et réalisant le syndrome de Dide-Botcazo.

Sur le plan oculomoteur, on ne peut pas obtenir de mouvement de poursuite et le nystagmus optocinétique est aboli mais les mouvements volontaires sur ordre et la motilité oculaire automatico-réflexe sont préservés. Sur le plan électroencéphalographique, l'alpha est aboli, ou diminué d'amplitude avec une réaction d'arrêt abolie et une absence d'entraînement à la stimulation lumineuse intermittente. Des ondes lentes delta, souvent plates, et plus rarement des anomalies épileptiques peuvent intéresser les régions postérieures. Les potentiels évoqués visuels peuvent être altérés ou abolis mais la présence d'une onde P100 normale ne permet pas d'exclure une cécité corticale.

Étiologie et pronostic

Des cécités corticales régressives peuvent s'observer comme manifestations épileptique, migraineuse ou de l'encéphalopathie hypertensive. Les cécités corticales durables sont le plus souvent de cause ischémique, par infarctus des cérébrales postérieures ou du tronc basilaire; des cécités ischémiques peuvent aussi compliquer l'angiographie cérébrale et la chirurgie cardiaque. Les autres étiologies sont l'encéphalopathie anoxique, l'intoxication oxycarbonée et, plus rarement, les traumatismes craniocérébraux ou les tumeurs, ces dernières pouvant se compliquer d'une ischémie des cérébrales postérieures lors d'un engagement.

Le pronostic est sombre quand la perte de vision est totale, sans perception de lumière, quand la cécité est liée à un infarctus spontané (encore que les accidents artériographiques et postchirurgicaux puissent aussi être de mauvais pronostic) et surtout quand la tomodensitométrie objective des lésions biocci-pitales. L'amélioration, quand elle existe, commence par la vision de la lumière et se poursuit par la perception du mouvement ou des couleurs et enfin des formes. La régression peut être partielle, le malade gardant une agnosie visuelle plus ou moins massive.

LES AGNOSIES VISUELLES

Les informations visuelles élémentaires cheminant de la rétine aux corps genouillés externes puis à l'aire striée (ou aire visuelle primaire ou aire 17 ou aire V1 du singe) font ensuite l'objet d'un traitement séparé pour la forme, la couleur, le mouvement au niveau des aires extrastriées (numérotées de V2 à

V5) : il existe donc une spécialisation fonctionnelle des aires extrastriées étalées dans la région occipito-temporale de la même manière que le traitement des attributs spatiaux des informations visuelles est assuré par la région occipito-pariétale. Ainsi, les informations visuelles parvenant au lobe occipital cheminent par deux systèmes. L'un, archaïque, est le système magnocellulaire, empruntant les tubercules quadrijumeaux antérieurs *(colliculi superiores)*, se projetant de manière dorsale vers la région occipito-pariétale et qui permet la localisation de l'information. Le second système est le système parvocellulaire, plus récent, de trajet ventral, se projetant vers le cortex occipito-temporal, qui a pour fonction l'analyse et l'identification de l'information. Ainsi, sitôt la réaction d'orientation mise en œuvre, le cerveau opère en induisant la meilleure rencontre visuelle de la stimulation (le « où » de la voie occipito-pariétale) avant de pouvoir effectuer les traitements nécessaires à l'identification du stimulus (le « quoi » de la voie occipito-temporale). Les agnosies visuelles et spatiales montrent les conséquences des lésions de chacun de ces deux canaux, l'un, localisateur, l'autre, identitaire.

La cécité corticale est définie par l'abolition des sensations visuelles : même si ces dernières sont préservées, il reste ensuite à effectuer les traitements perceptifs conçus comme l'intégration d'un ensemble de sensations permettant ensuite d'aboutir à la connaissance de notre environnement visible. L'*agnosie, qui peut intéresser tout canal sensoriel*, désigne, dans le cadre de la vision, l'incapacité d'accéder à la reconnaissance de certains composants du monde visuel, en l'absence de tout trouble sensoriel élémentaire, d'aphasie, de perturbations intellectuelles. Il s'agit, selon l'expression de Teuber (1968), « d'une perception dépouillée de sa signification ». Une agnosie visuelle est pure quand elle se limite au seul canal sensoriel de la vision alors qu'elle est parfois associée à une agnosie tactile ou auditive. Les agnosies visuelles peuvent intéresser les objets, les images, les couleurs, les physionomies, ces déficits s'associant fréquemment entre eux. Elles peuvent exceptionnellement intéresser un seul hémichamp visuel : on parle alors d'une hémiagnosie.

Les agnosies visuelles des objets

La préservation d'une sensoricité visuelle est nécessaire à l'individualisation d'une agnosie visuelle mais un examen fin de la vision peut, chez ces malades, s'avérer difficile et, en présence d'une anomalie de la vision, il faut déterminer si elle peut à elle seule expliquer le déficit de la reconnaissance visuelle. Il faut donc disposer au moins d'une mesure de l'acuité visuelle, d'une périmétrie qui peut montrer une hémianopsie latérale homonyme d'un enregistrement du nystagmus optocinétique (qui peut être normal ou asymétrique) ; des potentiels évoqués visuels normaux ou unilatéralement altérés ne permettent pas d'exclure une cécité corticale (voir *supra*). Il est utile de pouvoir disposer d'une étude de la sensibilité au contraste pour les différentes gammes de fréquences spatiales mais il faut bien admettre qu'il n'existe pas une limite nette mais un continuum entre les sensations visuelles élémentaires et la perception et qu'un déficit de la sensibilité aux contrastes, s'il peut rendre plus difficile l'analyse perceptive, ne donne pas cliniquement le change avec une agnosie visuelle. La vision des couleurs doit aussi être analysée (voir *infra*).

Il reste cliniquement efficace, même si les intrications sont fréquentes, de continuer de distinguer, depuis la féconde approche de Lissauer (1890), deux types d'agnosies visuelles : aperceptive et associative.

L'agnosie aperceptive

Elle désigne l'incapacité pour le malade d'accéder à la structuration perceptive des sensations visuelles : il s'agit donc de l'atteinte de l'étape « discriminative » de l'identification visuelle : ces malades sont incapables de dessiner un objet ou son image, d'apparier entre eux des objets ou des images, d'apparier entre eux des objets de même morphologie ou de même fonction. Ils sont conscients de leurs difficultés d'identification visuelle et regardent avec perplexité ce qu'on leur demande de reconnaître : ils tentent d'identifier, en examinant et en proposant une description pour certaines parties de l'objet ou pour certains détails, des images et les erreurs sont surtout de type morphologique *(chapeau de paille → anneau; ciseaux → un rond... du métal... une sorte d'outil...).* Un « détail critique » peut permettre l'identification *(« Ça pourrait être une voile... ah ! c'est un bateau sur la mer »)* ou entraîner une erreur (*« une roue... peut-être une bicyclette »*, alors qu'il s'agissait d'une carriole). La mobilisation de l'objet peut faciliter son identification de même que le fait de mimer son utilisation, ce qui expose toutefois à des erreurs : ainsi le fait de montrer une cuillère et de la porter à la bouche peut la faire identifier comme un cigare. Dans les formes non massives, les échecs portent sur l'identification d'images fragmentaires progressivement enrichies de détails et sur l'identification d'images superposées et emmêlées comme le test de Poppelreuter (fig. 7.1) et le test de Lilia Ghent (fig. 7.2). Par contre, l'objet est reconnu s'il est palpé ou s'il émet un bruit spécifique et il peut être dénommé sur définition verbale ou défini après avoir été dénommé au sujet. L'agnosie aperceptive peut s'accompagner de troubles du champ visuel uni- ou bilatéraux, en particulier d'une hémianopsie altitudinale, d'une achromatopsie, d'une prosopagnosie. Les lésions observées sont bilatérales et postérieures, pariéto-temporo-occipitales, parfois étendues et diffuses, difficilement systématisables, parfois plus localisées et permettant alors d'impliquer les circonvolutions temporo-occipitales inférieures, c'est-à-dire le gyrus lingual et le gyrus fusiforme. Les étiologies correspondent à des infarctus du territoire des cérébrales postérieures et à des intoxications par l'oxyde de carbone; il existe aussi des cas de nature tumorale ou traumatique.

Il peut exister des *agnosies pour les formes* ne permettant plus de discriminer les figures géométriques élémentaires (cercles, carrés, triangles...), ce qui explique l'incapacité d'identification des perceptions plus élaborées (objets et images) : ce déficit peut être conçu comme un trouble sensoriel ou comme une variété d'agnosie aperceptive (voir *infra*). On a pu aussi observer une incapacité d'identifier le mouvement. La *simultagnosie* ou *agnosie simultanée*, décrite par Wolpert en 1924, désigne l'incapacité de reconnaître des images complexes alors que des détails, des fragments, ou des objets isolés peuvent être perçus sans qu'une synthèse cohérente ne puisse être faite; les sujets ne peuvent pas voir plus d'un objet à la fois. On distingue une simultagnosie dite dorsale, par lésion pariéto-occipitale bilatérale, souvent associée à

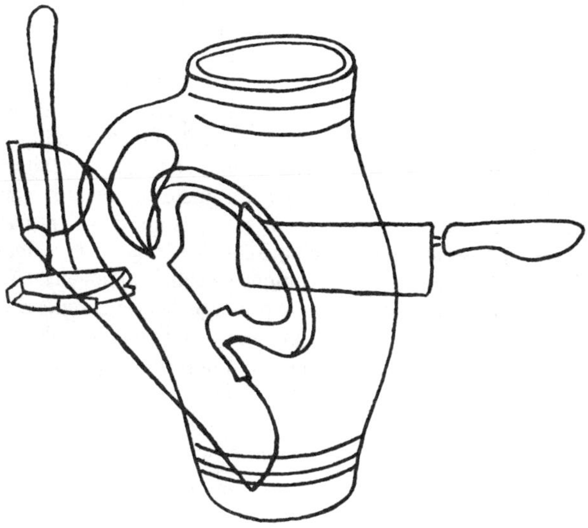

Fig. 7.1. *Le test de Poppelreuter.*

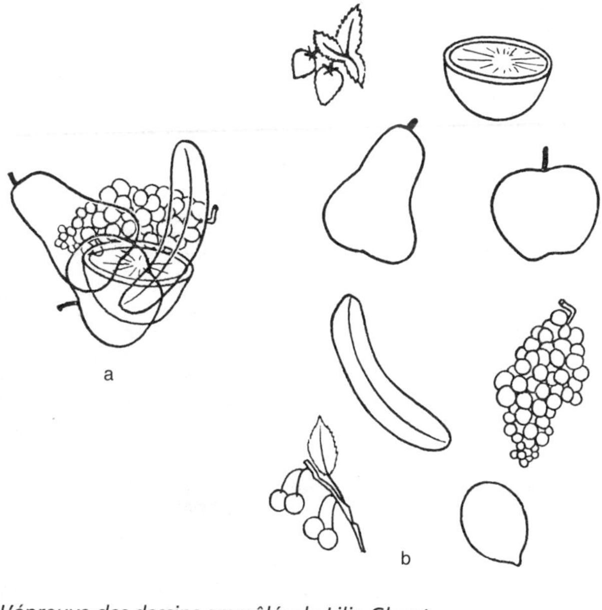

Fig. 7.2. *L'épreuve des dessins emmêlés de Lilia Ghent.*

a) Le sujet doit identifier chaque dessin. b) En cas d'échec, une épreuve à choix multiple est proposée.

un syndrome de Balint et qui pourrait être reliée aux désordres oculomoteurs (la mobilisation de l'objet aggrave d'ailleurs le trouble) et une simultagnosie dite ventrale, par lésion de la jonction temporo-occipitale gauche, habituellement moins sévère, associée à une alexie d'épellation et qui pourrait relever d'un trouble perceptif. Le *déficit de la catégorisation perceptive* désigne l'incapacité des sujets à apparier des images d'objets identiques prises sous deux angles différents : l'un conventionnel et l'autre inhabituel. Ce trouble qui intéresse la *constance de l'objet* n'a guère de retentissement sur la vie quotidienne. Tout se passe comme si les sujets ne pouvaient pas accéder aux représentations structurelles mémorisées des objets. Le modèle de Marr (fig. 7.3) postule que l'identification visuelle commence par une étape égocentrée, comportant une esquisse primaire de l'objet reposant sur l'analyse de la répartition des sensations lumineuses, puis une esquisse dite en 2,5 D permettant d'appréhender l'orientation et la profondeur des surfaces visibles

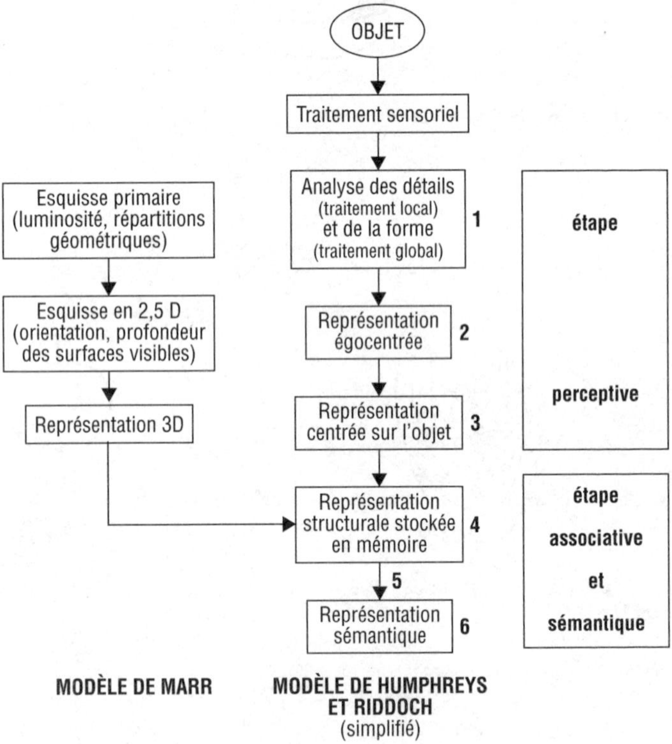

Fig. 7.3. *Mise en parallèle des modèles de Marr (à gauche), de Humphreys et Riddoch avec figuration des étapes du traitement des informations visuelles et de leurs altérations dans les différentes variétés d'agnosie visuelle (1 à 6, voir texte pages 104, 110, 111).*

du seul «point de vue» du sujet. La représentation 3 D représente l'étape ultérieure permettant une reconnaissance centrée sur l'objet donc «sur toutes ses faces» : on pourrait aussi considérer que c'est à cette étape que ne pourraient pas accéder les malades atteints d'un déficit de la catégorisation perceptive. Il a aussi pu être postulé que la reconnaissance des objets dépende de traits distinctifs activant des représentations volumétriques des objets : la lésion cérébrale aboutit au fait que les traits distinctifs des objets présentés sous un angle inhabituel sont insuffisants pour que les représentations correspondantes puissent être activées. Les lésions intéressent la partie postérieure de l'hémisphère droit.

L'agnosie associative

Elle se caractérise par l'intégrité de la perception : les sujets, qui ne se plaignent pas de leur vue, ne reconnaissent pas les objets mais ils sont capables de les décrire, de les dessiner en copie. Ils ne peuvent pas apparier des objets sur une base catégorielle ou fonctionnelle; les erreurs d'identification peuvent être morphologiques, fonctionnelles ou persévératives. La désignation d'objet peut être un peu moins mal réussie que l'identification visuelle par la dénomination ou le geste. Par contre les patients peuvent montrer l'usage des objets sur consigne verbale *(«Montrez-moi comment on se sert de...»)*. L'identification des images est généralement plus difficile que celle des objets. Dans les cas purs le déficit de reconnaissance est limité à l'identification visuelle et les sujets reconnaissent efficacement en modalité tactile tout comme ils peuvent être capables de classer les étiquettes verbales d'images quand elles sont présentées oralement. L'agnosie associative est *souvent* associée à une hémianopsie latérale homonyme (communément droite, exceptionnellement gauche), à une prosopagnosie ou à une anomie des visages, à une agnosie ou à une anomie des couleurs, à une alexie. Les lésions intéressent typiquement la région postérieure (occipito-temporo-pariétale) de l'hémisphère gauche ou des deux hémisphères. Deux types d'agnosie visuelle associative pourraient être distingués. Le premier, *agnosie associative* stricto sensu, se caractérise par des erreurs surtout morphologiques en dénomination visuelle alors que la reconnaissance tactile est préservée, la copie des dessins figuratifs est possible mais laborieuse et servile, plus malaisée que le dessin sur consigne verbale; les objets réels sont mieux reconnus que les images; les difficultés sont majeures quand les dessins sont fragmentés, incomplets ou quand les objets sont présentés sous des angles inhabituels et s'il existe un accès à la forme, cet accès est imparfait. Les malades se plaignent de difficultés visuelles. C'est ce type d'agnosie associative qui est associé à une prosopagnosie, à une achromatopsie et parfois à une alexie totale. Comme l'agnosie aperceptive, les lésions, bilatérales, impliquent le gyrus lingual et le gyrus fusiforme ce qui reviendrait à faire de l'agnosie associative *stricto sensu* une forme fruste d'agnosie aperceptive. La seconde variété, *agnosie associative multimodale* (ou polymodale), se caractérise par des erreurs surtout sémantiques et persévératives en dénomination; les objets, bien qu'utilisés dans la vie de tous les jours, ne sont pas reconnus et, sur ordre, les malades ne peuvent en mimer l'usage, alors que les dessins d'objets comme leur appariement témoignent de la qualité d'accès à la forme. Cependant le déficit de l'identification n'est pas typiquement limité à la sphère visuelle et peut intéresser aussi la palpation ou l'audition (la cloche, bien que dessinée, ne peut être identifiée ni par sa forme ni par son bruit). Le système sémantique, exploré par voie verbale est altéré (ce qui renvoie au concept d'agnosie asémantique exposé ci-dessous); la définition des mots concrets est médiocre, contrairement aux mots abstraits; le dessin est difficilement réalisé sur consigne verbale. Une anomie des couleurs et une alexie sans agraphie sont volontiers associées. Les lésions expriment la désactivation de l'aire 39 (gyrus angulaire gauche) conçue comme une aire de convergence polymodale permettant le traitement des informations sensorielles visuelles, tactiles, auditives, verbales, en provenance de l'un et l'autre hémisphère : la désactivation de l'aire 39 peut être liée à son atteinte propre ou à une atteinte des lobules lingual et fusiforme gauches : les informations en provenance des régions symétriques de l'hémisphère droit et transitant par le corps calleux, sont ainsi privées de leur accès à l'hémisphère gauche et l'aire 39 est ainsi privée des connexions avec les informations sensorielles visuelles en provenance des deux hémisphères, ce qui aboutit à une « pensée et à un langage sans image ».

Ainsi l'hémisphère droit joue un rôle essentiel dans l'extraction d'éléments invariants des objets et donc dans la catégorisation perceptive : son intégrité dans l'agnosie associative polymodale rend compte de la préservation d'une utilisation des objets dans la vie quotidienne. L'hémisphère gauche est dévolu au traitement associatif catégoriel et fonctionnel.

L'aphasie optique, décrite par Freund en 1889, correspond à l'étape visuoverbale du traitement des informations visuelles : les sujets reconnaissent les objets et les images, ce que suggère la capacité que gardent les malades de mimer l'usage d'objets présentés visuellement alors qu'ils sont dans l'incapacité de dénommer les objets : ils font des conduites d'approche et des substitutions verbales sémantiques, persévératives et plus rarement visuelles (*dindon* → *« C'est un oiseau, c'est un pigeon, ça fait la roue, c'est pourtant pas un paon... ça a un cou rouge et il le gonfle quand il fait la cour... je croyais que c'était un pigeon-paon »*). Certaines conduites d'approche utilisent des procédures extravagantes : *casserole* → *« Un pot de confiture que l'on transvase... un bocal dans lequel il y a une... casserole »*. Il ne s'agit pas d'une anomie aphasique car l'objet est bien dénommé s'il peut être présenté par un autre canal sensoriel, par exemple tactile ou auditif et il ne s'agit pas d'une agnosie puisque l'objet est reconnu. L'aphasie optique s'accompagne d'une hémianopsie latérale homonyme droite, d'une alexie et de perturbations (associatives ou visuoverbales) des traitements impliqués dans l'identification visuelle des physionomies et des couleurs. La lésion intéresse habituellement le lobe occipital gauche.

L'aphasie optique a pu être considérée comme une agnosie visuelle associative fruste : le fait de mimer l'usage d'un objet ne prouve pas que l'objet ait été correctement identifié ou que le sujet ait pu accéder à l'identification de tous ses attributs sémantiques; le mime d'usage d'un objet pourrait être directement activé par l'identification de la forme de l'objet. Ainsi les agnosies associatives pourraient s'expliquer globalement par une disconnexion : des lésions calleuses pourraient empêcher les informations visuelles de l'hémisphère droit intact d'être traitées au niveau des aires du langage de l'hémisphère gauche. Il reste que, sans méconnaître la possibilité de troubles associés des étapes associative et visuoverbale de l'identification visuelle, la qualité de l'identification visuelle, constatée dans certaines observations, doit permettre d'admettre l'autonomie de l'aphasie optique. Le problème que pose avec acuité l'aphasie optique concerne la question du caractère unique ou multiple du système sémantique (voir fig. 7.4 et 7.5). On peut ainsi concevoir plusieurs systèmes sémantiques sollicités par des stimulations spécifiques, visuelle, verbale, tactile; ces systèmes sont interconnectés et la dénomination ne serait possible qu'après accès au système sémantique verbal : l'aphasie optique témoignerait d'une disconnexion entre les représentations sémantiques visuelle et verbale. On peut aussi concevoir un système sémantique unique certes activé par le système des représentations structurales mais aussi une liaison directe (analogue à la voie lexicale non sémantique en lecture) unissant les représentations structurales au lexique : l'atteinte de cette voie directe pourrait expliquer l'aphasie optique à condition d'admettre qu'une dénomination correcte nécessite le fonctionnement des deux voies. La disconnexion pourrait intéresser les liens entre le gyrus angulaire gauche (aire 39), conçu comme une zone de convergence polymodale, et l'aire de Wernicke.

Les agnosies catégorielles. Les agnosies associatives peuvent n'intéresser que certaines catégories d'objets visuels comme les êtres vivants, la reconnaissance des objets inanimés étant préservée ou inversement. Le déficit se situerait soit au niveau du système de traitement sémantique des perceptions structurées, soit au niveau de l'accès à ce traitement. D'autres agnosies avec spécificité catégorielle ont été observées comme une dissociation entre la reconnaissance d'objets (altérée, comme l'identification d'une tasse) et la reconnaissance d'actions (préservée, comme le geste de boire). Cette atteinte de la reconnaissance de certaines catégories d'informations visuelles, même si elle est accompagnée d'une alexie, contraste avec la préservation des connaissances verbales en dénomination d'objets à partir de leur définition verbale.

Toutefois, dans certains cas, le déficit de la reconnaissance n'est pas limité à la sphère visuelle et témoigne d'une altération soit de la mémoire sémantique elle-même soit des connexions entre les diverses catégories d'informations sensorielles et la mémoire sémantique : ainsi en est-il quand les «objets» ne sont pas identifiés et quand, même lorsque leur nom est donné au sujet, ce dernier témoigne d'une méconnaissance des attributs sémantiques de l'objet, tout particulièrement des attributs spécifiques ou subordonnés (les attributs «jaune», «petit», «chanteur» pour le canari) alors que les attributs superordonnés (information catégorielle) sont mieux préservés (le canari peut ainsi être catégorisé comme «vivant», «animal», «oiseau»). Ces *agnosies d'objets*, pouvant intéresser les différentes modalités sensorielles (visuelle, tactile, auditive et verbale pour les mots parlés et écrits) peuvent être appelées *agnosies asémantiques*. Leur spécificité catégorielle peut être une dichotomie entre les items vivants et inanimés ou entre les items biologiques et manufacturés. L'atteinte préférentielle des catégories biologiques pourrait s'expliquer par une organisation taxonomique du système sémantique, ou bien parce que l'identification des items vivants est visuellement plus complexe tandis que les objets manufacturés bénéficient d'apprentissages à la fois visuels et sensori-moteurs donc moins vulnérables (tableau 7.I).

Tableau 7.I. *Caractères distinctifs des différentes agnosies visuelles et de l'aphasie optique*

	Agnosie aperceptive	*Agnosie associative stricto sensu*	*Agnosie associative multimodale*	*Aphasie optique*
Dénomination	–	– (Surtout erreurs morphologiques)	– (Surtout erreurs sémantiques et persévératives)	– (Surtout erreurs sémantiques et persévératives)
Définition par l'usage (mime)	–	–	–	+
Appariement (objets de même forme, objet et image)	–	–/+	+	+
Classements catégoriels et fonctionnels	–	–	–	+
Dessin (sur ordre)	–	+	–/+	+
Dessin (sur copie)	–	–/+	+	+
Signes associés	Prosopagnosie Alexie	Prosopagnosie Agnosie des couleurs Alexie	Agnosie tactile Agnosie auditive Anomie des couleurs Anomie des physionomies Atteinte de la mémoire sémantique verbale	Alexie Anomie des couleurs Anomie des physionomies
Sites lésionnels	Diffus Atteinte bilatérale des lobules lingual et fusiforme	Atteinte bilatérale des lobules lingual et fusiforme	Infarctus cérébral postérieur gauche ou autres lésions des lobules lingual et fusiformes gauches Atteinte aire 39	Infarctus cérébral postérieur gauche Lobe occipital gauche

La classification ci-dessus exposée s'est inspirée de la neuropsychologie clinique et des apports de la psychologie cognitive. Le *modèle perceptif de Marr* (fig. 7.3) a été brièvement évoqué chemin faisant et fait l'hypothèse de la succession, à partir de la vue d'un objet, d'une esquisse primaire puis d'une esquisse en 2,5 D montrant un volume du seul point de vue du sujet ; elle est suivie d'une représentation tridimensionnelle indépendante du point de vue et permettant une représentation épisodique de l'objet, c'est-à-dire liée à l'objet lui-même et permettant de le reconnaître quand il est présenté sous différents angles : c'est cette aptitude qui serait abolie dans le déficit de la catégorisation perceptive (voir *supra*). Il reste ensuite, pour identifier l'objet, à accéder aux représentations stockées en mémoire (sous forme de représentations prototypiques ou pictogènes) qui permettront la reconnaissance à laquelle participent les informations fournies par la mémoire sémantique sur les attributs de l'objet et le réseau associatif dont il fait partie. Le *modèle cognitif proposé par*

Humphreys et Riddoch (1987, fig. 7.3) postule, après le traitement sensoriel basal, une étape d'analyse locale (détails) et globale (forme) dont l'altération définirait (en 1 sur la fig. 7.3) l'*agnosie des formes* (voir *supra*) ; l'étape suivante permettrait l'intégration de la perception en un ensemble permettant la ségrégation de la figure du fond et l'élaboration d'une représentation dépendant du point de vue du sujet, que l'on peut considérer comme l'analogue de l'esquisse en 2,5 D du modèle de Marr : l'altération de cette étape constituerait l'*agnosie intégrative*, deuxième variété d'agnosie aperceptive (en 2 sur la fig. 7.3) au cours de laquelle les sujets reconnaissent des détails mais ne peuvent en faire la synthèse, recopient des dessins trait par trait de « manière servile » et échouent aux épreuves des figures enchevêtrées. L'étape suivante permet une représentation stable, centrée sur le sujet, tridimensionnelle (voir la représentation 3 D de Marr) et son altération définirait l'*agnosie de transformation* (en 3 sur la fig. 7.3) qui correspondrait au déficit de la catégorisation perceptive décrit plus haut et qui pourrait être considérée soit comme la troisième variété d'agnosie aperceptive soit déjà comme une agnosie associative puisque le malade est capable de dessiner ce qu'il voit, soit comme une *pseudo-agnosie* puisque les objets vus dans leur présentation habituelle de la vie de tous les jours, sont bien identifiés. L'étape ultérieure est la reconnaissance de la forme grâce au *stock des représentations structurales en mémoire* dont l'altération associerait au déficit de l'identification, un déficit de l'imagerie (les sujets échouent au test de « décision d'objet » qui consiste à dire si une série de traits correspond ou non à un objet réel) ; le dessin de mémoire est impossible ; les sujets ont aussi des difficultés à assembler des objets sur des similitudes de contour général quand ces objets sont évoqués par écrit ou verbalement, par exemple savoir, sur un groupe de trois objets, rassembler le marteau et la hache et exclure la scie (Mehta *et al.*, 1992 ; atteinte en 4 sur la fig. 7.3). L'étape suivante permettrait, à partir des représentations stockées, d'accéder au système sémantique : l'*agnosie d'accès sémantique* est, comme la précédente, une agnosie associative avec préservation de l'imagerie (réussite au test de décision d'objet et possibilité de dessiner un objet sur dénomination verbale ; atteinte en 5 sur la fig. 7.3). Enfin l'atteinte du système sémantique donnerait l'agnosie asémantique décrite ci-dessus (atteinte en 6 sur la fig. 7.3). L'aphasie optique est considérée à partir de ce modèle comme une variété d'agnosie d'accès sémantique, le mime de l'objet étant directement activé par sa représentation (voir *supra*) : cette conception de l'aphasie optique est une des faiblesses de ce modèle cognitif par ailleurs très élaboré.

Les agnosies des couleurs

L'absence d'identification de la couleur, qu'elle concerne des pastilles sans support morphologique significatif, des images ou des objets, peut relever d'un déficit de la perception, d'un déficit de la reconnaissance des couleurs en tant qu'attributs d'objets, ou d'un déficit ne concernant que la dénomination de la couleur. L'examen doit d'abord analyser le niveau perceptif, par des explorations visuovisuelles : test d'Ishihara, épreuve d'appariement (test de Farnsworth, laines de Holmgreen). La deuxième étape est l'étude du niveau associatif : épreuves visuelles comme le coloriage de dessins, les appariements de couleurs et d'objets *(cerise rouge; ciel bleu...)*. La troisième étape est l'étude du niveau visuoverbal : dénomination de couleurs sur stimuli non significatifs et sur images familières de couleur constante (tomate, petits pois...); on peut y ajouter des épreuves verboverbales : interrogation sur des couleurs d'objets *(« Quelle est la couleur de... une tomate, un artichaut, etc. »)*; recherche de noms d'objets d'une même couleur.

L'*achromatopsie* désigne l'incapacité acquise de perception des couleurs dans une partie (en particulier un hémichamp) ou la totalité du champ visuel. Les malades se plaignent de voir tout « en gris ». Ils échouent dans les épreuves visuovisuelles et visuoverbales mais réussissent aux épreuves verboverbales qui ne comportent pas de confrontation avec un stimulus visuel. L'achromatopsie peut survenir isolément ou peut s'associer à une alexie pure (infarctus de la cérébrale postérieure) ou à une prosopagnosie. Les lésions peuvent être uni- ou bilatérales, et intéressent le cortex ventro-médian inférieur, atteignant le gyrus lingual et le gyrus fusiforme qui pourraient être l'homologue de l'aire V4 du singe (voir *supra*).

L'*agnosie des couleurs* respecte la perception de la couleur et les patients réussissent au test d'Ishihara et aux appariements de couleurs. Par contre ils échouent au coloriage de dessins, aux appariements de couleurs et d'objets. Ce cadre séméiologique est discuté : le fait d'échouer à l'évocation verbale de couleurs attachées à des objets dont on donne le nom au sujet a pu faire considérer ce trouble comme une aphasie spécifique pour les couleurs, d'autant que des signes d'aphasie peuvent coexister. Mais un échec aux tâches visuoverbales *(« Quelle est la couleur d'une tomate ? »)* peut survenir en l'absence de tout autre signe d'aphasie et la réponse à cette question peut procéder soit d'une récupération en mémoire d'informations purement verbales (un aveugle de naissance peut même savoir qu'une tomate est rouge parce qu'on le lui aura appris), soit d'une récupération d'informations picturales concernant l'imagerie des couleurs (retrouver mentalement l'image d'une tomate) et il est bien difficile en pratique de savoir lequel de ces deux processus est mis en jeu. On peut toutefois faire recourir obligatoirement le sujet à une imagerie des couleurs quand on lui demande de retrouver le nom d'objets dont la couleur est déterminée par des conventions sociales (contrairement aux objets naturels : couleur des boîtes à lettres, des ambulances, des voitures de pompiers) ou d'objets personnels (couleur de la voiture, du chien, du chat, de la bicyclette...). Il est ainsi possible de distinguer deux situations cliniques. Au cours de la première, le système d'imagerie est altéré, tout se passant comme si les sujets avaient un déficit de leur mémoire visuelle à long terme pour les attributs chromatiques des objets (ce qui peut coexister avec une agnosie pour les couleurs et des lésions bioccipitales). Au cours de la seconde, le système d'imagerie est préservé, ce qui évoque une disconnexion entre le langage et l'imagerie (disconnexion verbovisuelle).

L'*anomie des couleurs* désigne l'incapacité de nommer ou désigner des couleurs alors que la perception est correcte et que le coloriage de dessins et les appariements de couleurs et d'objets sont bien réalisés (tableau 7.II). Les épreuves verboverbales sont en principe réussies. L'anomie accompagne volontiers une hémianopsie latérale homonyme, une alexie sans agraphie, voire une aphasie optique. L'anomie des couleurs pourrait être liée à la disconnexion entre les aires visuelles et les centres du langage pouvant impliquer soit le corps calleux, soit le transfert intrahémisphérique d'informations entre le lobe occipital gauche et les aires du langage (fig. 7.4).

Tableau 7.II. *Schéma distinctif des perturbations de la perception, de la reconnaissance et de la dénomination des couleurs*

	Achromatopsie	*Agnosie*	*Anomie*
Niveau perceptif			
Ishihara	–	+	+
Appariement de couleurs	–	+	+
Niveau associatif			
Coloriage de dessins	–	–	+
Appariement de couleurs et d'objets	–	–	+
Niveau visuoverbal			
Dénomination de couleurs « pures » ou sur objets	–	–	–
Étape verboverbale			
Dénomination de couleurs d'objets nommés au sujet	+	+ ou –	+

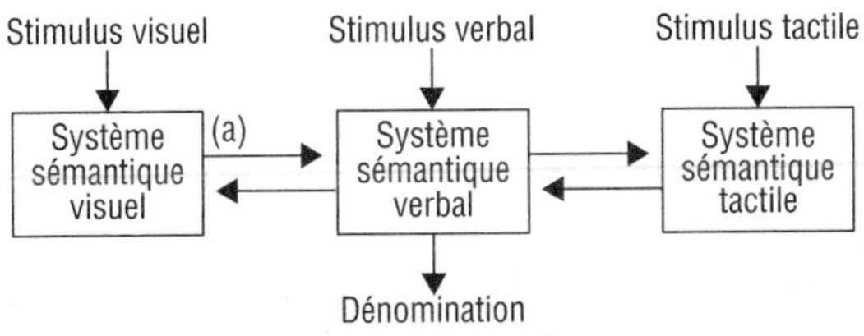

Fig. 7.4. *Organisation du système sémantique, selon Beauvois.*
En a, siège présumé de la disconnexion dans l'aphasie optique.

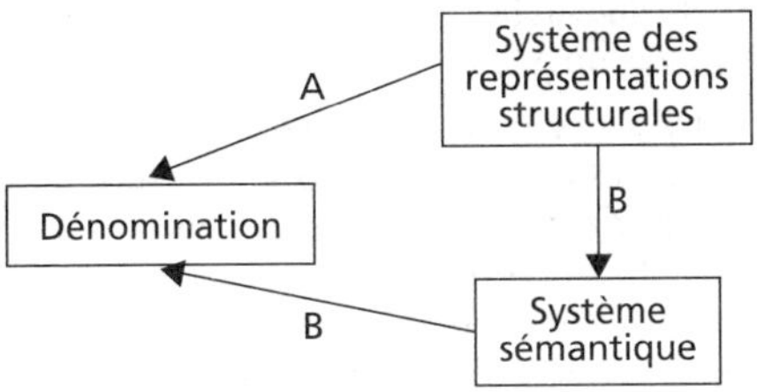

Fig. 7.5. *Voies directe* (A) *et indirecte* (B) *unissant le système des représentations structurales au lexique* (d'après Ratcliff et Newcombe).

LE SYNDROME DE RIDDOCH ET L'AKINÉTOPSIE

Riddoch (1917), se fondant sur l'étude de déficits du champ visuel lors de blessures de guerre du lobe occipital, constatant la préservation de la perception du mouvement dans des portions aveugles du champ visuel suggéra que la perception du mouvement était indépendante de la perception « de la lumière, de la forme, de la couleur ». Il est aujourd'hui admis que des lésions du cortex strié (V1, correspondant à l'aire 17 de Brodmann, sur les berges de la scissure calcarine) entraînent une hémianopsie ou, en cas de bilatéralité, une cécité corticale préservant la perception du mouvement : cette dissociation pourrait être dénommée syndrome de Riddoch (Ceccaldi *et al.*, 1992; Zeki *et al.*, 1998). La dissociation inverse, c'est-à-dire la non-perception du mouvement ou akinétopsie, fut notamment décrite par Zihl et ses collaborateurs qui observèrent une malade ayant quelques difficultés du calcul et du langage et qui en outre avait perdu la perception du mouvement : elle avait ainsi des difficultés à se servir du thé ou du café car le liquide lui paraissait immobile, gelé, comme une glace; elle était incapable d'évaluer le déplacement donc la vitesse des véhicules, il lui était très difficile de traverser une rue. Elle n'avait ni déficit du champ visuel ni agnosie visuelle. Les lésions, de nature vasculaire, épargnaient le cortex strié.

La perception du mouvement est contrôlée par l'analogue de l'aire V5 du singe, à la partie postérieure du gyrus temporal moyen, aux confins des aires 19 et 37 (Ceccaldi et Benelhadj, 1998). La stimulation magnétique a pu montrer que les influx visuels générant la perception du mouvement se divisent en deux courants, l'un gagnant V5 après relais en V1, l'autre gagnant V5 directement (Beckers et Zeki, 1995).

LA PROSOPAGNOSIE

La *prosopagnosie* désigne l'incapacité de reconnaître les visages familiers. Les malades, qui peuvent se plaindre de leur trouble ou paraître indifférents, ne reconnaissent pas leurs proches réellement ou sur photographies; ils ne reconnaissent pas non plus les personnages publics vus sur photographies ou à la télévision et ils ne reconnaissent même pas leur propre image dans le miroir. Toutefois la reconnaissance peut s'effectuer par des procédures vicariantes : la voix, la démarche, le port de lunettes ou de moustaches, ou encore des particularités vestimentaires.

On peut douter de la spécificité du trouble quand il existe une agnosie visuelle aperceptive, et en particulier une agnosie des formes, qui pourrait atteindre massivement la discrimination des visages en raison de la complexité de la tâche visuelle. De même, certains sujets prosopagnosiques ont des difficultés du traitement perceptif des visages comme des difficultés pour apparier des visages identiques vus sous des angles différents, ou encore pour reconnaître le sexe correspondant à des visages sur photographies. Ils ont aussi des difficultés pour apparier des visages vus sous diverses conditions d'éclairage, ou pour apparier des expressions émotionnelles : toutefois ces troubles (observés électivement dans les lésions de l'hémisphère droit) peuvent ne pas coexister avec une prosopagnosie. Il reste les prosopagnosies dépouillées de tout trouble du traitement perceptif visuel des visages avec aussi impossibilité d'apprendre de nouveaux visages à identifier (comme celui de l'équipe soignante après hospitalisation). La prosopagnosie peut être associée à une achromatopsie, à des troubles du champ visuel, à une acalculie ou à une alexie spatiale, à une perte de la mémoire topographique, à une agnosie des couleurs, mais ces troubles peuvent régresser sans que la prosopagnosie ne se modifie.

La prosopagnosie peut paraître laisser une reconnaissance implicite, du moins si l'on en juge par les réactions émotionnelles appréciées par le réflexe sympathique (visages familiers, appariement d'un nom et d'un visage). Dans certains cas, le sujet prosopagnosique voit son déficit s'étendre à ses animaux familiers (comme les vaches pour un éleveur qui ne pouvait plus les distinguer les unes des autres). Le déficit peut s'étendre aussi à la reconnaissance des marques de voitures, des variétés de fleurs ou d'oiseaux, ce qui a pu conduire à considérer la prosopagnosie comme un trouble aspécifique de l'identification individuelle des membres d'une même classe sémantique. Il reste cependant les cas de prosopagnosies pures et des doubles dissociations observées (zooagnosie sans prosopagnosie par exemple) qui permettent de soutenir la spécificité des processus de reconnaissance des visages humains d'autant plus que chez des sujets avec lésions corticales unilatérales, il n'a pas été trouvé de corrélation entre les perturbations à des tests de reconnaissance et d'appariement de visages et celles à des tests concernant des photos d'objets divers appartenant à la même catégorie (par exemple, des bâtiments).

Sur le plan lésionnel, même s'il est souvent retrouvé des lésions temporo-occipitales bilatérales, il est maintenant établi que des lésions unilatérales droites de la jonction temporo-occipitale (gyrus parahippocampique, gyrus lingual, gyrus fusiforme) suffisent à entraîner une prosopagnosie.

Le *modèle cognitif de reconnaissance des visages* élaboré par Bruce et Young (1986) suggère, conformément aux données cliniques, qu'après analyse visuelle, les visages sont identifiés grâce aux unités de reconnaissance spécifique des visages (fig. 7.6) qui se comportent comme un stock mémorisé de visages connus qui seraient ensuite reliés aux nœuds d'identité des personnes ou ensemble des connaissances nécessaires à l'individualisation des personnes. Ces nœuds identitaires seraient reliés à la mémoire sémantique générale. Cependant, même en cas d'atteinte des unités de reconnaissance des visages (donc en cas de prosopagnosie), les patients pourraient apparier des visages et identifier des expressions faciales car il s'agit de traitements indépendants directement reliés au système sémantique. On peut aussi comprendre que des informations visuelles (lunettes, port de barbe…) ou extravisuelles puissent permettre à un prosopagnosique de reconnaître certains visages car ces informations sont directement reliées aux codes d'identité des personnes. Au cours de certaines agnosies visuelles et de l'aphasie optique, les visages sont reconnus mais non dénommés par le canal visuel, ce qui réalise une disconnexion visuoverbale, à distinguer de l'anomie des noms propres qui ne dépend pas du canal sensoriel emprunté. Il est difficile de réduire la prosopagnosie à un syndrome amnésique. En effet, au cours d'un syndrome amnésique, la mémoire des faits anciens est conservée et le patient se souvient des personnes qu'il connaît depuis longtemps, ce qui n'est pas le cas des prosopagnosiques. Mais il a pu être observé chez un amnésique, une non-reconnaissance sur photo de personnes célèbres et familières alors que sur choix multiple, la personne célèbre était identifiée : cette dissociation peut suggérer qu'il existerait deux types de représentations des personnes connues, l'une purement mnésique, l'autre correspondant aux unités de reconnaissance des visages et qui permettrait les jugements de familiarité.

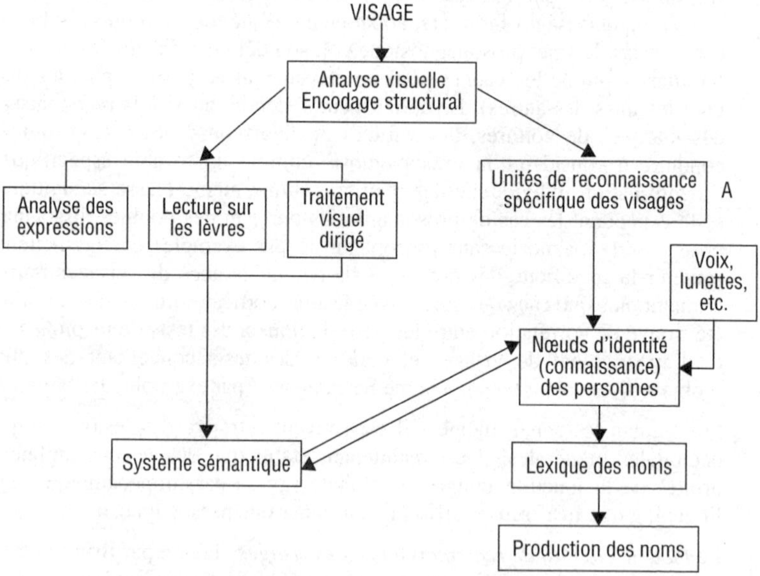

Fig. 7.6. *Modèle cognitif de la reconnaissance des visages* (d'après Bruce et Young et d'après Hodges). La prosopagnosie est due à une lésion en A.

La prosopagnosie doit être distinguée du *syndrome de Capgras* ou « illusion des sosies », classé en psychiatrie dans les délires d'identification des personnes : le sujet n'identifie pas les personnes familières et pense qu'elles sont remplacées par un imposteur, un sosie *(« Il lui ressemble, mais ce n'est pas lui »…)*. Ce trouble parfois observé au cours de lésions de l'hémisphère droit a pu être interprété comme une « agnosie d'identification » qui, dans le modèle de Bruce et Young, pourrait correspondre à une incapacité d'accès aux nœuds d'identité des personnes alors que la reconnaissance des visages serait préservée. Il y a en effet dans ce syndrome la conviction que le proche est reconnu comme un imposteur et pris pour un sosie ou un double (voir chapitre 21, page 329).

LES MÉTAMORPHOPSIES DES VISAGES

Les métamorphopsies sont le plus souvent paroxystiques. Quand elles sont permanentes, elles sont parfois associées à une prosopagnosie mais elles peuvent être isolées, le malade ayant l'impression d'une perception déformée des visages pouvant épargner les photographies « à cause, disait un malade, de l'immobilité des traits ».

LE SYNDROME DE BALINT

Ce syndrome a été décrit en 1909 sous le nom de paralysie psychique du regard. Il associe trois éléments séméiologiques.

La *paralysie dite psychique du regard* ou *apraxie optique* désigne l'incapacité pour le regard du malade de fixer une cible dans son champ visuel périphérique tout en voyant et reconnaissant l'objet qu'il doit regarder : le malade ne peut donc plus porter son regard d'un objet à un autre. Ainsi le malade d'Hecaen et de ses collaborateurs qui ne pouvait plus allumer sa cigarette avec la flamme qu'on lui présentait, ou de cet autre malade qui disait : *« Je ne sais plus où je regarde, je vois bien, mais je ne sais pas où c'est »*. Des mouvements oculaires rapides appelés saccades permettent en effet de porter son regard, spontanément ou sur ordre sur tout objet apparaissant dans le champ visuel : ce sont ces saccades qui ne peuvent plus être produites ; ainsi le sujet s'arrache laborieusement à l'objet qu'il fixe (d'où le nom de spasme de fixation donné par Holmes) ; puis son regard semble errer jusqu'à ce qu'il rencontre par hasard l'objet recherché sur lequel il se fixera à nouveau. L'électro-oculographie confirme la désorganisation anarchique de l'exploration visuelle, la fixation spasmodique et l'altération des mouvements visuels guidés, des mouvements de poursuite et des saccades d'attraction visuelle. Toutefois les mouvements de poursuite d'une cible ont pu s'avérer normaux ; le nystagmus optocinétique est aboli.

L'*ataxie optique* ou ataxie visuomotrice désigne l'incapacité d'atteindre une cible en se guidant par la vue : le malade ne peut se saisir d'un objet placé dans son champ de vision et cette difficulté, bilatérale, peut prédominer au niveau de l'une des deux mains, la préhension étant la plus difficile dans l'hémichamp visuel opposé à la main la plus atteinte. La recherche d'une ataxie optique doit être rigoureuse : l'examinateur, face au sujet, l'invite à regarder droit devant lui ; on présente au sujet un objet dans chaque quadrant supérieur et inférieur de chaque hémichamp visuel en l'invitant à s'en saisir d'abord avec une main puis avec l'autre main ; on présente simultanément deux objets dans les hémichamps droit et gauche en invitant le sujet à s'en saisir simultanément, d'abord avec la main homolatérale à chaque objet, puis de manière croisée, la main gauche saisissant l'objet situé à droite et inversement. Pour affirmer une ataxie optique, il faut que l'acuité visuelle, la force musculaire, la sensibilité proprioceptive et la coordination des membres soient satisfaisantes. En cas d'ataxie, le membre tâtonne vers la cible, la manque, la dépasse ou peut remonter vers la cible après avoir heurté le bras de l'examinateur. Les tests exigeant une coordination visuomotrice (comme par exemple, entourer une figure géométrique puis placer un point en son centre) sont très perturbés (Luria, fig. 7.7). Il peut exister, en dehors du syndrome de Balint, des ataxies unilatérales, c'est-à-dire n'intéressant qu'un seul hémichamp visuel, les objets pouvant être mal saisis par la main homolatérale à l'hémichamp atteint (ataxie directe), par la main opposée (ataxie croisée) ou par les deux mains. Une lésion pariétale postérieure ou pariéto-occipitale unilatérale a pu être documentée dans des cas d'ataxie unilatérale L'ataxie optique suggère l'altération de connexions homo- et hétérolatérales entre le cortex visuel et le cortex moteur.

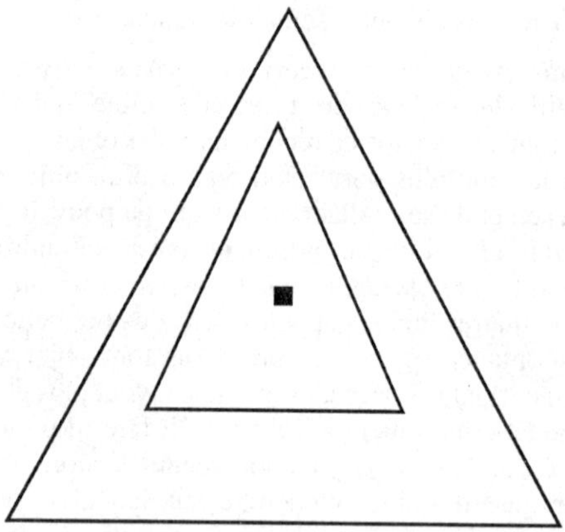

Fig. 7.7. *Épreuve proposée par Luria pour explorer la coordination visuomotrice (entourer le triangle, puis placer un point en son centre).*

Le *déficit de l'attention visuelle* (ou désorientation visuelle) désigne l'impossibilité qu'ont les stimulations périphériques à solliciter l'attention visuelle. Le malade ne peut voir qu'un objet à la fois et ce, quelle que soit sa taille : il s'agit d'une simultagnosie (voir *supra*) et seuls les stimuli maculaires sont perçus. Les malades peuvent avoir de très grosses difficultés à percevoir les objets en mouvement.

La gêne fonctionnelle est importante. Les lésions intéressent les deux régions pariéto-occipitales (en particulier par infarctus jonctionnel des cérébrales antérieures et postérieures ou lors de métastases; Mesulam, 1985). Le lobe pariétal, en particulier l'aire 7, contiendrait un centre visuomoteur impliqué dans la mobilisation du regard provoquée par le surgissement de stimuli visuels ainsi que dans la coordination du regard et de la préhension. Il existe aussi, dans les formes sévères du syndrome, une atteinte frontale qui, par atteinte de l'aire 8, rendrait compte de la fixation spasmodique du regard. En l'absence d'atteinte frontale, une disconnexion occipito-frontale peut être évoquée. Le syndrome de Balint apparaît bien comme la conséquence de désordres intéressant à la fois le traitement des afférences visuelles, les mouvements du regard et les gestes sollicités par l'environnement panoramique.

BIBLIOGRAPHIE

ALDRICH M.-S., ALESSI A.-G., BECK R.-W., GILMAN S. — Cortical Blindness: etiology, diagnosis, and prognosis. *Ann Neurol.* 1987;*21*:49-158.

ASSAL G., FAURE C., ANDERES J.-P. — Non-reconnaissance d'animaux familiers chez un paysan: zooagnosie ou prosopagnosie pour les animaux. *Rev Neurol.* 1984;*140*:580-584.

BAUER R.-M. — Autonomic recognition of names and faces in prosopagnosia: A neuropsychological application of the guilty knowledge test. *Neuropsychologia.* 1984;*22*:457-469.

BECKERS G., ZEKI S. — The consequences of inactivating areas V1 and V5 on visual motion perception. *Brain.* 1995;*118*:49-60.

BRUCE V., YOUNG A. — Understanding face recognition. *Br J Psychology.* 1986;*77*:305-327.

CAMBIER J., SIGNORET J.-L., BOLGERT F. — L'agnosie visuelle pour les objets : conceptions actuelles. *Rev Neurol.* 1989;*145*(8-9):640-645.

CECCALDI M., BENELHADJ M. — Perception du mouvement et pathologie cérébrale. *In : Vision, aspects perceptifs et cognitifs*, M Boucart, MA Henaff, C Belin. Solal, Marseille, 1998.

CECCALDI M., MESTRE D., BROUCHON M. *et al.* — Autonomie déambulatoire et perception visuelle du mouvement dans un cas de cécité corticale quasi-totale. *Rev Neurol.* 1992;*148*:343-349.

CHARNALLET A., CARBONNEL S., PELLAT J. — Right visual hemiagnosia. A single case report. *Cortex.* 1988;*24*:347-355.

DAMASIO A.-R., DAMASIO H., VAN HOESEN G.-W. — Prosopagnosia : Anatomic basis and behavioral mechanisms. *Neurology.* 1982;*32*:331-341.

FARAH M.-J. — *Visual agnosia : Disorders of object recognition and what they tell us about vision.* The MIT Press, Cambridge, Massachusetts, 1990.

GIL R., PLUCHON C., TOULLAT G. *et al.* — Disconnexion visuoverbale (aphasie optique) pour les objets les images les couleurs et les visages avec alexie « abstractive ». *Neuropsychologia.* 1985;*23*(3):333-349.

HECAEN H. — *Introduction à la neuropsychologie.* Larousse Université, Paris, 1972.

HECAEN H., AJURIAGUERRA J. DE — Balint's syndrome (Psychic Paralysis of visual Fixation) and its minor forms. *Brain.* 1954;*77*:373-400.

HECAEN H., ANGELERGUES R. — *La cécité psychique.* Masson, Paris, 1963.

HECAEN H., ANGELERGUES R., BERNHARDT C., CHIARELLI J. — Essai de distinction des modalités cliniques de l'agnosie des physionomies. *Rev Neurol.* 1957;*96*:125-144.

HODGES J.-R. — *Cognitive assessment for clinicians*. Oxford Medical Publications, Oxford, 1994.

HUMPHREYS G.-W., RIDDOCH M.-J. — *Visual object processing : a cognitive neuropsychological approach*. Laurence Erlbaum, London, 1987.

LECHEVALIER B., EUSTACHE F., VIADER F. — *Perceptions et agnosies*. De Boeck Université. Bruxelles, 1995.

LHERMITTE F., BEAUVOIS M.-F. — A visual-speech disconnexion syndrome. Report of a case with optic aphasia, agnosic alexia and colour agnosia. *Brain*. 1973;*96*:695-714.

LHERMITTE F., CHEDRU F., CHAIN F. — À propos d'un cas d'agnosie visuelle. *Rev Neurol*. 1973;*128*:301-322.

LURIA A.-R. — *Les fonctions corticales supérieures de l'homme*. PUF, Paris, 1978.

MARR D., NISHIARA H.-K. — Representation and recognition of the spatial organisation of three-dimensionnal objects. *Proceedings of the Royal Society of London*. 1978;*B200*:269-294.

MCCARTHY R.-A., WARRINGTON E.-K. — *Neuropsychologie cognitive. Une introduction clinique*. PUF, Paris, 1990.

MEHTA Z., NEWCOMBE F., DE HAAN E. — Selective loss of imagery in a case of visual agnosia. *Neuropsychologia*. 1992;*30*(7):645-655.

MESULAM M.-M. — *Principles of Behavioral Neurology*. FA Davis Company, Philadephia, 1985.

OXBURY J., OXBURY S., HUMPHREY N. — Varieties of color anomia. *Brain*.1969;*92*:847-860.

PILLON B., SIGNORET J.-L., LHERMITTE F. — Agnosie visuelle associative. Rôle de l'hémisphère gauche dans la perception visuelle. *Rev Neurol*. 1981;*137*(12):831-842.

RATCLIFF G., NEWCOMBE F. — Object recognition: some deductions from the clinical evidence. *In : Normality and pathology in cognitive functions*. AW Ellis, Academic Press, New York, 1982:147-171.

RIDDOCH G. — Dissociation of visual perception due to occipital injuries, with special reference to appreciation of movement. *Brain*. 1917;*40*:15-57.

RIDDOCH M.-J, HUMPHREY G.-W. — Visual object processing in optic aphasia : a case of semantic access agnosia. *Cognitive Neuropsychology*. 1987;*4*:131-185.

RONDOT P. — Le geste et son contrôle visuel, ataxie visuomotrice? *In : Du contrôle moteur à l'organisation du geste*. H Hecaen et M Jeannerod, Masson, Paris, 1997.

SABOURAUD O., MASSON C., CAMBIER J. — Un trouble de la vision et du langage soudainement apparu chez un homme de 70 ans. *Rev Neurol*. 1992;*148*(4):302-310.

SCHNIDER A., BENSON D.-F, SCHARRE D.-W. — Visual agnosia and optic aphasia : are they anatomically distinc? *Cortex*. 1994:445-457.

TZAVARAS A. — La reconnaissance du visage humain et les lésions hémisphériques. *In : Neuropsychologie de la perception visuelle*. H. HECAEN, Masson, Paris, 1972:251-264.

WARRINGTON E.-K, SHALLICE T. — Category specific impairments. *Brain*. 1984;*107*:829-854.

ZEKI S.-M. — *A Vision of the Brain*. Blackwell Scientific Publications, Oxford, 1993.

ZEKI S.-M., FFYTCHE D.-H. — The Riddoch syndrome : insights into the neurobiology of conscious vision. *Brain*. 1998;*121*:25-45.

ZIHL J., VON CRAMON D., MAI N. — Selective disturbance of movement vision after bilateral brain damage. *Brain*. 1983;*106*:313-340.

8 | LES AGNOSIES SPATIALES

« Nos yeux ne nous trompent (...) pas seulement
dans la grandeur des corps en eux-mêmes,
mais aussi dans les rapports que les corps ont entre eux. »
Malebranche, *La recherche de la vérité*

Agir dans le monde qui nous environne implique de pouvoir connaître les paramètres spatiaux des objets (volume, direction, mouvement), leurs relations spatiales, mais implique aussi de savoir mobiliser notre corps au sein d'un espace réel déjà connu ou exploré grâce à la lecture, sur carte ou sur plan, de relations topographiques. On peut, avec Hecaen (1972), distinguer les troubles de la perception spatiale et les troubles de la manipulation et de la mémoire des données spatiales et topographiques.

LES TROUBLES DE LA PERCEPTION SPATIALE

La désorientation visuelle de Holmes et Horrax

Elle regroupe les troubles de la localisation d'objets isolés, le malade pouvant déclarer que les objets lui semblent trop grands ou trop petits ou trop courbés ou trop proches ou trop éloignés ou parfois le désordre est confusément perçu (*« Les choses ne ressemblent pas à ce qu'elles devraient »*, Critchley, 1960). Ainsi les sujets ne peuvent-ils indiquer, dans un groupe d'objets, celui qui est le plus lointain ou le plus proche, le plus à droite ou le plus à gauche, le plus long ou le plus court ; il leur est difficile de pointer le doigt vers un stimulus ou de suivre un objet en mouvement. Ils peuvent avoir des difficultés à dénombrer des objets dans l'espace et ces troubles peuvent se limiter à un hémichamp visuel, même en l'absence d'hémianopsie. Les difficultés peuvent prédominer dans l'espace proche. La vision stéréoscopique peut aussi être défaillante, en sachant qu'il faut distinguer la perception de la profondeur réelle des objets dans l'espace et la perception de relief liée à la vision binoculaire. La perception du mouvement peut être abolie mais cette abolition peut aussi exister de manière isolée.

Les déficits des jugements de direction de lignes peuvent être objectivés en présentant au sujet des paires de lignes de direction différente et de choisir les deux lignes de même direction dans une disposition étalonnée disposée en éventail (Benton, 1978, fig. 8.1).

Les troubles de la perception spatiale sont liés à des lésions postérieures des hémisphères cérébraux, particulièrement du côté droit.

Les troubles de la rotation mentale désignent l'incapacité à imaginer, et donc à désigner dans une épreuve à choix multiple, comment évolue la représentation d'une figure quand elle tourne autour de son axe. Chez les sujets « normaux », le temps de réaction à des jugements de rotation est d'autant plus

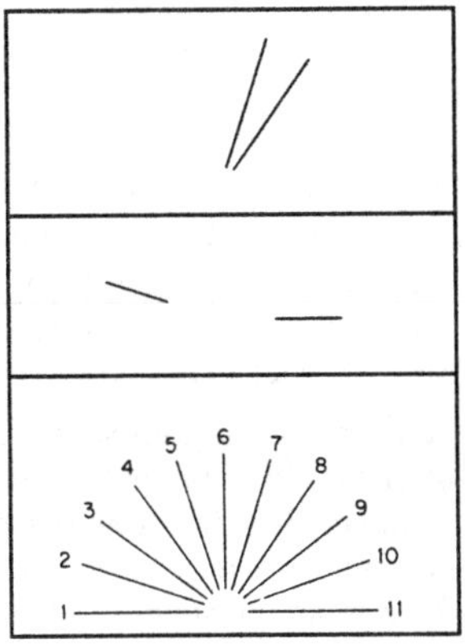

Fig. 8.1. *Exemple extrait du test de jugement de direction de lignes de Benton (1978).*

long que la valeur de l'angle de rotation est élevée. Les troubles de la rotation mentale peuvent s'observer après une lésion gauche comme après une lésion droite et il a été avancé que l'hémisphère droit assure la transformation des images mentales tandis que l'hémisphère gauche permet l'évocation des images à partir du stock mnésique.

L'ataxie et l'agnosie du miroir

L'être humain acquiert progressivement, tout au long de son enfance et à l'âge adulte, les adaptations visuomotrices nécessaires pour reconnaître ce qui est vu dans un miroir y compris son propre corps et pour agir sur l'objet « réel » en regardant l'objet « virtuel ». C'est ainsi que l'être humain peut se raser, se coiffer, se maquiller en se regardant et en guidant son action dans un miroir. L'ataxie du miroir et l'agnosie du miroir se caractérisent par l'incapacité d'atteindre un objet réel en regardant dans un miroir son image virtuelle.

L'*ataxie du miroir* se caractérise, dans ses formes sévères, par le fait que le patient à qui l'on demande d'attraper un objet réel en regardant dans un miroir son image virtuelle, dirige spontanément sa main vers l'objet virtuel sans pouvoir se corriger de façon autonome. Le sujet peut toutefois diriger sa main vers l'objet réel après que l'examinateur lui a indiqué la direction du mouvement à travers le miroir, encore que cette aide laisse persister des erreurs directionnelles, aussi bien avec le bras controlatéral qu'avec le bras homolatéral. Le trouble n'est pas de nature agnosique car l'objet réel est correctement distingué de son image virtuelle. Les formes mineures se caractérisent par des erreurs directionnelles, le sujet dirigeant néanmoins son bras non vers l'image virtuelle mais vers l'objet. Il n'y a pas de trouble au test de jugement de direction de lignes de Benton (fig. 8.1).

L'*agnosie du miroir* se caractérise par l'incapacité de distinguer l'espace réel de l'espace virtuel vu dans le miroir : l'objet est ainsi localisé dans ou derrière le miroir et l'une et l'autre main se dirigent vers le miroir quand on demande au sujet d'attraper l'objet. Le sujet dirige parfois sa main vers l'objet réel, ce qui arrive plus souvent avec la main ipsilatérale à la lésion qu'avec la main controlatérale. Il existe des perturbations au test évaluant les capacités de rotation mentale (Peters *et al.*, 1995) et au test de jugement de lignes. Les lésions intéressent l'un ou l'autre lobe pariétal et s'expriment de manière bilatérale avec une plus grande sévérité pour l'hémicorps controlatéral.

Au cours des ataxies du miroir, les lésions sont localisées entre la partie postérieure de la portion inférieure du gyrus postcentral et le gyrus supramarginal ainsi que dans la profondeur du sillon intrapariétal antérieur. Au cours des agnosies du miroir, les lésions intéressent la jonction temporo-pariéto-occipitale au voisinage du sillon temporal supérieur (Binkofski *et al.*, 1999).

LES TROUBLES DU MANIEMENT DES DONNÉES SPATIALES ET DE L'ORIENTATION TOPOGRAPHIQUE

La négligence spatiale unilatérale

La négligence spatiale unilatérale (voir page 129) est une perturbation du traitement des données spatiales dont l'existence peut à elle seule rendre compte de troubles du maniement des données spatiales (comme s'orienter sur un plan) ou de la mémoire topographique (comme marcher dans une ville selon un itinéraire défini). Mais ces troubles peuvent exister intrinsèquement en dehors de toute héminégligence. En outre, ainsi que le soulignent Hecaen et ses collaborateurs en 1956, ces troubles ne sont pas purement agnosiques : ils compromettent aussi l'action sur l'espace et ils sont étroitement associés avec des perturbations visuoconstructives, des agraphies, des alexies ou des acalculies spatiales, des asomatognosies pour réaliser « un syndrome apractognosique du carrefour postérieur de l'hémisphère mineur ».

La planotopokinésie de Pierre Marie

Décrite par Pierre Marie en 1924, et désignée par Hecaen et ses collaborateurs en 1972 sous le nom de perte des notions topographiques, elle se caractérise par l'incapacité de s'orienter sur une carte. On peut la rechercher en étudiant les performances des sujets :

– dans la localisation des villes sur une carte muette ;

– dans l'indication, sur un plan, d'un itinéraire habituel (sur route, en bus, en métro… en fonction du contexte de vie du sujet) et en le comparant à ses capacités de verbalisation : les rues, les stations de métro ou les arrêts de bus sont nommés mais leurs relations spatiales sont désorganisées et le sujet erre sur son plan ;

– dans la recherche et l'apprentissage d'un itinéraire sur le plan d'une ville imaginaire;

– dans l'apprentissage d'un labyrinthe.

Ces troubles sont électivement liés à des lésions postérieures de l'hémisphère droit mais leur interprétation doit être prudente. En effet des troubles de l'apprentissage d'un labyrinthe ou de reconnaissance et d'apprentissage d'un itinéraire peuvent relever de mécanismes multiples : planotopokinésie, mais aussi agnosie spatiale unilatérale dans les mêmes lésions postérieures de l'hémisphère droit, trouble mnésique perturbant l'apprentissage des relations spatiales dans les lésions hippocampiques droites, indistinction droite-gauche dans les lésions pariétales gauches, perturbation des capacités de programmation séquentielle dans les lésions frontales. La difficulté de s'orienter sur un plan est souvent associée à une acalculie spatiale et à des troubles de l'habillage.

La perte de la mémoire topographique ou désorientation spatiale

Elle est parfois regroupée avec la planotopokinésie (qu'elle accompagne souvent) sous le nom de déficit de l'orientation topographique. Elle est aussi désignée sous le nom de désorientation topographique, de désorientation environnementale, de désorientation spatiale. Elle se manifeste par l'incapacité de reconnaître des lieux familiers (agnosie environnementale) et de s'y orienter : maison, quartier, ville, ces malades étant tout à fait incapables d'apprendre à s'orienter dans un lieu nouveau comme l'hôpital. Les rues, les maisons, les bâtiments, les stations de bus ou de métro sont reconnus comme tels mais perdent leur valeur identitaire de repères topographiques. On a voulu discerner dans le trouble deux variétés. La première est d'ordre agnosique : le sujet, bien qu'apte à classer catégoriellement les bâtiments (église, immeuble…) ou les meubles qui structurent son habitation (armoire, buffet…), ne les reconnaît plus; il s'agit donc d'une agnosie des lieux familiers, intéressant aussi les rues, les places, qui paraissent étranges et différents et qui peut être rapprochée de la prosopagnosie, parfois associée. La seconde variété est une amnésie topographique abolissant la capacité à utiliser l'environnement pour s'y orienter. En fait cette distinction entre une *variété agnosique* et une *variété amnésique de désorientation topographique* apparaît cliniquement difficile. Les malades sont souvent dans l'impossibilité de décrire verbalement des lieux familiers comme un itinéraire ou une maison; quand ils peuvent le faire, il s'agit souvent de la mise en œuvre d'une mémoire purement verbale (donner le nombre de pièces de leur maison, signaler l'existence d'un escalier, énumérer des stations de métro ou des noms de rues…). Ils se perdent même chez eux, ne retrouvant que difficilement, par tâtonnements successifs, la porte de la cuisine, du salon ou de la salle de bains.

Il existe souvent des troubles associés : hémianopsie, parfois quadrantale et gauche, achromatopsie, prosopagnosie, apraxie constructive, apraxie de l'habillage, agraphies, alexies, acalculies de type spatial. La désorganisation spatiale est massive quand la désorientation topographique s'intrique d'une agnosie spatiale unilatérale.

Les lésions sont bilatérales ou unilatérales et dans ce cas un rôle prépondérant est accordé à la région occipitale de l'hémisphère droit et au gyrus parahippocampique droit ainsi qu'à la substance blanche adjacente dans le territoire de l'artère cérébrale postérieure. Cette topographie lésionnelle peut conforter aussi bien l'hypothèse d'un désordre agnosique (lobe occipital) que celle d'un déficit mnésique (gyrus parahippocampique) concevant la désorientation spatiale comme une perturbation des mécanismes d'apprentissage et de rappel des informations visuelles qui structurent géographiquement l'environnement dans lequel l'être humain se déplace. Le plus frappant est, quelle que soit l'explication, le caractère très spécialisé des troubles, puisqu'une désorientation spatiale peut exister en l'absence d'une planotopokinésie et en dehors de troubles élémentaires de la mémorisation spatiale comme l'apprentissage d'un labyrinthe.

Tentative de synthèse et de classification de la « désorientation topographique »

Aguirre et d'Esposito ont proposé, en 1999, de distinguer quatre aspects cliniques et neuroanatomiques de désorientation topographique.

– La *désorientation égocentrique* (voir *supra*, *La désorientation visuelle de Holmes et Horrax*) au cours de laquelle il existe des difficultés pour localiser les objets par rapport au corps ; les descriptions d'itinéraires sont pauvres et inexactes alors que les capacités de reconnaissance visuelle de l'environnement sont intactes. Ce syndrome de désorientation dans l'espace égocentrique correspond à des lésions bilatérales ou droites du lobe pariétal postérieur.

– La *désorientation directionnelle* témoigne de perturbations des représentations spatiales excentriques. Alors que la reconnaissance des points de repère de l'environnement est préservée et en l'absence de désorientation égocentrique, il existe une incapacité à déduire les informations directionnelles nécessaires pour définir le trajet à parcourir. Ainsi en est-il d'un patient de Takahashi (Takahashi *et al.*, 1997), chauffeur de taxi qui, soudainement, ne sut plus quelle direction prendre pour rejoindre sa destination alors que l'environnement (immeubles, paysages) était parfaitement reconnu. Il existe une incapacité à décrire les positions respectives de lieux connus et une incapacité à dessiner la carte d'un itinéraire. Ce syndrome de désorientation directionnelle correspondrait à des lésions de la région cingulaire postérieure (droite) au niveau de laquelle il a pu être mis en évidence chez le rongeur une petite population de cellules activées quand l'animal doit maintenir une tâche d'orientation dans son environnement (Chen *et al.*, 1994). Une lésion du thalamus droit dorso-médian et latéral pourrait aussi donner le même trouble (Kawahara *et al.*, 1986).

– L'*agnosie topographique* ou agnosie des points de repère topographiques serait une variété de « perte de la mémoire topographique » (voir *supra*) au cours de laquelle il existe une incapacité à utiliser les points de repère de l'environnement pour s'orienter. En fait, la mémoire topographique, au sens strict du terme, est bonne : le sujet peut typiquement dessiner des plans et des itinéraires de lieux familiers, il peut décrire sa maison ou des monuments familiers mais il est incapable de les reconnaître sur photographies ou quand il est en leur présence. Un détail comme le numéro apposé sur la façade peut permettre au sujet d'identifier sa demeure. Ainsi les sujets ne peuvent s'orienter dans des endroits connus ni apprendre à s'orienter dans des endroits nouveaux. Ils sont néanmoins aptes à mettre en œuvre des conduites vicariantes : savoir qu'il faut tourner à droite ou à gauche à tel feu tricolore, se guider en lisant le nom des rues et en identifiant les numéros. Il s'agirait en somme d'une agnosie visuelle spécialisée aux informations topographiques fournies par les éléments bâtis ou non bâtis qui composent l'environnement. Les lésions, latéralisées à droite ou bilatérales, intéressent électivement la partie médiane du lobe occipital et notamment le gyrus lingual au-dessous de la scissure calcarine comme par exemple au cours d'un infarctus de l'artère cérébrale postérieure droite.

– La *désorientation topographique antérograde* épargne l'orientation dans les lieux connus alors que le sujet ne peut apprendre à s'orienter dans des lieux nouveaux. Néanmoins les informations autres que topographiques peuvent être mémorisées et le sujet peut développer des comportements vicariants en s'aidant d'indices comme les inscriptions apposées sur une porte ou les noms de rue. Les lésions intéressent le gyrus parahippocampique droit et induisent donc une amnésie spécialisée montrant ainsi le rôle du cortex parahippocampique dans l'acquisition des informations topographiques. Les lésions limitées à l'hippocampe et unilatérales ne donnent pas d'amnésie topographique tandis que les lésions bilatérales des hippocampes donnent une désorientation antérograde incluse dans les perturbations mnésiques plurisectorielles de la mémoire épisodique qui caractérisent les amnésies hippocampiques.

BIBLIOGRAPHIE

AGUIRRE G.-K., D'ESPOSITO M. — Topographical disorientation : a synthesis and taxonomy. *Brain*. 1999;*122*:1613-1628.

AIMARD G., VIGHETTO A., CONFAVREUX C., DEVIC M. — La désorientation spatiale. *Rev Neurol*. 1981;*137*:97-111.

BENTON A.-L., VARNEY N.-R., HAMSHER K. — Visuo-spatial judgment : a clinical test. *Arch Neurol*. 1978;*35*:364-367.

BINKOFSKI F., BUCCINO G., DOHLE C. *et al.* — Mirror agnosia and mirror ataxia constitute different parietal lobe disorders. *Ann Neurol*. 1999;*46*:51-61.

CHEN L.-L., LIN L.-H., GREEN E.-J. *et al.* — Head-direction cells in the rat posterior cortex. *Exp Brain Res*. 1994;*101*:8-23.

CRITCHLEY M. — Altérations de l'organisation visuo-spatiale dans les lésions occipito-pariétales. — *In : Les grandes activités du lobe occipital*, Th Alajouanine. Masson, Paris, 1960.

HABIB M., SIRIGU A. — Pure topographical disorientation : a definition and anatomical basis. *Cortex*. 1987;*23*:73-85.

HECAEN H. — *Introduction à la neuropsychologie* (1 vol). Larousse université, Paris, 1972.

HECAEN H., PENFIELD W., BERTRAND C., MALMO R. — The syndrome of apractognosia du to lesions of the minor cerebral hemisphere. *Archives of Neurology and Psychiatry.* 1956;*75*:400-434.

KAWAHARA N., SATO K., MURAKI M. *et al.* — CT classification of small thalamic hemorrhages and their clinical implications. *Neurology.* 1986;*36*:165-172.

MILNER B. — Visually-guided maze learning in Man : Effects of bilateral hippocampal, bilateral frontal and unilateral brain lésions. *Neuropsychologia.* 1965;*3*:339-352.

NEWCOMBE F., RATCLIFF G. — Disorders in visuo-spatial analysis. *In : Handbook of Neuropsychology* (vol 2). F. Boller et J. Grafman, Elsevier, Amsterdam, 1989.

PALLIS C.-A. — Impaired identification of faces and places with agnosia for colours. *J Neurol Neurosurg Psychiatry.* 1955;*18*:218-224.

PETERS M., LAENG M., LATHAM K. *et al.* — A redrawn Vanernberg & Kuse Mental Rotation Test : different versions and factors that affect performance. *Brain Cogn.* 1995;*28*:39-58.

TAKAHASHI N., KAWAMURA M., SHIOTA J. *et al.* — Pure topographic disorientation due to right retrosplenial lesion. *Neurology.* 1997;*49*:464-469.

WARRINGTON E.K., RABIN P. — Perceptual matching in patients with cerebral lesions. *Neuropsychologia.* 1970;*8*:475-487.

9 LES NÉGLIGENCES UNILATÉRALES

« Et je ne vois plus, dans sa boîte,
Le fin ressort du balancier
Aller, venir, à gauche, à droite,
Ainsi qu'un papillon d'acier. »
Théophile Gautier

LA NÉGLIGENCE SPATIALE UNILATÉRALE ET SON ENVIRONNEMENT SÉMÉIOLOGIQUE

Description clinique

La négligence pour un côté de l'espace ou inattention visuelle unilatérale, ou encore *agnosie spatiale unilatérale*, désigne l'incapacité à porter son attention et à engager son action au niveau d'un hémiespace comme au niveau de l'hémicorps correspondant. L'espace (corporel et extracorporel) intéressé est le plus souvent gauche : ce sont en effet les lésions de l'*hémisphère droit* qui provoquent les négligences les plus fréquentes, les plus sévères et les plus durables.

Dans les formes massives, il existe une négligence absolue de tout ce qui se passe à la gauche du malade qui n'écrit, ne lit, ne dessine, ne prend avec l'une ou l'autre main (akinésie directionnelle) que sur un seul hémiespace, en l'occurrence le droit, que cet espace soit matérialisé par une page, une table, une chambre. L'espace négligé est celui qui est proposé à l'exploration du sujet : il s'agit donc de l'espace « global » (ainsi le sujet ne lit-il et ne dessine-t-il que sur la partie droite de la page) mais aussi des unités de traitement qui segmentent l'espace « global » (ainsi le sujet ne dessine-t-il, sur la droite de la page, que la partie droite d'un cube ou d'une maison ; ainsi ne lit-il que la partie droite d'un texte écrit et que la partie droite des mots, la partie gauche de chaque mot étant soit non lue, soit lue de manière inexacte). Le malade ne prête pas attention à tout observateur situé sur sa gauche et en tout cas ne se tourne pas vers lui : s'il répond à ses questions, il le fait en regardant l'interlocuteur situé sur sa droite. Les sujets ont de grosses difficultés à suivre un itinéraire ou même à sortir d'une pièce quand la porte est située sur leur gauche : dans ce cas l'issue peut être retrouvée une fois que les sujets ont, en tournant en cercle, réintégré la porte dans leur espace droit. Ils heurtent, en marchant, les obstacles situés à leur gauche et ils sont incapables de conduire un véhicule. La négligence intéresse bien une moitié de l'espace et non pas un hémichamp visuel. Il s'ensuit que, si une *hémianopsie latérale homonyme* est fréquemment associée à la négligence spatiale, elle n'est « ni constante ni nécessaire » (Hecaen, 1972).

La négligence est donc à la fois *attentionnelle* ou perspective (versant afférent) et *intentionnelle* (versant efférent). La négligence intéresse aussi la *représentation mentale* de l'espace : ainsi, le sujet ne peut décrire que la partie droite d'un endroit familier (comme une place de la ville qu'il habite) mais décrit l'autre côté de la place si on lui demande de se retourner mentalement et de décrire à nouveau la place; le même phénomène peut être observé en demandant au sujet de citer, en imaginant la carte de son pays, les principales villes. Il peut être considéré comme établi que la négligence représentationnelle n'est pas une modalité évolutive d'une négligence globale et qu'il peut exister dès l'installation des troubles une dissociation entre une négligence perceptive et une négligence représentationnelle. Toutefois, une négligence représentationnelle isolée est moins fréquemment observée qu'une négligence perceptive avec ou sans négligence représentationnelle (Ortigue *et al.*, 2001).

L'hémicorps est aussi intéressé par cette négligence spatiale : ainsi le sujet « oublie-t-il » de se raser la partie droite du visage, ne recouvre-t-il avec son drap ou ses habits que le seul hémicorps droit. Cette perturbation peut certes être interprétée comme d'ordre asomatognosique; on peut aussi considérer que le corps, lui même partie de l'espace, est l'objet de la même héminégligence.

La négligence spatiale peut s'accompagner d'une *négligence multimodale* : tactile (en l'absence d'anesthésie), auditive, olfactive ainsi que d'une négligence motrice (voir *infra*).

L'agnosie spatiale unilatérale se recherche de multiples manières (fig. 9.1) : on demande au sujet de dénombrer, en les pointant du doigt, les personnes présentes dans la pièce autour de lui; on lui demande de nommer des objets éparpillés devant lui; on lui demande de dessiner un cube, une maison, d'écrire une courte dictée, de décrire un paysage ou de lire un texte : la négligence spatiale dans sa forme pure apparaît quand on demande au sujet de lire un texte disposé verticalement en trois ou quatre colonnes; on peut aussi utiliser des tests de barrage en dessinant sur une feuille de papier des ronds ou des traits successifs emplissant la page et en demandant au sujet de les barrer les uns après les autres; on peut utiliser des tests de barrage « étalonnés », certains simples comme le test d'Albert, d'autres plus complexes et donc plus aptes à révéler des héminégligences modérées comme le test de Weintraub et Mesulam. L'épreuve de bissection de lignes consiste à demander au sujet d'indiquer le milieu de lignes de longueur variable : le milieu indiqué est déporté vers la droite. Le test comportemental d'inattention comprend six subtests permettant de quantifier la négligence spatiale *(Thames Valley Test Company)*.

Les autres manifestations de l'héminégligence et les troubles associés

Le phénomène d'extinction

Un stimulus sensoriel, perçu quand il est appliqué isolément, ne l'est plus (est éteint) quand un stimulus identique est appliqué au même moment de manière

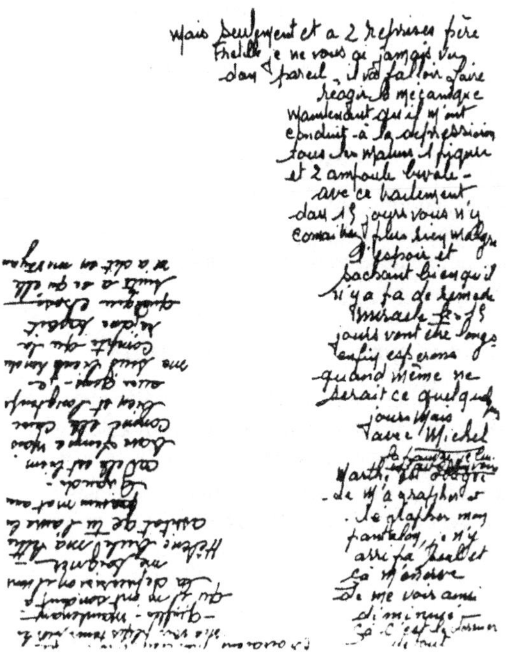

Fig. 9.1. Agnosie spatiale unilatérale gauche (tiré de R. Gil. *Neurologie pour le Praticien*. Simep, Paris, 1989).
Négligeant l'espace gauche, le malade a commencé sa lettre sur la partie droite de la feuille; manipulant ensuite la feuille, il l'a tournée de 180° de haut en bas et, comme on peut le constater en effectuant la même opération, le malade a alors continué sa lettre sans voir ce qu'il avait écrit sur sa gauche.

symétrique. L'extinction peut ainsi être sensitive (ainsi le sujet perçoit le tact sur son hémicorps gauche mais ne le perçoit plus que sur l'hémicorps droit quand deux stimulations tactiles sont appliquées en même temps sur deux points symétriques des deux hémicorps). Elle peut être visuelle, le sujet cessant de percevoir le doigt de l'examinateur qui bouge dans son hémichamp gauche quand un doigt bouge symétriquement dans chaque hémichamp visuel. Elle peut être auditive, le sujet ayant un hémianacousie gauche aux tests d'écoute dichotique. Elle peut même être olfactive. L'extinction pourrait être une forme atténuée de négligence, encore que des observations montrant l'un ou l'autre phénomène survenant de manière isolée aient été rapportées.

L'alexie et l'agraphie spatiales

Elles ont déjà été envisagées (voir *supra* et pages 66 et 76); on peut y ajouter la *dyscalculie spatiale* : le malade, héminégligent, pose ses opérations sur la partie droite de la feuille; il sait calculer mais il peut faire des erreurs car il omet de tenir compte d'un ou de plusieurs chiffres situés à gauche ou il peut, dans une addition ou une soustraction, déporter vers la droite une ligne par rapport à une autre.

L'anosognosie et l'hémiasomatognosie

Une anosodiaphorie, une anosognosie d'une hémiplégie, voire une hémiasomatognosie accompagnent volontiers la négligence spatiale. On peut aussi observer une alloesthésie. Une anosognosie peut aussi accompagner une hémianopsie.

Les perturbations motrices et oculomotrices

Outre l'akinésie directionnelle, on observe fréquemment une akinésie spatiale (le bras controlatéral à la lésion étant moins mobile dans l'hémiespace homolatéral à la lésion) et une négligence motrice (voir *infra*).

Les perturbations oculomotrices sont fréquentes mais non constantes : déviation de la tête et des yeux vers l'hémisphère lésé, paralysie ou parésie du regard (parfois limitée aux saccades) vers le côté opposé à la lésion. Certaines limitations des mouvements de latéralité vers l'hémiespace négligé sont interprétées comme un trouble intentionnel traduisant une absence d'action exploratoire du regard à l'égard d'un hémiespace, réalisant un type particulier de négligence motrice ou d'akinésie directionnelle, appliquée à la sphère oculomotrice.

Localisations lésionnelles

La négligence spatiale unilatérale appartient électivement, mais non exclusivement, à la pathologie de l'hémisphère mineur : les lésions, quand elles sont corticales, intéressent le lobe pariétal droit et tout particulièrement le lobule pariétal inférieur, en association avec la jonction temporo-pariéto-occipitale. Une négligence peut aussi être observée dans les lésions du lobe frontal dorso-latéral droit, ainsi que du gyrus cingulaire. Les lésions sous-corticales peuvent intéresser le thalamus, le néostriatum (noyau caudé et putamen), la substance réticulée mésencéphalique. Les connexions entre ces structures passant par la substance blanche, des lésions de cette dernière peuvent entraîner une négligence (en particulier dans le lobe frontal). Une négligence a aussi pu être observée après lésion du bras postérieur de la capsule interne (infarctus de la choroïdienne antérieure).

La *physiopathologie de la négligence spatiale* a fait l'objet de nombreuses hypothèses et controverses. On a pu y voir une séméiologie « construite » sous l'influence des troubles de la sensibilité de l'hémicorps (empêchant la synthèse des données sensorielles : amorphosynthèse, selon l'expression de Denny-Brown), de l'hémianopsie latérale homonyme (qui pourrait aggraver une négligence), des troubles oculomoteurs (entravant l'exploration d'un hémiespace mais qui peuvent parfois être conçus comme une conséquence de la négligence), ainsi que d'un déficit de la vigilance avec confusion mentale. Mais ces troubles ne sont pas constamment retrouvés au cours des négligences spatiales. On a pu avancer l'hypothèse de la dislocation d'une représentation interne de l'espace extracorporel ce qui n'expliquerait pas l'amélioration du trouble sur incitation verbale ou par orientation du regard vers le côté négligé. La négligence spatiale dans sa composante afférente pourrait, selon Heilman et ses collaborateurs, être conçue comme un désordre de la vigilance et de l'attention, induit par le dysfonctionnement d'*une boucle réticulo-thalamo-cortico-limbo-réticulaire* (fig. 9.2) : la formation réticulée mésencéphalique, dont la lésion induit chez le singe une héminégligence, permet une activation corticale (exacerbation de la vigilance ou éveil attentionnel) permettant, préparant et précédant les traitements sensoriels spécifiques qui sont à la base de l'attention dirigée ou sélective. En effet, la réticulée mésencéphalique exerce une action inhibitrice sur le noyau réticulaire thalamique, levant ainsi l'inhibition que ce dernier exerce sur la transmission au cortex des messages

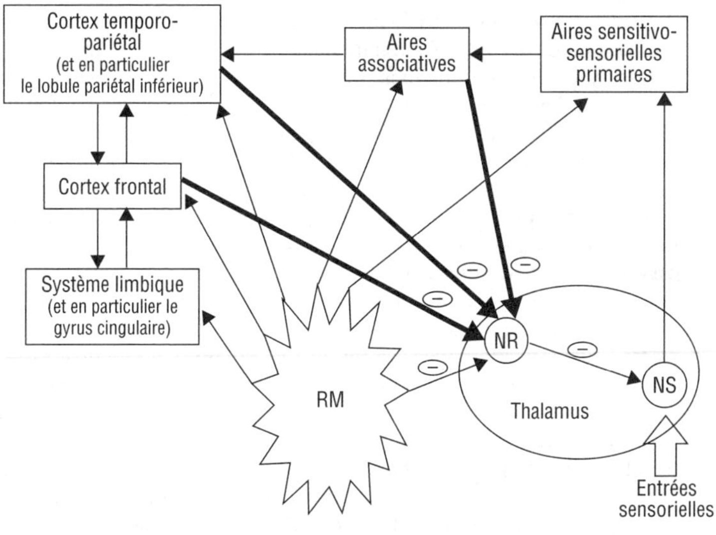

Fig. 9.2. *Schéma simplifié des circuits impliqués dans l'éveil attentionnel et l'attention sensorielle* (d'après Heilman).

RM. Réticulée mésencéphalique. NR. Noyau réticulaire du thalamus. NS. Noyaux spécifiques du thalamus (noyau ventro-caudal ou ventro-postéro-latéral, relais des voies sensitives, corps géniculé latéral, relais des voies visuelles, corps géniculé médial, relais des voies auditives). Le noyau réticulaire inhibe les projections thalamo-corticales à partir des noyaux spécifiques. L'inhibition du NR par la RM facilite donc la projection des messages sensoriels à partir des noyaux thalamiques spécifiques. C'est aussi une facilitation que permet l'inhibition du NR par le cortex : cette inhibition s'exerce de manière spécifique sur chacune des modalités sensorielles à partir des aires associatives alors qu'elle s'exerce de manière globale à partir des aires de convergence polymodales (cortex temporo-pariétal et préfrontal).

sensitivo-sensoriels aboutissant aux noyaux thalamiques spécifiques. Ces messages parviennent ensuite aux aires primaires (somesthésique, auditive, visuelle...), sont transmis aux aires associatives unimodales puis à des aires de convergence polymodales (en particulier le sillon temporal supérieur et le lobule pariétal inférieur), structures elles-mêmes en lien avec le cortex frontal et le cortex limbique. Or, le cortex temporo-pariétal et le cortex frontal peuvent à leur tour se projeter sur la réticulée mésencéphalique, renforçant l'éveil, et vers le noyau réticulaire thalamique, renforçant la transmission des messages sensitifs et sensoriels au cortex primaire spécifique. Le phénomène d'extinction pourrait s'expliquer par une élévation du seuil perceptif du côté atteint, entraînant en cas de stimulation simultanée une non-perception du côté controlatéral à la lésion (« obscuration »).

On a pu aussi évoquer une suppression de l'inhibition réciproque des hémisphères cérébraux : en cas de lésion cérébrale, l'hémisphère normal exerce sur l'hémisphère lésé une action inhibitrice plus puissante que celle qu'il reçoit de l'hémisphère lésé; ainsi les stimulations controlatérales à l'hémisphère lésé (trop inhibé) ne sont pas perçues. On peut aussi supputer une limitation de la capacité attentionnelle de l'hémisphère sain qui dirige son attention vers les stimulations hétérolatérales mais qui tente aussi de compenser la lésion de l'autre hémisphère en dirigeant son attention vers les stimulations ipsilatérales : cette compensation, de capacité limitée, est débordée en cas de stimulations bilatérales. Constatant que la déviation du regard vers la gauche pouvait supprimer une extinction somesthésique gauche, il a pu être proposé que la déviation du regard soit un moyen privilégié d'activation hémisphérique et que l'extinction pourrait être la conséquence du déséquilibre d'activation hémisphérique. Le cortex frontal, en raison de ses liens avec le lobe pariétal, le gyrus cingulaire (impliqué dans l'information motivationnelle), le striatum et le colliculus supérieur (impliqué dans le contrôle oculomoteur), joue un rôle central dans le dispositif intentionnel, c'est-à-dire les réponses motrices générées par les informations sensorielles. Selon Mesulam, l'organisation du réseau neuronal impliqué dans la distribution de l'attention dirigée est fondée sur trois structures connectées entre elles (fig. 9.3) : le cortex pariétal postérieur (référence sensorielle du monde environnant ou extrapersonnel), le lobe frontal et ses aires oculomotrices (qui organisent l'orientation et les mouvements dans l'espace extrapersonnel), le gyrus cingulaire impliqué dans la représentation motivationnelle; chacune de ces trois structures reçoit des influx en provenance de la substance réticulée et a des connexions spécifiques avec le striatum et le thalamus. L'association de la négligence aux perturbations somatognosiques est liée à l'atteinte du schéma corporel dans le même lobe pariétal.

L'*asymétrie hémisphérique* pourrait s'expliquer par le fait que les réseaux neuronaux impliqués dans les processus attentionnels et intentionnels sont activés au niveau du seul hémisphère gauche par les informations en provenance de l'espace droit ou les actions à entreprendre dans ce même espace, alors que les mêmes réseaux hémisphériques droits sont activés quel que soit l'hémiespace concerné (fig. 9.4); en outre l'hémisphère droit jouerait un rôle prédominant dans l'éveil cortical : ainsi une lésion gauche peut être compensée par l'activité de l'hémisphère droit. La théorie des *vecteurs atten-*

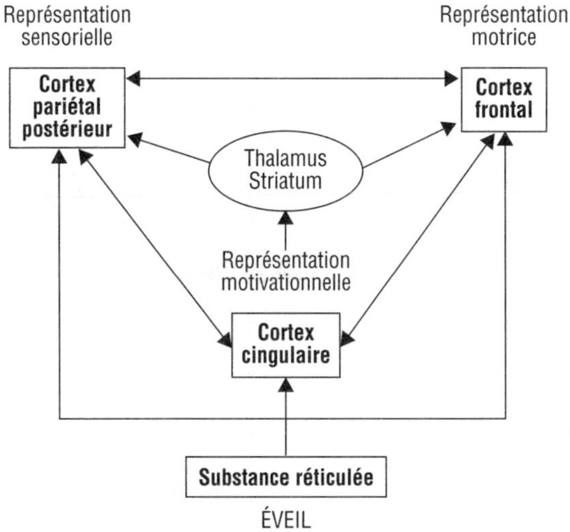

Fig. 9.3. *Les circuits impliqués dans la mise en jeu de l'attention dirigée vers le monde environnant, selon Mesulam.*
Il existe trois représentations indépendantes mais interconnectées de l'espace extrapersonnel et chacune reçoit des influences réticulaires. Les lésions de chacune de ces représentations, de leurs connexions (tout comme du thalamus et du striatum) peuvent entraîner une héminégligence.

tionnels postule que l'attention est sous-tendue par deux vecteurs directionnels, dont l'un, dirigé vers la droite et géré par l'hémisphère gauche, est normalement plus puissant que son homologue hétérolatéral : ainsi une lésion droite fera éclater ce déséquilibre et captera l'attention vers la droite alors qu'une lésion de l'hémisphère gauche atténuera le déséquilibre naturel et aura ainsi des conséquences moindres.

Le modèle référentiel postule que le cerveau, rassemblant les informations sensorielles visuelles, vestibulaires, proprioceptives, génère et gère une référence égocentrique, c'est-à-dire une représentation de l'espace centrée sur l'axe sagittal du corps. En demandant aux sujets, yeux fermés, de pointer « droit devant », on a pu observer, au cours des héminégligences, une déviation ipsilésionnelle exprimant le déplacement, vers le côté lésé, de la position de la référence égocentrique, annulant ainsi la superposition existant chez le sujet normal entre ses coordonnées égocentriques et allocentriques, ce qui expliquerait la négligence spatiale (Jeannerod et Biguier, 1989). Ainsi, la stimulation vestibulaire calorique par irrigation d'eau froide dans l'oreille gauche, entraînant un nystagmus dont la phase lente est dirigée vers la gauche, améliore transitoirement les composantes attentionnelle, intentionnelle mais aussi représentationnelle de la négligence gauche en rétablissant transitoirement la référence égocentrique. Il en est de même du maintien

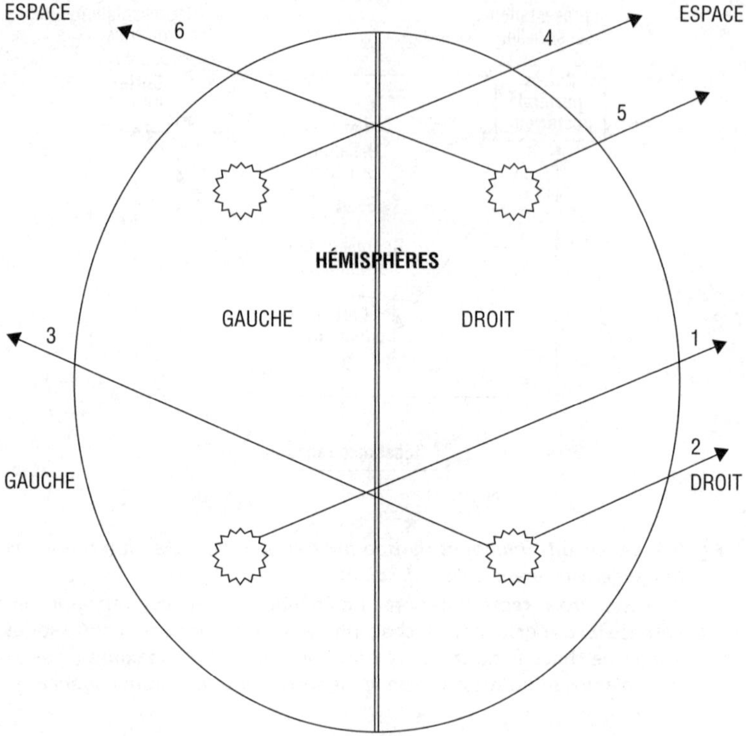

Fig. 9.4. *Asymétrie hémisphérique de l'attention dirigée.*
Modèle proposé par Mesulam pour expliquer la spécialisation de l'hémisphère droit dans la distribution de l'attention dirigée dans son versant afférent (ou sensoriel ou attentionnel proprement dit, 1, 2, 3) et dans son versant efférent (ou exploratoire ou intentionnel, 4, 5, 6).

prolongé d'une rotation du tronc vers la gauche, de la vibration des muscles de la nuque ou des stimulations électriques transcutanées de la nuque du côté gauche. Le port de prismes imposant une déviation du regard vers la droite entraîne chez le sujet normal un déplacement du pointage « droit devant » vers la droite puis un phénomène d'adaptation avec déplacement du pointage du côté opposé (donc vers la gauche). Ce phénomène d'adaptation est retrouvé aussi chez les sujets héminégligents qui décalent leur référence égocentrique vers la gauche de manière même plus importante que les sujets normaux (fig. 9.5). Mais l'adaptation prismatique, outre l'amélioration du « pointage droit devant » améliore aussi les autres signes de négligence spatiale observés en particulier en test de barrage ou de bissection de ligne (Rossetti *et al.*, 1998), en dessin (fig. 9.6), en lecture. Même la négligence représentationnelle est favorablement influencée. Toutefois la négligence ne peut s'expliquer par

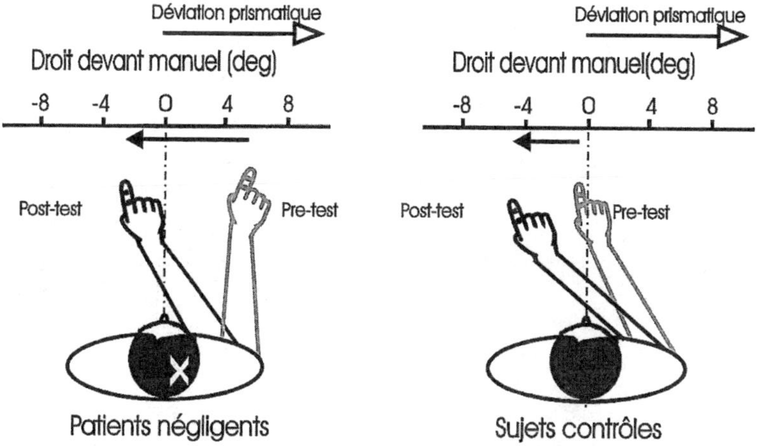

Fig. 9.5. *Action de la déviation prismatique sur le « droit devant » manuel (tiré de : Y. Rossetti et al., in : Les syndromes de négligence spatiale, sous la direction de D. Perennou, V. Brun et J. Pélissier, Masson, Paris, 1998, p. 303).*
Les pointages réalisés « droit devant » par des sujets sains pour évaluer leur référence égocentrique correspondent habituellement à leur axe sagittal objectif (prétest). L'adaptation prismatique (50 mouvements de pointages réalisés en quelques minutes) à un décalage optique vers la droite (10 degrés) induit un déplacement de ces pointages vers la gauche (posttest). Les patients négligents présentent le plus souvent dans le cadre de leur pathologie un décalage de leur référence égocentrique vers la droite (prétest). L'effet de l'adaptation prismatique sur le « droit devant » manuel des patients est plus important que celui observé chez les sujets témoins (flèches noires) et décale donc les pointages vers la gauche.

la seule atteinte de la référence égocentrique car la déviation de la référence égocentrique peut s'observer en l'absence de négligence (par exemple, chez des sujets ayant une hémianopsie latérale homonyme, une hémiplégie gauche par lésion hémisphérique droite, voire un syndrome vestibulaire) tandis que certains héminégligents n'ont pas de déviation de la référence égocentrique. Enfin certains héminégligents sont capables de copier des dessins situés vers leur gauche mais ils ne copient pas la moitié gauche des dessins, ce qui montre que la négligence peut aussi procéder d'une altération des coordonnées allocentriques, c'est-à-dire de l'axe de symétrie des objets eux-mêmes (Chokron et Bartolomeo, 1999 ; Driver et Halligan, 1991). À l'inverse on a pu observer une négligence représentationnelle pure en suscitant une description visuelle par rapport à une référence égocentrique alors que la négligence n'apparaissait plus en suscitant la même description visuelle mais sans imposer au sujet de référence égocentrique, c'est-à-dire en condition allocentrique (Ortigue *et al.*, 2001). Toutefois pour affirmer une telle dissociation, il faut bien veiller à susciter une imagerie visuelle car si on demandait par

A

B

C

Fig. 9.6. *Copie de dessin de Gainotti montrant les effets et la persistance de l'adaptation prismatique (tiré de : Y. Rossetti et al., in : Les syndromes de négligence spatiale, sous la direction de D. Perennou, V. Brun et J. Pélissier, Masson, Paris, 1998, p. 305).*
A. Avant adaptation prismatique; B. Juste après adaptation prismatique; C. Deux heures pllus tard.

exemple à un sujet de citer les principales villes de France sans lui demander d'imaginer la carte de France, on réaliserait alors une simple épreuve de fluence lexicale.

Ainsi, les effets de l'adaptation prismatique ne peuvent se résumer en une modification des informations visuelles amendant la seule référence égocentrique, ce qui entraînerait dans son sillage l'amélioration des autres manifestations de négligence. Tout permet de penser que les prismes agissent au niveau des représentations spatiales, peut-être par une activation de l'hémisphère gauche. En tout cas ils induisent une réorganisation durable puisque le phénomène d'adaptation persiste (post-effet) après qu'ils ont été retirés. *L'adaptation prismatique est de ce fait considérée comme la méthode de choix pour aider à la réhabilitation des patients souffrant d'héminégligence* (Farné *et al.*, 2002).

LA NÉGLIGENCE MOTRICE

La négligence motrice, hémiaspontanéité motrice ou hémiakinésie, est une sous-utilisation d'un hémicorps dans sa motilité spontanée; elle ne doit être confondue ni avec l'akinésie directionnelle ni avec l'akinésie spatiale. Elle coexiste avec la négligence spatiale (voir *supra*) mais elle peut aussi apparaître de manière isolée. L'hémicorps, tout particulièrement la main négligée, est sous-utilisé dans la gesticulation spontanée comme dans les activités gestuelles uni- ou bimanuelles que l'on demande au sujet d'effectuer (se verser à boire, enlever le bouchon d'une bouteille); le membre supérieur négligé peut pendre hors du lit ou le long du corps quand le sujet est assis devant une table sur laquelle une seule main vient se poser. En marchant, le membre supérieur ne balance pas et le membre inférieur traîne. Mais les troubles sont fluctuants et sont améliorés par l'incitation verbale. La négligence n'est pas imputable à une paralysie fruste comme le prouve la possibilité de pianoter. Mais une négligence peut s'ajouter à une hémiparésie. Il n'y a pas d'anosognosie et l'interrogatoire peut faire croire à l'existence d'un déficit moteur. Les négligences pures s'observent un peu plus souvent lors de lésions de l'hémisphère droit qui peuvent intéresser la région pariétale postérieure, le lobe frontal, le thalamus ou la substance blanche sous-corticale unissant ces trois structures, voire le bras antérieur de la capsule interne. La négligence motrice peut être conçue comme un trouble de l'intentionnalité du geste, mais il est vrai qu'elle intéresse aussi les mouvements automatiques. Même pure, elle pourrait être conçue comme une forme légère de négligence attentionnelle altérant l'adaptation des gestes dont l'adéquation dépend de la qualité du traitement des informations spatiales et tout particulièrement visuelles.

BIBLIOGRAPHIE

ALBERT M.-I. — A simple test of visual neglect. *Neurology*. 1973; *23*: 653-664.

CHOKRON S., BARTOLOMEO P. — Réduire expérimentalement la négligence spatiale unilatérale : revue de la littérature et implications théoriques. *Revue de Neuropsychologie*. 1999; *9*: 129-165.

DRIVER J., HALLIGAN P.-W. — Can visual neglect operate in object-centered coordinates? An affirmative single case study. *Cognitive Neuropsychology*. 1991; *8*: 475-496.

FARNE A., ROSSETTI Y., TONIOLO S., LADAVAS E. — Ameliorating neglect with prism adaptation : visuo-manual and visuo-verbal measures. *Neuropsychologia*. 2002; *40*: 718-729.

Gainotti G., Erme P., Bonis C. de — Aspects cliniques et mécanismes de la négligence visuo-spatiale. *Rev Neurol.* 1989; *145* (8-9): 626-634.

Graveleau Ph., Viader F., Masson M., Cambier J. — Négligence thalamique. *Rev Neurol.* 1986; *142* (4): 425-430.

Heilman K.-M., Valenstein E. — Mechanisms underlying hemispatial neglect. *Ann Neurol.* 1979; *5*: 166-170.

Jeannerod M., Biguier B. — Référence égocentrique et espace représenté. *Rev Neurol.* 1989; *145*: 365-369.

Kinsbourne M. — Mechanisms of unilateral neglect. *In : Neurophysiological and neuropsychological aspect of spatial neglect.* M. Jeannerod, Elsevier, North Holland, 1987:69-86.

Laplane D. — La négligence motrice a-t-elle un rapport avec la négligence sensorielle unilatérale. *Rev Neurol.* 1990; *146*: 635-638.

Mesulam M.M. — *Principles of Behavioral Neurology* (1 vol). FA Davis Company, Philadelphia, 1985.

Ortigue S., Viaud-Delmon I., Annoni J.-M., Landis T., Michel C., Blanke O., Vuilleumier P., Mayer E. — Pure representational neglect after right thalamic lesion. *Ann Neurol.* 2001; *50*: 401-404.

Rode G., Perenin M.-T., Boisson D. — Négligence de l'espace représenté: mise en évidence par l'évocation mentale de la carte de France. *Rev Neurol.* 1995; *151* (3): 161-164.

Rossetti Y., Rode G., Pisella L. *et al.* — Prism adaptation to a rightward optical deviation rehabilates left hemispatial neglect. *Nature*. 1998; *395*: 166-169.

Thames Valley Test Company. The Behavioural Inattention Test (BIT). The Green, Flempton, Bury St Edmunds, Suffolk IP28 6EL, Royaume-Uni.

Viader F., Sayette V. de la — Les syndromes de négligence unilatérale. *Rapport de Neurologie*, LXXXX session, 1992. Masson, Paris, 1992.

Weintraub S., Mesulam M.M. — Visual hemispatial inattention : stimulus parameters and exploratory strategies. *J Neurol Neurosurg Psychiatry.* 1988; *51*: 1481-1488.

10 LES TROUBLES DU SCHÉMA CORPOREL OU ASOMATOGNOSIES

Même les yeux fermés, nous avons conscience des limites de notre corps, de son volume dans l'espace, de nos postures et de nos mouvements. Cette expérience de notre corps constitue une « référence égocentrique » nous permettant d'agir dans l'espace qui nous environne. La représentation mentale du corps, dénommée « schéma corporel », s'élabore progressivement grâce aux afférences sensitives en lien étroit, dès le début de la vie, avec la motricité : ainsi se construit l'image de notre corps qui devient ensuite relativement indépendante des processus qui ont permis son élaboration : c'est ce dont témoigne par exemple l'expérience du membre fantôme des amputés ou des lésions médullaires. Le lobe pariétal joue un rôle central dans l'édification et le maintien de l'image du corps dont les perturbations peuvent s'exprimer de manière unilatérale ou bilatérale.

LES PERTURBATIONS UNILATÉRALES DE LA SOMATOGNOSIE

Elles accompagnent habituellement une hémiplégie et elles peuvent se présenter sous trois aspects. L'*anosodiaphorie* désigne l'indifférence du malade à l'égard de son hémiplégie ; l'*anosognosie* (terme désignant la négation d'une « maladie » au sens large du terme comme par exemple une aphasie de Wernicke, une hémianopsie, une cécité corticale) s'applique ici à l'hémiplégie, le malade n'admettant pas qu'il a un hémicorps paralysé et se refusant à admettre l'évidence, même quand on porte devant ses yeux sa main inerte en lui demandant s'il peut la bouger (syndrome d'Anton-Babinski). Le malade admet parfois une « faiblesse » de la main, du bras ou du membre inférieur mais se refuse à admettre que cette faiblesse est la cause de son handicap. L'*hémiasomatognosie* désigne le sentiment d'étrangeté, de non-appartenance de l'hémicorps et tout particulièrement de la main que le malade ne reconnaît pas sienne ; parfois le malade attribue l'hémicorps et tout particulièrement son membre supérieur et sa main, vécus de façon hallucinatoire comme surnuméraires, comme appartenant à quelqu'un d'autre, comme étrangers. Il s'agit là (voir chapitre 5) de l'un des types séméiologiques de « main étrangère » ; *(ainsi un agriculteur devenu hémiplégique priait de téléphoner à son épouse qui avait oublié sa main dans son lit et qui devait lui faire défaut car son épouse « était seule pour s'occuper des travaux de la maison et de la ferme »).* Dans quelques cas, l'hémicorps paralysé est l'objet d'une personnification. Le malade exprime à l'égard de son hémicorps des sentiments de colère ou de haine (misoplégie) ou lui fait *des reproches qui peuvent être exprimés de manière plus ou moins humoristique; (une dame hémiplégique disait: « Je n'ai jamais aimé ma main gauche, car elle a toujours été paresseuse et même pas gentille avec moi »).* On peut parfois observer une *alloesthésie* (le malade disant qu'il est touché sur l'hémicorps ipsilatéral à la lésion quand on le touche du côté opposé à la lésion). Quand on prie le patient de mouvoir le bras paralysé, on peut observer soit une mobilisation du membre homolatéral *(allokinésie)*, soit l'affirmation du malade selon laquelle il a exécuté l'ordre, ce qui peut être considéré comme une *hallucination kinesthésique*.

Les perturbations somatognosiques s'associent fréquemment à une héminégligence spatiale, à une hémianopsie latérale homonyme, à une déviation de la tête et des yeux, à des troubles sensitifs de l'hémicorps, à une apraxie constructive, à une apraxie de l'habillage, à des troubles de la vigilance, à une confusion mentale, à une indifférence comme à un état dépressif mais ces associations ne sont pas constantes et l'anosognosie peut exister de manière pure, accompagnant l'hémiplégie. Les lésions intéressent très préférentiellement l'hémisphère droit : lobe pariétal (tout particulièrement le lobule pariétal inférieur) mais aussi les structures sous-corticales (thalamus, noyaux gris centraux).

Il apparaît difficile de faire de l'anosognosie une conséquence des troubles sensitifs, d'une confusion mentale, d'un trouble antérieur de la personnalité, d'une disconnexion des aires du langage qui, en raison de la lésion hémisphérique droite, ne reçoivent plus d'informations proprioceptives et visuelles en provenance de l'hémicorps et de l'hémichamp visuel gauches car dans ce cas l'anosognosie devrait disparaître quand l'examinateur porte le bras du malade dans son hémichamp visuel droit. Il a été envisagé d'en faire un trouble de type attentionnel ou intentionnel à l'égard de l'hémicorps, l'absence d'information sensitive ne permettant pas au système intentionnel de détecter la non-mobilisation du membre. Il reste donc toujours plausible de considérer les troubles comme secondaires à l'atteinte de la fonction somatognosique, sous-tendue par le schéma corporel et organisée au niveau de l'hémisphère mineur.

Le syndrome de surinvestissement (à l'égard de l'hémicorps) gauche

Ce syndrome a été observé à la phase aiguë d'infarctus de l'artère pariétale antérieure droite. Il accompagne un déficit sensitif sévère de l'hémicorps qui pourrait entraîner une sensation d'étrangeté de l'hémicorps gauche que les sujets frottent, pressent, pincent, manipulent avec leur main droite ou leur pied droit. Ce comportement régresse dès que le déficit sensitif s'améliore.

LES PERTURBATIONS BILATÉRALES DE LA SOMATOGNOSIE

Le syndrome de Gerstmann

Il a été décrit précédemment (voir chapitre 3, page 64).

L'autotopoagnosie et l'hétérotopoagnosie

L'autotopoagnosie réalise une incapacité à désigner et à décrire les différentes parties du corps sur le sujet lui-même, en présence d'un miroir et sur l'examinateur. Par contre les vêtements et les objets sont bien désignés. Les parties du corps ne peuvent pas non plus être désignées sur dessin sauf pour des parties de corps spécifiquement animales (comme la trompe, les cornes…). Typiquement, le sujet reste capable de nommer les parties du corps quand elles sont désignées par l'observateur (Poncet *et al.*, 1971). Les lésions intéressent la région pariétale postérieure de l'hémisphère dominant et peuvent accompagner les éléments d'un syndrome de Gerstmann, une apraxie constructive, une apraxie idéomotrice, une aphasie de conduction. Comme pour le syndrome de Gerstmann, la réalité de l'autotopoagnosie a été discutée pour en faire une conséquence de troubles du langage ou d'une désorientation spatiale. Pour Hecaen (1972), l'agnosie digitale et l'autotopoagnosie pourraient témoigner soit d'une atteinte spécifique de la somatognosie, soit de désordres sémantiques atteignant électivement les éléments du corps humain.

L'allotopoagnosie correspond à l'incapacité de désigner des éléments du monde hors du corps du sujet et, en son sein, l'hétérotopoagnosie correspond à l'incapacité de désigner les éléments du corps d'autrui, le sujet désignant ces éléments sur lui-même (Degos, 1998). En revanche, les parties du corps peuvent être désignées sur une image et sur une poupée et il n'existe pas d'autotopoagnosie. Il est important de constater qu'il s'agit bien d'un trouble électif de l'(auto)désignation puisque les sujets ne commettent pas d'erreur sur les parties du corps à désigner, le fait remarquable étant qu'ils désignent sur autrui les parties du corps qu'on leur demande de désigner sur eux-mêmes. L'hétérotopoagnosie a pu être conçue comme une altération de la fonction de désignation, geste spécifique à l'être humain, permettant de transformer les unités perceptives générées par l'environnement en unités perceptives élaborées dans une localisation et avec une identité indépendantes du sujet. La lésion responsable est pariétale postérieure gauche.

L'asymbolie à la douleur

Elle ne doit pas être confondue avec l'hémiagnosie douloureuse qui peut accompagner certaines hémiasomatognosies : l'asymbolie à la douleur est en effet bilatérale (Hecaen, 1972). Quoi qu'il en soit, l'absence de réaction motrice à la douleur ne peut pas s'expliquer par une hypoesthésie : la piqûre est distinguée du tact, la sensation douloureuse est reconnue comme telle mais le sujet n'y réagit pas de manière habituelle ; il peut être étonné par son trouble et parfois il s'offre à la douleur qui, ainsi, non seulement ne génère plus de phénomène d'évitement, mais peut même induire une réaction d'attraction. L'absence de réaction motrice peut aussi intéresser toute menace faite au sujet, qu'elle soit verbale ou visuelle (asymbolie au danger) alors que les réactions végétatives sont préservées. L'asymbolie à la douleur a pu être considérée comme une agnosie spécialisée (analgognosie ou apractognosie algique) ; la douleur perdrait sa signification, ce qui est différent des conséquences des lobotomies qui atténuent la composante affective des douleurs, induisant à leur égard un comportement d'indifférence. Le trouble peut accompagner une aphasie de Wernicke ou une aphasie de conduction, une apraxie constructive ou idéomotrice, une autotopoagnosie, une aprosodie. Les lésions intéressent plus souvent l'hémisphère gauche ; des localisations lésionnelles plus ou moins vastes ont été rapportées intéressant le lobe pariétal et tout particulièrement le *gyrus supramarginalis*, l'aire somesthésique secondaire (SII) qui occupe une petite partie de l'opercule pariétal sur la berge supérieure de la scissure de Sylvius, le lobe frontal mais il semble que la localisation lésionnelle représentée de manière constante soit le cortex insulaire. L'asymbolie à la douleur et au danger a pu être considérée comme une agnosie spécialisée, une perturbation du schéma corporel ou un syndrome de disconnexion sensori-limbique. En faveur de cette dernière hypothèse milite le fait que les lésions insulaires postérieures peuvent interrompre les connexions entre l'aire somesthésique secondaire SII et le système limbique ; en outre l'insula postérieure entretient des connexions réciproques non seulement avec les aires somesthésiques mais aussi avec le cortex auditif et le cortex visuel : leur interruption expliquerait que les stimulations douloureuses (et parfois aussi les menaces verbales et visuelles) soient identifiées mais ne génèrent plus les réponses motrices et émotionnelles appropriées.

BIBLIOGRAPHIE

BERTHIER M., STARKSTEIN S., LEIGUARDA R. — Asymbolia for pain : a sensory-limbic disconnexion syndrome. *Ann Neurol.* 1988;*24*:41-49.

BOGOUSSLAVSKY J., KUMRAL E., REGLI F. *et al.* — Acute hemiconcern : a right anterior pariétotemporal syndrome. *J Neurol Neurosurg Psychiatry.* 1995;*58*:428-432.

DEGOS J.-D., BACHOU-LEVI A. — La désignation et son objet. Pour une neuropsychologie de l'objectivation. *Rev Neurol.* 1998;*154*(4):283-290.

HEILMAN K.-M. — Anosognosia : possible neuropsychological mechanisms. *In : Awareness of defect after brain injury.* G. Prgatano et D. Schacter, Oxford University Press, Oxford, 1991.

HOUSE A., HODGES J. — Persistent denial of handicap after infarction of the right basal ganglia; a case study. *J Neurol Neurosurg Psychiatry.* 1988;*51*:112-115.

JEANNEROD M., BIGUER B. — Référence égocentrique et espace représenté. *Rev Neurol.* 1989;*145*(8-9):635-639.

PONCET M., PELLISSIER J.-F., SEBAHOUN M., NASSER C.-J. — À propos d'un cas d'autotopoagnosie secondaire à une lésion pariéto-occipitale de l'hémisphère majeur. *Encéphale.* 1971;*2*:110-123.

11 LES SURDITÉS CORTICALES ET LES AGNOSIES AUDITIVES

À l'instar de la cécité corticale et des agnosies visuelles, peut répondre une systématisation des désordres de l'identification auditive qui distingue d'abord les déficits sensoriels liés à un déficit de la réception corticale des messages sensoriels auditifs (et qui correspondrait à la surdité corticale, équivalent de la cécité corticale) et les déficits du traitement perceptif et associatif des sensations élémentaires (et qui correspondraient aux agnosies auditives). Si la distinction entre surdité corticale et agnosie auditive n'est pas toujours aisée, l'essentiel est d'affirmer l'intégrité de l'oreille interne, des nerfs auditifs et des voies auditives du tronc cérébral : l'audiogramme tonal est parfois perturbé ou d'interprétation difficile mais les potentiels évoqués auditifs du tronc cérébral et le réflexe stapédien sont normaux.

L'absence d'identification des sons alors que l'audition est possible (et donc que les messages auditifs parviennent de l'oreille au cortex auditif primaire) définit donc l'agnosie auditive. Ce terme peut être utilisé pour désigner l'incapacité à reconnaître soit toutes les classes de sons (verbaux et non verbaux), soit les seuls sons non verbaux (musique et bruits), soit les seuls bruits, ce qui revient alors à distinguer la surdité verbale pure, l'amusie et l'agnosie auditive ou agnosie pour les bruits. Encore faudrait-il y ajouter les troubles de l'identification de la prosodie émotionnelle du langage parlé.

RAPPELS NEUROPHYSIOLOGIQUE ET NEUROPSYCHOLOGIQUE DES VOIES AUDITIVES[1]

Les ondes sonores transmises par voie aérienne sont transmises à la cochlée où elles stimulent les cellules ciliées sensorielles de l'organe de Corti. Les messages sont ensuite transmis au nerf auditif qui parcourt le conduit auditif interne, puis l'angle ponto-cérébelleux jusqu'à son entrée dans le tronc cérébral au niveau du sillon bulbo-protubérantiel. Les fibres auditives aboutissent ainsi aux noyaux cochléaires où naissent les axones du deuxième neurone. La partie la plus importante croise la ligne médiane, constituant le lemnisque latéral ou ruban de Reil latéral qui monte dans le tronc cérébral, fait relais ou non dans les tubercules quadrijumeaux postérieurs (colliculus inférieur) et passe dans les corps genouillés internes (corps géniculé médial). Des corps genouillés internes naissent les radiations auditives (voie géniculo-temporale) qui traversent le secteur sous-lenticulaire de la capsule interne et rejoignent les aires de réception

1. Tiré de R. Gil. *Neurologie pour le praticien*. Simep, Paris, 1989.

auditive constituées au niveau de T1 (gyrus temporal supérieur) par les circonvolutions transverses de Heschl (aires 41 et 42 de Brodmann, constituant respectivement les aires auditives primaire et secondaire), au-dessus de l'aire 22 dont on connaît le rôle dans le décodage du langage.

Chaque cochlée se projetant sur les deux hémisphères, il s'ensuit qu'une lésion hémisphérique unilatérale n'abolit pas l'audition de l'oreille opposée. En outre, un hémisphère dont le gyrus de Heschl est lésé peut recevoir, par le corps calleux, des informations auditives de l'autre hémisphère. Le déficit auditif d'un hémisphère peut seulement être détecté par le test d'écoute dichotique qui consiste à présenter à chaque oreille, par l'intermédiaire d'un casque stéréophonique, des messages auditifs simultanés et différents. Dans cette situation, chaque hémisphère n'écoute que l'oreille opposée, la voie croisée neutralisant la voie ipsilatérale. Il s'ensuit que les messages venus de l'oreille opposée à l'hémisphère lésé ne sont pas entendus : c'est l'hémianacousie.

Par ailleurs, le test d'écoute dichotique reflète l'asymétrie fonctionnelle des hémisphères et montre la dominance perceptive de l'hémisphère gauche pour le matériel verbal et de l'hémisphère droit pour le matériel non verbal (mélodies, bruits familiers, intonation).

L'HÉMIANACOUSIE ET LA SURDITÉ CORTICALE

L'hémianacousie est à l'audition ce que l'hémianopsie est à la vision. Toutefois, les voies auditives venues de chaque oreille se projetant essentiellement sur l'hémisphère hétérolatéral et accessoirement sur l'hémisphère homolatéral (voir *supra*), l'hémianacousie ne peut être détectée cliniquement et nécessite l'artifice du *test d'écoute dichotique* qui consiste à présenter simultanément à chaque oreille un stimulus auditif différent (sous forme de paires de stimulus, phonèmes ou mots). Une hémianacousie ne peut être affirmée que si l'audition des sons présentés de manière monaurale est normale et si elle se caractérise par l'extinction des stimulations en provenance d'une oreille. Les hémianacousies relèvent le plus souvent de lésions hémisphériques controlatérales à l'oreille «défaillante», temporales (cortex auditif primaire, aires 41 et 42) ou périsylviennes et s'accompagnent d'une abolition ou d'une asymétrie des potentiels évoqués auditifs de latence moyenne sur l'hémisphère malade. Toutefois une hémianacousie gauche peut survenir en cas de disconnexion temporo-temporale, qu'il s'agisse d'une lésion du corps calleux lui-même ou de lésions profondes de la substance blanche perturbant, à droite l'entrée, à gauche la sortie des messages qui doivent franchir le corps calleux. En effet, les messages auditifs parvenant au cerveau droit doivent être transférés à l'autre hémisphère pour que le sujet puisse verbaliser les stimulations auditives qu'il a entendues (fig. 11.1).

La surdité corticale peut être conçue comme une double hémianacousie et nécessite donc des lésions bilatérales du cortex auditif primaire temporal ou des lésions interrompant les voies géniculo-temporales. Mais il est vrai qu'elle peut être difficile à distinguer des agnosies auditives globales aperceptives. La surdité intéresse en principe tous les types de sons, verbaux et non verbaux. Liée habituellement à des lésions vasculaires, elle s'installe le plus

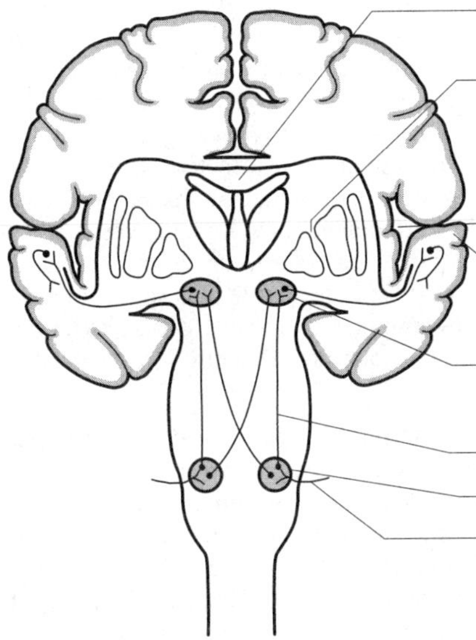

Fig. 11.1. *Schéma simplifié des voies auditives* (d'après Gardner).

souvent de manière soudaine chez un sujet qui a eu un premier ictus. Typiquement le sujet se plaint d'une surdité et les potentiels évoqués auditifs (Pa) de moyenne latence sont abolis, mais ces faits ne sont pas constants. En effet, les surdités peuvent ne pas être complètes et il est fréquent qu'une surdité initiale évolue plus ou moins rapidement vers une agnosie.

LES AGNOSIES AUDITIVES

Elles peuvent être classées selon le niveau, aperceptif ou associatif, du déficit du traitement des informations visuelles et aussi selon les registres de sons dont la reconnaissance est altérée.

Les agnosies auditives aperceptive et associative

Elles peuvent donc s'installer d'emblée ou représenter le stade évolutif d'une surdité corticale : il peut donc exister une inattention auditive et quelques perturbations de l'audition mais ces troubles sont insuffisants pour expliquer l'incapacité d'identification des sons. Les bruits (de cloche, de voiture, tout comme les cris d'animaux) ne sont ni distingués ni reconnus sauf pour ce qui concerne leur intensité ; l'épreuve du loto sonore (Nathan éditeur) montre que les malades ne peuvent ni dire ce qu'ils entendent ni désigner l'origine du bruit dans un choix d'images. Ils ont aussi une surdité pour le langage et donc ne peuvent pas comprendre ce qu'on leur dit; ils ne reconnaissent pas les mélodies, les instruments de musique qu'on leur fait entendre, de même que les rythmes. Les malades peuvent reconnaître ou non s'ils entendent leur langue ou une langue étrangère; ils peuvent ou non reconnaître le sexe du locuteur et identifier la personne qui parle (phonoagnosie) ou la tessiture émotionnelle de ce qui se dit (agnosie auditive affective, voir *infra*). Le déficit peut initialement ou secondairement prédominer sur tel ou tel type de sons, la dichotomie la plus habituelle s'effectuant entre les sons verbaux d'une part, les sons non verbaux d'autre part. Une aphasie de Wernicke plus ou moins sévère peut s'y associer. Les lésions intéressent le plus souvent les deux lobes temporaux, impliquant le gyrus temporal supérieur c'est-à-dire les connexions efférentes du gyrus de Heschl. Une atteinte bilatérale sous-corticale a pu être observée.

En poursuivant l'analogie avec le modèle visuel, il devrait être possible de distinguer des agnosies aperceptives et des agnosies associatives. Dans les premières, le déficit intéresserait le niveau discriminatif et ne permettrait plus d'apparier des sons identiques (notes musicales, refrains de chansons célèbres, cris d'animaux, voix humaines, bruits de train, de cloche, de voiture). Dans les secondes, le déficit intéresserait le niveau associatif et, bien que capables d'apparier des sons identiques, les sujets n'identifieraient pas les sons et, sur des épreuves à choix multiple, ne pourraient pas attribuer le son du marteau à l'image du marteau et le son de la cloche à l'image de la cloche alors qu'ils seraient aptes à distinguer un son de l'autre. Certaines observations suggèrent la validité de cette distinction. En outre, des agnosies aperceptives sans agnosie associative donc sans déficit de la reconnaissance ont pu être observées, ce qui montre qu'un processus perceptif fragmentaire peut néanmoins suffire à la reconnaissance d'événements sonores probablement parce qu'ils sont antérieurement connus du sujet. Néanmoins il est difficile d'assigner à ces deux (et même ces trois) types d'agnosie une latéralisation préférentielle dans l'un ou l'autre hémisphère.

Les agnosies sélectives (ou relativement sélectives)

L'agnosie des bruits

L'agnosie sélective des bruits (non verbaux non musicaux) est exceptionnelle et en fait « relativement sélective » car elle représente habituellement le mode évolutif d'une agnosie globale ou s'associe à un déficit de la perception des sons musicaux. Elle peut toutefois être pure, même s'il arrive que les résultats de l'exploration de la perception musicale soient équivoques. Elle relève de lésions de l'hémisphère droit, plus particulièrement de la région temporale, le recoupement des observations plaidant plutôt pour le gyrus temporal supérieur. Une lésion profonde thalamo-géniculée, incluant le corps géniculé médial pourrait être responsable de ce type d'agnosie par disconnexion entre le corps géniculé médial et le cortex temporal droit. La reconnaissance des cris d'animaux paraît aussi dévolue à l'hémisphère droit alors que les lésions gauches entraînent un déficit de la reconnaissance des onomatopées des mêmes cris (« *hi-han* » pour l'âne, « *cocorico* » pour le coq, etc.).

La surdité verbale

La surdité verbale pure se caractérise par une incapacité de la compréhension du langage parlé alors que le sujet, dépourvu d'atteinte du langage intérieur, peut parler, lire, écrire (sauf en dictée) de manière satisfaisante. La surdité verbale se distingue de l'aphasie de Wernicke par l'absence de jargon ainsi que de désordres de l'écriture et de la lecture et elle se distingue de l'aphasie transcorticale sensorielle par l'incapacité de la répétition sauf en cas de lecture labiale. La surdité verbale est souvent le mode évolutif d'une aphasie de Wernicke et l'expression orale peut comporter quelques paraphasies. Le malade peut se plaindre d'une difficulté à «entendre» ou a l'impression d'entendre une langue étrangère ou un «fredonnement indifférencié». Quand l'atteinte n'est pas totale et que les patients tentent d'identifier les mots, leurs erreurs ne sont pas de type sémantique. Par contre, ils peuvent parfois distinguer leur langue d'une langue étrangère, probablement grâce à la prosodie ; ils peuvent parfois reconnaître les voix des locuteurs familiers ou diverses intonations émotionnelles.

Il semble bien que des désordres perceptifs accompagnent la surdité verbale : troubles de la résolution temporelle avec allongement du seuil de fusion de deux clics, c'est-à-dire de l'intervalle de temps nécessaire pour que deux clics soient perçus comme un stimulus unique, ce que l'on peut rapprocher de l'amélioration de la compréhension des mots par le ralentissement du débit du locuteur et par la préservation de la reconnaissance des voyelles dont la durée est plus longue que les consonnes ; on peut aussi observer un déficit dans les tâches de discrimination phonémique.

La surdité verbale est observée au cours de lésions cortico-sous-corticales bitemporales ou temporales gauches. Les premières seraient responsables des surdités verbales par déficit perceptif préphonémique, les secondes des surdités verbales par déficit de la discrimination phonémique encore que cette correspondance lésionnelle ne soit pas constante (Lambert, 1997). Les déficits préphonémiques témoigneraient de perturbations du traitement auditif général des sons, qu'ils soient verbaux ou non verbaux (voir *supra*). Les déficits phonémiques témoigneraient de perturbations du traitement spécifique des sons verbaux. La surdité verbale peut être conçue comme la disconnexion entre l'aire de Wernicke (épargnée) et les afférences auditives homo- et hétérolatérales au niveau de chaque gyrus de Heschl ou des radiations auditives. En cas de lésion unilatérale gauche, la lésion concernerait non seulement les radiations auditives gauches mais encore les fibres émergeant du corps calleux en provenance du cortex auditif droit et se dirigeant vers le cortex auditif gauche. Dans le schéma de Mesulam (1997), la surdité verbale peut procéder d'une disconnexion entre l'*input* auditif des mots et l'aire unimodale traitant les formes auditives des mots ou encore entre cette aire et l'aire de Wernicke. Ellis et ses collaborateurs ont opposé, en 1994, la surdité verbale «classique» par déficit d'analyse auditive des sons du langage *(word sound deafness)* à la surdité à la forme des mots *(word form deafness)* conçue comme une atteinte du lexique phonologique qui préserverait la capacité de discrimination des phonèmes mais laisserait altérées les épreuves de décision lexicale auditive (dire si une suite de phonèmes entendus est un mot ou un non-mot) et empêcherait bien entendu la compréhension des mots.

Les agnosies de la musique ou amusies réceptives

Les amusies réceptives désignent l'incapacité de reconnaître les mélodies ainsi que leurs caractéristiques musicales de base telles qu'elles peuvent être inventoriées dans le test de Seashore : hauteur tonale, intensité, rythme, durée, timbre et mémoire mélodique. De tels troubles peuvent survenir en l'absence d'aphasie et même en l'absence d'une agnosie pour les bruits de même que cette dernière peut survenir sans amusie, ce qui plaide pour la spécificité du traitement cérébral des messages musicaux. Mais la spécificité n'écarte pas le caractère composite des mécanismes de la reconnaissance musicale qui ferait intervenir l'analyse de son organisation mélodique et de son organisation temporelle (rythme, mesure) précédant et permettant l'accès à une représentation mémorisée dans un lexique ou répertoire. Une autre classification propose de distinguer trois niveaux de désintégration : la non-reconnaissance de la musique en tant que telle parmi les autres sons, la non-reconnaissance des caractères structuraux de la musique (hauteur tonale, timbre, etc., voir *supra*), et enfin l'impossibilité d'identifier une mélodie connue qui peut exister en l'absence des troubles précédents. La musique est en outre, comme le langage, un système codifié possédant à la fois un pôle réceptif et un pôle expressif, un mode parlé, chanté et écrit. Enfin l'exploration des connaissances musicales n'est pas facilitée par la diversité des connaissances et des aptitudes musicales : c'est ce que montre le test de Seashore conçu pour dépister les talents musicaux dans la population scolarisée.

C'est probablement la grande diversité des compétences mises en jeu par la musique qui explique le caractère confus sinon contradictoire des observations recueillies chez les aphasiques. Certes, une amusie peut accompagner une aphasie mais la préservation de la reconnaissance des rythmes, du timbre, des mélodies a pu être aussi observée. Des aphasiques de Broca ou de Wernicke peuvent ainsi reconnaître un accord majeur d'un accord mineur, dépister les erreurs faites dans l'exécution de mélodies connues, reconnaître, en choix multiple, une mélodie précédemment présentée, ce qu'a aussi montré l'observation d'aphasiques musiciens dont le cas le plus connu est sans doute celui de Maurice Ravel. Ces constatations peuvent donc signifier qu'une préservation de la reconnaissance musicale est compatible avec une aphasie et pourrait donc plutôt relever de l'hémisphère droit. L'étude du test de Seashore avant et après lobectomie temporale a pu montrer une chute des scores après lobectomie droite pour les subtests de durée, de timbre, d'intensité, de mémoire mélodique. La supériorité de l'oreille gauche en test d'écoute dichotique de mélodies s'inverserait au profit de l'oreille droite chez les musiciens. On peut avec prudence estimer qu'une non-reconnaissance de la musique comme musique, considérée alors comme « un grincement, un bruit », relève d'une lésion hémisphérique droite. La perception des caractères structuraux des partitions musicales relève sans doute des deux hémisphères. S'il paraît ainsi établi que la perception des rythmes soit habituellement assurée par l'hémisphère gauche, l'appréciation du contour mélodique serait dévolue à l'hémisphère droit alors que l'analyse des hauteurs tonales serait plutôt une fonction hémisphérique gauche. Ainsi s'expliquerait l'observation d'un violoniste qui, après un infarctus sylvien gauche, perdit l'oreille absolue, c'est-à-dire la possibilité de reconnaître les notes sans référence à une note de base. Quant à la capacité d'identifier une mélodie, elle serait électivement altérée dans les lésions de l'hémisphère gauche même s'il est vrai qu'elle peut être préservée chez certains aphasiques et perturbée lors de certaines lésions de l'hémisphère droit. La réception de la musique échappe à une spécialisation hémisphérique trop tranchée et il est au moins clair que les deux hémisphères y sont impliqués. La diversité des situations cliniques tient sans doute à de multiples facteurs : latéralisation hémisphérique ambiguë et variable des nombreuses compétences mises en œuvre ? Diversité des aptitudes musicales ? Implication préférentielle de l'un ou l'autre hémisphère en fonction de l'apprentissage musical ? Il est vrai que, même à aptitudes égales, la discrimination de deux hauteurs tonales, de deux mélodies ne représente certainement pas la même démarche chez le non musicien, le mélomane et le musicien chevronné car ces tâches peuvent procéder de qualités perceptives pures ou façonnées par une formation qui renforce ces qualités (une oreille « s'éduque ») et peut les soumettre à des représentations sémantiques de plus en plus verbalisées. Reconnaître la mélodie d'une chanson et d'un concerto peut sous-tendre des démarches différentes en fonction des sujets. Et reste sans doute le rôle joué par l'émotion esthétique peu mobilisée dans les investigations neuropsychologiques qui sont centrées plus sur des inventaires techniques des aptitudes musicales que sur une démarche écologique car le rôle central de la musique est avant tout de communiquer des émotions très diversement ressenties d'un individu à l'autre en fonction de sa culture, de sa propre histoire et de ses goûts.

Mais il serait artificiel d'envisager les amusies « réceptives » sans aborder les désordres de l'expression musicale. Il est admis que l'expression mélodique est préservée dans l'aphasie et que les malades peuvent chanter avec pour paroles leur stéréotypie dans le Broca, en fredonnant sans paroles dans le Wernicke comme il est possible de constater que l'expression mélodique peut favoriser l'expression verbale dans l'un ou l'autre type d'aphasie, ce qui d'ailleurs suscite un intérêt rééducatif. L'hémiplégique gauche peut présenter une perturbation de l'expression chantée avec dysprosodie contrastant avec la capacité de dire les paroles. Les capacités d'expression musicale sont donc dévolues à l'hémisphère droit.

La musique peut être certes entendue et chantée ; elle peut aussi être lue et écrite grâce à un système codifié verbalisé : portées, clés, notes, règles de solfège dont les perturbations accompagnent les aphasies, les agraphies, les alexies mais il est vrai qu'il existe d'exceptionnelles observations d'agraphie musicale sans agraphie verbale et d'alexie musicale sans alexie verbale. La manipulation des instruments de musique relève de compétences apraxiques. Il a pu être décrit une apraxie spécifiquement musicale, l'*apraxie instrumentale bimanuelle* ne permettant plus de jouer (du piano ou de l'accordéon) : ce trouble a pu être observé après des lésions de l'hémisphère droit, du lobe temporal gauche ou des deux hémisphères.

Les agnosies paralinguistiques : les agnosies de la prosodie émotionnelle et la phonoagnosie

Les agnosies paralinguistiques regroupent les agnosies intéressant non les messages verbaux eux-mêmes mais leur environnement affectif et l'identification du locuteur.

L'incapacité de reconnaître les intonations émotionnelles du langage parlé est une agnosie auditivoverbale affective ou une *aprosodie* réceptive : elle survient lors de lésions de l'hémisphère droit (voir chapitre 17).

La *phonoagnosie*, observée dans les lésions temporo-pariétales droites, est à la voix ce que la prosopagnosie est aux visages. Elle relève aussi de lésions de l'hémisphère droit, ce qui confirme que les composants linguistiques et non linguistiques du langage parlé ne dépendent pas du même hémisphère.

BIBLIOGRAPHIE

ALAJOUANINE T. — *L'aphasie et le langage pathologique*. J.-B. Baillière et fils, Paris, 1968.

ASSAL G., AUBERT C. — La reconnaissance des onomatopées et des cris d'animaux lors de lésions focalisées du cortex cérébral. *Rev Neurol.* 1979;*1*(135):65-73.

AUERBACH S.-H., ALLARD T., NAESER M. *et al.* — Pure word deafness : analysis of a case with bilateral lésions and a defect at the prephonemic level. *Brain*. 1982;*105*:271-300.

BARBIZET J., BEN HAMIDA M., DUIZABO PH. — *Le monde de l'hémiplégique gauche*. Masson, Paris, 1972.

BEVER T.-G., CHIARELLO R.-J. — Cerebral dominance in musicians and non-musicians. *Science*. 1974:185-537.

BOTEZ M.-I. — *Neuropsychologie clinique et neurologie du comportement*. Les Presses de l'Université de Montréal et Masson, Paris, 1987.

BOTEZ M.-I., BOTEZ T., AUBÉ M. — La neuromusicologie, partie intégrante de la neuropsychologie clinique. *Union Médicale du Canada*. 1983;*113*(4):366-375.

BUCHMAN A.-S., GARRON D.-C., TROST-CARDAMONE J.-E. *et al.* — Word deafness : one hundred later. *J Neurol Neurosurg Psychiatry.* 1986;*49*:489-499.

FUJI T., FUKATSU R., WATABE S. *et al.* — Auditory sound agnosia without aphasia following a right temporal lobe lesion. *Cortex*. 1990;*26*:263-268.

HECAEN H. — *Introduction à la neuropsychologie*. Larousse Université, Paris, 1972.

HEILMAN K.M., SCHOLES R., WATSON R.-T. — Auditory affective agnosia. Disturbed comprehension of affective speech. *J Neurol Neurosurg Psychiatry.* 1975;*38*:69-72.

LAMBERT J. — Troubles de la perception du langage parlé : approche cognitive et orientations thérapeutiques. *In : Perception auditive et compréhension du langage* (1 vol), J. LAMBERT ET J.-L. NESPOULOUS. Solal, Marseille, 1997.

LECHEVALIER B., EUSTACHE F., ROSSA Y. — *Les troubles de la perception de la musique d'origine neurologique*. Masson, Paris, 1985.

LHERMITTE F., CHAIN F., ESCOUROLLE R. *et al.* — Étude des troubles perceptifs auditifs dans les lésions temporales bilatérales. *Rev Neurol*. 1971;*128*:329-351.

MENDEZ M.-F., GREEHAN G.-R. — Cortical auditory disorders : clinical and psycho-acoustic features. *J Neurol Neurosurg Psychiatry*. 1988;*51*:1-9.

MICHEL J., PERONNET F., SHOTT B. — A case of cortical deafness : clinical and electrophysiological data. *Brain and Language*. 1980;*10*:367-377.

MOTOMURA N., YAMADORI A., MORI E., TAMARI F. — Auditory agnosia. Analysis of a case with bilateral subcortical lesions. *Brain*. 1986;*109*:379-391.

PERETZ I. — Processing of local and global musical information by unilateral brain-damaged patients. *Brain*. 1990;*113*:1185-1205.

VAN LANKER D.-R., CUMMINGS J.-L., KREIMAN L., DOBKIN B.-H. — Phonoagnosia : a dissociation between familiar and unfamiliar voices. *Cortex*. 1988;*24*:195-209.

12 | LES AGNOSIES TACTILES

Le cortex somesthésique assure la réception des messages extéroceptifs et proprioceptifs nécessaires à la reconnaissance par le palper des objets placés dans la main. Ce processus est essentiellement le fait des sensibilités lemniscales transmettant le tact et la proprioception : elles sont faites de fibres myélinisées, de vitesse de conduction rapide, disposant d'une somatotopie précise tout au long de leur trajet, des cordons postérieurs de la moelle au noyau ventro-postéro-latéral du thalamus jusqu'au gyrus postcentral où se projette l'*homunculus* sensitif. Les sensibilités extralemniscales n'ont qu'une fonction accessoire dans ce dispositif : transmettant la douleur, le chaud, le froid, elles sont faites de fibres de petit diamètre, peu ou pas myélinisées, de vitesse de conduction lente, de somatotopie imprécise, se projetant dans le thalamus « aspécifique » (noyau réticulaire et noyaux thalamiques intrinsèques), faisant aussi relais dans de multiples cibles (réticulée, noyaux gris centraux, hypothalamus et système limbique) avant d'atteindre le cortex somesthésique mais aussi le cortex associatif non spécifique et le lobe frontal.

Le cortex somesthésique est constitué de deux aires. L'aire SI est l'aire primaire du gyrus postcentral (aires 1, 2, 3 de Brodmann). L'aire SII, située sur la berge supérieure de la scissure de Sylvius, sans somatotopie précise reçoit des afférences extralemniscales mais aussi lemniscales et ces deux aires sont connectées entre elles ainsi qu'avec l'aire 4 et l'aire motrice supplémentaire. La région pariétale postérieure semble impliquée dans la discrimination tactile des formes, dans l'analyse spatiale (discrimination des cercles du compas de Weber, localisation des sensations, direction des stimulations cutanées et des mouvements passifs) et dans la précision de la prise manuelle indépendamment des sensibilités élémentaires. Les afférences de SII sont bilatérales et il existe un chevauchement entre les aires somesthésiques et la région précentrale justifiant une vision globale d'un cortex sensori-moteur. Le mot « palper » indique d'ailleurs bien l'interrelation entre le mouvement et la sensation. Il y aurait une supériorité de l'hémisphère droit pour les tâches d'exploration spatiale.

UNE OU DES ASTÉRÉOGNOSIES ?

L'astéréognosie désigne l'incapacité de reconnaître les objets par la palpation et sans le secours de tout autre canal sensoriel, en particulier visuel. L'astéréognosie est donc banale quand il existe des troubles sensitifs élémentaires dont elle n'est qu'une conséquence attendue. L'astéréognosie est dite pure quand elle existe en dehors de toute perturbation sensitive comme si les sensations ne pouvaient accéder à leur signification. Malgré le débat qui a surgi sur la nécessaire minutie de l'examen des sensibilités préalable au diagnostic d'astéréognosie voire même sur la négation du concept au motif que toute astéréognosie procéderait d'un déficit, même minime, des sensibilités élémentaires, l'existence d'authentiques astéréognosies est généralement admise.

Lors de la palpation d'un objet, quatre niveaux de traitements (fig. 12.1) peuvent être distingués : le niveau des sensations élémentaires (froid, chaud, lisse, rugueux, mou…), le niveau des perceptions (de la forme : *une sphère, un cube*… et de la matière : *du métal, du plastique*…), le niveau d'identification ou associatif au cours duquel l'objet est reconnu donc nommé mais il peut être reconnu mais non nommé s'il existe un déficit du niveau tactilo-verbal. L'atteinte du premier niveau est réalisée par les syndromes déficitaires sensitifs périphériques ou centraux jusqu'au cortex pariétal. L'atteinte des 2e et 3e niveaux correspond aux astéréognosies, l'atteinte du 4e niveau aux anomies tactiles. Bien entendu le sujet n'effectue pas un traitement analytique séquentiel strict car il n'est pas nécessaire qu'une étape soit terminée pour que l'autre commence, et la reconnaissance paraît immédiate d'autant qu'un minimum d'informations peut être suffisant à la reconnaissance d'objets usuels. Néanmoins, quand l'objet est petit ou peu courant, on constate en clinique que le sujet se livre à une analyse déductive, essayant de déduire la nature de l'objet de renseignements aussi précis que possible sur ses caractères perceptifs.

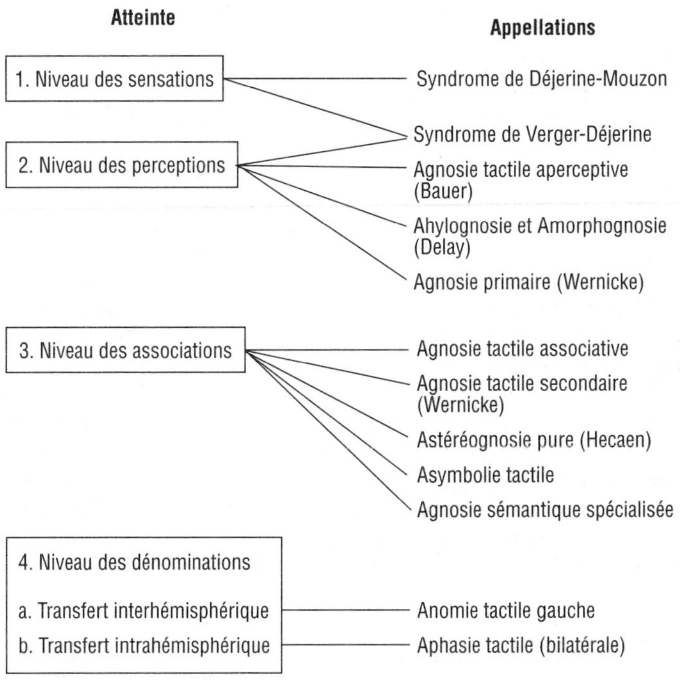

Fig. 12.1. *Tentative de classification des astéréognosies.* À partir du niveau 4, les objets palpés sont reconnus.

Les déficits sensitifs pariétaux correspondent nettement à l'atteinte du premier niveau quand le tableau réalisé est celui du syndrome de *Déjerine-Mouzon* avec hémianesthésie dimidiée intéressant les sensibilités élémentaires tactile, vibratoire, thermique, douloureuse. Le syndrome de *Verger-Déjerine* montre des sensibilités élémentaires intactes ou peu perturbées et le déficit intéresse la discrimination tactile (compas de Weber), la localisation des sensations, la kinesthésie avec une astéréognosie. Ce syndrome peut être considéré soit comme la conséquence de déficits discrets des sensibilités élémentaires, soit déjà comme une agnosie aperceptive, l'astéréognosie observée mêlant les éléments d'un déficit de la reconnaissance de la forme et de la matière des objets.

L'astéréognosie peut concerner, selon la conception de Delay (1935), la matière ou la forme des objets. On parle alors d'*ahylognosie* ou d'*amorphognosie*, la première est liée à un déficit des analyseurs d'intensité, la seconde à un déficit des analyseurs spatiaux (dits aussi d'extensité), les uns et les autres situés au niveau du cortex pariétal et traitant les sensations qui leur parviennent : il s'agit donc de ce que Wernicke avait appelé agnosie tactile primaire qu'il attribuait dans la conception associationniste à une lésion du « centre des images tactiles » et que l'on retrouve aussi sous le nom de déficit de la reconnaissance tactile spatiale (Head, 1911). Ce type d'astéréognosie correspond à une atteinte du deuxième niveau de traitement et si on lui conserve le qualificatif d'agnosie, il s'agit d'une agnosie tactile aperceptive. La manipulation de l'objet est difficile, réduite et gestuellement stéréotypée.

L'astéréognosie pure implique l'absence de tout trouble sensitif et de déficit des analyseurs; elle correspond à l'agnosie tactile secondaire que Wernicke attribuait à l'incapacité d'associer les images tactiles, intactes, aux autres représentations sensorielles des objets, auditives, olfactives et surtout visuelles par disconnexion entre le centre des images visuelles et les autres images sensorielles. Elle est aussi dénommée asymbolie tactile ou agnosie tactile « vraie ». Elle procède d'une atteinte du troisième niveau de traitement, le niveau d'identification : il s'agit d'une agnosie tactile associative au cours de laquelle le sujet peut typiquement apparier par la palpation des paires d'objets, dessiner les objets palpés non identifiés en les reconnaissant dès qu'ils sont dessinés. Ainsi, palpant une petite cuillère, le commentaire rapporté dans le cas de Delay (1935) est le suivant : *« C'est en métal, c'est froid et dur, c'est mince au milieu. Il y a une extrémité aplatie, une autre ovale avec un creux. »* Les lésions intéressent la région pariétale postérieure ou le cortex temporo-pariétal et tout particulièrement SII; le plus souvent l'astéréognosie est unilatérale et hétérolatérale mais il existe quelques cas d'astéréognosie bilatérale après lésion unilatérale, ce qui pose d'ailleurs le problème du diagnostic différentiel avec les aphasies tactiles.

LES ANOMIES TACTILES

Les *aphasies tactiles* sont très exceptionnelles; le cas de Beauvois et ses collaborateurs (1978) est survenu après un hématome pariéto-occipital gauche : le sujet, qui dénommait correctement les objets présentés visuellement, ne pouvait plus nommer les objets palpés dans l'une ou l'autre main alors qu'ils étaient parfaitement reconnus. En plus, les erreurs de dénomination étaient de type sémantique (*boîte d'allumettes → quelques cigarettes*; *couteau → fourchette*). Il s'agit donc d'un déficit du quatrième niveau, tactiloverbal, analogue à l'aphasie optique en modalité visuelle et attribuable à un déficit du transfert intrahémisphérique, car il n'existait ni lésion de l'hémisphère droit ni lésion du corps calleux.

Les *anomies tactiles gauches* par disconnexion calleuse réalisent un tableau différent de l'aphasie tactile : les sujets ne peuvent pas nommer les objets placés dans leur seule main gauche; les objets sont parfaitement reconnus et les patients peuvent les retrouver par la palpation parmi d'autres objets ou en montrer l'usage. Quand le sujet donne un nom à l'objet palpé, la substitution verbale semble se faire au hasard sans les erreurs sémantiques rencontrées dans l'aphasie tactile.

BIBLIOGRAPHIE

BAUER R.-M. — Agnosia. *In : Clinical Neuropsychology.* K.-M. HEILMAN et E. VALENSTEIN, Oxford University Press, Oxford, 1993.

BEAUVOIS M.-F., SAILLANT B., MEININGER V., LHERMITTE F. — Bilateral tactile aphasia : a tacto-verbal dysfunction. *Brain.* 1978;*101*:381-402.

CASELLI R.-J. — Rediscovering tactile agnosia. *Mayo Clin Proc.* 1991;*66*:129-142.

DELAY J.-P.-L. — *Les astéréognosies.* Masson et Cie, Paris, 1935.

GESHWIND N., KAPLAN E.-F. — A human disconnection syndrome. *Neurology.* 1962;*12*:675-685.

HECAEN H., ALBERT M.-L. — *Human Neuropsychology* (1 vol). John Wiley and Sons, New York, 1978.

HECAEN H., DAVID M. — Syndrome pariétal traumatique : asymbolie tactile et hémiasomatognosie paroxystique et douloureuse. *Rev Neurol.* 1945;*77*:113-123.

NEWCOMBE F., RATCLIFF G. — Agnosia : a disorder of object recognition. *In : Les syndromes de disconnexion calleuse chez l'homme.* F. Michel et B. Schott, Lyon, 1974.

13 NEUROPSYCHOLOGIE DU LOBE FRONTAL

« Toute conscience est anticipation de l'avenir. »
Bergson

Le lobe frontal désigne la partie du cerveau située en avant de la scissure de Rolando. Il comporte :

– le gyrus central (circonvolution frontale ascendante) bordant la scissure de Rolando constituant l'aire motrice (aire 4 de Brodmann) ;

– le cortex prémoteur ou aire d'association motrice, situé en avant du précédent et comprenant les aires 6, 8, 44 (aire de Broca), 45 ainsi que l'aire motrice supplémentaire à la face interne de l'hémisphère ;

– le cortex préfrontal, en avant du précédent, cortex granulaire dont les lésions entraînent les manifestations désignées sous le nom de syndrome frontal et lui-même divisible en trois parties :

  • une portion dorso-latérale au niveau de la convexité cérébrale (aires 9, 10, 46),
  • une portion orbitaire ou ventrale (aires 11, 12, 25, 32, 47),
  • une portion interne ou mésiale, constituée du gyrus cingulaire, inclus dans le système limbique et constitué des aires 24 et 32 ainsi que de la partie interne des aires 6, 8, 9, 10.

Le cortex préfrontal, qui représente entre un quart et un tiers de la masse du cortex, et qui n'est ni le départ de voies motrices ni l'aboutissement de voies sensorielles, a de multiples connexions, souvent réciproques, avec de nombreuses régions du cerveau. Les connexions avec les aires sensorielles n'intéressent pas les aires primaires mais les aires associatives temporales, pariétales, occipitales, ce qui indique que les afférences frontales concernent des informations déjà élaborées, qu'elles soient sensitives, auditives ou visuelles. Le cortex préfrontal est le seul site néocortical des informations circulant par les circuits limbiques et il entretient des connexions avec l'hippocampe, l'amygdale, le thalamus (surtout le noyau médio-dorsal), avec le cortex limbique parahippocampique et cingulaire, avec l'hypothalamus, avec le tegmentum mésencéphalique et on a pu dire ainsi qu'il se comportait comme une interface entre la cognition et les sentiments. Il faut ajouter son implication dans la mémoire par l'intermédiaire du système limbique et dans les processus attentionnels par le thalamus, lui-même en relation, par les noyaux intralaminaires, avec la substance réticulée. Les connexions corticofuges avec les noyaux gris centraux (ganglions de la base) sont organisées en cinq circuits qui aboutissent tous au thalamus en passant par le striatum, le pallidum, le *locus niger* (voir fig. 18.1) : l'un, moteur, est issu de l'aire motrice supplémentaire ; un autre, oculomoteur, est issu des aires oculomotrices frontales (aire 8) ; les trois autres, impliqués dans les fonctions cognitives et les régulations émotionnelle et motivationnelle, sont respectivement issus du cortex préfrontal dorso-latéral, du cortex fronto-orbitaire et du cortex frontal interne au niveau du gyrus cingulaire. Ces circuits sont des boucles qui, à partir du thalamus, se projettent de manière récurrente sur le cortex préfrontal. Le cortex préfrontal reçoit aussi des afférences en provenance des aires olfactives de la base du cerveau et il est aussi lié par le thalamus et ses connexions descendantes au système nerveux autonome.

Et pourtant, malgré le volume du lobe frontal et la richesse de ses connexions, la notion même de *syndrome frontal* a eu du mal à se dégager d'une approche uniciste des troubles mentaux au cours des tumeurs cérébrales, ce qui a même pu conduire à refuser au lobe frontal une séméiologie originale et *a fortiori* spécifique.

Toutefois, dès 1875, Ferrier note qu'après ablation de l'aire orbito-frontale du singe, les animaux continuent à bouger, voir, entendre, sentir, goûter… chercher leur nourriture mais une «observation attentive montre qu'en fait les animaux avaient subi un grand changement : ils ne manifestent plus aucun intérêt à quoi que ce soit… restent stupidement calmes et paraissent avoir perdu le don d'observation intelligente et attentive». Les travaux de Jacobsen dans les années trente ont montré que les lésions expérimentales du cortex dorsal préfrontal du singe altéraient les *tâches à réponse différée*, c'est-à-dire les tâches au cours desquelles le stimulus était soustrait de la vue de l'animal pendant moins de cinq secondes grâce à un écran coulissant : ces tâches nécessitaient la mise en œuvre de plusieurs traitements cognitifs : attention aux coordonnées spatiales du stimulus, mémorisation des informations, choix de la réponse avec capacité d'inhiber les réponses inexactes. Jacobsen remarqua aussi que le chimpanzé ayant une double lobectomie préfrontale voyait disparaître l'agitation anxieuse provoquée par les difficultés des tâches auxquelles il était soumis (ce que l'auteur appelait «névrose expérimentale») et devenait équanime, ce qui donna à Egas Moniz l'idée d'utiliser la lobectomie préfrontale à titre thérapeutique.

Chez l'homme, le triste accident de Phineas Gage est devenu exemplaire : en 1848, cet employé de chemin de fer, compétent et efficace, fit exploser malencontreusement une charge explosive et la barre à mine qu'il tenait traversa sa joue gauche, son lobe frontal gauche puis la convexité crânienne. Apparemment guéri, il devint évident que sa personnalité fut profondément bouleversée : il était devenu grossier, capricieux, instable et l'on disait de lui que «Gage n'était plus Gage». Il perdit son métier et mena une vie d'errance et d'instabilité professionnelle. En dépit de quelques théorisations sur les fonctions frontales, il fallut attendre les travaux de Luria pour renouveler l'analyse séméiologique des troubles en rapport avec des lésions des lobes frontaux; cette approche déboucha sur une conception tripartite du cerveau : une zone basale intégrant le tronc cérébral et le système limbique, générant un «tonus cortical» permettant attention et mémorisation; une zone postérieure dévolue au traitement des informations sensorielles; une région antérieure assurant la régulation séquentielle et la planification de l'activité cérébrale, qu'elle soit motrice ou mentale, avec ce que ces fonctions impliquent dans les choix à opérer et à adapter, comme dans la résolution des problèmes et dans la capacité stratégique à sélectionner les comportements nécessaires à la réalisation des projets qui tissent la vie humaine. La plupart des fonctions du lobe frontal sont rassemblées sous le terme anglais de « fonction exécutive », ce qui ne veut pas dire que le lobe frontal soit chargé de fonctions d'exécution : le lobe frontal est chargé du contrôle de la mise en œuvre des actions (*executive cognitive control*, écrit Benson) par l'anticipation, le choix des buts à atteindre, la planification, la sélection adéquate (qui sous-entend le choix d'une réponse et l'inhibition d'autres réponses), la surveillance du déroulement et la vérification du résultat obtenu. Ce contrôle préfrontal dorsal des actions est lié aussi à la motivation sous-tendue par la région frontale médiane (en particulier le gyrus cingulaire) et à la capacité de prévoir la succession d'actions à faire, dénommée par Ingvar « mémoire du futur ». L'altération des fonctions du lobe frontal s'accompagne chez les malades d'une perte de l'autocritique, d'une incapacité à évaluer leurs propres performances, de la mésestimation ou de l'inconscience du caractère morbide de leur état.

LA PERSONNALITÉ FRONTALE

Les troubles de la personnalité sont dus aux liens du lobe frontal avec le système limbique et les structures régulant les manifestations autonomiques de la vie émotionnelle (tableau 13.I).

Tableau 13.I. *Principaux signes de dysfonctionnement préfrontal en fonction des trois grandes subdivisions du lobe préfrontal*

Cortex dorso-latéral	*Cortex frontal interne*	*Cortex orbito-frontal*
Aphasie transcorticale motrice (lésion gauche) Réduction de la fluence Apathie, aboulie, inertie, distractibilité		
Dépression Troubles de l'organisation dynamique des actes moteurs Échopraxie Perturbations du contrôle exécutif avec atteinte : – de la planification – de la mémoire prospective – de la flexibilité mentale de la résolution de problèmes	Apathie parfois intense Akinésie Mutisme akinétique (lésions bilatérales)	Moria Euphorie Désinhibition Irritabilité État maniaque Impulsivité Distractibilité Dépendance à l'environnement Sociopathie

L'humeur peut être, sur le versant euphorique, expansive, d'une niaiserie puérile et insouciante, donnant parfois au comportement une allure hypomaniaque réalisant la « moria » avec son cortège de plaisanteries sottes *(« Vous me demandez comment je m'appelle... Si c'est ma pelle, c'est pas ma pioche. Ah ! non, mais avec ma pelle, on peut faire du boulot »... « Comment je vais ! ah ! je vais assez mal... assez mal, c'est pas assez femelle pour être assez mal »...)* ou caustiques, souvent érotiques ou grossières *(« Vous me demandez qui est le président de la République ah ! ah ! de la ré… publique ! enfin ! »)*. Le comportement peut être de type psychopathique (voir *infra*) ou agité et inefficace. Ce versant exalté de la personnalité frontale s'observe plutôt dans les lésions de la portion orbitaire du lobe frontal. Le comportement de miction voire de défécation dans des endroits inappropriés est, en règle générale, observé dans les lésions médianes bilatérales des lobes frontaux et est à relier à la perte des influences inhibitrices qu'exercent les régions frontales. Il laisse le malade indifférent ou goguenard.

L'humeur peut être dépressive (voir page 251) comme elle peut aussi être pseudo-dépressive, le comportement étant caractérisé par une inertie, un apragmatisme, une aboulie, une adynamie, une placidité émotionnelle, sans la douleur morale des états dépressifs. Une certaine confusion règne dans la littérature attribuant le versant apathique-aboulique de la personnalité frontale, soit au syndrome dorso-latéral préfrontal soit au syndrome cingulaire antérieur. L'un et l'autre peuvent comporter une perte des capacités d'initiative et de l'élan psychique (*drive* des auteurs anglo-saxons), une inertie, une lenteur idéatoire et motrice, un désinvestissement des activités quotidiennes, une relative indifférence, une distractibilité. Les états apathiques les plus profonds, parfois qualifiés d'akinétiques, sont observés dans le syndrome cingulaire antérieur et sa forme extrême est représentée par le *mutisme akinétique* qui s'observe dans les lésions frontales internes bilatérales comme par exemple lors d'un infarctus des deux cérébrales antérieures lésant les gyrus cingulaires et qui réalise un état d'immobilité éveillée et silencieuse.

La personnalité peut aussi, sous l'influence d'une lésion plutôt ventro-médiane (plus particulièrement droite), se désorganiser sur un mode désigné par Damasio de « sociopathie acquise » pour décrire une analogie séméiologique avec la sociopathie du DSM III, ou déséquilibre mental qui est une anomalie du développement de la personnalité. Ainsi certains sujets, adaptés et stables sur les plans professionnel et affectif, développent-ils, après une lésion frontale, une instabilité professionnelle et affective, accompagnée d'une incapacité de prendre des décisions qui sont alors suscitées par le hasard, qu'il s'agisse de choix apparemment simples comme la sélection des plats sur la carte d'un restaurant ou de décisions engageant la vie professionnelle et affective. Cet état serait lié au défaut d'activation de *marqueurs somatiques* qui tout au long de l'existence lient des « situations » (les stimuli) et leur retentissement émotionnel vécu par le corps sous l'impulsion du système nerveux autonome soit sous une forme positive, attractive, soit sous une forme négative, répulsive (striction pharyngée, malaise général, etc.). En présence d'un choix à opérer, l'activation des marqueurs fonctionne comme un signal émotionnel corporel d'aide à la décision. Le cortex frontal est le centre de convergence des perceptions venues du monde et des signaux émotionnels qu'elles véhiculent. Privé de cette assistance émotionnelle à la décision, le sujet ne peut plus sélectionner les choix positifs même s'il accède à la reconnaissance du sens des situations sociales et imagine les réponses possibles. Tel est l'un des aspects de l'engagement du lobe frontal dans la « cognition sociale » (voir chapitre 17, page 298). Selon Laplane, ce type de comportement pourrait relever d'une perte de « l'auto-activation psychique », accompagnée de manifestations obsessionnelles dont pourraient témoigner non seulement l'incapacité à choisir mais aussi des activités mentales stéréotypées (comme des activités de comptage) qui occupent le « vide mental » : cette interprétation séméiologique sera abordée au chapitre traitant de la neuropsychologie des noyaux gris centraux (chapitre 18).

LE CONCEPT DE PROGRAMMATION APPLIQUÉ AUX MOUVEMENTS

Les lésions du cortex préfrontal entraînent un déficit de l'*organisation dynamique* des actes moteurs caractérisé par la difficulté de réaliser des actions séquentielles selon un *programme* fixé, par de la *persévération* du même geste alors qu'une autre action peut être oubliée, ce qui entraîne une simplification du programme qui, parti par exemple de quatre mouvements successifs, peut se réduire à la réitération anarchique de deux d'entre eux.

On peut ainsi demander au sujet de répéter la séquence de gestes suivante : mettre successivement sur le bureau la main à plat puis le poing puis la tranche ou encore reproduire des rythmes sonores que l'examinateur indique en tapant sur la table avec un crayon ou encore reproduire des séquences de figures géométriques simples comme un rond puis une croix puis un triangle puis un carré (fig. 13.1). La régulation verbale des actes moteurs est diversement altérée. Ainsi la verbalisation à haute voix peut faciliter le maintien du programme mais dans les cas plus graves les sujets répètent la consigne sans la réaliser (comme s'il existait une rupture entre la pensée et l'action) ou encore se bornent à répéter la consigne verbale de manière écholalique. Il faut d'ailleurs souligner que le langage n'acquiert que progressivement pendant l'enfance son pouvoir de réguler les activités motrices : pendant les toutes premières années de la vie, l'enfant, malgré une consigne verbale (quand la lumière s'allumera, il faudra se lever), a tendance à effectuer une réponse motrice immédiate. Quant à l'imitation de gestes, elle montre des réponses en miroir de type *échopraxique*. Quand on attire l'attention sur leurs erreurs, les malades peuvent se corriger, ce qui ne les empêche pas ensuite de se tromper à nouveau.

LES TROUBLES DES ACTIVITÉS PERCEPTIVES VISUELLES

La perception visuelle est sous-tendue par une activité exploratoire du regard parcourant le paysage selon une stratégie permettant de repérer les détails les plus significatifs. L'enregistrement des mouvements du regard montre que l'identification des images, dans l'ensemble satisfaisante, s'effectue à partir de quelques détails sur lesquels les yeux se fixent compulsivement, ce qui peut d'ailleurs expliquer quelques erreurs d'identification. Il s'agit donc bien de l'incapacité à établir une stratégie comportementale. D'ailleurs si l'on pose au sujet une question précise sur un tableau (représentant par exemple une famille rassemblée dans une salle de séjour), la stratégie d'exploration visuelle de la scène ne change pas si l'on demande au sujet s'il s'agit d'une famille riche ou pauvre puis si on lui demande de donner l'âge des personnes figurant sur le tableau. Sur le plan perceptivo-moteur, la reproduction de mémoire de la figure de Rey montre une simplification avec répétition stéréotypée de détails. Cependant, en présentant successivement au sujet les différentes fractions de la figure, la réalisation s'améliore, ce qui montre qu'il ne s'agit pas d'une apraxie constructive mais bien d'un déficit de la programmation : c'est alors l'examinateur qui, en indiquant les étapes de la tâche, devient en quelque sorte le lobe frontal du malade.

LOBE PRÉFRONTAL ET ATTENTION

La distractibilité, la contamination des tâches par les stimulations venues de l'environnement (effet dit « de champ » par Luria) témoignent des difficultés attentionnelles des sujets atteints de lésions frontales. L'attention suppose à la fois l'orientation et la concentration mentales vers une tâche et l'inhibition d'activités concurrentes.

Certains tests dits de « contrôle mental » sont couramment utilisés pour évaluer l'attention : le compte à rebours (par exemple de 20 à 0), les soustractions en série (par exemple soustraire plusieurs fois de suite le chiffre 7 à partir de 100), les subtests de mémoire de chiffres (en ordre direct et inverse) de la WAIS. L'attention *sélective ou focalisée ou dirigée* peut être explorée par les tests de barrages qui peuvent montrer, en cas de lésion droite, une héminégligence ou qui objectivent une lenteur et des erreurs persévératives dans l'application de la consigne. On peut aussi utiliser le *Trail Making A* ou le test des figures emmêlées de Gottschaldt. La continuité d'une tâche peut être affectée par une déviation de l'attention qui certes peut être liée à une stimulation extérieure au test mais qui peut aussi être en rapport avec le stimulus lui-même : ainsi l'*Odd Man Out test* consiste à présenter au sujet des cartons où sont dessinées trois figures géométriques (par exemple un grand triangle, un petit triangle, un petit rond) donc différant soit par la taille, soit par la forme. On demande au sujet de « chasser l'intrus », c'est-à-dire la figure qui ne correspond pas aux deux autres ; le sujet peut donc choisir d'éliminer le grand triangle (critère : taille) ou le petit rond (critère : forme) ; on lui présente alors les cartons suivants en lui disant de continuer à chasser le même type d'intrus puis on lui demandera de changer d'intrus et ainsi de suite en alternance le sujet devra choisir d'exclure soit en fonction de la taille soit en fonction de la forme. Au cours de lésions frontales, les sujets changent spontanément de type d'intrus et récidivent dans ce comportement car ils répondent en fonction de l'impression initiale déclenchée par la vue des figures et non en fonction de la règle qui a été adoptée. La sensibilité aux *interférences* est électivement évaluée par la procédure de *Stroop* ; la plus connue est le test couleurs-mots qui consiste à demander d'abord au sujet de dénommer les quatre couleurs différentes de pastilles, puis de lire les mots écrits en noir correspondant aux quatre couleurs, puis de dénommer la couleur de l'encre avec laquelle les mots sont écrits sachant que cette couleur peut ou non correspondre au mot écrit : il existe ainsi une interférence entre la lecture du mot et la dénomination de la couleur qui allonge chez le sujet normal le temps de dénomination de la couleur de l'encre des mots «conflictuels» (comme le mot *rouge* écrit en vert); l'interférence peut se mesurer soit par le temps de réaction, soit plus couramment par la comparaison du nombre d'items lus ou nommés dans chacune des trois parties de l'épreuve. Chez le sujet frontal, l'interférence est beaucoup plus marquée que chez le sujet normal et les erreurs sont plus nombreuses. L'*attention partagée* impose le traitement simultané de plusieurs tâches ou de plusieurs informations : il en est ainsi du *Trail Making B* qui consiste à relier alternativement dans l'ordre numérique et alphabétique 13 nombres et 12 lettres (A à L) dispersés sur une feuille (1--A--2--B--, etc.) : les résultats sont exprimés en fonction du temps. Le test d'addition sérielle de Gronvall consiste à présenter au sujet, une fois toutes les deux secondes, un chiffre de 1 à 9, en lui demandant à chaque fois de l'additionner avec le chiffre précédent (3-2…- *Réponse : 5* -6…- *Réponse : 8*, etc.). L'implication du lobe préfrontal dorso-latéral (ainsi que de la jonction temporo-pariétale) dans l'*attention phasique ou automatique* peut être mise en évidence par l'enregistrement des potentiels évoqués cognitifs : ainsi par exemple en modalité visuelle, quand on demande au sujet d'appuyer sur un bouton chaque fois qu'apparaît un triangle inversé survenant aléatoirement (10 % des présentations) au sein de triangles reposant sur leur base (80 % des présentations), il survient sur le scalp une grande onde positive appelée P300 et maximale sous les électrodes centro-pariétales. L'introduction d'un stimulus inattendu (une figure géométrique complexe) apparaissant aussi de manière aléatoire (10 % des présentations) fait apparaître une onde dite P300A, apparaissant 20 à 50 ms plus tôt et maximale sous les électrodes fronto-centrales : l'amplitude de cette onde est réduite ou effondrée par les lésions préfrontales et de la jonction temporo-pariétale, ce qui suggère que ces deux régions sont impliquées dans un réseau multimodal intervenant dans la prise en compte rapide des modifications environnementales.

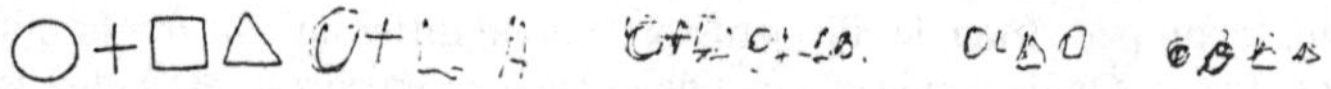

Fig. 13.1. *Trouble de la programmation d'une séquence de figures géométriques* (tiré de R. Gil. *Neurologie pour le praticien*. Simep, Paris, 1989).

LOBE PRÉFRONTAL ET MÉMOIRE

Quand on interroge un patient atteint d'une lésion frontale sur des événements explorant la mémoire des faits anciens et récents, on ne trouve guère de perturbations évidentes et les syndromes amnésiques observés dans les tumeurs médio-frontales ou au cours des anévrismes de la communicante antérieure répondent à des lésions débordant le cortex frontal ventro-médian notamment au niveau des noyaux du septum et des fibres des colonnes du fornix (trigone).

Toutefois des épreuves comme le *test des mots* de Rey peuvent montrer un déficit du rappel alors que la reconnaissance est satisfaisante : il s'agit donc d'un déficit de la récupération et non de l'apprentissage : ceci peut être rapproché du comportement de certains malades qui, malgré une bonne réussite aux tests de mémoire, n'utilisent pas leurs capacités mnésiques dans la vie quotidienne et font des oublis parfois grossiers comme s'ils omettaient de se rappeler.

En outre certains aspects particuliers de la mémoire peuvent s'avérer perturbés pour peu que l'on utilise des méthodes d'examen orientées. Ainsi les lésions frontales altèrent-elles la *mémoire dite de source*. Les tests de réponses différées (voir *supra*) montrent l'importance du lobe préfrontal (et plus particulièrement de sa portion dorso-latérale) dans la *mémoire de travail* : cette mémoire de travail est d'ailleurs impliquée dans les tests d'attention exposés plus haut. Le test de la *Tour de Londres* est composé d'une planche où s'insèrent trois tiges verticales : trois anneaux colorés sont répartis dans un ordre déterminé sur deux de ces tiges et l'épreuve consiste à réaliser d'autres configurations de complexité variable en faisant le moins de déplacements possible d'anneaux. Ce test qui comporte plusieurs variantes *(Tour de Hanoï; Tour de Toronto)* montre, dans les lésions frontales (sans que l'on ne puisse retenir formellement une latéralisation lésionnelle exclusive à gauche), une augmentation du nombre des déplacements alors que le but fixé n'est pas toujours atteint : ceci suggère à la fois un déficit attentionnel, un déficit de la mémoire de travail mais aussi un déficit des capacités de planification. On peut aussi évoquer un déficit de l'*ordonnancement temporel des événements récents* : on peut ainsi présenter aux sujets des cartes où s'inscrivent des couples de mots ou des couples d'images; les couples ne sont pas constitués des mêmes items et la consigne consiste à demander au sujet lequel des deux items d'un couple a été vu le plus récemment; les sujets frontaux font de nombreuses erreurs dans ce *jugement de récence*, surtout dans les lésions droites alors que les lésions gauches perturberaient électivement et modérément l'épreuve verbale. Le test d'*auto-ordonnancement des réponses* consiste à présenter au sujet des planches où sont représentés une série de mots ou des dessins mis à chaque fois dans un ordre différent : le sujet doit pointer une image à chaque présentation mais chaque image ne peut être pointée qu'une seule fois : les erreurs sont plus nombreuses dans les lésions frontales gauches, que le matériel présenté soit verbal ou non verbal. De même doit-on rattacher à un déficit de l'organisation temporelle de la mémoire l'incapacité des sujets atteints de lésions frontales (quel que soit le côté) d'effectuer un *apprentissage associatif* : on peut ainsi disposer devant un sujet six lampes et six cartes, de telle sorte que quand une lampe s'allume elle ne s'éteindra que lorsque le sujet aura touché la carte à laquelle la lampe est associée; l'épreuve est poursuivie dans le but d'apprendre, par essais successifs et mémorisation des réussites, les couples (une carte-une lampe) qui sont constitués; c'est encore le cortex dorso-latéral qui serait électivement impliqué. Les tests d'apprentissage de labyrinthes sont très déficitaires et reflètent les difficultés de la *mémorisation séquentielle* donc de la planification. L'*interférence proactive* désigne la perturbation de l'apprentissage d'une tâche par la contamination exercée par la tâche précédente : ainsi en est-il quand un sujet apprend des séquences successives de mots appartenant à la même catégorie sémantique; les performances du sujet tendent ainsi à décroître d'une liste à l'autre; toutefois si une séquence de mots appartenant à une autre catégorie sémantique est présentée, les performances du sujet remontent : c'est la libération de l'interférence proactive. Cette amélioration ne surviendrait pas chez les sujets frontaux mais certains pensent que cette constatation ne concernerait que les malades frontaux présentant en outre une amnésie antérograde. Ainsi, les lésions frontales perturberaient la mémoire *prospective* qui permet d'accéder à des informations ordonnées dans le temps et l'espace afin de mettre en œuvre les stratégies nécessaires à la planification des actions et à la résolution des problèmes : par exemple, se rappeler son emploi du temps des deux jours précédents et organiser, en fonction de ses engagements et de ses projets, son emploi du temps pour les deux jours à venir fait appel à la mémoire prospective.

La *métamémoire* est perturbée : lors de l'apprentissage d'une liste de mots, le sujet est incapable d'évaluer approximativement, avant chaque rappel, le nombre de mots qu'il croit avoir retenus. Il existe aussi chez ces patients des difficultés à évaluer leur propre capacité à reconnaître les items qu'ils n'ont pas pu rappeler; cette atteinte du « sentiment de savoir » (*feeling of knowing*) renvoie essentiellement à des difficultés d'organisation, de manipulation, de récupération et d'évaluation des informations (voir chapitre 14).

Des réponses confabulatoires peuvent survenir en l'absence de troubles de la mémoire et pourraient aussi être reliées à un déficit de la stratégie et du contrôle de la récupération des souvenirs ou à la désinhibition. On peut parfois observer un syndrome de Capgras ou des paramnésies de reduplication caractérisées par le dédoublement des perceptions, le malade se disant par exemple à l'hôpital mais localisant en même temps le même hôpital dans sa propre ville (voir chapitre 21).

LOBE PRÉFRONTAL ET FLEXIBILITÉ MENTALE

L'être humain peut être amené à choisir entre plusieurs éventualités (ce peut être en situation clinique une tâche de *classement catégoriel*) puis, en fonction des contingences, changer de choix, ce qui suppose d'*inhiber* le premier choix et de se diriger ensuite vers un autre. Le défaut d'inhibition entraîne une *persévération*, une adhérence à la tâche : une *stuck-in-set perseveration*. La flexibilité mentale désigne ainsi la capacité d'adapter ses choix aux contingences. Elle est difficilement séparable du contrôle inhibiteur qui est la nécessaire capacité à inhiber des réponses non adaptées : ainsi les lésions frontales entraînent-elles une *désinhibition*. Les tests dits de « go-no go » explorent électivement la capacité d'inhiber en demandant par exemple au sujet de serrer la main de l'examinateur si ce dernier dit le mot « rouge » et de ne pas serrer la main si l'examinateur dit le mot « vert »; au cours des lésions frontales, l'audition du mot « vert » entraîne toujours ou fréquemment une réponse motrice que le sujet ne peut inhiber. Le test de *classement des cartes du Wisconsin*, dont il existe plusieurs variantes, consiste par exemple à placer devant le sujet 4 cartes différant par le nombre d'éléments (de 1 à 4), la couleur (rouge, vert, jaune, bleu), la forme des éléments (triangle, étoile, croix, cercle) : le principe est de demander au sujet de classer les cartes en fonction d'un critère de son choix, puis de continuer selon le même critère. Au bout des six essais, on lui demande de changer de critère et ainsi de suite six fois consécutivement. On calcule le nombre de catégories choisies, le nombre d'erreurs et surtout le nombre d'erreurs persévératives, c'est-à-dire les erreurs correspondant à la réponse immédiatement antérieure bien qu'elle ait été signalée comme inexacte au sujet : les malades atteints de lésions frontales (tout particulièrement dorso-latérales droites ou gauches) font plus d'erreurs *persévératives* que les sujets normaux ou indemnes de lésions frontales. Le *Trail Making B* (voir *supra*) est aussi un test de flexibilité mentale. La flexibilité perceptive peut être explorée par des images de figures ambiguës (voir page 319 ainsi que les figures 20.2 et 20.3) qui cachent deux représentations différentes : le sujet atteint d'une lésion frontale a du mal à passer de la perception d'une image à celle de l'autre image sur la même figure.

La tendance qu'ont certains malades à répondre aux questions posées à leur voisin a pu être reliée à des lésions frontales droites débordant en temporo-pariétal et a pu être interprétée comme une forme particulière de persévération.

LOBE PRÉFRONTAL ET RÉSOLUTION DE PROBLÈMES

La résolution de problèmes illustre et résume la mise en œuvre de processus électivement organisés par le lobe frontal. Les problèmes désignent les « questions à résoudre portant sur un résultat inconnu à trouver à partir de certaines données ou sur la méthode à suivre pour obtenir un résultat supposé connu ». Tout problème nécessite donc :

– l'investissement de l'individu interrogé et la focalisation de son attention ;

– l'analyse des données du problème ;

– l'établissement d'une stratégie, c'est-à-dire d'un programme ;

– l'exécution contrôlée de ce programme sous-tendue par la mémoire prospective ;

– l'évaluation du résultat, c'est-à-dire la comparaison du résultat obtenu et des données initiales en termes d'acceptabilité et de crédibilité. Ainsi, selon Shallice (1988), le lobe frontal contrôlerait un *système attentionnel de supervision*, modulant le niveau d'activation de schémas d'action compétitifs sélectionnés par un plan directeur, évitant ainsi à la fois la distractibilité, en inhibant des schémas parasites, et la persévération, en inhibant des schémas dominants, permettant ainsi la flexibilité mentale.

La *résolution de problèmes mathématiques* illustre bien, comme l'a montré Luria, le comportement en rapport avec une défaillance frontale. Ainsi en est-il dans le problème du type : *le père a 24 ans, la mère a 3 ans de moins, le fils a 20 ans de moins que la mère, le grand-père dit : « J'ai l'âge des trois réunis » ; quel est l'âge du grand-père ?* Le malade répondra par exemple : « 24 + 3 + 20 = 47 » ; par contre le problème sera résolu s'il est décomposé dans ses séquences successives de raisonnement.

L'*estimation cognitive* demande au sujet de déduire une réponse qu'il ne connaît pas en s'aidant de faits connus : on peut ainsi demander quelle est la hauteur de la Tour Eiffel, la hauteur d'un bus, la longueur d'un billet de cent francs, la vitesse à laquelle galopent les chevaux de course, la longueur de la colonne vertébrale humaine. Le résultat est surestimé ou sous-estimé exagérément comme lorsqu'on demande au sujet le prix de divers objets (appareils ménagers, jouets d'enfants, etc.).

LOBE PRÉFRONTAL ET LANGAGE

Une réduction de la *fluence verbale* spontanée avec un parler plus ou moins laconique peut être observée dans les lésions frontales dorso-latérales ou médianes mais un mutisme durable n'est observé que dans les lésions médio-frontales gauches (gyrus cingulaire, aire motrice supplémentaire) tandis que le mutisme akinétique est le fait de lésions bilatérales.

Une réduction de la fluence verbale induite par des épreuves associatives peut s'observer même en l'absence d'une réduction du volume verbal spontané, qu'il s'agisse de la fluence verbale littérale (explorée en demandant au sujet de dire en une minute le maximum de mots commençant par une lettre donnée) ou de la fluence catégorielle (donner des noms de couleurs, d'animaux, de fruits puis de villes dans le test d'Isaacs). Les tests de fluence explorant la mémoire sémantique (mais aussi une modalité particulière d'accès à cette mémoire) sont perturbés dans des lésions focales mais aussi dans les démences et en particulier dans la maladie d'Alzheimer. Les lésions frontales gauches entraînent un déficit plus marqué que les lésions droites. Les mêmes tendances sont observées avec les tests de fluence alternée (dire pendant une minute successivement un nom d'oiseau et un nom de couleur ou un prénom de garçon et un nom de fruit) qui imposent donc une flexibilité mentale.

L'*aphasie transcorticale motrice* ou aphasie *dynamique* comporte une « aspontanéité verbale », pouvant confiner au mutisme, associée à une compréhension normale et à une répétition préservée avec même parfois une tendance écholalique. Elle répond à des lésions préfrontales dorso-latérales de l'hémisphère gauche ou du gyrus cingulaire.

L'atteinte des capacités de planification et d'organisation du discours altère sa structure logique comme on peut le montrer en demandant au patient de résumer un texte lu ou de raconter comme le propose Lhermitte l'histoire du *Petit chaperon rouge* qui se structure en une série de séquences (déplacement de l'enfant dans la forêt ; première rencontre loup-enfant ; rencontre loup-grand-mère, etc.) qui seront réduites en nombre et dont l'ordre sera modifié voire anarchique. La compréhension d'un texte complexe offre les difficultés liées à l'incapacité de restituer de manière ordonnée les séquences d'actions qui y sont décrites. Le malade restitue des détails juxtaposés sans pouvoir accéder à la conclusion du texte.

De la même manière, les troubles de la compréhension des structures grammaticales complexes révèlent l'inaptitude à appréhender des phénomènes séquentiels, que ces derniers constituent une suite arbitraire (exemple 1, ci-dessous) ou une suite logique (exemple 2).

Exemple 1. « Voici deux cartes : une grise et une noire. S'il fait nuit, vous me montrez avec votre doigt la carte grise ; s'il fait jour, vous me montrez la carte noire ». Après la réponse du sujet, la même question est posée en inversant les consignes.

Exemple 2. « Quelle est la phrase juste : le printemps vient avant l'été ou l'été vient avant le printemps ? » ou encore « Quand je vous dis que j'ai pris mon petit déjeuner avant d'avoir fait le ménage dans ma maison, qu'ai-je fait en premier ? ».

Les explications de proverbes montrent qu'ils sont réduits à leur sens concret, ce qui peut s'interpréter comme un aspect particulier de l'atteinte de la flexibilité mentale, empêchant le patient de passer du sens propre au sens figuré *« Qui veut voyager loin ménage sa monture ? Quand on veut voyager, il ne faut pas se fatiguer et la monture aussi doit aller plutôt lentement sur la route... »*. Cette rigidité mentale entrave de manière générale l'accès à l'abstraction et donc la pensée conceptuelle. Ainsi le malade sait ce que veut dire le mot *« outil »* mais il ne peut plus accéder aux associations conceptuelles nécessaires pour dire « en quoi un marteau et une scie se ressemblent ». C'est ce que peut en particulier montrer le subtest de Similitudes de la WAIS. *(Question : « En quoi se ressemblent une hache et une scie ? » Réponse : « Une hache, ça marche à grands coups, tandis qu'une scie, c'est le va-et-vient, sur un objet, du bois, qui coupe... ah ! ben ! ça ne se ressemble pas du tout... plus la scie va vite, plus la scie souille... trouille, parfois elle casse... »).*

De manière plus générale, les lésions frontales sont (avec les lésions de l'hémisphère droit) au cœur d'études de la pragmatique, c'est-à-dire de l'« utilisation du langage dans le discours ». La pragmatique étudie le « langage en action » donc la pertinence du langage conversationnel qui peut être perturbée en l'absence de désordres phonologiques, syntaxiques ou sémantiques. Car le langage est bien un acte social qui doit s'adapter au discours d'autrui, mais aussi repérer les intentions et les attentes d'autrui (ce qui rejoint la « théorie de l'esprit », voir page 299). L'analyse conversationnelle peut ainsi être menée à partir de protocoles comme celui de Prutting et Kirchner qui étudie 30 paramètres comme les tours de parole, les temps de pause, la précision du lexique, la fluence, et aussi des aspects non verbaux comme la proximité physique, la posture, l'expression faciale (Peter, Dardier).

La formulation du langage peut être aussi entravée par un manque du mot comme elle peut aussi l'être par les perturbations de la personnalité comme l'euphorie et la tendance aux calembours.

L'aphasie de Broca (qui implique mais déborde le lobe frontal) et l'agraphie frontale sont traitées aux chapitres 2 et 3.

LOBE PRÉFRONTAL ET AUTONOMIE DES COMPORTEMENTS

L'être humain doit forger son indépendance comportementale à l'égard de son environnement; l'autonomie comportementale, c'est-à-dire le fait d'obéir à sa propre loi, se construit grâce à l'inhibition frontale : c'est du moins ce que suggère l'observation de patients atteints de lésions frontales et présentant, sans qu'aucune consigne ne leur soit donnée, une *imitation* des gestes de l'examinateur; ce comportement décrit par Lhermitte est différent de l'écho-praxie qui est une imitation automatisée et impulsive alors que le comportement d'imitation reste conscient, volontaire, les patients pensant qu'ils doivent faire les mêmes gestes que l'examinateur et restant capables de critiquer le caractère inadapté de certains gestes qu'ils peuvent parfois refuser d'imiter. Le comportement d'*utilisation* marque un degré de plus et apparaît comme une dépendance physique aux stimulations de l'environnement; le sujet a tendance à prendre et à manipuler ce qui se trouve à sa portée. La main étrangère capricieuse et la graphomanie réalisent des aspects particuliers de ce comportement dont la base serait une libération des influences inhibitrices qu'exerce le lobe frontal sur le lobe pariétal. Le site lésionnel électif serait la moitié inférieure de la portion antérieure de l'un ou l'autre des lobes frontaux.

LOBE PRÉFRONTAL ET INTELLIGENCE

Si l'intelligence est « ce que mesurent les tests », force est de constater que des lésions frontales même importantes peuvent coexister avec des performances psychométriques satisfaisantes permettant de considérer que le Quotient intellectuel, exploré par des tests comme la WAIS est « normal » encore que le concept de normalité soit un concept large et peu propice à l'analyse de nuances. Toutefois une analyse des performances aux subtests de la WAIS peut objectiver une baisse des scores à l'*Arrangement d'images*, aux *Cubes* (à relier avec le déficit de la programmation), à la *Mémoire de chiffres* (voir *supra*). Les tests explorant l'intelligence fluide, nécessitant une adaptation à des situations nouvelles et non liés au niveau culturel sont les plus aptes à extérioriser des perturbations lors de lésions frontales : il en est ainsi par exemple du test des matrices progressives de Raven, ou du test de D48 qui sont censés refléter l'intelligence « pure » et qui sont dits saturés en facteur *g*. Mais il ne faudrait pas tomber dans le piège qui consisterait à croire que le lobe frontal est le siège de l'intelligence, ce qui reviendrait à confondre une corrélation et une identité. L'intelligence ne peut être enfermée dans un lobe et le problème reste toujours de savoir, non pas si l'intelligence est atteinte, mais quels aspects de l'intelligence sont altérés.

« Vivre, c'est choisir », disait Bergson ou encore « Conscience signifie hésitation et choix ». L'atteinte des fonctions de planification et l'ensemble des troubles du contrôle exécutif, les perturbations de la personnalité, concourent à altérer la capacité qu'a l'être humain d'analyser les informations et sollicitations venant de lui-même comme de son environnement. Sont donc aussi altérés les choix qui découlent de ces sollicitations comme la capacité d'évaluer les conséquences de ces choix. Le malade frontal perd d'une certaine manière la maîtrise du dipôle «conscience-action» pour sombrer dans l'incohérence comportementale : il s'agit bien d'une atteinte de la conscience réflexive qui permet à l'homme d'évaluer et donc de réguler ses pensées et ses actions.

Sur le plan clinique, le diagnostic de syndrome frontal ne peut être synonyme d'un échec au *Wisconsin*, à l'*Odd-man-out*, à un test de *Stroop*, au *Trail Making B* comme à tout autre test susceptible d'être altéré par un dysfonctionnement frontal. La sensibilité d'un test ne doit pas être confondue avec sa spécificité. Une confusion satellite d'une encéphalopathie métabolique peut altérer tous les tests précités. Les fonctions langagières, gnosiques, praxiques doivent toujours être étudiées conjointement. Enfin, la multiplicité des connexions du lobe frontal explique aussi que des signes de dysfonctionnement frontal soient observés dans des lésions situées à distance du lobe frontal.

ESQUISSE ÉTIOLOGIQUE

Les souffrances lésionnelles du lobe frontal sont le fait de tumeurs, soit extracérébrales comme les méningiomes de l'étage antérieur soit intracérébrales comme les gliomes. Elles sont aussi le fait d'infarctus des cérébrales antérieures mais aussi d'infarctus sylviens antérieurs et d'anévrismes de la communicante antérieure (voir *supra*). La pathologie dégénérative peut être regroupée sous le vocable de démences frontales. Il faut y ajouter les séquelles de la psychochirurgie du lobe frontal (devenue inacceptable sur le plan éthique) et les lésions traumatiques des lobes frontaux.

Des signes de dysfonctionnement frontal s'observent aussi dans des maladies lésant les structures sous-corticales et sont attribués à l'atteinte des voies unissant ces structures au lobe frontal. Un hypométabolisme frontal peut d'ailleurs être mis en évidence par les études isotopiques. Il s'agit de maladies des noyaux gris centraux comme la maladie de Parkinson, la paralysie supranucléaire progressive, la chorée de Huntington, la maladie de Wilson qui ont permis de construire le concept de démence sous-corticale. Mais il peut aussi s'agir de lésions de la substance blanche comme dans la sclérose en plaques tandis que la pathologie vasculaire peut offrir des exemples d'atteinte de la substance blanche (maladie de Binswanger, syndrome du genou inférieur de la capsule interne) ou de la substance grise (infarctus bilatéral pallido-strié, hémorragie thalamique) ou mixte (lacunes multiples). La démence du syndrome d'immunodéficience acquise témoigne d'une atteinte lésionnelle intéressant surtout la substance blanche.

Enfin, et malgré l'absence de lésions anatomiques, on sait que des signes de dysfonctionnement frontal peuvent être observés dans la schizophrénie (tableau 13.II).

Tableau 13.II. *Autres manifestations — que celles traitées dans le texte — des lésions des lobes frontaux*

1. Paralysie controlatérale des mouvements oculaires volontaires et sur ordre avec préservation des mouvements de poursuite en rapport avec une paralysie des saccades (aire 8).
2. Négligence spatiale (lobe frontal dorso-latéral et gyrus cingulaire) et négligence motrice.
3. Apraxie mélokinétique et apraxie idéomotrice.
4. Paralysie faciale émotionnelle.
5. Ataxie dite frontale et apraxie de la marche.
6. Main étrangère et apraxie d'aimantation (cortex médian).
7. Anosmie (les bandelettes olfactives cheminent sous le lobe frontal).
8. Impersistance motrice (ou incapacité de maintenir durablement une attitude). Elle peut intéresser le visage (demander de fermer les yeux pendant 20 secondes) ou les membres (demander d'étendre le bras pendant 20 secondes) : elle peut alors être directionnelle (vers la droite, vers la gauche) ou spatiale (dans l'hémiespace droit ou gauche). Elle s'observe surtout dans les lésions frontales dorso-latérales.
9. Allochirie motrice (ou désinhibition motrice). Elle désigne le mouvement d'un membre (homolatéral à la lésion) en réponse à un ordre concernant l'autre membre.
10. Résistance oppositionnelle à la mobilisation (phénomène de Mayer-Reisch). Rigidité et tremblement de repos ou d'attitude des tumeurs parasagittales.
11. Réflexe de préhension forcée (*grasping-reflex*, aire 6).
12. Crises épileptiques adversives, giratoires et de l'aire motrice supplémentaire avec vocalisation, rotation de la tête et des yeux vers le membre supérieur hétérolatéral qui s'élève, hypertonie des membres inférieurs.

BIBLIOGRAPHIE

BOGOUSSLAVSKY J. — Frontal stroke syndromes. *European Neurology*. 1994;*34*:306-315.

CUMMINGS J.-L. — Frontal-subcortical circuits and human behavior. *Arch Neurol*. 1993;*50*:873-880.

DARDIER V., BERNICOT J. — Les troubles de la communication consécutifs aux lésions frontales : l'exemple de la situation d'interview. *Revue de Neuropsychologie*. 2000; *10* (2): 281-309.

GRONWALL D. — Paced Auditory Serial Addition Task. A mesure of recovery from concussion. *Perceptual and Motor Skills*. 1977;*44*:133-135.

LAPLANE D., DUBOIS B., PILLON B., BAULAC M. — Perte d'auto-activation psychique et activité mentale stéréotypée par lésion frontale. *Rev Neurol*. 1988;*144*(10):564-570.

LEVINE H.-S., EISENBERG H.-M., BENTON A.-L. — *Frontal lobe function and dysfunction*. Oxford University Press, Oxford, 1991.

LHERMITTE F., PILLON B., SERDARU M. — Human Autonomy and the frontal lobes. *Ann Neurol.* 1986;*19*:326-343.

LURIA A.-R. — *Les fonctions corticales supérieures de l'homme*. PUF, Paris, 1978.

MENDEZ M.-F., ADAMS N.-L., LEWANDOWSKI K.-S.-L. — Neurobehavioral changes associated with caudate lesions. *Neurology.* 1989;*39*:349-354.

OWEN A.-M., DOWNES J.-J., SAHAKIAN B.-L. *et al.* — Planning and spatial working memory following frontal lobe lesions in man. *Neuropsychologia.* 1990;*28*(10):1021-1034.

PETER C. — Conversations avec une patiente souffrant de lésions traumatiques bifrontales : ajustements mutuels. *Revue de Neuropsychologie.* 1995;*5* (1): 53-85.

RICCI C., BLUNDO C. — Perception of ambiguous figures after focal brain lesions. *Neuropsychologia.* 1990;*28*(11):1163-1173.

SHALLICE T. — *From neuropsychology to mental structure.* Cambridge University Press, New York, 1988.

SHALLICE T., EVANS M.-E. — The involvement of the frontal lobe in cognitive estimation. *Cortex.* 1978;*14*:294-303.

ZOMEREN A.-H., VAN BROUWER W.-H. — *Clinical Neuropsychology of attention.* Oxford University Press, New York, 1994.

14 LES TROUBLES DE LA MÉMOIRE

« Conscience signifie d'abord mémoire. »
Bergson

Les peuples ont une mémoire qui s'exprime dans leur culture et témoigne de leur identité. Les hommes qui composent un peuple partagent la même mémoire et ils vivent, dans le groupe social qu'ils choisissent ou qu'ils subissent, une histoire unique qui témoigne aussi de leur identité. La mémoire est cette aptitude qui, parce qu'elle permet le souvenir, permet du même coup à tout être humain de se reconnaître dans un présent qui est le produit de son histoire et la racine de son avenir. L'élaboration identitaire de chaque être humain est bien la résultante de la cascade d'événements survenus depuis sa naissance comme de l'édification d'un savoir-faire et d'un savoir. La mémoire est donc multiple. Sa mise en œuvre suppose :

– la réception, la sélection (consciente ou inconsciente) et, de manière plus générale, le traitement d'informations reçues par les organes des sens ;

– le codage et le stockage de ces informations sous forme « d'engrammes » qui seraient, au sein d'ensembles de neurones, des réseaux représentant le support des informations stockées ;

– la capacité d'accéder à ces informations.

La comparaison des capacités de *rappel* et de *reconnaissance* permet de distinguer ce qui peut revenir à une atteinte des processus d'encodage et de stockage d'une part, de rappel (récupération en mémoire) d'autre part. Ces capacités sont testées par le *rappel libre* d'une liste de mots (comme *la liste des mots* de Rey), le *rappel indicé* où des aides sont fournies au sujet (par exemple, *« Vous ne vous souvenez pas du troisième objet. C'était un fruit... »*), la reconnaissance au cours de laquelle les items précédemment rappelés sont présentés au sujet, mêlés à d'autres items. Ainsi quand les informations ont été correctement encodées mais ne peuvent pas être rappelées, les performances seront médiocres en rappel libre et meilleures en rappel indicé et en reconnaissance : c'est ce qui peut être observé dans les détériorations cognitives sous-corticales et dans les lésions frontales. Si le déficit touche les capacités d'encodage et de stockage, les performances seront altérées à la fois dans les procédures de rappel et de reconnaissance : c'est ce que l'on observe typiquement dans les amnésies hippocampiques.

La diversité des compétences mnésiques peut s'envisager selon deux axes : un axe séquentiel ou diachronique qui inscrit la mémoire sur l'abscisse du temps, un axe synchronique qui décrit les différents domaines où opère la mémoire.

MÉMOIRE ET MÉMOIRES

Les étapes de la mémorisation

Mémoire à court terme, mémoire de travail

Les informations sensorielles sont maintenues fugitivement (200 à 300 ms) sous forme de traces caractérisant une *mémoire sensorielle* visuelle (ou iconique), auditive (ou échoïque), olfactive... La *mémoire à court terme* ou *mémoire immédiate* ou *mémoire primaire* est une mémoire de capacité limitée englobant l'analyse de l'information sensorielle au niveau des aires cérébrales spécifiques (visuelles, auditives...) et sa reproduction immédiate pendant un temps de rémanence très bref de l'ordre d'une à deux minutes. Cette « duplication », « sur le champ », des informations concerne un nombre restreint d'éléments qui définissent l'*empan*. On distingue ainsi un empan auditif et un empan visuel. L'*empan auditif* peut concerner des chiffres (dit *numéral* ou *digital*, couramment exploré par le subtest de mémoire de chiffres de la WAIS) ou des mots *(empan verbal)* : parfois globalement désigné sous le nom d'empan verbal, l'empan auditif chez le sujet normal est de 7 (plus ou moins 2) lettres, chiffres ou mots. L'empan visuel mesure la rétention et la restitution immédiate d'informations visuelles comme par exemple la disposition spatiale d'une série de carrés de couleur dans le subtest de mémoire visuelle de l'échelle clinique de mémoire de Wechsler. Cette mémoire immédiate, intacte dans les syndromes amnésiques, correspond à la rémanence d'informations en instance ou non de destinée mnésique durable. Son substratum serait représenté par des modifications électrophysiologiques fondées sur des circuits réverbérants locaux qui pourraient impliquer des systèmes neuronaux corticaux ou des boucles cortico-thalamiques : ainsi s'expliquerait le fait que toute modification soudaine du fonctionnement cérébral (émotion, bruit...) annule par interférence la rétention immédiate des informations préalablement délivrées.

L'*oubli en mémoire à court terme* est classiquement illustré par le *paradigme de Brown et Peterson* : le sujet doit rappeler dans un délai bref (jusqu'à une vingtaine de secondes) des trigrammes, c'est-à-dire des séries de trois éléments (lettres ou mots); dès que le trigramme est présenté, et dans le délai séparant la présentation du rappel, on demande au sujet de compter à rebours à partir d'un nombre donné. L'examinateur dit par exemple au sujet « RXT 188 ». Le sujet compte alors « 188-187-186... » jusqu'à ce que l'examinateur l'arrête au bout d'une durée de temps précise au terme de laquelle l'examinateur demande de rappeler le trigramme; on constate alors que l'oubli survient très rapidement; le nombre de consonnes rappelées chutant dès que la durée de la tâche distractive augmente (de 3 à 18 secondes dans les protocoles habituellement utilisés), ce qui a pu être interprété, la répétition étant gênée par la tâche concurrente, soit comme le déclin rapide de la trace mnésique soit comme la conséquence d'une interférence proactive entre les trigrammes successifs. S'il est maintenant établi que les deux mécanismes interviennent, ces interrogations ont nourri un débat sur la nécessité d'admettre ou non deux systèmes mnésiques différents sous-tendant la mémoire à court terme et celle à long terme : privilégier la théorie de l'interférence plaidait pour une conception unitaire d'un seul système mnésique, privilégier l'effacement de la trace mnésique militait pour la conception d'un double système. La conception dualiste s'imposa finalement sur de multiples arguments, les uns d'ordre cognitif (comme l'existence d'un effet de récence dans une tâche de rappel libre, voir *infra*), les autres d'ordre neuropsychologique (et en particulier la dissociation de l'atteinte des registres mnésiques à court et à long terme montrés en pathologie).

Le paradigme de Brown-Peterson a permis à Baddeley d'introduire le concept de mémoire de travail. La mémoire à court terme ne peut être réduite à un système de stockage passif à court terme : elle sert en effet de *mémoire de travail*, et fonctionne, selon le modèle de Baddeley et Hitch, comme un système de capacité limitée capable de stocker mais aussi de manipuler les informations, permettant ainsi l'accomplissement de tâches cognitives comme le raisonnement, la compréhension, la résolution de problèmes grâce au maintien et à la disponibilité temporaires des informations. Il s'agirait donc d'une *mémoire tampon*, permettant l'allocation de ressources attentionnelles, supervisée par un système de contrôle de l'attention appelé « administrateur central » (analogue au *système attentionnel de supervision* lié au lobe frontal et décrit par Shallice) qui coordonne des systèmes dits auxiliaires ou esclaves dont les plus étudiés sont la *boucle phonologique* et le *bloc-notes visuospatial* (fig. 14.1). La boucle phonologique permet le stockage des informations verbales, qu'elles soient présentées par la voie auditive ou par la voie visuelle ; elle est faite de deux composantes, une unité de stockage phonologique et un processus de contrôle articulatoire fondé sur « l'autorépétition subvocale » qui permet d'alimenter l'unité de stockage ; en outre les informations écrites font l'objet d'un codage phonologique avant d'être transmises à l'unité de stockage grâce au processus de contrôle articulatoire (fig. 14.2). Ainsi s'explique la *suppression articulatoire* : lors du subtest de mémoire de chiffres, les performances (c'est-à-dire l'empan) seront plus basses si l'on demande au sujet de répéter un son sans signification (comme *« bla... bla... bla... »*) pendant qu'on lui présente la suite de chiffres à restituer. Ainsi s'explique aussi l'effet de *similarité phonologique et l'effet de longueur* : l'empan d'une suite de lettres ou de mots est moins élevé quand ils sont phonologiquement proches et le nombre de mots à rappeler est d'autant plus bas que les mots sont plus longs. L'empan est donc limité par la saturation de la boucle phonologique : il équivaut à peu près au nombre d'éléments qui

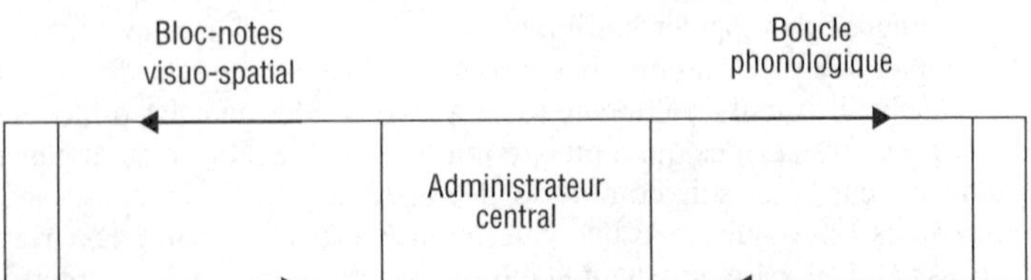

Fig. 14.1. *Schéma du modèle de mémoire de travail de Baddeley et Hitch.*

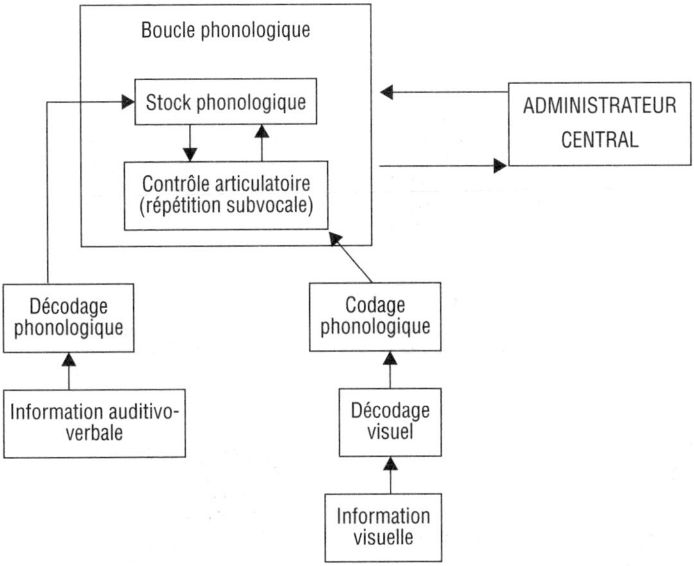

Fig. 14.2. *L'administrateur central et la boucle phonologique dans le modèle de mémoire de travail de Baddeley et Hitch.*

peuvent être prononcés en deux secondes et il est donc fonction du temps (et par conséquent de la vitesse) d'articulation. Le bloc-notes visuospatial est alimenté soit par la perception visuelle soit par l'imagerie mentale. Son fonctionnement, analogue à celui de la boucle phonologique, permet le maintien temporaire des informations visuelles (qui concernent la reconnaissance, c'est-à-dire le «quoi») et des informations spatiales (qui concernent la localisation, c'est-à-dire le «où»). Toutefois, le modèle de Baddeley ne laisse pas de place au codage sémantique dont l'intervention dans la mémoire de travail semble prouvée par le fait que l'empan est augmenté quand les mots à restituer ont une ressemblance sémantique : ceci pourrait permettre d'envisager une mémoire de travail faite de représentations multiples constituant autant de systèmes tampons connectés entre eux (visuel, auditif, phonologique, lexical, sémantique, moteur, etc.).

Mémoire à long terme

La *mémoire à long terme* comporte d'abord une mémoire dite secondaire (fig. 14.3) qui permet la conservation durable des informations grâce à un codage, suivi d'un stockage organisé dans une trame associative multimodale (sémantique, spatiale, temporelle, affective) ; cette mémoire permet l'apprentissage et les informations engrangées font l'objet d'une *consolidation* variable en fonction de leur importance émotionnelle et de leur répétition.

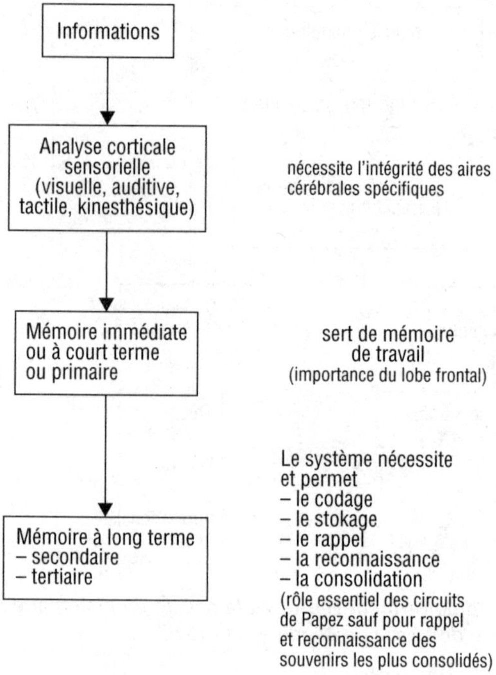

Fig. 14.3. *Les étapes de la mémorisation (telles qu'elles ont été en particulier envisagées dans le modèle «modal» d'Atkinson et Shiffrin).*
On notera toutefois que le système de mémoire à court terme peut ne pas être un passage obligatoire avant le système à long terme puisqu'il a été observé un déficit du rappel auditivoverbal à court terme sans atteinte du rappel à long terme (voir texte et fig. 14.5).

Cette mémoire est un système distinct de la mémoire à court terme et repose anatomiquement sur le circuit de *Papez* (fig. 14.4), bilatéral et symétrique (initialement décrit comme support de la régulation des émotions), unissant l'hippocampe, le fornix, les corps mamillaires, rejoignant par le faisceau mamillo-thalamique, les noyaux antérieurs du thalamus pour aboutir ensuite au gyrus cingulaire. Ainsi, l'exemple le plus étudié d'amnésie hippocampique est le malade H.M., suivi par Scoville et Milner, opéré à l'âge de 27 ans d'une double lobectomie temporale incluant l'hippocampe et devenu incapable de mémoriser les événements survenus depuis sa lobectomie alors même que son empan est normal. Il a pu même être exceptionnellement observé (dans l'aphasie de conduction) la dissociation inverse, à savoir un déficit de la mémoire auditivoverbale à court terme contrastant avec une préservation de la mémoire à long terme. Ces constatations sont importantes car elles empêchent de considérer que la mémoire à court terme est le passage obligé vers la

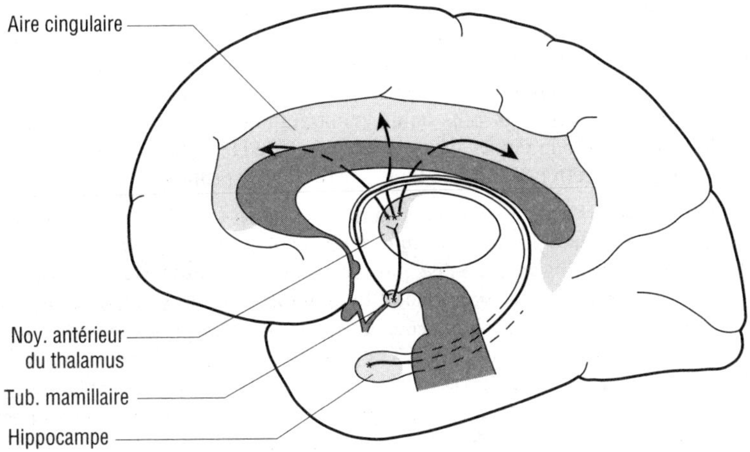

Fig. 14.4. *Le circuit de Papez : circuit hippocampo-mamillo-thalamo-cingulaire* (d'après G. Lazorthes. *Le système nerveux central.* Masson, Paris, 1967).

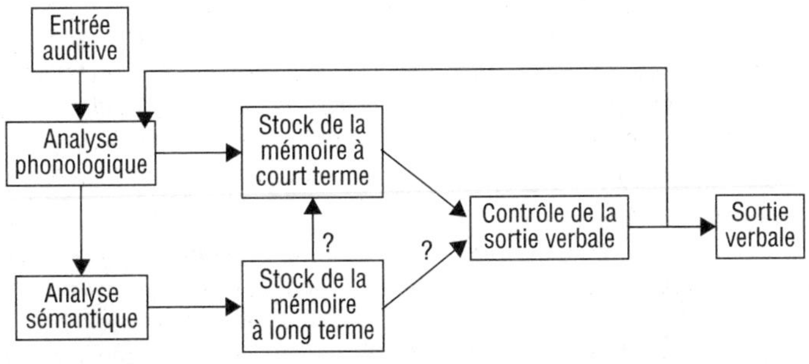

Fig. 14.5. *Modèle de Shallice et Warrington (1979) postulant les relations entre la mémoire à court terme et la mémoire à long terme dans le rappel auditivoverbal.*

Le codage est phonologique pour la mémoire à court terme et sémantique pour la mémoire à long terme. Les deux systèmes de mémoire peuvent être lésés indépendamment.

mémoire à long terme. Le modèle de Shallice et Warrington postule un fonctionnement « en parallèle » de ces deux mémoires (fig. 14.5).

Les effets de récence et de primauté s'inscrivent aussi contre une conception uniciste de la mémoire : en effet quand on demande à un sujet de restituer dans une tâche de rappel immédiat une liste (supérieure à l'empan) de mots sans lien, de syllabes ou de chiffres, les derniers mots (effet de récence) et les premiers mots de la liste (effet de primauté) sont les mieux mémorisés. L'effet de récence dépendrait de la mémoire à court terme, labile, alors que l'évocation des premiers mots, plus stable, montrerait qu'ils sont récupérés à partir de la mémoire à long terme. Ainsi, chez le malade H.M., qui a un empan normal, il persiste un effet de récence mais pas d'effet de primauté.

Les souvenirs font l'objet pour certains d'entre eux d'une consolidation et constituent alors la *mémoire des faits anciens* ou *mémoire consolidée* ou *mémoire tertiaire*. H.M., cité plus haut, et dont l'amnésie s'étend sur une période de onze ans précédant l'intervention chirurgicale, a conservé les souvenirs des événements précédant cette période, qu'ils concernent son autobiographie ou l'histoire sociale. Ceci démontre que les régions temporales ne sont pas liées au stockage permanent des souvenirs : leur rôle s'étendrait de la phase d'apprentissage à la période de consolidation. On peut ainsi postuler que le stockage et le décodage des souvenirs récents dépendent d'interactions entre le circuit de Papez et d'autres sites plus disséminés dans le cerveau. Progressivement, après consolidation, ces sites fonctionnent de manière autonome. Les lésions du circuit de Papez empêchent l'apprentissage (d'où l'oubli à mesure) tandis que les souvenirs les plus récents sont perdus ; mais les souvenirs anciens sont préservés car devenus indépendants du circuit de Papez.

L'apprentissage et les modifications neuronales et synaptiques qu'il suppose auraient un support biochimique et feraient intervenir l'ARN ou des protéines, comme le suggèrent certaines expériences animales de transfert chimique d'informations ainsi que l'effet amnésiant de produits inhibant la synthèse protéique. La mémorisation fait par ailleurs intervenir plusieurs systèmes de neuromédiation parmi lesquels une place doit être réservée à l'acétylcholine.

Les techniques d'imagerie dynamique suggèrent que l'encodage verbal met en jeu le cortex préfrontal gauche en lien avec l'hippocampe gauche (Dolan, 1997; Fletcher, 1998) tandis que le rappel impliquerait surtout le cortex préfrontal droit. L'encodage visuel et visuospatial impliquerait le cortex préfrontal droit (Kelley et al.*, 1998) mais aussi les régions temporales moyennes (et en particulier les hippocampes : Grady* et al.*, 1998).*

En clinique, il est habituel d'opposer l'amnésie *antérograde* à l'amnésie *rétrograde*. La première désigne l'incapacité ou les difficultés de mémorisation des événements nouveaux : il s'agit donc d'un oubli à mesure dont le début correspond au début de la maladie ou de l'accident. L'amnésie antérograde altère donc les capacités d'apprentissage de même que la mise en mémoire des événements de la vie quotidienne pouvant dans les cas les plus graves entraîner une désorientation dans le temps voire dans l'espace. L'amnésie rétrograde intéresse les événements survenus avant le début de la maladie ou du traumatisme avec un gradient temporel, les événements les plus anciens étant les mieux mémorisés. La durée de l'amnésie rétrograde est variable, de quelques jours à quelques années ; son étendue temporelle peut être évaluée en fonction des réponses aux questions concernant les événements datés de la vie familiale et sociale. Quand la maladie évolue vers la guérison, l'amnésie rétrograde régresse des souvenirs les plus anciens vers les souvenirs les plus récents. Quand la maladie s'aggrave (par exemple, une démence d'Alzheimer), l'amnésie rétrograde s'étend et dissout progressivement des tranches de passé de plus en plus ancien.

Il faut aussi en clinique tenter de distinguer les amnésies, selon qu'elles sont liées à un déficit de l'encodage, du stockage ou du rappel (dit encore de la récupération en mémoire ou du repêchage) : ces trois paramètres peuvent être par exemple contrôlés dans le test de Gröber-Buschke (voir *infra, L'examen de la mémoire* et chapitre 16).

Les autres aspects de la mémoire

Les mémoires « sectorielles »

La mémoire *auditive verbale*, explorée par l'empan auditif (par exemple subtest de mémoire de chiffres de la WAIS) est électivement altérée lors des lésions rétrofrontales de l'hémisphère gauche et tout particulièrement temporo-pariétales, la structure clé étant la partie inférieure du lobe pariétal. La mémoire *visuoverbale* à court terme est quant à elle altérée par les lésions de la partie postérieure de l'hémisphère majeur (dominant). Par contre, la mémoire à court terme *visuospatiale* (explorée par exemple par un test de dénombrement de points en présentation tachistoscopique) dépend de lésions temporales ou pariétales de l'hémisphère droit. Cette « spécialisation hémisphérique » demeure au-delà de la mémoire à court terme tant pour l'apprentissage verbal (histoire, liste de mots) électivement lié à l'hémisphère gauche que pour l'apprentissage visuel (figures ou images) lié à l'hémisphère droit.

Mémoire sémantique et mémoire épisodique

C'est Tulving qui a soutenu la distinction entre deux types de mémoire, sémantique et épisodique. La *mémoire épisodique* (*mémoire pure* selon la terminologie bergsonienne) permet au sujet d'enregistrer et de se souvenir d'informations référencées dans un environnement spatial et temporel, donc de se souvenir d'événements de sa propre histoire personnelle, familiale ou sociale : il s'agit donc d'une mémoire événementielle permettant au sujet d'actualiser des souvenirs qu'il reconnaît « comme siens et comme passés ». La mémoire épisodique peut concerner la mémoire secondaire et tertiaire. Chez un sujet ayant un syndrome amnésique, l'altération de la mémoire épisodique est antérograde et rétrograde. En clinique, la mémoire épisodique la plus étudiée est la mémoire épisodique secondaire : relater les événements d'une journée ou d'un passé récent relève typiquement de la mémoire épisodique qu'il est très habituel d'explorer par de nombreuses épreuves d'apprentissage comme le test des mots de Rey, le test de Gröber-Buschke, la figure complexe de Rey, l'apprentissage d'histoires, l'échelle clinique de mémoire de Wechsler, la batterie d'efficience mnésique de Signoret (voir *infra*, *L'examen de la mémoire*). La mémoire épisodique se confond en partie avec la *mémoire autobiographique* dont certains éléments renvoient cependant à un savoir et relèvent alors de la mémoire sémantique. Le statut mnésique des événements publics peut être difficile à établir : ils peuvent ou non faire partie de la mémoire autobiographique ; alors qu'ils sont par définition référencés dans le temps et dans l'espace, ils peuvent relever soit de la mémoire épisodique, soit de la mémoire sémantique. La mémoire des faits anciens (ou mémoire rétrograde définie de manière plus stricte comme antérieure au début de la maladie) ou mémoire du passé mêle mémoire épisodique et mémoire sémantique. La *mémoire sémantique* concerne le corpus des connaissances d'un individu affranchies de toute référence spatio-temporelle : elle définit le *savoir* ou la « culture » ou encore les « compétences » d'un individu ; c'est donc une mémoire *didactique* qui concerne des informations dont l'évocation est dépourvue de toute référence à l'histoire personnelle du sujet. *(Qui a assassiné Henri IV ? Quelle est la capitale des USA ?)*. Cette mémoire gère aussi la signification des mots comme des informations qui parviennent à notre conscience par le canal des sens. Cette distinction a été stimulée par la séméiologie des syndromes amnésiques qui représenteraient un découplage entre la mémoire épisodique, massivement atteinte et la mémoire sémantique, préservée ou relativement préservée : ainsi en est-il du professeur d'histoire, qui, au cours d'un ictus amnésique, peut évoquer la vie de Charlemagne mais qui, quelques instants plus tard, ne se souvient pas l'avoir fait. On pourrait ainsi opposer selon l'hypothèse de Tulving une mémoire sémantique hautement organisée, relativement permanente, indépendante du contexte et une mémoire épisodique bien moins organisée, hautement sujette à l'oubli et dépendante du contexte. Cependant il serait abusif de faire une dichotomie stricte entre ces deux mémoires et surtout d'en inférer qu'elles expriment deux systèmes mnésiques séparés. Les constatations faites chez les amnésiques peuvent aussi être expliquées par la distinction entre les mémoires rétrograde et antérograde ou encore entre les mémoires secondaire et tertiaire : ce que l'on désigne sous le nom de mémoire sémantique a fait l'objet d'un apprentissage répétitif et ancien et a ainsi bénéficié des effets structurants de la consolidation. De la même manière, comme le montre le cas H.M., les événements les plus anciens de l'existence, même s'ils font partie de la mémoire épisodique, sont pourtant préservés dans les amnésies. Il existe ainsi un gradient temporel de l'amnésie rétrograde qui explique que les malades amnésiques se rappellent plutôt bien les informations épisodiques et sémantiques acquises tôt dans la vie et plutôt plus mal les deux types d'informations acquises plus tardivement dans l'existence. Au cours d'un syndrome amnésique avec oubli à mesure, le malade ne mémorise pas ce qu'il vit et du même coup, il ne peut « mettre à jour » sa mémoire sémantique. Il paraît assez clair que les événements de l'existence comme les apprentissages nouveaux concernent la mémoire épisodique et les informations à visée didactique sont mémorisées en même temps que le contexte dans lequel elles ont été apprises. Progressivement les connaissances s'autonomisent par rapport au contexte et ainsi rejoignent la mémoire sémantique.

Mémoire déclarative et mémoire non déclarative ou implicite

Se souvenir d'un événement de sa vie, répondre à des questions de vocabulaire, d'histoire, de géographie renvoient à une mémoire (épisodique et sémantique) consciemment exprimée : on peut la nommer mémoire déclarative. Mais l'acte de mémoire n'est pas toujours mis en œuvre de manière consciente. On distingue ainsi trois types de mémoire non déclarative ou *implicite* (fig. 14.6).

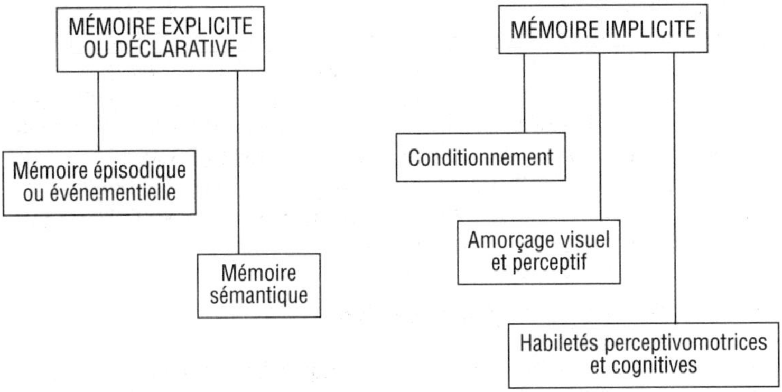

Fig. 14.6. *Mémoires explicite et implicite.*

– Le premier type est le *conditionnement.*

– Le deuxième est la *mémoire procédurale* qui permet d'acquérir des « habiletés » ou « savoir-faire » perceptivo-moteurs ou cognitifs sans qu'il ne soit nécessaire de faire une référence explicite aux expériences antérieures. Ainsi la rapidité de la lecture des mots en miroir s'améliore-t-elle avec la pratique répétée de ce mode de lecture : quand un sujet amnésique (comme H.M.) est soumis à cette tâche, il voit ses performances s'améliorer comme le sujet normal ; ultérieurement confronté à la même tâche, le sujet amnésique gardera de bonnes performances témoignant du maintien de l'apprentissage mais il n'aura conservé aucun souvenir d'avoir déjà réalisé cette tâche. Cette constatation importante a donc suggéré que la mémoire explicite et la mémoire procédurale reposaient sur des systèmes neuroanatomiques distincts. Un certain nombre de travaux ont porté sur d'autres habiletés perceptivo-motrices : apprentissage d'un labyrinthe, poursuite de cibles en mouvement, apprentissage de séquences d'apparition d'une cible aux quatre angles d'un écran avec amélioration des temps de réaction. Parmi les habiletés cognitives, on peut citer le test de la *Tour de Hanoï* : l'acquisition de ces procédures dépendrait des structures sous-corticales et en particulier du *striatum*, ce que suggèrent leur altération dans la maladie de Huntington et leur intégrité dans la maladie d'Alzheimer.

– L'*amorçage* (ou *priming*) *par répétition* représente une autre manifestation de la mémoire implicite : il peut être *verbal* ou perceptif. L'épreuve d'amorçage verbal habituellement utilisée est une tâche de complément de trigrammes (groupes de trois lettres) au cours de laquelle on montre d'abord au sujet une liste de mots sur lesquels on sollicite un jugement affectif en ne faisant référence à aucune tâche de mémorisation; puis on présente au sujet des trigrammes qu'on lui demande de compléter et l'on constate que les sujets normaux utilisent préférentiellement les mots qui leur ont été préalablement présentés. Ce type de tâche peut être effectué par les patients amnésiques alors même qu'ils sont ensuite incapables de rappeler sur ordre les mots qui leur ont été préalablement présentés. L'amorçage *perceptif* peut être objectivé en constatant que l'identification de mots préalablement montrés peut se faire pour des durées de présentation plus brèves que pour des mots non préalablement rencontrés; de même l'identification de mots et de dessins (amorçage pictural) partiellement effacés par fragmentation est-elle plus satisfaisante pour les items auxquels le sujet a été préalablement exposé. L'amorçage dépendrait de l'intégrité du *cortex* : l'amorçage perceptif serait atteint dans la maladie d'Alzheimer alors que les performances aux épreuves d'amorçage verbal donnent des résultats plus disparates.

Interférences proactive et rétroactive

Ces interférences sont susceptibles d'expliquer des difficultés de mémorisation chez le sujet normal. L'*interférence proactive* désigne l'effet délétère qu'exerce un premier apprentissage sur la mémorisation d'un second apprentissage. L'*interférence rétroactive* désigne l'effet délétère qu'exerce un second apprentissage sur le rappel du premier apprentissage. L'importance des interférences pro- et rétroactives est d'autant plus grande qu'il existe une similarité entre les informations à rappeler et les informations interférentes. Le phénomène de libération de l'interférence proactive est envisagé au chapitre 13. Une grande sensibilité aux interférences rétroactives est observée dans la maladie d'Alzheimer.

Mémoire prospective ou mémoire stratégique

Ce type de mémoire est très sensible aux lésions du lobe frontal (voir chapitre 13) : elle concerne en effet les capacités de planification et d'ordonnancement temporel nécessaires à l'optimisation des tâches mnésiques.

Mémoires automatique et d'effort, mémoires incidente et intentionnelle

La forme la plus achevée de la mémoire automatique est la mémoire incidente envisagée au sens strict du terme et qui concerne une mémorisation effectuée lors d'une tâche ne faisant explicitement référence à aucune requête de mémorisation. On a pu ainsi observer que certains types de mémorisation comme les jugements de récence pouvaient être considérés comme des processus automatiques : ainsi si l'on présente à un sujet des mots dans deux conditions, la première demandant au sujet si ces mots lui sont ou non agréables, la seconde en prévenant le sujet qu'une fois les mots présentés, il devra dire lors de présentations de paires de mots, lequel a été proposé le plus récemment, on constate que les performances du jugement de récence ne diffèrent pas dans les deux conditions expérimentales : mémorisation incidente et mémorisation intentionnelle (que l'on pourrait aussi appeler contrôlée ou d'effort). De même, dans une tâche de mémorisation de mots lus chacun de une à plusieurs fois, le rappel libre des mots entendus est une tâche mnésique d'effort alors qu'un jugement sur le nombre de fois où chaque mot a été énoncé, est une tâche mnésique essentiellement « automatique ». Enfin, la mémorisation contextuelle (ou spatio-temporelle ou de source) pourrait ne pas dépendre d'une mémoire stratégique contrôlée mais de processus automatiques nécessitant l'intégrité du lobe frontal.

Mémoire factuelle et mémoire contextuelle

On peut donc distinguer la *mémoire des faits* et la *mémoire contextuelle* qui regroupe les attributs spatio-temporels de l'information ou mémoire de source (« où » et « quand ») et les modalités de l'information (« comment »). Les atteintes de la *mémoire de source* et de la *mémoire factuelle* peuvent être associées ou dissociées. La synthèse des données actuelles de la littérature manque encore d'homogénéité. On peut d'abord remarquer que, au cours des syndromes amnésiques, une amnésie de source peut ou non s'associer à l'amnésie factuelle. Il n'est toutefois pas possible de répondre à la question de savoir à quoi tient la diversité des situations observées : sévérité du syndrome amnésique qui, à partir d'un certain seuil, entraverait et l'apprentissage factuel et celui du contexte ? Rôle de certaines régions du circuit de Papez ? Existence de lésions frontales associées ou disconnexion entre les lobes frontaux et le circuit de Papez ? En tout cas, une amnésie de source coexistant avec une mémoire factuelle normale est observée au cours des lésions frontales. Si l'on assigne au lobe frontal la mission d'associer l'information aux différents aspects de son contexte, on pourrait alors concevoir qu'un dysfonctionnement du lobe frontal entraîne une disconnexion entre la mémoire factuelle et la mémoire de source. Ceci pourrait aussi être rapproché du rôle du lobe frontal dans la mémorisation de l'ordre temporel des informations comme les jugements de récence (voir *supra*). Le lobe frontal permettrait ainsi d'automatiser la mise en mémoire du contexte des informations. Baddeley a introduit une distinction entre les contextes indépendant et dépendant. Le contexte dépendant est encodé et stocké en même temps que le stimulus, traité de manière plutôt automatique, ne modifie pas la trace mnésique et correspond à la mémoire de source et d'ordre temporel des informations. Le contexte dépendant ou interactif désigne ce qui accompagne la mémorisation en influant sur le stimulus : ainsi, écrit Baddeley, le mot *« pot »* suivi par *« échappement »* n'est pas le même *« pot »* que *« pot »* suivi de *« confiture »* : dans ce cas, le contexte agit sur l'apprentissage et le stockage de l'information.

Mémoire et métamémoire

La *métamémoire* est à la fois la conscience qu'a le sujet de sa propre mémoire, le jugement qu'il peut porter sur les tâches comme sur les stratégies mnésiques qu'il peut mettre en œuvre. Les plaintes mnésiques sont une manifestation de métamémoire que l'on peut utilement comparer aux performances réelles des sujets. Ainsi, au cours des états dépressifs des sujets âgés, l'intensité des plaintes mnésiques est davantage corrélée à la gravité de la dépression qu'aux scores aux tests de mémoire ; après électrochoc, les sujets, alors améliorés sur le plan dépressif, déclarent peu ou pas de plaintes mnésiques alors qu'ils présentent des troubles objectifs de la mémorisation.

Une altération de l'estimation que le sujet peut porter sur le sentiment qu'il a de pouvoir reconnaître ou non (*feeling of knowing*, voir page 166) parmi d'autres la réponse à une question (« *Comment s'appellent les îles anglo-normandes ?* ») ou sur le score qu'il peut obtenir à l'apprentissage d'une liste de mots, peut être observée dans les lésions du lobe frontal et dans le syndrome de Korsakoff au cours desquels les difficultés mnésiques sont sous-estimées, ce qui mesure alors d'une certaine manière la méconnaissance (l'anosognosie) du trouble mnésique. Toutefois, le déficit du sentiment de savoir (*feeling of knowing*) apparaît après un délai de mémorisation plus court dans le syndrome de Korsakoff alors qu'il n'apparaît pas chez les malades frontaux dans les quelques minutes qui suivent la présentation du matériel à mémoriser. En outre, ce déficit épargnerait chez le malade frontal les questions d'intérêt général (« Qui a assassiné Henri IV ? »). Il a donc pu être avancé que le déficit du « sentiment de savoir » relève chez le korsakovien de troubles sévères de l'apprentissage et de la métamémoire alors que dans la pathologie frontale, l'atteinte de la métamémoire serait prédominante, coexisterait avec un déficit de l'estimation cognitive (voir, au chapitre 13, « Lobe préfrontal et résolution de problèmes », page 167) et relèverait pour l'essentiel de l'atteinte des processus d'organisation, de manipulation, de récupération et d'évaluation des informations, qu'elles soient apprises de manière récente ou déjà stockées dans la mémoire à long terme.

SÉMÉIOLOGIE DES TROUBLES DE LA MÉMOIRE

Les amnésies

Les syndromes amnésiques durables par lésions du circuit de Papez

Le terme de syndrome amnésique au sens large désigne les amnésies antérogrades par lésion habituellement bilatérale du circuit de Papez ; elles s'accompagnent d'une lacune rétrograde plus ou moins étendue. Quand elles s'associent à des fabulations et à des fausses reconnaissances, on parle alors de syndrome de Korsakoff. Les syndromes amnésiques purs sont le fait de lésions hippocampiques mais le terme de syndrome de Korsakoff peut aussi désigner tous les syndromes amnésiques avec oubli à mesure.

❐ Les amnésies hippocampiques

Leur noyau central est l'*amnésie antérograde* dont le début commence avec la manifestation clinique de la lésion (maladie, traumatisme craniocérébral, intervention neurochirurgicale). Le cas prototypique d'amnésie bihippocampique est le patient H.M. (voir *supra*) qui, depuis son intervention de 1953, présente un oubli à mesure interdisant depuis cette date toute acquisition d'informations, qu'elles concernent des connaissances culturelles, sociales ou autobiographiques.

Ainsi, H.M. ne sait ni son âge, ni ce qu'il a fait la veille, ni ce qu'il a mangé au repas précédent; il ne connaît pas le nom du président des États-Unis et il ne se souvient pas que ses parents sont décédés. Il ne se souvient pas des tests auxquels il est soumis d'une séance à l'autre. Dans les tests d'apprentissage, les résultats sont très altérés tant en rappel libre qu'en rappel indicé et en reconnaissance. À l'amnésie antérograde s'ajoute une *amnésie rétrograde* qui remonte à l'année 1950 alors qu'il se souvient des événements et des personnages célèbres des décennies précédentes; toutefois, pour les décennies les plus anciennes (1920 et 1930), ses souvenirs se détériorent vraisemblablement par incapacité, contrairement aux sujets témoins, de renforcer son stock mnésique. Les tests d'intelligence générale donnent des résultats satisfaisants. La mémoire à court terme est préservée, tout comme les autres manifestations mnésiques indépendantes des circuits de Papez en général et des hippocampes en particulier : mémoire procédurale avec acquisition d'habiletés perceptivo-motrices et cognitives (voir *supra*), mémoire implicite verbale avec amorçage de répétition (voir *supra*).

H.M. sait qu'il a des troubles de mémoire. Son comportement général est par ailleurs peu perturbé mais il faut remarquer que depuis le décès de ses parents, il a dû vivre en institution, il manque d'initiative, ses émotions sont émoussées et il doit être surveillé dans ses soins personnels, parfois négligés.

Outre les cas neurochirurgicaux, les amnésies hippocampiques peuvent relever d'autres étiologies au cours desquelles la localisation hippocampique (ou temporale interne) n'est pas exclusive d'autres lésions en dehors ou en d'autres endroits du circuit de Papez, ce qui ne peut manquer de retentir sur la présentation séméiologique. Les lésions *vasculaires* relèvent de doubles infarctus hippocampiques par obstruction des artères perforantes hippocampiques des cérébrales postérieures ou d'obstructions bilatérales des cérébrales postérieures réalisant le *syndrome de Dide-Botcazo* associant une cécité corticale et une amnésie rétroantérograde de type hippocampique; les fabulations et les fausses reconnaissances sont exceptionnelles et doivent évoquer, quand elles existent, l'extension des lésions vers d'autres structures des circuits de Papez. Des amnésies hippocampiques peuvent être observées après arrêt cardiaque, intoxication oxycarbonée, état de mal épileptique et sismothérapie. Au cours de l'*encéphalite herpétique*, le syndrome amnésique peut s'enrichir de troubles du langage et de troubles de la personnalité traduisant l'extension des lésions au lobe temporal, et à d'autres structures du système limbique en particulier l'amygdale et le gyrus cingulaire ainsi qu'au cortex orbito-frontal. L'*encéphalite limbique* fait partie des syndromes paranéoplasiques. Certaines maladies d'Alzheimer débutent par une amnésie hippocampique qui précède, alors à court ou moyen terme, les autres signes de la maladie.

❐ Le syndrome de Korsakoff

Le syndrome de Korsakoff, décrit en 1889, comporte typiquement une tétrade séméiologique : amnésie antérograde, désorientation spatio-temporelle, fabulation et fausses reconnaissances. Les structures lésionnelles en cause peuvent être les corps mamillaires et le thalamus, le trigone (ou fornix), le télencéphale basal, le lobe frontal et en particulier le gyrus cingulaire.

L'amnésie antérograde entraîne, comme dans l'amnésie hippocampique, un oubli à mesure, effaçant les événements de la mémoire explicite en quelques dizaines de secondes. Toutefois, l'amnésie antérograde ne s'explique pas toujours par une incapacité du stockage mais peut être en partie liée à un trouble du rappel, ce qui est un élément de distinction entre les amnésies hippocampiques et les amnésies mamillo-thalamiques; ainsi, au cours de ces dernières, le malade peut nier le souvenir et exprimer ensuite de manière spontanée une réminiscence, par exemple, nier être venu dans le bureau du médecin pour, aussitôt après, accrocher son béret en précisant qu'«il le met au même endroit que la dernière fois». Ainsi en est-il aussi de la malade de Claparède qui, ce dernier lui ayant piqué le doigt à l'aide d'une aiguille dissimulée, en lui serrant la main la veille, esquive la main qui lui est tendue le jour suivant, malgré l'absence de souvenir explicite de cet événement. L'amnésie diencéphalique (mamillo-thalamique) aurait aussi une évolution de l'oubli moins rapide que l'amnésie hippocampique.

Une lacune rétrograde couvre les quelques mois ou années précédant le début de la maladie avec souvent un gradient temporel, les souvenirs les moins récents étant les plus mal mémorisés. Les souvenirs anciens sont, au contraire préservés et en particulier les souvenirs d'enfance, les malades pouvant dire le nom de leurs premiers instituteurs. Toutefois, si l'entourage peut fournir des éléments anamnestiques permettant de contrôler de manière précise et détaillée les allégations des patients, on pourra souvent constater que la préservation n'est pas aussi parfaite qu'on peut le croire à un interrogatoire habituel : relative pauvreté des événements de vie rapportés, erreurs de datation des événements. Les connaissances culturelles et didactiques sont préservées.

La désorientation spatio-temporelle est essentiellement la conséquence de l'amnésie antérorétrograde : les malades se trompent sur l'année, sur le mois, sur le jour de la semaine, sur leur âge… Sur le plan spatial, ils oublient les déplacements auxquels ils sont soumis et peuvent affirmer se trouver pour la première fois dans le bureau de consultation; ils peuvent aussi fournir des réponses confabulantes; ils peuvent apprendre à s'orienter dans des lieux nouveaux même quand ils affirment ne pas les reconnaître.

Les fabulations sont des récits de richesse variable venant remplacer les souvenirs. On peut observer des réponses confabulantes, pauvres et plausibles, facilement induites où, en questionnant le sujet sur ses activités récentes, on obtient une réponse «inventée» mais voisine des activités coutumières du malade. Il peut aussi s'agir de fabulations de remémoration au cours desquelles les réponses fournies sont des souvenirs anciens et récents, parfois désorganisés sur un mode chaotique et mêlés d'événements imaginaires. Plus exceptionnellement sont observées des fabulations purement imaginatives, fantastiques ou de grandeur. Les fausses reconnaissances conduisent le malade à affubler un inconnu de l'identité d'un proche ou d'un familier. Malgré ces troubles, l'intelligence et le raisonnement sont préservés et il est devenu classique de citer avec Korsakoff le cas de malades qui, en dépit de leur amnésie, pouvaient jouer aux échecs mais oubliaient la partie sitôt qu'elle était terminée et le jeu rangé. Les désordres mnésiques s'accompagnent d'une anosognosie et, plus inconstamment, d'une euphorie.

Les syndromes de Korsakoff *nutritionnels* sont liés à une carence en vitamine B1. Au cours de l'alcoolisme, le syndrome de Korsakoff peut s'installer isolément ou émerger au sein du noyau confusionnel de l'encéphalopathie de Gayet-Wernicke. Les lésions intéressent les tubercules mamillaires mais aussi le noyau dorso-médian du thalamus dont l'atteinte coexisterait avec la composante fabulatoire du syndrome. La vitaminothérapie B1 peut amener la guérison quand elle est entreprise précocement. Les autres causes nutritionnelles sont représentées par toutes les causes de vomissements profus, les anorexies sévères, les syndromes de malabsorption intestinale et les carences d'apport en vitamine B1 en rapport avec une alimentation parentérale ou entérale ou des conditions particulières d'alimentation (béribéri). Les syndromes de Korsakoff *tumoraux* sont le fait des tumeurs envahissant *le plancher du troisième ventricule* et tout particulièrement du craniopharyngiome de l'adulte ainsi que de tumeurs bifrontales internes entraînant soit une destruction *cingulaire* soit un envahissement du *fornix*. Il faut noter que, malgré la fréquence du craniopharyngiome chez l'enfant, on n'y observe pas de syndrome de Korsakoff, ce qui suggère que la plénitude des fonctions mnésiques du circuit de Papez n'est atteinte qu'à l'âge adulte encore qu'il faille aussi considérer les difficultés propres à l'analyse séméiologique des troubles de la mémoire de l'enfant chez qui la distinction entre souvenirs récents et anciens peut être plus difficile à inventorier que chez l'adulte. Outre les tumeurs, les *lésions cingulaires* peuvent être le fait de *cingulectomies* (qui faisaient jadis partie de la panoplie psychochirurgicale) ou encore de complications ischémiques des anévrismes de l'artère *communicante antérieure*, exceptionnellement avant, le plus souvent après l'acte chirurgical : elles se caractérisent par la profusion des fabulations, l'existence de paramnésies de reduplication et parfois la coexistence d'une aphasie transcorticale motrice ou encore d'une apathie avec irritabilité. Le syndrome de Korsakoff des anévrismes de la communicante antérieure pourrait être en rapport avec une ischémie localisée au *télencéphale basal*, à la jonction du diencéphale et des hémisphères cérébraux (contenant en particulier le noyau de Meynert) en lien anatomique étroit avec les piliers du trigone et les connexions amygdalo-thalamiques, riche en neurones cholinergiques dont les projections vont vers l'hippocampe, l'amygdale, le néocortex. Les *infarctus thalamiques* thalamo-perforés bilatéraux (ou paramédians) donnent une amnésie rétroantérograde avec un déficit variable du rappel indicé, et peu ou pas de fabulations et de fausses reconnaissances. Des troubles oculomoteurs par atteinte associée du mésencéphale, ainsi qu'une apathie peuvent compléter le tableau clinique. C'est au cours d'un infarctus thalamique paramédian qu'a pu être observée une amnésie rétrograde autobiographique au sens strict du terme car contrastant avec une préservation relative du souvenir des événements publics et de la reconnaissance des personnages célèbres. Les infarctus tubéro-thalamiques ou polaires intéressant les noyaux antérieur et ventro-latéral peuvent aussi donner des amnésies rétroantérogrades. Les infarctus unilatéraux, qu'ils intéressent les noyaux dorso-médians ou antérieurs gauches, peuvent entraîner une amnésie antérograde affectant préférentiellement le matériel verbal. Les *traumatismes crâniens* peuvent entraîner soit un ictus amnésique, soit un syndrome de Korsakoff : un traumatisme crânien même modeste peut être suivi d'une amnésie antérograde avec un oubli à mesure qui suit la perte de connaissance initiale et que rétrospectivement le malade confond avec la perte de connaissance initiale car il en garde une amnésie lacunaire : le mode évolutif est superposable à celui d'un ictus amnésique et on a pu évoquer une sidération des hippocampes en rapport avec la commotion cérébrale ou un spasme vasomoteur de type migraineux. Le syndrome de Korsakoff posttraumatique se démasque après la période confusionnelle qui suit elle-même le coma posttraumatique. Il comporte une amnésie antérograde précédée d'une amnésie rétrograde englobant la période comateuse et confusionnelle posttraumatique, rejetant ainsi le malade plusieurs années en arrière; cette amnésie s'accompagne d'une riche activité fabulatoire, de remémoration, mais aussi imaginative ou fantastique, parfois associée à des paramnésies reduplicatives ou à un syndrome de Capgras. *(Ainsi ce jeune homme de 21 ans, connaissant depuis un an celle qui devait devenir sa future épouse et qui, après avoir émergé de son coma posttraumatique déclare ne pas connaître cette jeune fille présente dans sa chambre d'hôpital et qui, prié d'expliquer sa présence à son chevet déclare qu'il s'agit de la fille du Préfet, que ce dernier a dépêché tout exprès pour l'accueillir et lui tenir compagnie... pour ajouter qu'elle est mignonne et qu'il pourrait en devenir amoureux... Il nie par contre farouchement que la date de son mariage avec sa promise non identifiée ait été arrêtée alors que l'accident était survenu quelques jours avant la date des noces qui, bien sûr n'avaient pu avoir eu lieu).* L'appauvrissement de l'activité fabulatoire annonce la régression des troubles qui se fait dans un délai de quelques semaines à quelques mois, laissant persister une amnésie lacunaire de la période korsakovienne à laquelle s'ajoute une « lacune rétrograde » de durée variable. Les lésions pourraient intéresser les gyri cingulaires mais pourraient aussi siéger en d'autres points du circuit de Papez. Bien entendu l'évolution est fonction d'éventuelles autres lésions associées qui peuvent rendre compte d'autres perturbations neuropsychologiques ou physiques associées au syndrome de Korsakoff.

Les amnésies de durée brève : ictus amnésiques et syndromes apparentés

L'ictus amnésique est de survenue brutale, le plus souvent entre 50 et 70 ans. Volontiers précédé d'une émotion (annonce d'un décès, don de sang, coït, excrétion d'un parasite intestinal...), il réalise un oubli à mesure auquel s'ajoute une amnésie rétrograde des quelques heures ou des quelques jours précédant l'ictus. Le sujet s'étonne *(« Qui m'a mis ces souliers neufs aux pieds ? » disait une malade qui ne se souvenait plus avoir acheté la veille une paire de chaussures neuves)*, pose des questions qu'il réitère car il en oublie les réponses, ce qui ne manque pas d'inquiéter l'entourage. Cependant, il n'existe pas de désorientation spatiale; pour peu que le sujet soit dans des lieux connus, la mémoire didactique est préservée, le comportement du sujet reste adapté. Il existe parfois (dans un tiers des cas) des céphalées. L'ictus dure de 4 à 6 heures et régresse toujours dans les 24 heures, tandis que persiste une amnésie lacunaire de l'épisode et parfois des instants qui l'ont précédé, laissant dans la vie une page blanche, où selon l'expression de Delay, il n'y a rien à lire parce que rien n'y a été écrit. L'ictus peut (dans 15 à 25 % des cas) récidiver, ce qui doit conduire à rechercher un ictus symptomatique. Ni l'étude des facteurs de risque, ni les données de l'imagerie ne suggèrent une pathologie vasculaire thromboembolique, sauf s'il s'agit d'un ictus amnésique atypique par son association à d'autres signes de souffrance ischémique vertébro-basilaire (diplopie, ataxie, vertiges, nystagmus, déficits sensitivo-moteurs...). La durée de l'ictus, la normalité de l'électroencéphalogramme rendent peu crédible l'imputabilité de l'ictus à une décharge épileptique : quand des malades développent ultérieurement des crises épileptiques, en particulier de type partiel complexe, l'épisode considéré comme un ictus amnésique a été de brève durée (moins d'une heure) et volontiers récidivant. Il reste enfin l'hypothèse d'un vasospasme accompagnant une migraine ou analogue à un mécanisme migraineux, même en l'absence de céphalées. Le site d'inhibition mnésique pourrait être hippocampique ou diencéphalique. En effet les examens réalisés au cours d'ictus ont pu montrer soit un déficit de l'encodage et de la consolidation de type hippocampique, soit une amnésie rétrograde étendue avec un déficit du rappel caractéristique des amnésies korsakoviennes (Hodges, 1991). Un déficit discret du rappel verbal peut persister après guérison de l'ictus amnésique.

Des *ictus symptomatiques* ou *secondaires* peuvent compliquer un traumatisme crânien (voir *supra*), une angiographie cérébrale, une manipulation du rachis cervical ou révéler à court terme une tumeur thalamique, trigonale, temporale. Il est rare que des ictus amnésiques récidivants et typiques annoncent un syndrome démentiel. Les *benzodiazépines*, en particulier celles à demi-vie courte peuvent entraîner une amnésie antérograde tandis que les *anticholinergiques* peuvent aussi altérer l'apprentissage de matériel verbal et visuospatial. Les *« blackouts »* alcooliques désignent des amnésies intéressant ou débordant la période libatoire sans que les signes d'une amnésie antérograde puissent être rétrospectivement détectés.

Troubles de la mémoire et traumatismes craniocérébraux

Les traumatismes crâniens peuvent entraîner des lésions de localisations diverses : lésions *focales lobaires* (contusion ou attrition) siégeant au point d'impact (par exemple en région frontale) mais aussi du côté opposé, par contrecoup (par exemple en occipital), ainsi qu'au niveau des régions basales, tout particulièrement fronto-temporales, menacées par les arêtes osseuses de la base du crâne. Il faut y ajouter les lésions *axonales et vasculaires de cisaillement* réparties dans la substance blanche des hémisphères cérébraux et de la partie haute du tronc cérébral. L'ébranlement fonctionnel des axones de la partie haute du tronc cérébral serait responsable de la perte de connaissance initiale.

Les traumatismes crâniens peuvent entraîner des troubles mnésiques aigus : ictus amnésique, syndrome de Korsakoff (voir *supra*). L'*amnésie posttraumatique* désigne la période au cours de laquelle existe, à l'issue du coma, une confusion mentale avec amnésie antérograde et rétrograde : sa durée est variable et généralement d'autant plus longue que le coma a lui-même été long. L'amnésie posttraumatique respecte au moins partiellement la mémoire procédurale (explorée par des apprentissages perceptivo-moteurs comme la lecture en miroir, la poursuite d'une cible en mouvement). Le retour à une orientation normale coexiste habituellement avec la fin de l'amnésie posttraumatique encore que des dissociations soient possibles entre la récupération d'une orientation satisfaisante et la récupération de l'amnésie antérograde. Au sortir de l'amnésie posttraumatique, les traumatisés crâniens graves peuvent souffrir de troubles mnésiques d'intensité variable rappelant ceux observés chez les sujets frontaux (fig. 14.7). Encore faut-il sans doute se garder de vouloir cerner de manière monolithique des perturbations neuropsychologiques dont la diversité qualitative comme quantitative résulte naturellement de l'extrême diversité des localisations lésionnelles traumatiques. S'il y a des troubles mnésiques posttraumatiques, on ne voit pas comment il pourrait exister un syndrome amnésique posttraumatique. Le *syndrome postcommotionnel* est indépendant de la gravité

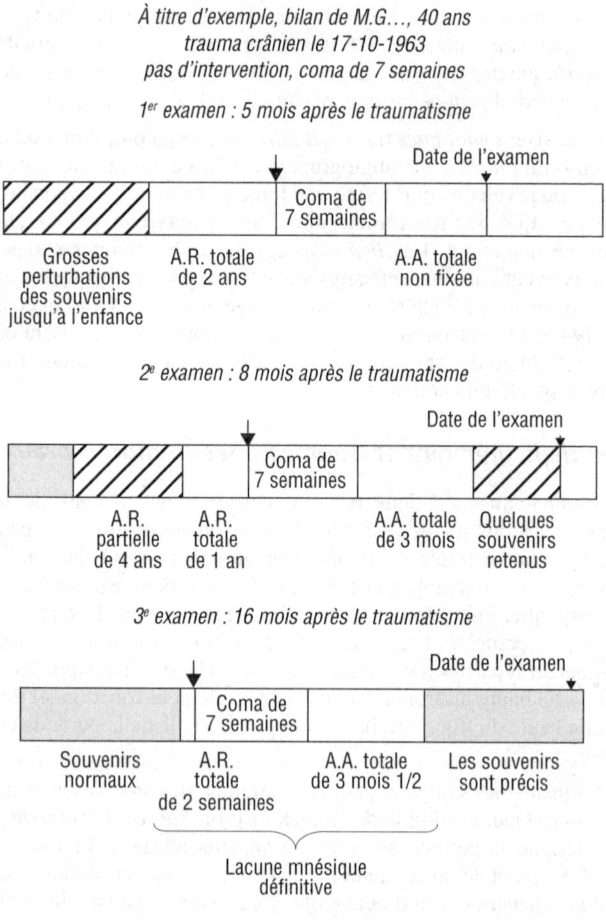

Fig. 14.7. *Le diagramme de l'évolution d'une amnésie posttraumatique* (d'après J. Barbizet. *Pathologie de la mémoire*. PUF, Paris, 1970).

du traumatisme et est plus fréquent après des accidents ouvrant droit à indemnisation, et chez les sujets ayant un faible niveau de formation professionnelle. Il associe des céphalées, des troubles de l'équilibre et des plaintes mnésiques souvent bruyamment alléguées mais qu'il faut évaluer avec précision.

Les amnésies du vieillissement et des démences

Elles sont envisagées au chapitre 16.

Les amnésies affectives ou psychogènes

❒ Les amnésies électives

L'oubli peut, selon Freud, avoir un mécanisme psychogène et relever du refoulement dans l'inconscient d'événements « insupportables » pour le Moi. Ainsi pourraient s'expliquer des amnésies intéressant électivement une tranche de vie affligée d'événements ou de problématiques relationnelles déstabilisantes (oubli, après l'accouchement, de la naissance d'un enfant, dans un cas de Freud). L'oubli constituerait alors l'échappatoire névrotique à l'excès de tension créé par l'événement traumatisant.

❒ Les amnésies d'identité

Au cours d'épisodes amnésiques de durée variable, des sujets oublient leur nom, leur adresse, leur passé, leur identité : ce thème du « voyageur sans bagages » a été particulièrement illustré dans la littérature romanesque. Ces amnésies appartiennent, une fois la simulation éliminée, à la structure névrotique hystérique. Elles peuvent accompagner un syndrome de Ganser (réponses et actes à côté, ne tenant pas compte de la réalité ambiante) ou des conduites de fugue avec comportement adapté mais réalisées dans une atmosphère de dépersonnalisation dite état crépusculaire. Parfois ces épisodes récidivent et il peut y avoir alternance entre la personnalité habituelle du sujet et une nouvelle personnalité imaginaire renvoyant au concept de « psychose hystérique » ou de formes pseudo-névrotiques hystériques de la schizophrénie.

❒ Les autres amnésies psychogènes

Outre les difficultés mnésiques liées à la dépression (voir page 185), il existe des doléances mnésiques hypocondriaques renvoyant à la crainte d'une pathologie organique cérébrale notamment démentielle. Quant à l'obsessionnel, son comportement témoigne non de l'oubli mais d'une crainte de l'oubli qui sert de justification névrotique à l'organisation de « rituels » (vérifications, répétitions de mots, de chiffres, d'événements).

Les hypermnésies

Les hypermnésies permanentes

Il s'agit de sujets manifestant des capacités mnésiques prodigieuses dans un secteur habituellement limité (trouver le jour de la semaine correspondant à une date, apprentissage extraordinairement rapide d'une série de nombres...). Certains sujets sont d'intelligence normale ou supérieure, utilisant des procédés mnémotechniques élaborés, d'autres ont une débilité mentale et paraissent utiliser des procédés mnémotechniques stéréotypés accompagnant un apprentissage intensif.

Les hypermnésies brèves

Elles concernent les phénomènes de mémoire panoramique observés au cours de l'épilepsie (voir *infra*) ainsi que les reviviscences mnésiques de tranches plus ou moins importantes du passé déclenchées par des émotions intenses ou un danger de mort.

Les paramnésies

Ce sont des illusions de mémoire qui sont conçues par Delay comme une libération de la mémoire autistique, du « garde-fou » de la mémoire sociale.

Les *ecmnésies* constituent le fait de revivre des tranches du passé comme présentes : ce sont des « hallucinations du passé » au cours desquelles « la mémoire constituée est prise pour la mémoire constituante ». Elles s'observent dans la démence d'Alzheimer; on peut considérer comme ecmnésiques les « délires de réminiscence » qui peuvent être observés dans l'hystérie... Les *paramnésies de reduplication* ont déjà été décrites (voir page 166), de même que les fabulations et les fausses reconnaissances.

Des phénomènes paramnésiques brefs peuvent être observés au cours de crises épileptiques « dysmnésiques » : impressions de déjà-vu, de déjà entendu, de déjà vécu ou à l'inverse impressions de jamais vu, jamais entendu, jamais vécu, parfois exprimées sous forme d'une impression d'étrangeté de l'environnement sensoriel. Il peut aussi s'agir de phénomènes dits de *mémoire panoramique* au cours desquels le sujet voit défiler des tranches de son passé ou encore de phénomènes ecmnésiques au cours desquels le sujet revit une expérience antérieure. Ces crises entrent dans le cadre de l'épilepsie du lobe temporal. On peut en rapprocher les crises caractérisées par une amnésie antérograde (voir *supra*).

Rappelons aussi les réminiscences au cours desquelles un épisode du passé est exalté dans une expérience émotionnelle dont l'exemple achevé reste celui de la « madeleine de Proust ».

L'EXAMEN DE LA MÉMOIRE

L'examen de la mémoire repose sur l'entretien avec le malade et avec son entourage puis sur la pratique de tests dont le nombre ne cesse de grandir. L'opinion que le sujet a de ses performances mnésiques (ou *métamémoire*) peut être appréciée par des questionnaires standardisés comme celui de Squire (tableau 14.I).

Tableau 14.I. *Échelle d'autoévaluation de la mémoire* (inspirée de LR Squire)

L'échelle complète de LR Squire comporte 18 questions. La cotation est de 0 si la réponse est «comme avant», de 0 à – 4 si la réponse est «pire qu'avant», de 0 à + 4 si la réponse est «mieux qu'avant».

	Cotation
1. Mes capacités à me souvenir de ce que je lis ou de ce que je regarde à la télévision ou des films que je vois au cinéma ou de ce que l'on me dit est...	
2. Mes capacités à me rappeler des choses très anciennes sont...	
3. Mes capacités à me souvenir des noms et des visages des personnes que je rencontre sont...	
4. Mes capacités à me souvenir de ce que je voulais dire ou de ce que je faisais si l'on m'interrompt pendant quelques minutes, sont...	
5. Mes capacités à suivre une conversation prolongée sont...	
6. Mes capacités à me souvenir des endroits où je range mes affaires sont...	
7. Je crois que ma famille et mes amis pensent que ma mémoire est...	
8. Si l'on me demandait d'apprendre et de retenir quelque chose (par exemple un article de journal ou une poésie) et si j'essayais en y faisant très attention, je crois que je réussirais...	
9. Mes capacités à me souvenir des choses qui me sont arrivées au cours des derniers mois sont...	
10. Mes capacités à me souvenir de choses de mon enfance sont...	

1) L'analyse de la mémoire autobiographique donne de précieux indices tant sur la mémoire des faits récents *(Depuis quand êtes-vous hospitalisé ? Quels examens vous a-t-on fait ? Qu'avez-vous fait dimanche dernier ?)* que des faits anciens (Nom et localisation des écoles fréquentées, du (de la) ou des premier(e)s maître(sse)s d'école ; métier ou métiers exercés ; date de mariage ; nom de famille de l'épouse ; prénom et âge des enfants...). Des entretiens semi-structurés peuvent être utilisés comme celui de Kopelman *et al.* (*J Clin Exp Neuropsychology*. 1989 ;*11* :724-744).

2) L'étude de la mémoire sociale est le complément naturel de la précédente. L'actualité politique, sociale, économique, internationale peut fournir des éléments d'appréciation de la mémoire des faits récents (concernant par exemple une élection proche locale ou nationale, un événement important relaté dans la presse ou les journaux radiotélévisés) mais aussi et surtout des faits anciens : demander à un français le nom de l'actuel président de la République et des présidents qui l'ont précédé depuis 1958, à un Britannique le nom du Premier Ministre et de ceux qui l'ont précédé... On peut aussi utiliser des tests

standardisés de reconnaissance de visages célèbres comme celui d'Albert *et al.* (1979), actualisé par Hodges et Ward (*Brain.* 1989 ;*112* :595-620).

3) L'étude de la mémoire en situation de vie quotidienne a pour souci d'utiliser des évaluations aussi «écologiques» que possible en tentant de réduire le caractère artificiel et de la situation de *testing* et de certains tests de mémoire. Ainsi le *Rivermead Behavioural Memory Test* comporte-t-il sept subtests, comme apprendre sur photo le nom et le prénom d'une personne, se souvenir de cinq étapes d'un itinéraire et penser à déposer un message sous enveloppe à l'une d'entre elles : il s'agit donc d'apprentissages factuels isolés mais aussi séquentiels. Diverses batteries informatisées ou sur bande vidéo ont amplifié cette tentative de focalisation (à visée diagnostique et rééducative) sur une mémoire «pragmatique» (ranger des objets, apprendre un itinéraire, faire des courses…).

4) L'étude de la mémoire sémantique peut se faire à travers des tests utilisant des conditions d'accès plus ou moins automatisées : test des *Automatismes verbaux* de Beauregard *(La cigale et la…; Les fourberies de…)*, les subtests de vocabulaire et d'information de la WAIS, les tests de fluence littérale et verbale, le subtest des similitudes de la WAIS, des tests de dénomination et des épreuves testant les connaissances sémantiques verbales *(Quelle couleur peut avoir une tomate ?)* ou non verbales comme le *Palm Tree Test* qui consiste à choisir, entre deux images (par exemple un sapin et un palmier), celle qui s'associe le mieux à une image cible (en l'occurrence des Pyramides égyptiennes).

5) L'étude de la mémoire à court terme s'effectue en appréciant l'empan auditif comme dans le subtest de mémoire de chiffres de la WAIS et l'empan visuel comme dans le test des blocs de Corsi (inclus dans la batterie 144 de Signoret) et le subtest de mémoire visuelle de l'échelle de mémoire de Wechsler.

6) L'étude des apprentissages évalue la mise en œuvre de la mémoire antérograde, explorée par divers canaux sensoriels, en particulier visuel et auditif. Le test de la figure complexe de Rey et le test de rétention visuelle de Benton explorent la mémorisation visuelle mais sont aussi altérés en cas de perturbations visuoconstructives et visuospatiales et le premier est en outre très sensible aux déficits de la planification des syndromes frontaux. Les apprentissages verbaux peuvent être explorés par le rappel d'histoires (comme le subtest de mémoire logique de l'*Échelle clinique de mémoire de Wechsler-Révisée* ou l'*Histoire du corbeau et des colombes* de la Batterie Luria-Nebraska ou l'*Histoire du lion* de Barbizet (fig. 14.8) que le sujet doit répéter immédiatement, après un délai d'une heure et éventuellement à des délais ultérieurs de 24 heures voire d'une semaine). Le test d'apprentissage verbal sériel des 15 mots de Rey (fig. 14.9) permet de dresser une courbe d'apprentissage tout au long des 5 essais, d'évaluer l'oubli en comparant le nombre de mots appris en rappel immédiat et en rappel différé, de distinguer ce qui revient à un déficit du stockage et à un déficit de la récupération en mémoire en comparant les performances lors du rappel libre et de la reconnaissance des mots appris mélangés au même nombre de mots distracteurs. Le test de Grober et Buschke étudie l'apprentissage verbal en rappel libre *(hareng, gilet, domino, jonquille…)*, puis pour chaque échec en rappel indicé *(Quel était le poisson ?… le vêtement ?… le jouet ?… la fleur ?…)* puis en reconnaissance, le tout de manière immédiate et différée. Le test d'apprentissage verbal de Cali-

fornie (Delis *et al.*, 1987) utilise une liste de « courses » (dite « du lundi ») faite de 16 items appartenant à 4 catégories (fruits, épices, vêtements, outils) et une liste additionnelle (dite du « mardi ») servant d'interférence ; ainsi, ce test explore certes le rappel et l'apprentissage, le rappel indicé mais aussi l'interférence proactive (intrusions de la liste du lundi dans le rappel de la liste des courses du mardi) et rétroactive (intrusions provenant de la liste des courses du mardi dans le rappel différé et la reconnaissance).

1°) Le corbeau et les colombes
(Échelle de mémoire de la batterie Luria Nebraska)

« Un corbeau entendit dire/que les colombes avaient beaucoup à manger/. Il se colora en blanc/et s'envola vers l'abri des colombes/. Les colombes pensèrent/qu'il était un des leurs/et le prirent avec elles/. Cependant, il ne pouvait s'empêcher de croasser/comme tout corbeau/. Les colombes s'aperçurent alors qu'il était un corbeau/et le jetèrent dehors/. Il retourna rejoindre les corbeaux/ mais ils ne le reconnurent pas/et ne voulurent pas l'accepter/ ».

2°) Histoire du lion de Barbizet et Truscelli

« Un lion/nommé Sultan/s'échappa de sa cage/par la porte mal fermée/par un gardien négligent/. La foule des visiteurs/nombreuse ce dimanche-là/s'enfuit vers les bâtiments voisins/. Une femme vêtue de bleu/qui tenait dans ses bras son enfant/d'un an/le laissa tomber/, le lion s'en saisit/. La femme en larmes/ revint sur ses pas/et supplia le lion de lui rendre son petit/. L'animal la regarda/ longuement/fixement/et enfin lâcha l'enfant/sans lui avoir fait le moindre mal ».

Fig. 14.8. *Histoires à mémoriser.*

Liste de 15 noms communs dissyllabiques qui est lue **cinq** fois au sujet. Chaque lecture est suivie d'une évocation. On étudie le nombre de mots répétés lors de chaque évocation ce qui permet de tracer une courbe d'apprentissage.

PUPITRE, BERGER, MOINEAU, SOULIER, FOURNEAU, MONTAGNE, LUNETTE, ÉPONGE, IMAGE, BATEAU, MOUTON, FUSIL, CRAYON, ÉGLISE, POISSON.

Épreuve de reconnaissance: À la fin de l'épreuve est lue une histoire qui contient tous les mots présents dans la liste, ceux-ci doivent être reconnus par le sujet.

La classe était silencieuse. Le maître s'approcha du pupitre et se mit à lire la leçon qui traitait de la vie dans les montagnes durant l'été. Sur l'image les enfants virent un troupeau de moutons qui paissaient paisiblement, guidé par son berger. Dans un coin, un chasseur levait son fusil menaçant vers un moineau qui ne le voyait pas, occupé qu'il était à voleter vers le clocher de l'église annonçant un village. La leçon finie, les élèves posèrent tous leurs crayons et le maître ôtant ses lunettes annonça la récréation. Il en profita pour recharger le fourneau qui menaçait de s'éteindre, et relaça son soulier droit. Avant de sortir dans la cour rejoindre ses collègues, il prit l'éponge pour effacer le tableau noir qui portait encore les dessins de la veille, une mer démontée où les poissons sautent effrayés sur le pont d'un bateau.

Fig. 14.9. *Les mots de Rey.*

7) Des batteries composites visent à explorer plusieurs aspects de la mémoire pour fournir une évaluation diversifiée des fonctions mnésiques : il en est ainsi de l'*Échelle clinique de mémoire de Wechsler-Révisée*, de la *Batterie d'efficience mnésique de Signoret (BEM 144)*, et de l'échelle de mémoire de la *Batterie neuropsychologique Luria-Nebraska* qui a la particularité de faire précéder le subtest d'apprentissage de mots d'une estimation par le sujet de ses capacités de mémorisation et qui, par l'apprentissage de séries successives de trois mots avec rappel immédiat et différé, étudie ainsi les intrusions pouvant provenir de phénomènes d'interférence pro- et rétroactive.

BIBLIOGRAPHIE

ALI CHÉRIF A. — *Les troubles de la mémoire d'origine cérébrale*. Nodules, PUF, Paris, 1992.

BADDELEY A. — *La mémoire humaine : théorie et pratique*. Presses Universitaires, Grenoble, 1993.

BERGEGO C., AZOUVI P. — *Neuropsychologie des traumatismes crâniens graves de l'adulte*. Société de Neuropsychologie de Langue Française, Les Ateliers de Garches, Paris, 1994.

CLAPARÈDE E. — Reconnaissance et moiité. *Arch Psychol*. 1911;*11*:79-90.

DELAY J. — *Les Dissolutions de la mémoire*. PUF, Paris, 1942.

DELAY J., BRION S. — *Le syndrome de Korsakoff*. Masson, Paris, 1969.

DELIS D.-C., KRAMER J.-U., KAPLAN E., OBER B.-A. — *California Verbal Learning Test*. The Psychological Corporation, San Antonio.

DOLAN R.-J., FLETCHER P.-C. — Dissociating prefrontal and hippocampal function in episodic memory encoding. *Nature*. 1997;*388*:582-585.

EY H. — Les troubles de la mémoire. *In : Études psychiatriques* (tome II). Desclée de Brouwer, Paris, 1950.

FLETCHER P.-C., SHALLICE T., DOLAN R.-J. — The functional roles of prefrontal cortex in episodic memory. *Brain*. 1998;*121*:1239-1248.

GOLDEN C.-J., PURISCH A.-D., HAMMEKE T.-A. — *Luria-Nebraska Neuropsychological Battery Forms I et II. Manual*. WPS, Los Angeles, 1985.

GRADY C.-L., MCINTOSH A.-R., RAJAH M.-N., CRAIK F.-I. — Neural correlates of the episodic encoding of pictures. *Proc Natl Acad Sci (USA)*. 1998;*95*:2703-2708.

HODGES J.-R. — *Transient amnesia*. Sauders Company, London, 1991.

HODGES J.-R., MCCARTHY R.-A. — Autobiographical amnesia resulting from bilateral paramedian thalamic infarction. *Brain*. 1993;*116*:921-940.

JANOWSKY J.-S., SHIMAMURA A.-P., SQUIRE L.-R. — Source memory impairment in patients with frontal lobe lesions. *Neuropsychologia*. 1989;*22*(8):1043-1056.

KELLEY W.-M., MIEZIN F.-M., MCDERMOTT K.-B. *et al.* — Hemispheric specialization in human dorsal frontal cortex and medial temporal lobe for verbal and nonverbal memory encoding. *Neuron*. 1998;*20*:927-936.

LHERMITTE F., SIGNORET J.-L. — Analyse neuropsychologique et différenciation des syndromes amnésiques. *Rev Neurol.* 1972;*126*(3):161-178.

NICOLAS S., CARBONNEL S., TIBERGHIEN G. — Les capacités préservées d'apprentissage et de la mémoire chez les patients atteints d'amnésie organique. *Revue de Neuropsychologie*. 1992;*2*(2):227-268.

SQUIRE L.-R. — The neuropsychology of memory dysfunction and its assessment. *In : Neuropsychological assessment of neuropsychiatric disorders.* I Grant et KM Adams, Oxford University Press, Oxford, 1986.

TRILLET M., LAURENT B., FISHER C. — *Les troubles transitoires de la mémoire*. Masson, Paris, 1983.

TULVING E. — *Elements of episodic memory.* Oxford University Press, New York, 1983.

VAN DER LINDEN M., HUPET M. — *Le vieillissement cognitif.* PUF, Paris, 1994.

15 LES DISCONNEXIONS INTERHÉMISPHÉRIQUES

«Au point de vue physiologique, on peut induire de la direction
[des fibres commissurales]... que c'est grâce à elles
que les régions de deux hémisphères cérébraux sont anastomosées...
et qu'elles sont, par cela même,
les véritables agents de l'unité d'action des deux lobes cérébraux.»
J. Luys, *Le Cerveau*, 1876.

C'est grâce à ses deux hémisphères cérébraux que l'être humain sent, marche, voit, entend, agit, parle, regarde, ressent. Malgré l'éparpillement des fonctions du cerveau et la latéralisation de certaines d'entre elles (comme le langage), l'être humain doit se construire et agir de manière cohérente et rassemblée. Ainsi est née l'idée que les différentes régions du cerveau doivent par conséquent communiquer entre elles et que certains troubles peuvent ne pas être liés à une lésion de «centres» spécialisés mais à une lésion de «connexions» d'un centre à l'autre; c'est ainsi que Wernicke, en 1874, postula l'existence et la physiopathologie de l'aphasie de conduction devenue l'exemple d'une disconnexion intrahémisphérique. Ce fut ensuite Déjerine qui, en 1891 et 1892, montra le rôle de l'atteinte du splénium du corps calleux dans le déterminisme de l'alexie sans agraphie illustrant ainsi les conséquences d'une disconnexion inter-hémisphérique. Ce fut aussi Liepmann qui, au début du siècle, stigmatisa l'importance des connexions intra- et interhémisphériques dans le mécanisme des désordres apraxiques et rapporta en particulier à une disconnexion calleuse la survenue d'une apraxie idéomotrice unilatérale gauche. Les deux hémisphères cérébraux sont en effet unis par des trousseaux de substance blanche ou commissures. On distingue les petites commissures et trois grandes commissures : la commissure blanche antérieure, la commissure du fornix (trigone) et la plus importante, le corps calleux qui unit un néocortex à l'autre (fig. 15.1 à 15.3). Pendant longtemps pourtant, la section du corps calleux, utilisée pour traiter des épilepsies rebelles était considérée comme dépourvue de conséquences neuropsychologiques et la séméiologie des tumeurs calleuses fut rapportée à l'envahissement des structures de voisinage. Il fallut attendre le milieu du siècle pour que, sous l'impulsion des constatations faites chez l'animal commissurotomisé, la séméiologie calleuse puisse être esquissée à partir des observations faites par Sperry et Gazzaniga chez les malades commissurotomisés, par Geshwind et Kaplan chez des malades atteints d'une tumeur envahissant le corps calleux. Le syndrome de disconnexion interhémisphérique fut ensuite confirmé et amplifié par nombre d'observations incluant aussi la pathologie vasculaire (la vascularisation calleuse est assurée par les artères cérébrales antérieure et postérieure) et la maladie de Marchiafava-Bignami.

Les signes de disconnexion calleuse ne s'imposent pas à l'examen clinique et doivent être soigneusement recherchés (tableau 15.I); il faut en effet se souvenir que les sujets commissurotomisés ne sont habituellement pas gênés

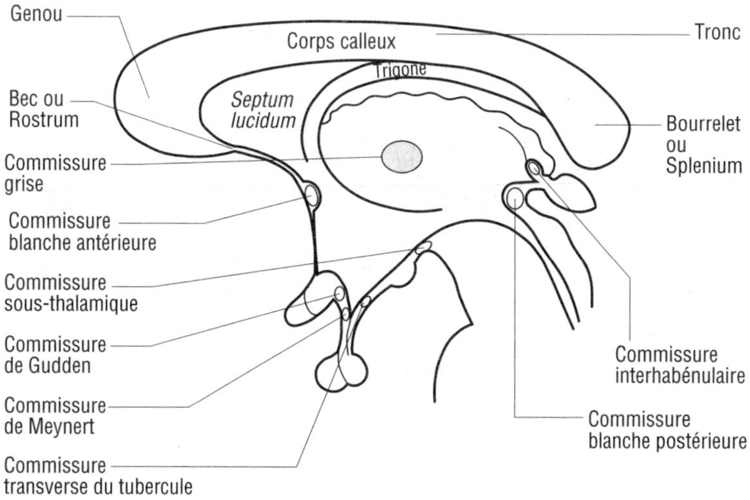

Fig. 15.1. *Représentation schématique des commissures interhémisphériques et des connexions du corps calleux* (d'après G. Lazorthes. *Le système nerveux central*. Masson, Paris, 1967).

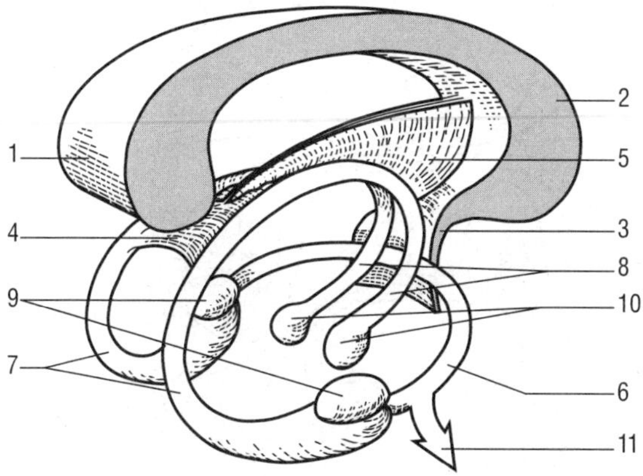

Fig. 15.2. *Morphologie des commissures interhémisphériques* (d'après J. Barbizet et Ph. Duizabo. *Abrégé de Neuropsychologie*. Masson, Paris, 1985).

1. Bourrelet ou splénium du corps calleux. 2. Genou du corps calleux. 3. Bec ou Rostrum du corps calleux. 4. Fornix ou Trigone dont les fibres transversales constituent le psalterium ou Lyre de David. 5. *Septum lucidum*. 6. Commissure blanche antérieure. 7. Piliers postérieurs du trigone ou *Crura fornicis*. 8. Piliers antérieurs du trigone ou *columnae fornicis*. 9. Noyaux amygdaliens. 10. Tubercules mamillaires. 11. Faisceau temporal.

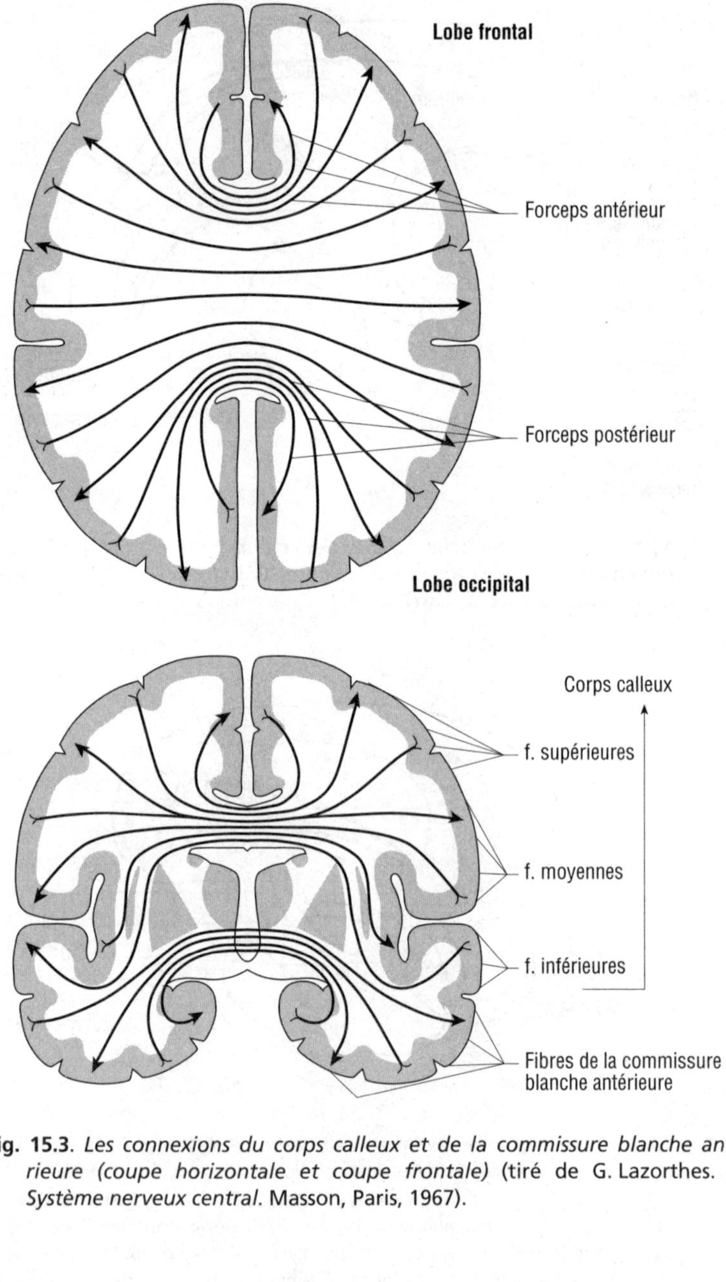

Fig. 15.3. *Les connexions du corps calleux et de la commissure blanche antérieure (coupe horizontale et coupe frontale)* (tiré de G. Lazorthes. *Le Système nerveux central*. Masson, Paris, 1967).

dans leur vie sociale routinière et que des mécanismes compensatoires masquent les troubles liés au déficit du transfert interhémisphérique d'informations qui constitue le cœur même du syndrome calleux et qui entraîne un sentiment « d'étonnement » d'un hémisphère par rapport à l'autre.

Tableau 15.I. *Principaux gestes d'examen permettant de dépister une disconnexion calleuse*

1. Palpation aveugle d'objets dans chaque main	Anomie tactile gauche
2. Écriture dictée, copiée de la main droite et de la main gauche	Agraphie gauche
3. Dessin du cube de chaque main (copie)	Apraxie constructive droite
4. Désignation verbale des index présentés simultanément dans la partie périphérique des deux hémichamps visuels	Absence de désignation verbale de l'index présenté à gauche (pseudo-hémianopsie gauche)
5. Exécution de gestes avec chaque membre supérieur (voir chapitre 5)	Apraxie idéomotrice gauche

SÉMÉIOLOGIE DES DISCONNEXIONS INTERHÉMISPHÉRIQUES

L'anomie tactile gauche

Les objets placés dans la main gauche (les yeux étant cachés) ne sont pas dénommés (fig. 15.4). Il ne s'agit pas d'une astéréognosie car l'objet est correctement manipulé et reconnu si on demande au sujet d'ouvrir les yeux et de le désigner au sein d'un groupe d'objets. Il ne s'agit pas d'une aphasie car la dénomination des objets vus est normale et l'objet est nommé dès qu'il est mis dans la main droite ; il est parfois dénommé si la manipulation permet un bruit spécifique *(sonnette de vélo)* ou s'il a une odeur spécifique *(pipe)*. Parfois le sujet ne peut donner aucune description de l'objet ; parfois il analyse vaguement ses caractères physiques *(épingle de sûreté → « objet comprenant deux branches, dont l'une est mobile »)* ; parfois il produit des réponses erronées sans rapport avec l'objet (*décapsuleur → « blaireau »*), ce qui montre bien qu'il n'y a pas confusion avec un objet dont les qualités sont voisines mais qu'il s'agit bien d'une incapacité de *dire* le nom de l'objet : les influx somesthésiques issus de la main gauche gagnent l'hémisphère droit permettant l'identification mais la lésion calleuse ne permet pas le transfert de ces informations aux aires du langage de l'hémisphère gauche alors que la dénomination des objets placés dans la main droite est correcte puisque les influx somesthésiques parviennent à l'hémisphère dominant et que les connexions nécessaires à la verbalisation sont intrahémisphériques. En outre, la main droite ne peut dessiner ce que tient la main gauche, tout se passant comme si l'hémisphère gauche ignorait l'hémisphère droit.

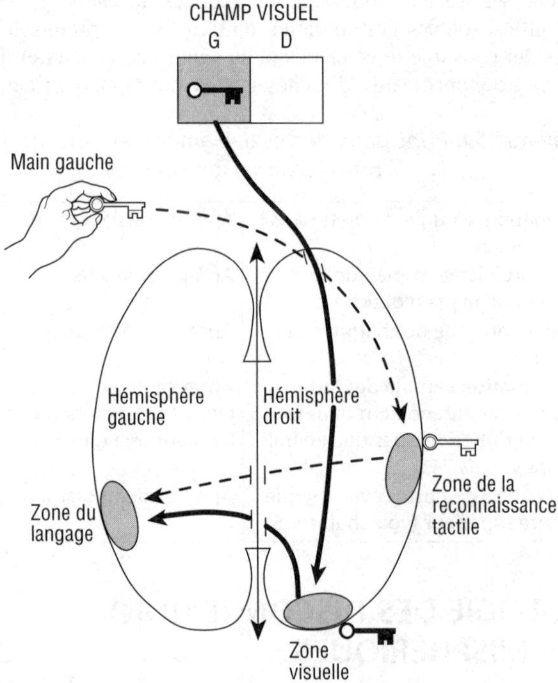

Fig. 15.4. *Schéma explicatif des anomies tactile et visuelle gauches* (d'après *Les Cahiers intégrés de médecine, Neurologie* et d'après J. Barbizet et Ph. Duizabo, *Abrégé de neuropsychologie).*

La section ou la lésion du corps calleux empêchent les informations tactiles venues de la main gauche et traitées au niveau de l'hémisphère droit d'atteindre la zone du langage située dans l'hémisphère gauche, d'où l'anomie tactile gauche. De même les informations venues de l'hémichamp visuel gauche sont traitées au niveau de la partie postérieure de l'hémisphère droit mais ne peuvent atteindre l'aire du langage hémisphérique gauche, d'où l'anomie visuelle gauche.

L'*alexie tactile* désigne l'incapacité de nommer des lettres mobiles placées dans la main (gauche chez le droitier) alors qu'elles ont été identifiées car les lettres palpées peuvent ensuite être désignées dans une épreuve à choix multiple : elle peut exister en l'absence d'anomie.

L'apraxie (idéomotrice) unilatérale gauche

L'apraxie idéomotrice n'intéresse que l'hémicorps gauche et n'apparaît que sur ordre verbal alors que l'imitation gestuelle par le même hémicorps est correcte et que les gestes de la vie quotidienne ne sont pas modifiés : les ordres verbaux, reçus par l'hémisphère gauche ne peuvent être transmis à l'aire prémotrice de l'hémisphère droit (voir chapitre 5). Une apraxie calleuse s'accompagne souvent mais pas toujours d'une agraphie apraxique gauche. On a aussi pu observer une apraxie unilatérale gauche sur ordre verbal, sur imitation et dans l'utilisation d'objets.

L'agraphie gauche (fig. 15.5)

L'agraphie calleuse (voir page 67) est certes souvent une agraphie apraxique, caractérisée par des lettres déformées, plus ou moins identifiables, parfois illisibles ou même réduites à un gribouillis. L'écriture peut être quelque peu améliorée en copie, l'épellation est préservée ; de même que l'écriture par lettres mobiles et par dactylographie. L'association à une apraxie idéomotrice est fréquente : ce tableau clinique est plutôt observé dans les lésions situées en arrière du genou et en avant du splénium, au niveau du tronc (*body* ou corps proprement dit) du corps calleux. Il serait lié à un déficit du transfert d'informations visuokinesthésiques qui permettent l'organisation spatio-temporelle du graphisme. Toutefois des lésions du tronc du corps calleux étendues au genou donnent en outre une incapacité à taper à la machine et à écrire avec des lettres mobiles, ce qui suppose que c'est par le genou du corps calleux que transitent les informations (ou engrammes) verbomoteurs.

Mais l'agraphie calleuse peut exister en l'absence d'apraxie. La réalisation graphique peut être altérée tout particulièrement en lettres cursives mais il existe aussi des paragraphies attestant de la nature linguistique du trouble et objectivées soit dans l'écriture cursive, quand elle est préservée, soit dans l'écriture en lettres capitales. Elles peuvent être interprétées comme des agraphies aphasiques ou mixtes et sont observées dans les lésions impliquant le splénium. Les observations faites chez des sujets japonais montrent que l'agraphie gauche prédomine sur le système alphabétique *(kana)* et préserve relativement le système idéographique *(kanji)* qui peut aussi extérioriser des

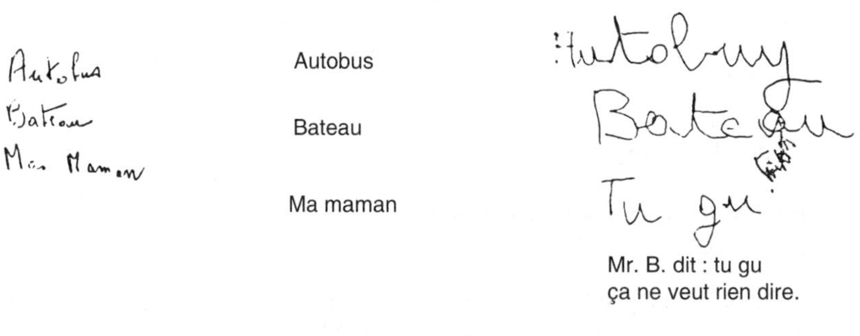

Fig. 15.5. *Agraphie unilatérale gauche (de type aphasique) au cours d'une lésion calleuse* (tiré de S. Brion, C.-P. Jedynak. *Rev Neurol.* 1972;*128(4)*:257-266).

paragraphies sémantiques. Ainsi les informations proprement linguistiques pourraient-elles cheminer dans la partie postérieure (splénium) du corps calleux (fig. 15.6).

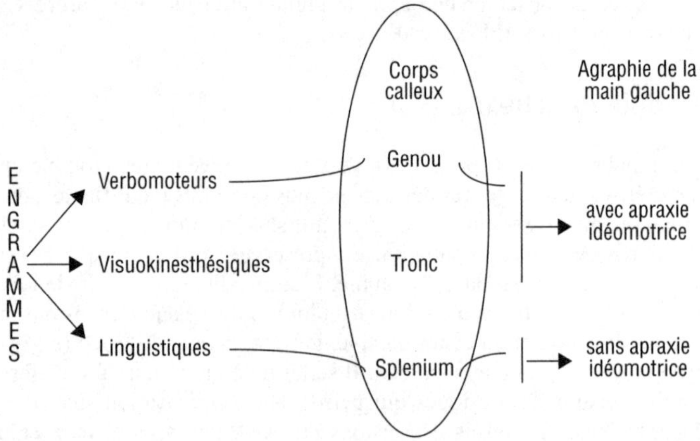

Fig. 15.6. *Représentation schématique des différents types d'informations « graphiques » et de leur cheminement à travers les subdivisions anatomiques du corps calleux selon les conceptions de Watson et Heilman (1983).*

L'apraxie constructive droite

De la main droite, la réalisation sur ordre verbal ou sur copie de dessins comme un cube ou une bicyclette est lente et désorganisée alors que les performances sont paradoxalement meilleures avec la main non dominante. De même la copie de la figure complexe de Rey est massivement désorganisée quand elle est réalisée avec la main droite de même que la réalisation de constructions tridimensionnelles avec des cubes. Le trouble du transfert intéresse les informations qui doivent cheminer de l'hémisphère droit, siège des capacités visuoconstructives, vers l'hémisphère gauche qui commande la main droite.

Les troubles visuels

La double pseudo-hémianopsie sur désignation unilatérale forcée et silencieuse (fig. 15.7)

Le sujet est installé face à l'examinateur, tête fixe, yeux ouverts, une main (par exemple la gauche) maintenue immobile sous une fesse : il est alors prié de ne pas parler et d'attraper avec sa main libre (par exemple la droite) le doigt de l'examinateur dès qu'il l'apercevra dans son champ visuel. On

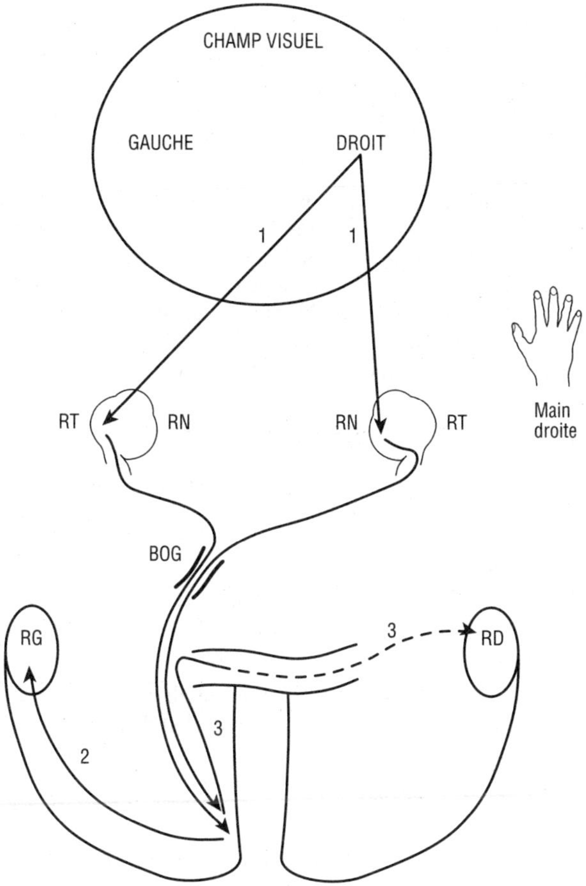

Fig. 15.7. *La pseudo-hémianopsie double sur requête verbale forcée et silencieuse.* Les influx visuels (1) venus de l'hémichamp droit, reçus par la rétine temporale de l'œil gauche et la rétine nasale de l'œil droit empruntent les nerfs optiques, le chiasma, la bandelette optique gauche (BOG), les radiations optiques gauches (ROG) jusqu'au lobe occipital gauche. La main droite du sujet, seule autorisée à bouger, pourra attraper l'objet présenté dans l'hémichamp visuel droit grâce à un transfert intrahémisphérique d'informations (2) entre le lobe occipital gauche et la région rolandique gauche (RG). Par contre, elle restera immobile quand l'objet sera présenté dans l'hémichamp visuel gauche car les informations parvenues au lobe occipital droit ne peuvent pas franchir le corps calleux pour rejoindre la région rolandique gauche. Le phénomène inverse est observé quand seule la main gauche est autorisée à bouger pour attraper l'objet présenté dans le champ visuel: cette main restera immobile quand l'objet sera présenté dans l'hémichamp visuel droit car les informations parvenues au lobe occipital gauche ne peuvent pas franchir le corps calleux (3) pour rejoindre la région rolandique droite (RD).

constate alors que le sujet dirige sa main vers le doigt quand ce dernier apparaît dans l'hémichamp visuel homolatéral à la main mobile (ici le droit) mais n'effectue aucun geste de préhension quand l'index est présenté dans l'hémichamp visuel controlatéral (ici le gauche) à la main mobile (ici la droite). En effet, les informations visuelles parvenues à l'hémisphère droit ne peuvent plus être transférées vers l'hémisphère gauche qui commande la main droite. Le phénomène inverse est observé pour l'autre hémichamp quand l'autre main est seule autorisée à se déplacer et cette double pseudo-hémianopsie intéresse donc l'hémichamp visuel hétérolatéral à la main mobile. Il s'agit bien d'une pseudo-hémianopsie car parfois un stimulus dans l'hémichamp apparemment aveugle entraînera une rotation de la tête et des yeux vers lui et sera attrapé. En outre, si les deux mains sont libres et si les index de l'examinateur apparaissent bilatéralement dans chaque hémichamp, ils seront normalement attrapés par le sujet.

La pseudo-hémianopsie gauche sur requête verbale

Cependant, lors de la présentation simultanée d'index dans chaque hémichamp, le sujet, prié de signaler verbalement la présence des index, ignorera et même niera la présence de l'index présenté dans l'hémichamp visuel gauche : cet index est pourtant vu car attrapé sur ordre. Les influx visuels parviennent bien à chaque hémisphère mais la verbalisation de la présence du stimulus gauche nécessite un transfert transcalleux de lobe occipital droit vers les centres du langage de l'hémisphère gauche.

Ces épreuves sont toutefois difficiles à réaliser au lit du malade et nécessitent deux précautions : la présentation des stimuli doit être très brève car il apparaît très rapidement des mouvements de balayage oculaire qui informeront les deux hémisphères et compenseront le déficit du transfert ; la présentation des stimuli doit bien se faire à la périphérie du champ visuel car la partie centrale du champ visuel (à 2 ou 3 degrés de part et d'autre du méridien vertical) se projette au niveau de la rétine sur la macula d'où partent des fibres directes et croisées alors que les influx venus de la périphérie de chaque hémichamp parviennent aux rétines périphériques pour aboutir au lobe occipital hétérolatéral à chaque hémichamp visuel (voir *Neurologie pour le Praticien*, tableau 9.1, page 46). Le tachistoscope permet de faire sur écran des présentations visuelles très brèves (de 1/10 à 1/25 seconde) ; il permet de contrôler la position des stimuli et on peut même y adjoindre le contrôle de l'immobilité oculaire pendant la présentation des stimuli. La présentation tachistoscopique permet de confirmer l'incapacité de dénomination des images projetées au niveau de l'hémichamp visuel gauche (anomie visuelle gauche, fig. 15.6) alors que le sujet peut ensuite désigner, dans un choix multiple, l'objet qu'il n'avait pas déclaré voir. La présentation de *chimères* (accolement de la partie droite ou gauche de deux demi-images d'objets différents comme la moitié gauche d'un crayon accolée avec la moitié droite d'une paire de ciseaux) montre que le sujet normal fait des erreurs d'identification ou déclare voir deux objets alors qu'en cas de lésion calleuse, seule la demi-image projetée dans l'hémichamp visuel droit est nommée et le patient ne déclare jamais voir deux objets. Quand on demande au sujet non plus de nommer mais de désigner sur choix multiple, il a pu être observé que le choix du sujet se portait sur la demi-image projetée dans l'hémichamp visuel droit quand il s'agissait d'un objet ou d'une lettre alors que le sujet choisissait la demi-image projetée à gauche quand il s'agissait d'un visage : cette épreuve permet donc aussi de mettre en évidence la spécialisation hémisphérique dans le traitement des informations visuelles.

L'hémialexie gauche

La présentation tachistoscopique de lettres ou de mots brefs montre que leur lecture n'est possible que dans l'hémichamp visuel droit. L'association d'une lésion occipitale gauche et d'une lésion du splénium du corps calleux donne une hémianopsie droite et une alexie sans agraphie (voir page 73).

L'extinction auditive unilatérale

Sa mise en évidence nécessite un test d'écoute dichotique qui montre une extinction de la voie «oreille droite-cerveau gauche» pour les messages verbaux (voir page 146).

L'anomie olfactive unilatérale

En cas de commissurotomie complète intéressant le corps calleux et la commissure antérieure, il a été observé une incapacité de nommer les odeurs présentées à la narine droite alors que le patient peut désigner sur choix multiple l'objet d'où provient l'odeur.

Les signes d'ignorance, d'étonnement ou de conflit d'un hémicorps par rapport à l'autre

La critique hémisphérique

Elle désigne l'étonnement du sujet à l'égard de l'écriture réalisée par la main gauche *(«Je n'ai pas l'impression que c'est ma main gauche qui écrit»)* ou des gestes réalisés par le membre supérieur gauche. (Au cours d'une épreuve «doigt-nez», le malade, mettant son doigt dans la bouche, dit : *«C'est drôle; pourquoi ne veut-il pas aller sur mon nez ?»*).

La dyspraxie diagonistique et le signe de la main étrangère

Ces signes qui traduisent l'ignorance, parfois conflictuelle, d'une main par rapport à l'autre ont été envisagés au chapitre 5 .

L'incapacité de duplication croisée des postures de la main

Le sujet ne peut pas, en dehors du secours de la vue, imprimer à une main les postures imprimées à l'autre main. Le déficit de transfert des informations proprioceptives est aussi constaté quand, montrant au sujet des postures de main projetées dans chaque hémichamp en présentation tachistoscopique, on constate que le sujet ne peut reproduire ces postures qu'avec la main homolatérale au champ visuel stimulé.

L'alexithymie

Les sujets commissurotomisés ont plus de difficultés que les sujets normaux à exprimer, à verbaliser leurs sentiments : cette constatation, peu accessible à un examen de cas unique a été établie de manière statistique et traduirait un déficit du transfert entre l'hémisphère droit (dont on connaît le rôle dans la régulation de la vie émotionnelle) et l'hémisphère gauche qui gère le langage (voir chapitre 17, page 296).

CONSIDÉRATIONS ANATOMOCLINIQUES ET ÉTIOLOGIQUES

Le tableau «complet» d'un syndrome de disconnexion concerne les lésions calleuses massives (ou les sections complètes) incluant le splénium. Il existe d'ailleurs à l'intérieur du corps calleux une ségrégation des fibres en fonction des informations qu'elles transmettent : ainsi une lésion épargnant la partie postérieure du splénium permet le transfert des informations visuelles et les lésions donnant une apraxie idéomotrice gauche sont plus antérieures que celles donnant une agraphie gauche sans apraxie. La séméiologie de la partie antérieure du corps calleux (connectant les lobes frontaux) est très fruste en cas de section mais peut curieusement entraîner une apraxie gauche en cas de lésions endogènes (tumeur, infarctus…). Des signes de disconnexion calleuse peuvent être constatés dans la sclérose en plaques et l'on sait la fréquence de l'atrophie calleuse accompagnant les lésions de la substance blanche dans les formes évoluées de la maladie : ces signes sont le plus souvent discrets. L'*agénésie calleuse* peut évoluer dans un contexte polymalformatif et s'accompagner d'un retard mental voire d'un état psychotique. Mais l'intelligence peut être normale; les investigations neuropsychologiques permettent de constater que le plus souvent les signes de disconnexion sont absents ou discrets mais certaines observations peuvent montrer des perturbations du transfert interhémisphérique des informations visuelles, tactiles, auditives. Pour expliquer la (quasi-) normalité du transfert, plusieurs mécanismes ont été évoqués. On a pu suggérer une représentation bihémisphérique des fonctions cognitives tout particulièrement du langage, ce que le test de Wada n'a qu'exceptionnellement confirmé. On a pu suggérer aussi un renforcement des voies motrices et sensorielles ipsilatérales, ce qui permettrait une information simultanée des hémisphères cérébraux palliant ainsi le déficit du transfert : ainsi pourrait s'expliquer le fait que chez les sujets agénésiques soit observée, en écoute dichotique, une réduction de l'asymétrie physiologique ou même un avantage de la voie «oreille gauche-cerveau droit» alors que les sujets droitiers et normaux ont en majorité une légère supériorité de l'oreille droite et que les sujets callotomisés ont au contraire un déficit de l'oreille gauche. On a pu aussi argumenter une compensation de l'agénésie calleuse par la commissure antérieure. Ainsi un déficit du transfert a pu être corrélé avec l'absence concomitante de commissure antérieure tandis qu'un transfert normal a pu être corrélé à l'hypertrophie de la commissure antérieure. Les troubles discrets du transfert pourraient alors s'expliquer par un débordement des capacités de traitement des informations par la commissure antérieure ou même par une limitation qualitative du transfert visuospatial par la commissure antérieure.

LE CORPS CALLEUX ET LA SPÉCIALISATION HÉMISPHÉRIQUE (Fig. 15.8)

Les lésions chirurgicales et endogènes du corps calleux sont un moyen privilégié d'interrogation de chaque hémisphère donc d'étude de la spécialisation hémisphérique. Comme de coutume, les signes ci-dessus exposés sont décrits chez les droitiers, sachant que chez les gauchers, les troubles n'obéissent pas à une inversion rigoureuse mais réalisent le plus souvent un ensemble composite comme par exemple une agraphie droite et une apraxie idéomotrice droite, une main étrangère gauche et une alexie tactile droite. En tout cas, la séméiologie calleuse isole bien chez le droitier un hémisphère investi dans le langage et un hémisphère investi dans le traitement des données visuoconstructives et visuospatiales. Mais il clair aussi qu'il n'y a pas de dichotomie absolue : ainsi les disconnexions calleuses montrent que l'hémisphère droit peut, seul, comprendre le sens de mots écrits et parlés : l'anomique tactile

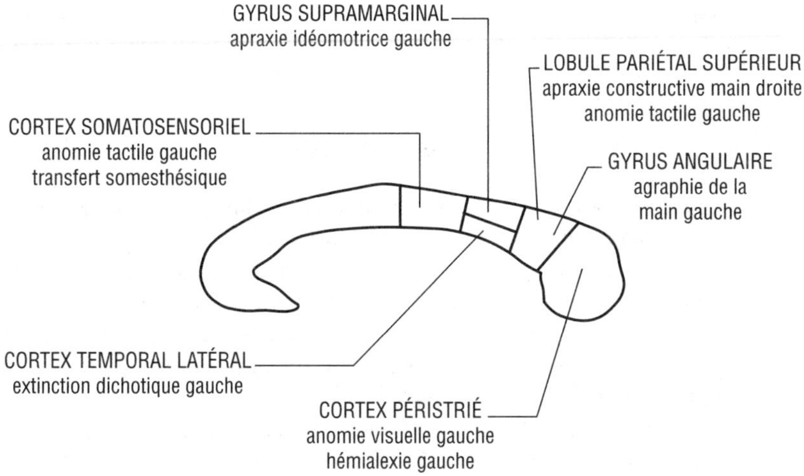

Fig. 15.8. *Siège présumé des lésions calleuses responsables des principales manifestations du syndrome de disconnexion interhémisphérique* (tiré de Habib et Pelletier. *Revue de Neuropsychologie.* 1994;*4(1)*:69-112).

gauche peut rechercher et trouver avec sa main gauche sans le secours de la vue un objet nommé par l'examinateur de même qu'il peut désigner de sa main gauche, un objet dont il n'avait pas su nommer l'image en présentation tachistoscopique dans l'hémichamp visuel gauche. Mais qu'en est-il chez le sujet dont le corps calleux est fonctionnel ? Le corps calleux transmet-il des informations neutres ou module-t-il la spécialisation hémisphérique ? L'hémisphère gauche inhibe-t-il les capacités linguistiques de l'hémisphère droit comme le suggérerait l'observation d'enfants cérébro-lésés gauches dont l'hémisphérectomie fut suivie d'une amélioration très importante des capacités linguistiques ? Le corps calleux véhicule-t-il des influences facilitatrices ce qui serait illustré par son rôle dans les décharges épileptiques et qui rendrait compte des meilleures capacités de récupération des aphasiques dont le corps calleux n'est pas lésé ? Ou bien le corps calleux exerce-t-il un rôle d'harmonisation interhémisphérique, bouleversé dans un sens facilitateur ou inhibiteur en fonction de paramètres dont l'architecture nous échappe ?

ASPECTS ÉVOLUTIFS

La séméiologie calleuse doit être recherchée avec attention ; elle peut échapper à un examen de routine ; elle peut être masquée par les signes en rapport avec l'atteinte des structures avoisinantes, notamment en cas de lésion tumorale ; elle a enfin une tendance spontanée à l'amélioration par utilisation de mécanismes aptes à surmonter le déficit de la transmission transcalleuse : il s'agit par exemple des mouvements de balayage oculaire, de la verbalisation qui permet au sujet d'informer ses deux hémisphères, de l'utilisation maximale de tous les canaux sensoriels : l'odeur, le bruit peuvent concourir à la reconnaissance des objets et la plasticité qui permettrait d'utiliser les commissures extracalleuses est-elle réservée à l'enfant ? Le cerveau divisé masque sa division et essaie sans cesse de structurer son unité.

BIBLIOGRAPHIE

ABSHER J.-R., BENSON F. — Disconnection syndromes : an overview of Geschwind contributions. *Neurology*. 1993;*43*:862-867.

BOGEN J.-E. — The callosal syndromes. *In : Clinical Neuropsychology*. KH Heilmann et E Valenstein, Oxford University Press, Oxford, 1994:337-407.

BRION S., JEDYNAK C.-P. — Troubles du transfert interhémisphérique. À propos de trois observations de tumeurs du corps calleux. Le signe de la main étrangère. *Rev Neurol*. 1972;*2*(126,4):257-266.

FISCHER M., RYAN S.-B., DOBYNS W.-B. — Mechanisms of interhemispheric transfer and patterns of cognitive function in callosal patients of normal intelligence. *Arch Neurol*. 1992;*49*(3):271-277.

GAZZANIGA M.-S., RISSE G.-L., SPRINGER S.-P. *et al.* — Psychologic and neurologic consequences of partial and complete commissurotomy. *Neurology*. 1975;*25*:10-15.

GESHWIND N. — Disconnexion syndromes in animals and man. *Brain*. 1965;*88*:237-294 et 585-644.

HABIB M., PELLETIER J. — Neuro-anatomie fonctionnelle des relations interhémisphériques. Aspects théoriques et perspectives cliniques : 1. Organisation anatomo-fonctionnelle des connexions calleuses. *Revue de Neuropsychologie*. 1994;*4*(1):79-112.

KARNATH H.-O., SCHUMACHER M., WALLESCH C.-W. — Limitations of interhemispheric extracallosal transfer of visual information in callosal agenesis. *Cortex*. 1991;*27*(2):345-350.

MARTIN A. — A qualitative limitation on visual transfer via the anterior commissure. *Brain*. 1985;*108*:40-63.

MICHEL F., SCHOTT B. — *Les syndromes de disconnexion calleuse chez l'homme*. Hôpital Neurologique, Lyon, 1974.

RUSSEL W.-R. — Some anatomical aspects of aphasia. *Lancet*. 1963;*1*:1173-1177.

SAUERWEIN H., LASSONDE M.-C. — Intra- and interhemispheric processing of visual information in callosal agenesis. *Neuropsychologia*. 1983;*21*(2):167-171.

SCHNIDER A., BENSON F., ROSNER L.-J. — Callosal disconnexion in multiple sclerosis. *Neurology*. 1993;*43*:1243-1245.

WATSON R.-T., HEILMAN K.-M. — Callosal apraxia. *Brain*. 1983;*106*:391-403.

16 NEUROPSYCHOLOGIE DES DÉMENCES

« Tout le monde se plaint de sa mémoire, et personne ne se plaint de son jugement. »
La Rochefoucauld, *Maximes et Réflexions.*

Il est aujourd'hui bien difficile d'avoir une approche unitaire d'un ensemble aussi disparate que les démences « organiques ». Cette disparité tient à la séméiologie même des syndromes démentiels qui ne sont pas un mais qui sont pluriels ; elle tient aussi à la diversité des étiologies tout comme à l'hétérogénéité même des présentations cliniques au sein d'une même étiologie. À ces difficultés doit être ajoutée la confusion générée entre la notion de syndrome démentiel et celle de maladie causale. Ainsi, faute de marqueurs biologiques, il faut attendre la constitution d'une démence pour porter le diagnostic de *maladie d'Alzheimer* : la démarche offre le double inconvénient d'être probabiliste et tardive, souvent encombrée par des « déficits cognitifs légers » *(mild cognitive impairments)* dont tous n'évoluent pas vers une maladie d'Alzheimer au sens démentiel du terme, et qui restent pendant longtemps orphelins d'une nosologie d'accueil. Mais il reste aussi à définir le sens du mot « démence » tellement obscurci par son histoire et ses connotations que certains craignent de l'utiliser pour qualifier un malade, de peur d'entraîner une démotivation thérapeutique et l'abandon d'une prise en charge résolue. En fait c'est Georget qui avait introduit en 1820 le critère d'incurabilité des démences pour les distinguer de la confusion mentale (désignée alors sous le terme de stupidité) et conçue comme liée à une « absence accidentelle de la pensée » donc potentiellement réversible. L'impaludation avait commencé en son temps à ouvrir la première brèche dans la notion d'irréversibilité des démences et Guiraud pouvait écrire dès 1952 que « si la lésion responsable de la démence est réversible, la démence peut guérir, si elle est irréversible, la démence restera incurable, si la lésion est partiellement réversible, la démence peut guérir partiellement ».

Si la démence peut ne plus être irréversible, il est difficile aussi de continuer à considérer qu'elle est due à un affaiblissement « global » : c'est en fait l'addition de déficits de diverses fonctions cognitives qui font basculer ce qu'on appelait un syndrome psycho-organique dans un processus démentiel sitôt que sont compromises l'*adaptation à la vie professionnelle*, *sociale et familiale* comme la capacité de gérer sa propre existence. Toutefois, si ces critères de désadaptation sont reconnus nécessaires par le DSM III-R, la Classification internationale de troubles mentaux (CIM-10) de l'OMS admet certes qu'une démence « interfère habituellement avec les activités de la vie de tous les jours » mais les exemples donnés ne peuvent concerner que des démences évoluées puisqu'il s'agit de « se laver, s'habiller, manger, observer une hygiène personnelle minimale, contrôler ses sphincters » ; en outre la CIM-10 attire l'attention sur la variabilité de la désadaptation en fonction du contexte culturel et signale que les modifications des performances professionnelles ne doivent pas être retenues comme des critères de démence. Quant au substratum anatomique des démences, il concerne certes des lésions diffuses ou étendues mais aussi des lésions multifocales (comme la démence par infarctus multiples) et même plus exceptionnellement des lésions focales situées dans des zones dites stratégiques comme un infarctus bithalamique. D'une manière plus générale, il est devenu usuel de distinguer les démences « corticales » des démences « sous-corticales » centrées sur un syndrome de disconnexion frontale. Telles sont les bases qui permettent d'aborder la séméiologie neuropsychologique et le diagnostic des syndromes démentiels.

Sur le plan épidémiologique, les démences concerneraient de 6 à 8 % de la population de plus de 65 ans, un cas sur deux environ relevant d'une démence d'Alzheimer ; en France et pour les mêmes âges, la prévalence de la maladie d'Alzheimer est évaluée à 3,1 %, soit un total 250 000 à 300 000 malades (et de 500 000 déments toutes étiologies confondues). En Europe, la prévalence de la maladie d'Alzheimer pour 100 habitants est estimée, pour les tranches d'âges entre 30 et 59, 60 et 69, 70 et 79, 80 et 89 ans, respectivement à 0,02, 0,3, 3,2 et 10,8. D'autres études estiment que la prévalence de la maladie d'Alzheimer double tous les 5 ans après 65 ans. Compte tenu du vieillissement de la population des plus de 65 ans dans les pays industrialisés, on comprend que les démences en général et la maladie d'Alzheimer en particulier soient devenues un enjeu de santé publique (Rocca *et al.*, 1991 ; Dartigues *et al.*, 1997).

SÉMÉIOLOGIE (tableau 16.I)

L'entrée dans un processus démentiel se fait habituellement de manière insidieuse ; les symptômes d'appel peuvent être des plaintes mnésiques exprimées par le sujet ou rapportées par l'entourage ; il peut aussi s'agir d'un désinvestissement progressif des intérêts habituels assorti ou non de plaintes de type dépressif ; il peut s'agir d'actes incongrus qui ne s'accordent pas avec la personnalité habituelle du sujet.

Les troubles de la mémoire

Même si certaines démences peuvent, comme les démences frontales, ne pas comporter initialement de troubles de la mémoire, leur absence ne permet pas de porter le diagnostic de démence quels que soient les critères utilisés (DSM ou CIM-10). Ils intéressent la mémoire à court terme et la mémoire à long terme. Cependant, dans le DSM III-R, les exemples donnés (impossibilité d'apprendre de nouvelles informations comme se rappeler les noms de trois objets cinq minutes après qu'ils ont été cités) montrent clairement que les auteurs de cette classification désignent sous le nom de mémoire à court terme, non pas la mémoire immédiate, mais la mémoire des faits récents ou mémoire secondaire. En fait, les démences peuvent altérer les mémoires primaire, secondaire et tertiaire.

La *mémoire immédiate* et la mémoire de travail sont habituellement altérées dans les processus démentiels. Il en est ainsi des tâches d'empan (auditif, qu'il

Tableau 16.I. *Les critères diagnostiques de démence selon le DSM III et IV et la CIM-10*

Le diagnostic de démence nécessite, selon le DSM III-R, les éléments suivants
A. Altération de la mémoire à court et long termes
B. L'une des perturbations suivantes : – une altération de la pensée abstraite, – une altération du jugement, – une aphasie, une agnosie, une apraxie, – une altération de la personnalité.
C. Les perturbations A et B interfèrent avec les activités professionnelles et sociales
D. Absence de confusion
Le DSM IV a remplacé les termes d'altération de la pensée abstraite et du jugement par la référence explicite à des troubles des fonctions exécutives et a supprimé le critère de troubles de la personnalité.
La CIM-10 met l'accent sur les troubles mnésiques, accompagnés d'altération du raisonnement, de la fluidité mentale et de difficultés de fixer son attention sur plusieurs stimuli à la fois (attention partagée). En outre, l'existence d'une obnubilation est un critère d'exclusion mais il est reconnu qu'une confusion peut s'ajouter à la démence. Pour que le diagnostic de démence soit assuré, les troubles doivent évoluer depuis au moins 6 mois.

soit numéral ou verbal, et visuel comme le test des blocs de Corsi) du paradigme de Brown-Peterson. L'effet de récence est aussi altéré encore qu'il puisse être supérieur à l'effet de primauté. L'altération de la mémoire à court terme ne différerait pas entre les démences frontales et les démences d'Alzheimer pour les empans et le paradigme de Brown-Peterson en modalité verbale mais les secondes entraîneraient une atteinte plus sévère en modalité visuospatiale. Au sein même de la démence d'Alzheimer, et en considérant le modèle de Baddeley, l'atteinte de la mémoire de travail est hétérogène : s'il est admis une atteinte élective de l'administrateur central, il n'est pas certain qu'elle explique seule l'atteinte des systèmes esclaves, bloc-notes visuospatial et boucle phonologique, qui pourraient selon les cas être altérés ou préservés de manière spécifique (Belleville *et al.*, 1995; Laurent *et al.*, 1998).

L'altération de la *mémoire secondaire* ou mémoire des faits récents est considérée comme la plus typique par la CIM-10, ce qui explique les difficultés rencontrées par le sujet pour «acquérir, stocker et recouvrer des informations nouvelles». Les relations professionnelles, sociales et familiales finiront par être perturbées par l'oubli de ces «compilations» mnésiques qui tissent la vie quotidienne : rencontre de personnes, rendez-vous, courses dans les magasins, communications téléphoniques, fermeture des portes et des robinets, rangement des clés, des vêtements, paiement des factures. L'interrogatoire se doit, en supplément des échelles d'activités de la vie quotidienne nécessairement réductrices, d'adapter les questions à poser au type d'activité du sujet et à son contexte environnemental (l'usine, la maison ou le bureau; la ville ou la campagne...). L'examen neuropsychologique de la mémoire épisodique tendra à distinguer les déficits mnésiques selon qu'ils sont liés à un déficit de l'encodage (comme peut le montrer le déficit du rappel indicé immédiat au test de Grober-Bushke) et du stockage (dont témoigne l'oubli des informations encodées) ou à un déficit de la récupération des informations (rappel indicé différé et reconnaissance). Ainsi observe-t-on dans la maladie d'Alzheimer des performances également déficitaires en rappel et en reconnaissance (aux mots de Rey), un déficit du rappel indicé immédiat évoquant un déficit de l'encodage, et un déficit du rappel différé (aux deux tests précédents), ce qui peut témoigner d'un déficit du stockage avec défaillance de la consolidation et plus grande rapidité de l'oubli. En outre le rappel différé peut être contaminé par des intrusions. Les démences frontales et sous-corticales montrent une amélioration des performances par l'indiçage et lors de la reconnaissance, encore que ceci puisse s'observer aux phases précoces des démences d'Alzheimer. Il est vrai aussi que la maladie d'Alzheimer associe au déficit de l'encodage et de la consolidation un déficit de la récupération des souvenirs sans que bien sûr ni l'indiçage ni la reconnaissance ne normalisent les performances. À côté de cette incapacité d'acquisition ou d'évocation des souvenirs va s'ajouter une dissolution progressive du stock mnésique constitué, en commençant par les souvenirs les moins consolidés ou une incapacité d'accès à ce stock mnésique. Les amnésies d'évocation laissent donc, quand elles sont pures, le sujet capable de reconnaître ses souvenirs comme siens et comme passés dès que des réponses à choix multiple ou des indices lui sont proposés. Les amnésies par dissolution du stock mnésique abolissent cette capacité de reconnaissance des souvenirs, qu'ils concernent la mémoire sociale ou la mémoire autobiographique : ainsi est atteinte la mémoire des faits anciens (*remote memory* des auteurs anglo-saxons) qui habituellement obéit à un gradient temporel, les souvenirs étant d'autant plus atteints qu'ils sont moins éloignés dans le temps : tel est le cas de la maladie d'Alzheimer qui peut toutefois au moins pendant les premières années d'évolution voir les souvenirs réactivés en reconnaissance : ainsi le nom du président de la République peut ne pas être évocable mais réactivable quand il est dit au sujet au milieu du nom d'autres hommes politiques. On peut bien soutenir une « sémantisation » des souvenirs anciens quand il s'agit d'événements publics ou de visages célèbres relatant des informations qui ont peu ou pas impliqué personnellement le sujet. Mais le déficit intéresse aussi la mémoire autobiographique et la partie la plus personnalisée de la mémoire sociale (comme les événements locaux, le nom du maire de la commune) : il vient un temps dans la maladie d'Alzheimer où l'histoire personnelle du sujet paraît se dissoudre : ce sont d'abord les petits-enfants dont les noms paraissent n'éveiller aucun écho puis dont l'existence même est ignorée, oubliée ; puis l'oubli gagne les belles-filles et les gendres et arrive le jour où même les enfants ne sont pas reconnus. Certes, il peut s'agir aussi d'une agnosie des physionomies ou de l'oubli de l'aspect actuel du visage des enfants au profit de souvenirs plus anciens de physionomies plus jeunes. Le conjoint résiste mieux à l'oubli et il demeure longtemps la seule référence stable du malade, permettant ainsi la poursuite de son insertion dans la vie familiale. Il arrive aussi dans la démence d'Alzheimer que le malade vive au présent des fragments de son passé (ecmnésie) comme il arrive que les troubles de la mémoire s'associent à des propos fabulatoires spontanés et facilement réactivés par la suggestion et réalisant la variété presbyophrénique qui semble coexister avec une meilleure préservation de la façade sociale. L'enjeu de telles amnésies est pathétique car elles entraînent une destruction progressive et chaotique de l'histoire même de l'individu, frappé dans sa conscience identitaire. La mémoire sémantique n'est pas épargnée encore que des dissociations puissent être observées entre l'atteinte de la mémoire épisodique et l'atteinte de la mémoire sémantique, l'une pouvant être moins atteinte que l'autre. L'altération de la mémoire sémantique intéresse donc les connaissances didactiques comme le sens et la disponibilité des mots du lexique (voir *infra*).

Les constatations faites sur la mémoire implicite au cours de la démence d'Alzheimer et des démences sous-corticales ont déjà été abordées (voir chapitre 14, pages 182 et 183).

Les troubles des fonctions instrumentales

Les troubles du langage

Le langage du dément est un langage *quantitativement* appauvri comme le montrent l'écoute de son discours et les tests de fluence verbale au cours desquelles on demande au sujet de citer des noms appartenant à des catégories (animaux, villes, fruits, etc.) ou des mots commençant par telle ou telle lettre.

Le langage du dément est un langage *informativement* appauvri : les mots exacts font défaut; l'épreuve de dénomination montre des erreurs de type aphasique avec un manque du mot, des approches synonymiques, des circonlocutions, et des paraphasies d'abord verbales et plus tardivement phonémiques, ces désordres aphasiques intéressant les démences corticales et en particulier la maladie d'Alzheimer. La compréhension du langage est elle aussi perturbée et associée à une répétition satisfaisante, réalisant l'aspect d'une aphasie transcorticale sensorielle. Toutefois il a pu être observé chez des sujets déments une dénomination satisfaisante contrastant avec l'absence de compréhension, ce qui suggère qu'une dénomination correcte ne donne pas de garantie sur la possibilité ou la pertinence d'un traitement sémantique et ce qui validerait aussi l'existence, en dénomination et à l'instar de la lecture, d'une voie lexicale asémantique. L'écriture et la lecture sont perturbées : les erreurs de lecture comme d'écriture concernent surtout les mots irréguliers surtout s'ils sont peu familiers au sujet.

Le langage du dément est un langage incohérent car il est le reflet, non seulement de perturbations spécifiquement langagières, mais aussi des autres défaillances cognitives et en particulier des troubles de la mémoire.

Le langage du dément peut aussi être affecté par de l'écholalie, de la palilalie (répétition incoercible du même mot ou de la même syllabe), de la paligraphie (itérations verbales écrites), tous faits observés dans la maladie de Pick et de la logoclonie (répétition incoercible de la dernière syllabe des mots) observée dans les formes évoluées de la maladie d'Alzheimer.

Les troubles du langage du dément doivent, pour l'essentiel, être interprétés comme une dégradation de la mémoire sémantique qui désigne la composante de la mémoire à long terme contenant la représentation permanente de notre connaissance du monde et qui permet aussi de lier les signifiants (c'est-à-dire les mots) à leurs signifiés. Les tests de dénomination, de fluence verbale, les subtests de similitudes, de vocabulaire, d'information de la WAIS, le test des automatismes verbaux de Beauregard explorent la mémoire sémantique dont les déficits peuvent être liés soit à une détérioration du stock des informations sémantiques, soit à une difficulté d'accès à ces informations. La démence sous-corticale de la maladie de Huntington perturberait davantage la fluence littérale *(citer des mots commençant par une lettre donnée)* que la fluence catégorielle et le profil serait inverse dans la démence d'Alzheimer. De même la tendance à produire des superordonnées (*« animal sauvage »* pour *tigre* par exemple) au cours des tests de dénomination et de fluence (test du supermarché) est particulière à la maladie d'Alzheimer : les sujets donnent davantage de noms de catégorie (des légumes, de la viande…) que des noms d'articles (des tomates, du jambon…) ce qui suggère une détérioration du stock sémantique allant de bas en haut (dite en anglais de type *bottom-up*) : ainsi les mots comme *cheval*, *rossignol* seraient plus rapidement inaccessibles que les mots comme *animal* et *oiseau*. Le même comportement se retrouve au cours de tests de dénomination dans lesquels les erreurs concernent surtout la production de superordonnées ou le remplacement du mot recherché par un mot appartenant à la même catégorie. Les troubles n'intéressent généralement pas une catégorie spécifique ; toutefois, une atteinte préférentielle de la représentation sémantique des mots désignant des vivants a pu être observée. C'est seulement au cours des maladies d'Alzheimer évoluées que l'on observe en outre, au cours de l'épreuve de dénomination, des erreurs de type perceptif (donc présémantiques) et des distorsions phonémiques (donc postsémantiques).

Les troubles des fonctions visuoconstructives, visuospatiales et visuognosiques

La difficulté de réaliser un cube ou d'autres dessins géométriques constitue une manifestation très fréquente de la maladie d'Alzheimer mais peut aussi être observée dans les démences sous-corticales comme celle de la maladie de Parkinson.

Les perturbations de la mémoire topographique expliqueront aussi que le dément puisse se perdre à l'extérieur puis à l'intérieur de son domicile.

Les troubles praxiques

Des apraxies idéatoire et idéomotrice peuvent être observées au cours de la maladie d'Alzheimer. L'utilisation d'une partie du corps comme objet (par exemple le doigt comme brosse à dents) est très particulière au comportement apraxique de la maladie d'Alzheimer qui peut aussi entraîner une apraxie de l'habillage.

Les troubles gnosiques

Ils sont observés dans la maladie d'Alzheimer (démence aphaso-agnoso-apraxique). Ainsi des difficultés de la dénomination d'objets peuvent exprimer, outre des désordres linguistiques, une agnosie visuelle. Le déficit peut intéresser aussi la reconnaissance des visages et certains sujets ne reconnaîtront plus leur propre image dans un miroir ou sur une bande vidéo.

Les troubles du calcul

Les difficultés du calcul et de transcodage rendent compte des difficultés de gestion de la vie quotidienne (règlement de courses chez les commerçants, rédaction de chèques) observées dans la démence d'Alzheimer qui serait ainsi la cause la plus commune d'anarithmétie à laquelle s'ajoutent des difficultés de lecture et d'écriture des nombres. Les soustractions en cascade du même chiffre à partir d'un nombre donné, comme l'épreuve proposée dans le *Mini Mental State* (MMS) nécessitent la mise en jeu de multiples fonctions cognitives : attention, calcul, mémoire de travail, planification.

Les perturbations de la pensée abstraite, du jugement, du raisonnement et des fonctions dites exécutives

Elles rendent compte de l'inadaptation des actions du dément et de son absence d'autocritique.

Elles peuvent réaliser un syndrome frontal avec distractibilité, atteinte de la flexibilité mentale ainsi que des capacités d'abstraction et de planification ; ces troubles, quand ils ne s'accompagnent ni d'aphasie ni d'agnosie orientent vers une démence frontale (comme une maladie de Pick) voire une démence sous-corticale. Les démences d'Alzheimer s'accompagnent de troubles du jugement et du raisonnement tels qu'ils peuvent être explorés par la critique des histoires absurdes ainsi que des capacités d'abstraction explorées par exemple par le subtest des similitudes de la WAIS et par l'interprétation de proverbes.

Les troubles comportementaux

La modification de la personnalité conçue comme une modification ou une accentuation des traits antérieurs fait partie des critères de démence retenus par le DSM III-R (mais curieusement pas par le DSM IV). Ainsi un individu calme et patient peut devenir agressif et colérique et son entourage dira alors qu'il ne le « reconnaît plus ». Ailleurs, un individu considéré comme économe devient avare et méfiant et son entourage dira qu'« il était un peu comme cela avant mais que peu à peu la vie est devenue impossible ».

Le sujet dément peut être décrit comme passif, désintéressé, apathique, envieux, soupçonneux, rigide, étroit, égocentrique, récriminateur. Ces distorsions comportementales contribuent à entraîner dans l'entourage familial une lassitude puis un rejet qu'atténue parfois un sentiment de culpabilité.

La dépression est inséparable de la démence et elle doit à la fois être discutée comme un diagnostic différentiel, mais aussi comme une manifestation associée à la démence voire même symptomatique de la démence. La dépression est fréquente dans la maladie de Parkinson ; elle constitue un des items du score ischémique d'Hachinski (tableau 16.I), elle s'observe aussi dans la maladie d'Alzheimer au cours de laquelle elle peut, en début d'évolution, accompagner les plaintes mnésiques comme elle peut survenir en l'absence de plaintes mnésiques et avec parfois les caractères d'une dépression majeure.

Le sujet dément peut manifester verbalement une *anxiété* soit à l'égard de sa mémoire, en début d'évolution, soit de manière diffuse sous forme d'une inquiétude flottante voire d'une surexcitation motrice (se relever, s'asseoir, vouloir partir lors d'une consultation ou de déplacements familiaux) ou verbale *(« On s'en va… On rentre… »)*.

Les *comportements d'errance*, *de déambulation*, ou *de fugues* sont multifactoriels : ils peuvent être favorisés par l'anxiété ou peuvent relever d'une akathisie liée à la prise de neuroleptiques ; il peut s'agir d'une forme déambulatoire d'agitation délirante ; il peut aussi s'agir de la conséquence de déficits cognitifs sévères induisant des comportements automatisés ou rendus anarchiques par l'altération de la mémoire topographique : la prise en charge est difficile car le sujet peut quitter son domicile et se perdre, ce qui exige de l'entourage une vigilance épuisante, d'autant que l'enfermement est source d'agitation. Le dément demande alors surtout une présence qui le canalise ; des aménagements architecturaux peuvent aménager des espaces de circulation où la déambulation peut s'effectuer sans risques et sans contrainte.

La démence, que l'on doit bien sûr distinguer de la confusion mentale, peut elle-même s'accompagner de bouffées confusionnelles avec ou sans onirisme dont on imagine l'effet délétère sur des repères spatiaux et temporels fragiles et notamment sur le maintien de la conscience du rythme nycthéméral. Même régressive, une confusion mentale n'est chez le dément jamais anodine : voilà pourquoi une grande prudence doit être de mise dans la manipulation des produits anesthésiques et dans la prescription de médicaments.

Des *délires* de préjudice (le porte-monnaie que l'on ne retrouve pas est considéré comme volé), de persécution, de jalousie, parfois accompagnés d'hallucinations peuvent devenir le seul pôle productif d'une vie mentale de plus en plus dépouillée et contribuent à l'exclusion du dément de son cercle familial et social.

Des troubles du *comportement alimentaire* avec hyperphagie voire gloutonnerie peuvent s'observer aussi bien dans la démence d'Alzheimer que dans les démences frontales : ils ne réalisent qu'exceptionnellement l'aspect d'un syndrome de Klüver-Bucy.

Les démences frontales et en particulier la maladie de Pick se caractérisent par la présence ou la prédominance de signes frontaux avec une euphorie, une jovialité ou une irritabilité, une apathie ou une surexcitation stérile, une désinhibition sexuelle (calembours à connotation érotique ou gestes impudiques) ; des conduites persévérantes et imitatives depuis longtemps décrites dans la maladie de Pick (écholalie, échopalilalie, qui désigne une écholalie plusieurs fois répétée, échopaligraphie qui est le même comportement sur un mode écrit) témoignent du versant cognitif du syndrome frontal avec en outre l'atteinte des capacités de planification et de flexibilité mentale. Les formes évoluées conduisent au mutisme avec amimie et motricité gestuelle rudimentaire.

L'inventaire neuropsychiatrique de Cummings (Cummings *et al.*, 1994 ; Robert *et al.*, 1998), fondé sur l'interrogatoire de l'accompagnant qui s'occupe quotidiennement du patient, permet une évaluation qualitative et quantitative des troubles du comportement au cours des démences et son adaptation en différentes langues permet d'envisager des études transculturelles qui tendent à montrer, en sus de réaménagements psychologiques propres à chaque personnalité et à chaque groupe culturel, qu'il existe, au moins pour la maladie d'Alzheimer, un dénominateur commun biologique aux perturbations comportementales démentielles (Binetti *et al.*, 1998). L'inventaire de Cummings, dans sa version originale, isole dix groupes de distorsions comportementales : les délires, les hallucinations, l'agitation, la dépression, l'anxiété, l'euphorie, l'apathie et l'indifférence, la désinhibition, l'irritabilité et la labilité, les comportements moteurs aberrants. Peuvent aussi être étudiés le comportement nocturne et le comportement alimentaire. Chaque type de trouble comportemental est, s'il est présent, pondéré par une évaluation de sa fréquence et de sa sévérité, ce qui permet donc de préciser la gravité des troubles et de suivre de manière précise leur évolution en fonction des thérapeutiques qui peuvent s'avérer nécessaires.

L'anosognosie

L'anosognosie, et tout particulièrement l'anosognosie des déficits mnésiques au cours de la maladie d'Alzheimer, a fait l'objet de nombreux travaux et constitue l'un des aspects de l'altération de la conscience de Soi. Il est assez tentant d'envisager que les patients ont initialement des plaintes mnésiques qui s'estompent à mesure que le déficit mnésique et le déficit cognitif progressent. La réalité est plus complexe et on peut avancer que l'anosognosie a pu apparaître plus souvent en relation avec la sévérité du dysfonctionnement frontal qu'avec la sévérité du déficit cognitif (Derouesné, 1997).

Le gâtisme

Il constitue le terme évolutif des démences avec effondrement de la prise en charge par le malade des actes d'hygiène les plus sommaires de l'existence, incontinence urinaire puis fécale, dissolution des manifestations les plus élémentaires de la vie relationnelle et finalement de celle qui est la toute première de l'existence humaine : le sourire.

DIAGNOSTIC DIFFÉRENTIEL

Démence et dépression

De nombreux travaux ont été consacrés aux liens entre démence et dépression comme au diagnostic différentiel entre ces deux affections.

Certains symptômes sont communs à la dépression et à la démence. La restriction du champ des intérêts, la réduction de l'activité, le ralentissement psychomoteur pouvant confiner à l'apragmatisme ou même une agitation psychomotrice appartiennent à la séméiologie comportementale de la démence comme de la dépression. Cette constatation a généré le terme de pseudo-démence dépressive pour stigmatiser l'urgence d'un diagnostic différentiel justifié par la réversibilité de la dépression et par l'incurabilité ou du moins la précarité thérapeutique de la démence. En outre, la dépression entraîne un déficit cognitif et en particulier des troubles mnésiques qui font que l'existence d'une détérioration psychométrique ne doit pas exclure l'existence d'une dépression. Certes on peut considérer qu'il est rare qu'une dépression entraîne un déficit cognitif majeur; en outre les troubles mnésiques concernent les processus de récupération et la dépression épargne la mémoire indicée et il n'y a ni intrusions en rappel différé, ni fausses reconnaissances; on a même voulu opposer la fréquence des réponses du type *« Je ne sais pas »* du dépressif aux réponses inexactes du dément. Mais une distinction aussi linéaire est très insuffisante, d'autant plus que les démences frontales et sous-corticales voient les troubles de la mémoire respecter aussi l'encodage, ce qui n'est pas non plus impossible au stade initial d'une maladie d'Alzheimer.

La dépression accompagne des maladies comme la maladie de Parkinson ou la maladie de Huntington qui peuvent en outre se compliquer d'une démence. On peut étendre cette constatation à la fréquence de la dépression dans la démence d'Alzheimer pour rechercher une distorsion biologique commune aux deux syndromes mais combien de neuromédiateurs devraient alors être impliqués ?

La démence peut aboutir à la perte totale de l'autocritique et des capacités de jugement dont on peut considérer qu'elle protège le dément de la dépression mais cette assertion ne peut être défendue que dans les stades ultimes de la démence; au contraire une démence débutante peut, tout particulièrement par la prise de conscience des troubles mnésiques, engendrer une détresse dépressive.

La dépression n'est probablement pas une mais multiple dans sa psychogenèse comme dans sa biogenèse. Bien qu'il soit difficile d'affirmer qu'une différence de nature et non seulement d'intensité sépare la dépression mineure de la dépression majeure, certains travaux suggèrent que la fréquence de la dépression mineure est importante aux stades initiaux de la démence d'Alzheimer alors que le risque de survenue d'une dépression mineure reste stable tout au long de l'évolution.

La dépression peut, en particulier chez certains sujets âgés, précéder l'éclosion ou plutôt l'émergence d'une démence.

En pratique, toute distorsion émotionnelle de la série dépressive nécessite l'instauration d'un traitement antidépresseur sous-tendu par deux préoccupations : ne pas aggraver par certains médicaments le déficit cognitif, et se demander à chaque fois si la posologie et la durée du traitement ont été correctes afin de pouvoir estimer le temps au terme duquel le traitement peut être déclaré inefficace tout en se demandant si l'inefficacité suffit à exclure la dépression.

Démence et confusion

La confusion mentale, avec ses caractères habituels d'acuité, de fluctuation de la vigilance, ses troubles massifs de l'attention, ses perturbations voire l'inversion du rythme veille-sommeil, sa perplexité anxieuse et son onirisme s'opposent en principe point par point à la démence, surtout s'il existe une altération concomitante de l'état général, une affection somatique connue, une fièvre, un contexte d'alcoolisme ou de médication, une distorsion métabolique évidente, un antécédent de traumatisme crânien. Mais il faut se méfier des anamnèses imprécises, celles-là mêmes qui font rapidement et ordinairement qualifier le dément de « désorienté » encore que cette approximation séméiologique ait au moins le mérite de ne pas enfermer le médecin dans l'inaction et de rechercher une cause non démentielle et peut-être curable à la désorganisation mentale et comportementale. Peu importe d'ailleurs que l'on parle de démence curable, de confusion subaiguë, de pseudo-démence si l'on sait ne pas laisser échapper une encéphalopathie hyponatrémique chez un hypertendu âgé traité par diurétiques, une tumeur frontale, un hématome sous-dural chronique voire une dépression stuporeuse.

Troubles de la mémoire associés à l'âge, déficits cognitifs légers et démences

Il est commun de recueillir des plaintes mnésiques dont la fréquence croît avec l'âge chez des sujets correctement insérés sur le plan social et qui se plaignent d'infidélités de leur mémoire concernant en particulier l'oubli de noms propres, de difficultés à retrouver des objets ou des documents, à retenir les numéros de téléphone ou des listes de courses. Ces plaintes mnésiques, exprimant la « métamémoire » peuvent être quantifiées par des échelles comme l'échelle de Squire (voir chapitre 14) ou l'échelle d'évaluation des difficultés cognitives de McNair et Kahn.

Ces plaintes mnésiques peuvent ou non correspondre à un trouble objectif des performances mnésiques. Les plaintes mnésiques que les sujets relient au stress, à l'âge ou aux deux à la fois sont de plus en plus sous-tendues, au fur et à mesure que les sujets avancent en âge, par la crainte d'avoir une maladie d'Alzheimer. Les plaintes peuvent accompagner un état dépressif, une anxiété, une appréciation pessimiste de l'état de santé. Le déficit mnésique, quand il existe, épargne la mémoire indicée (voir *supra*), éliminant ainsi une amnésie hippocampique, ce qui a donc conduit à opposer « les oublis bénins de la sénescence » (Kral) aux oublis « malins » de la démence d'Alzheimer.

Le besoin d'isoler une population vieillissante présentant objectivement des troubles mnésiques et susceptible de faire l'objet d'études évolutives ont conduit Crook *et al.* (Institut national américain de santé mentale) à forger le cadre des « troubles de la mémoire associés à l'âge » (AAMI, *Age-associated Memory Impairment*). Les critères diagnostiques proposés par l'Institut américain de la santé mentale associent un âge d'au moins cinquante ans, des résultats aux tests de mémoire comparables à ceux obtenus dans la même tranche d'âge et dont les scores sont à au moins un écart type de ceux obtenus chez de jeunes adultes (par exemple, 6 ou moins au subtest de mémoire logique et 13 ou moins au subtest de mémoire associative de l'échelle de mémoire de Wechsler). En outre, un fonctionnement intellectuel satisfaisant doit être attesté par une note standard d'au moins 9 au subtest de vocabulaire de la WAIS et de 24 ou plus au MMS. Il faut toutefois remarquer qu'un score au MMS de 24 ou plus ne saurait ni attester à lui seul d'un fonctionnement cognitif optimal, ni exclure une démence débutante. Doivent être exclus toute confusion mentale, toute atteinte cérébrale organique, tout trouble psychiatrique et en particulier la dépression (le score à l'échelle de dépression de Hamilton doit être inférieur à 13), toute affection générale significative (comme une insuffisance cardiaque, rénale ou un diabète) et toute utilisation de drogues psychotropes. Ainsi seraient cliniquement et psychométriquement définis les «troubles de mémoire associés à l'âge» (initialement appelés par Kral «oublis bénins de la sénescence») : ces *difficultés mnésiques du vieillissement* pourraient atteindre plus du tiers des sujets de 60 ans et plus et ne constitueraient ni le stade initial d'une démence ni un facteur de risque pour la survenue ultérieure d'une démence. Elles pourraient selon les cas avoir un lien avec des traits de personnalité ou avec une dépressivité liée à une vision péjorative du vieillissement, tant sur le plan personnel que social mais leur étiologie précise reste actuellement indécise.

Le «déficit cognitif léger» (*Mild Cognitive Impairment*, MCI, de Petersen) désigne un ensemble syndromique associant :

- des plaintes mnésiques du sujet âgé confirmées par l'entourage;
- un trouble objectif de la mémoire caractérisé sur le plan psychométrique par des scores situés à plus d'1,5 écart type au-dessous d'une population témoin de même âge et de même niveau culturel;
- un fonctionnement cognitif général normal;
- une préservation des activités de la vie quotidienne;
- l'absence de critères de démence.

Ces sujets ont un score à l'échelle clinique de démence (CDR, tableau 16.II) de 0,5. La situation nosologique de ce concept est loin d'être évidente. Est-on sûr que tous les sujets classés MCI n'ont qu'un trouble isolé de la mémoire sans troubles discrets d'autres secteurs cognitifs comme le langage ou les performances praxiques (Ritchie)? Pourquoi ne pas plutôt qualifier le syndrome de «*mild memory impairment*»? Doit-on considérer le MCI comme le stade prédémentiel de la maladie d'Alzheimer ou comme un syndrome ouvrant vers des étiologies multiples à l'instar des syndromes démentiels? Mais jusqu'où est-il légitime de pousser les examens complémentaires — la littérature offrant des protocoles actuellement non généralisables à la pratique quotidienne comme les mesures du volume de l'hippocampe en IRM dont la tête serait atrophiée dans les MCI, l'atrophie s'étendant vers le corps et la queue dans la maladie d'Alzheimer et au fur et à mesure de son évolution —? Et s'il existe un déficit perfusionnel bitemporopariétal en imagerie fonctionnelle monophotonique (SPECT) ou en tomographie à émissions de positrons (PET), est-ce déjà une maladie d'Alzheimer? Et si l'on considère que les MCI ont une augmentation de la protéine Tau et un abaissement de la protéine β-amyloïde dans le liquide céphalorachidien, doit-on alors en conclure, même si ces examens ne sont pas de pratique courante, que le MCI n'est qu'une forme précocement diagnostiquée d'Alzheimer? En tout cas il est assuré que le taux de conversion de sujets atteints de MCI en maladie d'Alzheimer est très supérieur (15 % par an, 50 % en trois ans) à celui d'une population âgée témoin (environ 2 %). Cependant, à côté des MCI d'évolution «déclinante», il existe des sujets atteints de MCI «non déclinants», qui restent durablement stables et qui pourraient même pour certains s'améliorer sans qu'il ne s'agisse pour tous d'états dépressifs.

Actuellement une surveillance neuropsychologique est sans doute la manière la plus efficace de détecter l'aggravation et l'évolution démentielle des sujets atteints de MCI : déficit croissant et efficacité décroissante de l'indiçage à un

Tableau 16.II. *Échelle clinique de démence de Hughes* (*Br J Psychiatry.* 1983; 140: 566-572, traduction de R. Gil)

Cette échelle peut soit permettre une évaluation globale en quatre grades (de la « bonne santé » à la « démence sévère ») soit déterminer un score composite fait de l'addition de chaque score (0; 0,5; 1; 2; 3) aux six items explorés.

	En bonne santé CDR = 0	*Démence douteuse CDR = 0,5*	*Démence discrète CDR = 1*	*Démence modérée CDR = 2*	*Démence sévère CDR = 3*
Mémoire	Pas de déficit mnésique ou oublis inconstants et discrets	Oublis modérés, souvenir incomplet des événements, oublis bénins	Déficit mnésique modéré prédominant sur les faits récents et retentissant sur les activités quotidiennes	Déficit mnésique sévère ne préservant que ce qui a été appris depuis longtemps; les acquisitions récentes sont rapidement oubliées	Déficit mnésique sévère : persistance de quelques îlots de mémorisation
Orientation	Normale	Normale	Quelques difficultés dans les relations temporelles : sait l'endroit où il se trouve mais peut avoir une désorientation géographique	Difficultés sévères dans la perception du temps. Habituellement désorienté dans le temps, souvent dans l'espace	Désorienté dans le temps et dans l'espace. Orienté seulement par rapport aux personnes
Jugement et résolution de problèmes	Résout bien les problèmes quotidiens, gère bien ses affaires professionnelles et financières; jugement préservé en relation avec les performances antérieures	Perturbations discrètes dans la gestion des problèmes, des similitudes et des différences	Difficultés modérées dans la gestion des problèmes des similitudes et des différences; jugement social habituellement préservé	Perturbations importantes de la gestion, des problèmes, des similitudes et des différences, jugement social habituellement perturbé	Incapable de formuler des jugements et de résoudre des problèmes
Vie sociale	Indépendant dans le travail, les achats, les affaires, la gestion financière, la vie sociale	Perturbations discrètes ou douteuses de ces activités	Incapacité de fonctionnement indépendant dans ces activités, bien qu'un engagement partiel demeure possible; peut apparaître normal à un examen ponctuel	Ne peut avoir de fonctionnement indépendant à l'extérieur de son domicile, mais peut être emmené pour exercer des activités à l'extérieur de son domicile	Ne peut avoir de fonctionnement indépendant à l'extérieur de son domicile et apparaît trop malade pour être emmené exercer des activités à l'extérieur de son domicile.

Tableau 16.II. *Échelle clinique de démence de Hughes* (suite)
(*Br J Psychiatry.* 1983; 140: 566-572, traduction de R. Gil)

Cette échelle peut soit permettre une évaluation globale en quatre grades (de la « bonne santé » à la « démence sévère ») soit déterminer un score composite fait de l'addition de chaque score (0; 0,5; 1; 2; 3) aux six items explorés.

	En bonne santé CDR = 0	*Démence douteuse CDR = 0,5*	*Démence discrète CDR = 1*	*Démence modérée CDR = 2*	*Démence sévère CDR = 3*
Maison et passe-temps	Vie à la maison, passe-temps, intérêts intellectuels bien maintenus	Vie à la maison, passe-temps, intérêts intellectuels légèrement diminués	Perturbations discrètes mais certaines des fonctions domestiques, les tâches les plus difficiles sont abandonnées, les passe-temps et les centres d'intérêt les plus compliqués sont abandonnés	Seules les tâches quotidiennes simples sont préservées; les centres d'intérêts sont réduits et médiocrement maintenus	Aucune activité significative à la maison
Soins personnels	Normaux	Normaux	A parfois besoin d'être stimulé	Assistance nécessaire pour l'habillage, la toilette, pour prendre soin de ses effets personnels	Requiert beaucoup d'assistance pour les soins personnels, souvent incontinent

Règles de cotation (Morris JC, *Neurology.* 1993; 43: 2412-2414). Le score global (CDR = 0, 1, 2 ou 3) est dérivé du score obtenu à chacune des six catégories. Chaque catégorie doit être notée de manière aussi indépendante que possible en tenant compte seulement du retentissement du déficit cognitif et non pas d'autres facteurs comme un handicap physique ou une dépression. La mémoire est considérée comme la catégorie centrale et les autres catégories comme secondaires.

Le score CDR est celui de la mémoire (M) si au moins trois catégories secondaires ont le même score que M. Si trois ou plus des catégories secondaires ont un score plus grand ou plus petit que M, le score CDR est celui de la majorité des catégories secondaires. Toutefois quand trois catégories secondaires sont d'un côté de M. et 2 de l'autre côté, CDR = M.

Quand M = 0,5, CDR = 1 si au moins trois autres catégories ont 1 ou plus. Quand M = 0,5, CDR ne peut pas être 0, il peut être seulement 0,5 ou 1. Si M = 0, CDR = 0 sauf si deux ou plus des catégories secondaires ont 0,5 ou plus : le score CDR est alors 0,5.

Quand M = 1 ou plus, CDR ne peut pas être 0. Dans ce cas, CDR = 0,5 quand la majorité des catégories sont notées 0.

Quand les scores dans les catégories secondaires sont d'un côté de M, choisir pour score CDR le score le plus proche de M. (par exemple, M. et une catégorie secondaire = 3, deux catégories secondaires = 2 et deux catégories secondaires = 1, CDR = 2).

Il est aussi possible de fournir une note composite en additionnant le score de chaque catégorie (donc de 0 à 18).

test de mémoire verbale comme le test de Grober-Buschke, détection d'un syndrome dysexécutif (avec le *Trail Making A* et *B*), déficit de la fluence verbale. Seraient à surveiller tout particulièrement les sujets ayant un score initial au MMS inférieur à 28, un test de l'horloge pathologique, ainsi que les sujets ayant l'allèle ε4 de l'apolipoprotéine E. Le suivi réadaptatif de ces malades facilite bien sûr la détection de la conversion et permet de déboucher sur un traitement anticholinestérasique. D'autres protocoles thérapeutiques destinés non au MCI transformé en Alzheimer à forme légère mais aux MCI non démentiels sont à l'étude : mais que montreront-ils si le MCI est vraiment un trouble d'étiologie composite?

À côté du MCI ont surgi bien d'autres entités. La CIM-10 isole un « trouble cognitif léger » défini de manière vague comme « une altération du fonctionnement cognitif, pouvant se manifester par une altération de la mémoire, des difficultés de concentration, s'accompagnant habituellement de certaines anomalies aux tests » et d'une sévérité insuffisante pour justifier un diagnostic de démence. Un tel trouble peut compliquer des affections somatiques très diverses, cérébrales et générales, et le trouble disparaît alors si le malaise physique s'éteint.

Par ailleurs, le MDI (*Multiple Domain Slightly Impairment*) désigne des sujets ayant des déficits cognitifs ne se limitant pas à la mémoire qu'il s'agisse de maladie d'Alzheimer ou de démences vasculaires débutantes, la caractérisation de ces sujets comme déments dépendant de la durée des troubles et du retentissement sur la vie quotidienne. Quant au SDI (*Single non memory Dysfunction Impairment*), il désigne des déficits cognitifs limités à une fonction autre que la mémoire — comme un syndrome dysexécutif, un trouble du langage, des perturbations apraxiques ou encore visuo-spatiales — et qui renverraient selon les cas à une atrophie lobaire, à une démence frontotemporale, à une démence parkinsonienne, à une maladie à corps de Lewy, voire à un mode d'entrée dans une maladie d'Alzheimer.

Vieillissement, conduites régressives et démotivation

Le vieillissement cérébral, associé au vieillissement général du corps, aux conséquences sociales du vieillissement, au déclin du narcissisme, peut entraîner des manifestations névrotiques diverses et en particulier des conduites régressives faites d'aboulie, d'adynamie, d'apathie, de démotivation, de puérilisme qui peuvent évoluer vers un état dépressif. Elles nécessitent une prise en charge psychothérapique.

EXAMENS COMPLÉMENTAIRES ET DIAGNOSTIC DES SYNDROMES DÉMENTIELS

Les tests psychométriques

La nécessité d'estimer au lit du malade et au cabinet de consultation l'existence d'un déficit cognitif a entraîné la mise au point d'instruments d'évaluation rapide des fonctions intellectuelles dont le plus répandu est le

Mini Mental State (MMS) de Folstein. Sur le plan statistique, ce test est construit afin que la grande majorité de la population normale soit groupée sur les scores les plus élevés, ce qui donne une courbe en « J ». Cette procédure conduit à un choix difficile entre sensibilité et spécificité. Le MMS permet donc de repérer un déficit cognitif en sachant que le test peut être pris en défaut chez les sujets à fort niveau culturel et doit être interprété avec prudence chez les sujets à très faible niveau d'éducation. Le MMS ne dispense donc ni de la recherche des critères diagnostiques de démence ni d'investigations neuropsychologiques plus élaborées, inspirées de la description séméiologique du syndrome démentiel. Ces précautions étant prises, on considère habituellement qu'un score inférieur à 24 indique un syndrome démentiel, ce score-seuil baissant d'un point pour un niveau d'instruction secondaire et d'un point supplémentaire pour un niveau d'instruction primaire. L'étude de populations normales en fonction de l'âge montre un étalement des scores entre 30 (valeur maximale pour tous les âges) tandis que la borne inférieure décroît avec l'âge : 28 dans la tranche 40-49 ans, 26 dans la tranche 50-59, 25 dans la tranche 60-79, et 24 dans la tranche 80-89 ans (Fleming *et al.* 1995). Le score des démences légères s'étale entre 19 et 24, celui des démences modérées entre 10 et 18 et celui des démences sévères est inférieur à 10. Dans la maladie d'Alzheimer, la baisse annuelle moyenne du score est de 3 ou 4 points par an, avec des extrêmes allant de 1 point pour les formes d'évolution lente à environ 7 points pour les formes plus rapidement évolutives (Derouesné *et al.*, 1999). Le subtest du MMS le plus sensible aux processus démentiels est le rappel des trois mots; le second test le plus sensible aux démences est, selon les études, l'orientation dans le temps ou le dessin des deux pentagones.

L'évaluation neuropsychologique des démences doit être conçue comme une aide au diagnostic, une méthode d'approche de la sévérité, l'un des moyens de suivre l'évolution. Toute démence entraîne une détérioration de l'efficience psychométrique, c'est-à-dire une baisse des performances du sujet par comparaison à ce qu'elles étaient avant le début des troubles, une fois soustrait ce qui revient à la baisse physiologique des performances en rapport avec le vieillissement. La difficulté tient à ce que les performances intellectuelles antérieures à la maladie ne peuvent être que supputées en comparant les scores du sujet à des tests « résistants » et à des tests « sensibles » au vieillissement physiologique et aux lésions organiques de cerveau. Les premières explorent plutôt la composante dite « cristallisée » (renvoyant plutôt à l'expérience et à des connaissances didactiques comme les subtests de vocabulaire et d'information de la WAIS ou encore le test des automatismes verbaux de Beauregard), les secondes explorent la composante dite « fluide » (explorant l'adaptation aux situations nouvelles, ce qui est le cas des subtests de code ou de cubes de la WAIS). Les premières sont très liées au niveau culturel alors que les secondes sont plus indépendantes du niveau culturel. Le concept de détérioration est ainsi inféré sur une base probabiliste. L'existence d'une détérioration ne donne toutefois pas d'indication sur sa cause qui peut relever de toute atteinte organique cérébrale mais aussi d'un état dépressif ou d'un syndrome psychotique. La recherche d'une détérioration peut être complétée par la mise en évidence, lors de certains tests, d'erreurs typiquement observées dans les lésions organiques du cerveau, ce qui peut être objectivé par exemple par le test de rétention visuelle de Benton ou par la figure complexe de Rey.

L'évaluation des diverses facettes des fonctions cognitives peut aussi être évaluée dans une démarche plus étroitement liée à la séméiologie neuropsychologique des démences : tests de mémoire comme les mots de Rey, le test de Grober Buscke ou le test d'apprentissage verbal de Californie (voir chapitre 14); examen du langage par les tests de fluence et de dénomination; examen des gnosies visuelles, examen des capacités visuoconstructives (dessins et figure de Rey) et visuospatiales; examen des capacités d'abstraction (à travers par exemple le subtest des similitudes de la WAIS) et des fonctions dites exécutives.

Les examens électrophysiologiques

La place de l'*électroencéphalogramme* a reculé depuis l'essor de l'imagerie mais il serait dommage de négliger l'aide que peut fournir cet examen : un foyer delta frontal unilatéral écartera une démence frontale pour orienter vers une lésion focale, notamment tumorale; la maladie de Creutzfeldt-Jakob induit une activité paroxystique périodique d'abord intermittente puis permanente; et l'EEG peut fournir des indications précieuses en faveur d'une encéphalopathie métabolique ou d'un état de mal non convulsivant.

Les potentiels évoqués (par exemple auditifs) de longue latence sont formés de composantes exogènes apparaissant quelle que soit la valeur informative du signal; il s'agit des ondes N100 et P200. L'introduction dans le protocole de recueil d'une tâche nécessitant attention et traitement de l'information, comme compter des sons aigus répartis aléatoirement au sein de sons graves, fait surgir des *potentiels évoqués cognitifs* dont les plus étudiés sont les ondes N200 et P300. Les démences corticales entraînent un allongement de la latence des ondes N200 et P300 alors que les démences sous-corticales entraînent en outre un allongement des ondes N100 et P200.

L'imagerie

L'imagerie statique *(tomodensitométrie, résonance magnétique nucléaire)* peut fournir des arguments en faveur de certaines causes de syndromes démentiels : séquelles d'infarctus, leucoaraïose, tumeur, hématome sous-dural, hydrocéphalie normopressive. Dans la maladie d'Alzheimer, l'imagerie peut être normale ou peut montrer une atrophie cortico-sous-corticale qui intéresse électivement les régions temporales internes. Dans les démences frontales, l'imagerie peut être non contributive ou peut montrer atrophie frontale avec ou sans ballonisation des cornes frontales et disparition de l'empreinte des noyaux caudés dans les cornes frontales (Pasquier et Lebert, 1995).

L'*imagerie fonctionnelle isotopique* (à l'HMPAO ou au neurolite) montre des hypoperfusions plutôt postérieures dans la démence d'Alzheimer et des hypoperfusions plutôt frontales dans les démences frontales et dans la paralysie supranucléaire progressive.

Les examens biologiques

Ils peuvent mettre rapidement sur la piste étiologique d'un syndrome démentiel ou confusionnel : il s'agit en particulier de l'ionogramme, de la créatinine, de la glycémie, de la calcémie, de l'hormonémie thyroïdienne ; les sérologies de la syphilis et du VIH seront à demander au moindre doute. La NFS (numération-formule sanguine) et la VS (vitesse de sédimentation) pourront mettre sur la piste d'une maladie générale.

Des recherches encore balbutiantes explorent de possibles marqueurs des démences dégénératives et notamment de la maladie d'Alzheimer (voir *infra).*

UNE DISTINCTION SYNDROMIQUE : DÉMENCES SOUS-CORTICALES ET CORTICALES

Ce sont les maladies du système extrapyramidal donc les processus lésionnels des noyaux gris centraux qui ont initialement permis de bâtir le concept de démence sous-corticale ensuite étendu à certaines démences vasculaires et tout particulièrement aux états lacunaires puis à la pathologie de la substance blanche et tout particulièrement aux leucoaraïoses et à la sclérose en plaques. Ces démences ont pour caractère essentiel d'épargner le cortex cérébral, les perturbations cognitives étant imputées à une désafférentation du cortex frontal, privé de ses connexions sous-corticales soit au niveau de leurs trajets (dans la substance blanche) soit au niveau de leurs cibles (dans les noyaux gris centraux). Ces démences sont donc caractérisées par une lenteur de l'idéation (consacrant ainsi la réalité cognitive de la bradyphrénie parkinsonienne), une difficulté d'évoquer les souvenirs sans perturbation significative de l'apprentissage (expliquant la préservation de la mémoire indicée), une apathie, et fréquemment une dépression, l'absence d'aphasie et d'agnosie. Il peut cependant exister des perturbations visuospatiales (tout au moins dans la maladie de Parkinson) et la présence de troubles des fonctions dites exécutives (capacités de planification, résolution de problèmes) caractérisant un déficit de type « frontal » : elles réalisent donc des démences fronto-sous-corticales et certaines d'entre elles perturberaient la mémoire procédurale (voir chapitre 14). Ces démences sont, compte tenu des sites lésionnels impliqués, souvent accompagnées de désordres moteurs. Elles s'opposent aux démences corticales et en particulier à la démence d'Alzheimer dont les troubles de la mémoire traduisent un déficit de l'apprentissage et qui comporte des signes d'atteinte corticale : aphasie, agnosie et acalculie.

ÉTIOLOGIE

Il est donc devenu habituel d'inclure dans la liste étiologique des démences un nombre impressionnant d'affections dont les manifestations pourraient selon les cas être désignées sous le nom de syndrome démentiel ou pseudo-démentiel ou de syndrome psycho-organique ou encore de confusion subaiguë ou chronique voire de syndrome confuso-démentiel.

Les encéphalopathies médicamenteuses

Un historique médicamenteux doit être pratiqué en présence de tout syndrome confusionnel ou démentiel. Il est difficile de fournir une liste exhaustive de tous les médicaments en cause : anticholinergiques, tout particulièrement chez le parkinsonien, antidépresseurs tricycliques en raison non seulement de leur effet anticholinergique, mais aussi en raison d'hyponatrémie induite par sécrétion inappropriée d'ADH, antiépileptiques, neuroleptiques, diurétiques qui peuvent entraîner une hyponatrémie, hypoglycémiants.

Les processus expansifs de présentation pseudo-démentielle

Ce sont surtout les tumeurs frontales qui peuvent en imposer pour un affaiblissement démentiel car le comportement peut être centré sur une indifférence, une apathie, des troubles mnésiques, une désorganisation des comportements sphinctériens. Les tumeurs temporales droites peuvent aussi entraîner une confusion d'évolution subaiguë. Et reste l'hématome sous-dural chronique qui représente un piège diagnostique fréquent chez le sujet âgé, quand le traumatisme crânien a été bénin voire oublié : on doit évoquer cette hypothèse quand la confusion est fluctuante, et quand il existe des signes de localisation même s'ils sont discrets. La tomodensitométrie permet généralement le diagnostic en sachant se méfier des formes isodenses et des formes dont la bilatéralité abolit le déplacement des structures médianes.

Les encéphalopathies carentielles

Elles sont souvent dues à l'alcoolisme, mais elles peuvent aussi relever d'états de dénutrition en rapport avec des vomissements, des anorexies sévères, des syndromes de malabsorption intestinale. La plus fréquente est l'*encéphalopathie de Gayet-Wernicke* dont les signes peuvent parfois s'installer de manière subaiguë ou chronique. Outre le contexte, des troubles oculomoteurs, un nystagmus, un syndrome cérébelleux doivent orienter le diagnostic surtout s'il existe au sein de la confusion un noyau korsakovien avec oubli à mesure, fabulation et fausses reconnaissances. L'hyperpyruvicémie et la diminution de l'activité transacétolasique du sang éclaireront le diagnostic, mais ne devront pas être attendues pour mettre en œuvre le traitement de thiamine dont seule l'instauration précoce (100 à 500 mg par jour par voie intramusculaire) peut éviter la constitution de séquelles définitives et en particulier de troubles mnésiques.

Le *syndrome de Korsakoff* peut accompagner l'encéphalopathie de Gayet-Wernicke ou s'installer isolément et progressivement : la thérapeutique est identique.

La *maladie de Marchiafava-Bignami* (nécrose du corps calleux) n'intéresse pratiquement que des alcooliques : elle peut avoir une présentation de démence progressive accompagnée d'hypertonie oppositionniste, d'astasie-abasie, de dysarthrie voire de signes de disconnexion calleuse.

Les *démences alcooliques* menacent les alcoolismes invétérés et prolongés; elles surviennent donc essentiellement chez des alcooliques âgés mais de manière plus précoce chez la femme que chez l'homme. Elles atteindraient moins de 5 % des alcooliques si l'on s'en tient aux seules démences caractérisées mais un nombre important d'alcooliques présente un déficit cognitif prouvé par les tests psychométriques. La tomodensitométrie peut objectiver une atrophie cortico-sous-corticale. Il faut y ajouter les facteurs psychologiques et sociaux qui contribuent aussi à la déchéance de l'alcoolique et dont la prise en compte est, avec la suspension se l'intoxication, le seul moyen d'espérer une régression au moins partielle des troubles.

Les *encéphalopathies carentielles par carences vitaminiques autres que celles liées à l'alcoolisme* sont essentiellement dues à des déficits alimentaires en vitamine B12 et en acide folique parfois favorisés par un syndrome de malabsorption, une gastrectomie. Il existe aussi chez le sujet âgé des gastrites atrophiques occultes avec achlorhydrie et absence de facteur intrinsèque expliquant la relative fréquence des carences en vitamine B12. En présence d'une démence sénile, il reste préférable de contrôler ces dosages vitaminiques.

Les encéphalopathies métaboliques et endocriniennes

Le contexte de l'encéphalopathie hépatique est trop particulier pour créer des difficultés diagnostiques. Il en est de même de l'encéphalopathie, de l'insuffisance rénale et de l'encéphalopathie des dialysés. Par contre les encéphalopathies hypoglycémiques peuvent se présenter sous un mode chronique et se manifester par des symptômes d'allure névrotique, des troubles du caractère, une détérioration intellectuelle, une rigidité voire des mouvements choréo-athétosiques.

Une confusion mentale, une lenteur de l'idéation peuvent compliquer l'insuffisance respiratoire.

L'hypocalcémie peut provoquer des désordres encéphaliques polymorphes : crises convulsives, rigidité, mouvements anormaux; état dépressif, confusion mentale subaiguë ou chronique voire hallucinations. Les causes les plus fréquentes sont les hypoparathyroïdies postchirurgcales et idiopathiques, les malabsorptions intestinales. La tomodensitométrie peut montrer des calcifications des noyaux gris centraux. Les hypercalcémies, outre leurs signes digestifs et généraux (soif, anorexie, vomissements, polyurie, polydipsie), entraînent des céphalées, une confusion, plus rarement des crises convulsives. Un déficit moteur proximal peut s'y associer. Les causes principales sont les hyperparathyroïdies, les cancers ostéolytiques et le myélome, les hypercalcémies paranéoplasiques, la sarcoïdose et les médicaments hypercalcémiants. Les hypercalcémies sont une urgence thérapeutique.

L'hypothyroïdie, outre une ataxie cérébelleuse, entraîne souvent des troubles de la mémoire et une apathie. L'insuffisance hypophysaire peut aussi donner une encéphalopathie de séméiologie très voisine.

Syndromes démentiels et cancers

L'encéphalite limbique est un syndrome paranéoplasique dont les manifestations sont centrées sur des troubles mnésiques auxquels peuvent s'associer un état dépressif et des crises d'épilepsie. La leucoencéphalopathie multifocale progressive est une infection à papovavirus (virus JC) qui accompagne des cancers et des états d'immunodépression. Les foyers de démyélinisation sont mis en évidence par la tomodensitométrie. Aucun traitement ne peut être opposé à cette maladie.

La radiothérapie du névraxe peut se compliquer d'une leucoencépalopathie insidieuse donnant un tableau de démence sous-corticale à forme pseudo-dépressive et apathique.

Syndromes démentiels et collagénoses

Ils donnent un syndrome psycho-organique avec dépression. Le contexte, les autres manifestations neurologiques (syndrome choréique, syndromes focaux en rapport avec un infarctus, une hémorragie ou une thrombophlébite cérébrale) facilitent le diagnostic. L'imagerie, la ponction lombaire (pléiocytose lymphocytaire) attestent du substratum vasculaire et inflammatoire des troubles.

Démences posttraumatiques

Les démences posttraumatiques sont facilement reliées à leur cause. La démence pugilistique survient chez des boxeurs ayant participé à de multiples combats et qui installent progressivement une dysarthrie, un tremblement, une ataxie cérébelleuse avec des signes extrapyramidaux de type parkinsonien et parfois des signes pyramidaux voire des crises épileptiques. Ces désordres moteurs s'accompagnent d'abord de troubles de l'attention, puis de troubles de la mémoire avec ralentissement idéomoteur et troubles dysexécutifs qui évoluent tardivement, en dix à vingt ans, vers une démence (Mendez, 1995). Il est exceptionnel que la présentation soit celle d'une démence sans signes moteurs (Naccache *et al.*, 1999). L'électroencéphalogramme montre un ralentissement du rythme de fond et une surcharge lente diffuse. La tomodensitométrie montre une atrophie cortico-sous-corticale et souvent un kyste du *septum pellucidum*. Les lésions histologiques se singularisent par l'abondance de la dégénérescence neurofibrillaire dans les neurones corticaux et la rareté des plaques séniles.

Les démences infectieuses

La *paralysie générale* ou méningo-encéphalite syphilitique est devenue rarissime : la démence s'accompagne volontiers d'idées délirantes et tout particulièrement d'un délire de grandeur, d'une dysarthrie, d'un frémissement ou de mouvements saccadés de la langue (mouvement de trombone). Le liquide céphalo-rachidien est inflammatoire. Avant la pénicilline, l'évolution était inexorable.

La *démence liée à l'infection par le virus de l'immunodéficience humaine (VIH).* Son substratum histologique est représenté essentiellement par l'encéphalite subaiguë (avec cellules géantes multinucléées) et par la leuco-encéphalopathie du VIH. Les troubles pourraient relever d'une neurotoxicité directe du virus sur le névraxe ou de la production par la microglie infectée d'agents inflammatoires comme le *tumor necrosis factor* générant un stress oxydatif neuronal. C'est une démence sous-corticale avec troubles de la mémoire, apathie, lenteur psychomotrice, voire manifestations dépressives. Les troubles de la mémoire verbale et *non verbale* intéressent la récupération des souvenirs et s'accompagnent de troubles de l'attention et d'un syndrome dysexécutif (tableau 16.III). On peut aussi observer une confusion mentale ou un syndrome psychotique avec hallucinations et excitation maniaque. La démence (dénommée aussi complexe démentiel du sida) s'associe volontiers à une dysarthrie, des troubles de la coordination, un *grasping*, des myoclonies, des signes de myélopathie. La démence peut révéler le sida. Le liquide céphalo-rachidien peut montrer une élévation de la protéinorachie (< 1 g/L), une petite pléiocytose (jusqu'à une cinquantaine d'éléments) et des antigènes viraux. L'imagerie par résonance magnétique nucléaire peut objectiver une atrophie cortico-sous-corticale et des plages de démyélinisation (Maruf *et al.*, 1994; Gray, 1998). La durée moyenne de survie est de quelques mois. Les thérapies antirétrovirales pourraient retarder ou stabiliser ou améliorer les troubles démentiels (Zheng, 1997). Certaines formes restent stables ou se détériorent lentement, ce qui pourrait relever du statut immunitaire ou des traitements antirétroviraux.

Tableau 16.III. *Arguments (en plus de la séropositivité) au diagnostic de complexe démentiel lié au sida* (d'après McArthur et Harrison. *Current Neurology.* 1994;*14*:275-320)

Déclin progressif cognitif et comportemental avec apathie, déficit mnésique, lenteur idéatoire
Examen neurologique : signes d'atteinte diffuse du système nerveux incluant un ralentissement moteur des membres ou des mouvements oculaires, une exagération des réflexes, une hypertonie, un réflexe de préhension forcée ou de succion
Évaluation neuropsychologique : détérioration progressive à des tests espacés dans le temps et intéressant au moins deux domaines cognitifs dont les fonctions frontales, la vitesse motrice et la mémoire non verbale
Anomalies du liquide céphalo-rachidien et de l'imagerie
Absence de trouble psychiatrique majeur, d'intoxication, de perturbations métaboliques, et de tout signe témoignant d'une pathologie opportuniste du système nerveux

On peut observer au cours de l'infection par le VIH, et en particulier aux stades les plus précoces de l'infection, des troubles cognitifs légers. Ils peuvent être mis en évidence (Villa *et al.*, 1996) par les tests explorant la vitesse idéomotrice (comme le *Trail Making*) et par les tests de mémoire explorant la mémoire de travail (en particulier mémoire de chiffres en ordre inverse), ainsi que l'apprentissage et la récupération des informations (comme les mots de Rey qui objectivent le déficit de l'évocation). Il n'est pas sûr que ces troubles cognitifs légers soient régulièrement prédictifs d'une évolution démentielle.

Le sida peut aussi se compliquer d'une leucoencéphalopathie multifocale progressive (voir *supra, Syndromes démentiels et cancers*).

Les *encéphalopathies spongiformes transmissibles* sont représentées chez l'homme par le Kuru, l'insomnie fatale familiale, le syndrome de Gerstmann-Strausser-Scheinker et surtout par la maladie de Creutzfeldt-Jakob. Elles s'observent aussi chez l'animal où elles réalisent notamment la tremblante du mouton ou scrapie, l'encéphalopathie du vison et l'encéphalopathie spongiforme bovine révélée au grand public sous le nom de maladie de la vache folle : on sait que cette affection a décimé les bovins anglais et que les arguments tendant à craindre sa transmissibilité à l'être humain ont constitué et constituent encore un enjeu de santé publique. Elles sont liées à des agents transmissibles non conventionnels longtemps dénommés virus lents et caractérisés par leur résistance aux procédés inactivant les virus, par une longue incubation et par l'absence de réaction immunitaire de l'organisme. L'agent infectieux serait en fait une protéine (PrP ou protéine-prion) dont il existe deux formes, une forme normale (La PrPc ou cellulaire) et la forme pathogène qui n'en diffère que par sa configuration spatiale : sa multiplication, sa résistance aux protéases et donc son accumulation seraient responsables de l'encéphalopathie. Sur le plan neuropathologique, les lésions associent une spongiose, une gliose astrocytaire, une dépopulation neuronale et parfois des plaques amyloïdes extracellulaires reconnues par les anticorps anti-protéine prion. La maladie de Creutzfeldt-Jakob a une répartition ubiquitaire, une incidence d'un à deux cas par million d'habitants. Elle survient le plus souvent entre 50 et 60 ans. Quinze pour cent sont des formes familiales, ce qui suggère la transmission d'une susceptibilité génétique à la contamination. Le mode de contamination est le plus souvent obscur mais a pu être exceptionnellement retrouvé : greffe d'une cornée prélevée chez un sujet décédé de Creutzfeldt-Jakob, intervention chirurgicale avec du matériel contaminé. Le prion est inactivé par l'eau de Javel pendant une heure à une concentration d'au moins 2 % de chlore libre ou par passage à l'autoclave (à au moins 134 degrés pendant au moins trente minutes). Dans l'attente d'un mode d'identification des « porteurs » de l'affection, il est prudent de proscrire le don de sang de tout sujet suspect de détérioration et de souhaiter la pratique d'un bilan psychométrique chez tout donneur après la cinquantaine. Sur le plan clinique, les signes de démence, d'aggravation rapidement progressive, s'associent à des myoclonies, à une hypertonie oppositionnelle, à des signes pyramidaux ou cérébelleux. L'électroencéphalogramme montre, quand il est typique, une activité paroxystique périodique d'abord intermittente puis permanente. La mort survient en général en moins d'un an. Il existe des formes « amaurotiques », débutant par une cécité corticale, des formes cérébelleuses (en particulier la forme des sujets jeunes liée à l'administration d'hormone de croissance quand elle était d'origine extractive) et des formes avec amyotrophie par atteinte de la corne antérieure de la moelle. Aucun traitement ne peut aujourd'hui être opposé à cette maladie. La forme qualifiée de nouvelle variante de la maladie de Creutzfeldt-Jakob survient chez des sujets jeunes (entre seize ans et la quarantaine), se révèle le plus souvent sur un mode psychiatrique avec des troubles du comportement associés à une ataxie, ne modifie pas l'électroencéphalogramme et pourrait exprimer la transmission à l'être humain de l'encéphalopathie spongiforme bovine.

La *maladie de Whipple* peut se compliquer d'une démence ou même se révéler par une démence qui peut s'accompagner d'une uvéite, de paralysies oculomotrices de fonction, de myoclonies qui peuvent être localisées aux yeux et aux muscles masticateurs. L'imagerie par résonance magnétique nucléaire peut montrer des hypersignaux hypothalamiques et temporaux. La biopsie jéjunale permet en règle générale le diagnostic. L'évolution de l'affection peut être jugulée par l'antibiothérapie.

La *maladie de Lyme*, la *brucellose* peuvent aussi se compliquer d'une démence.

Les hydrocéphalies dites à pression normale

Elles ont permis de créer le concept de démence chirurgicalement curable. Leur séméiologie, d'installation progressive, associe (triade d'Hakim et Adams) des troubles de la marche (ataxie avec rétropulsion, apraxie de la marche), avec signe de Babinski bilatéral, une incontinence sphinctérienne et tout particulièrement urinaire, une détérioration cognitive avec apathie, lenteur de l'idéation, troubles de la mémoire, euphorie et tendance dépressive. Ces hydrocéphalies sont liées à un trouble de la circulation et de la résorption du liquide céphalo-rachidien dans des espaces sous-arachnoïdiens fibrosés, l'absence d'hypertension intracrânienne s'expliquant par la constitution d'altérations épendymaires permettant la création de nouvelles voies de résorption (transépendymaire et transcérébrale) du liquide céphalo-rachidien. Ces hydrocéphalies peuvent ainsi compliquer une hémorragie méningée, un traumatisme crânien, une méningite mais, une fois sur deux, aucun antécédent ni aucune cause précise ne sont retrouvés. La tomodensitométrie montre la dilatation ventriculaire contrastant avec des sillons corticaux normaux et associée à une hypodensité périventriculaire traduisant la résorption de liquide céphalo-rachidien. La soustraction de liquide céphalo-rachidien permet une régression plus ou moins durable des troubles et peut en tout cas constituer un test diagnostique préludant à la mise en place d'une dérivation ventriculo-cardiaque ou ventriculo-péritonéale.

Les démences des maladies du système extrapyramidal

Ces démences accompagnent des maladies du système extrapyramidal et ont permis de bâtir le concept de démence sous-corticale. La plus fréquente de ces démences est celle de la maladie de Parkinson en sachant toutefois qu'il ne faut pas confondre la démence parkinsonienne et l'association à la maladie de Parkinson d'une démence d'Alzheimer ou d'une démence à corps de Lewy diffus (voir p. 245). Toutefois, même si l'altération de la voie dopaminergique mésocorticale frontale a pu être incriminée, l'activité de la L-dopa sur les fonctions cognitives est équivoque et le médicament, tout comme d'ailleurs les agonistes dopaminergiques, est incapable d'avoir un effet préventif ou curatif sur la démence parkinsonienne.

Des détériorations cognitives ou des démences avec des signes de dysfonctionnement frontal sont aussi observées au cours de la paralysie supranucléaire progressive, de la chorée de Huntington, de la maladie d'Hallevorden-Spatz ainsi qu'au cours de la maladie de Wilson dont les distorsions cognitives peuvent s'améliorer grâce au traitement chélateur.

Les démences vasculaires

Les *démences par hypodébit chronique* comme celles qui peuvent compliquer des sténoses carotidiennes bilatérales très serrées sont rares et doivent s'améliorer après restauration chirurgicale du flux carotidien.

Les *chutes aiguës du débit cardiaque* peuvent entraîner une succession d'infarctus situés aux confins des territoires artériels (derniers prés) et répartis de manière arciforme à la partie supérieure de la face externe des hémisphères cérébraux : les signes associent, en proportions variables, un déficit brachial, des troubles du langage, de la mémoire et visuospatiaux, ainsi qu'un syndrome frontal, le tout pouvant constituer un état démentiel.

Certains infarctus uniques, situés dans des *régions stratégiques*, peuvent d'emblée se compliquer d'un état démentiel comme les infarctus bithalamiques qui, outre des troubles mnésiques massifs, entraînent un apragmatisme ; une apathie, une indifférence, et les infarctus de la tête du noyau caudé qui entraînent aussi une désafférentation frontale.

Les *démences par infarctus multiples* s'installent à l'ombre d'accidents ischémiques répétitifs : elles s'aggravent donc par à-coups successifs, et s'accompagnent, à l'examen clinique, de signes neurologiques de localisation. Leur diagnostic peut être aidé par le calcul d'un score ischémique (tableau 16.IV). Il est difficile d'accepter le diagnostic sans constater la présence, à la tomodensitométrie, d'au moins un infarctus. Les démences peuvent être de type cortical ou sous-cortical en fonction de la topographie des infarctus.

L'*état lacunaire de Pierre Marie* est la conséquence de lacunes multiples du thalamus, de la substance blanche sous-corticale, de la capsule interne, de la protubérance. Ainsi, après des ictus répétitifs, s'installe un déficit cognitif avec marche à petits pas, signe de Babinski bilatéral, syndrome pseudobulbaire associant troubles de la déglutition et dysarthrie. L'atteinte pyramidale rend compte aussi de la vivacité du massétérin, et de la parésie faciale bilatérale qui donne au faciès un aspect atone, hébété, mais souvent dramatiquement mobilisé par des accès de rire et de pleurer spasmodiques.

La *leucoencéphalopathie vasculaire (leucoaraïose)* témoigne d'une démyélinisation de la substance blanche périventriculaire et sous-corticale par une ischémie chronique. La tomodensitométrie a montré sa fréquence en objectivant des hypodensités plus ou moins étendues des régions périventriculaires jouxtant les cornes frontales et occipitales et des centres ovales. Elle intéresse surtout les sujets âgés et hypertendus. L'encéphalopathie sous-corticale de Binswanger est caractérisée par la survenue d'accidents lacunaires

Tableau 16.IV. *Les scores ischémiques*

Signes cliniques	*Score de Hachinski*	*Score de Hachinski modifié par Rosen*	*Score de Hachinski modifié par Loeb*
Début brutal	2	2	2
Aggravation en marches d'escalier	1	1	
Évolution fluctuante	2		
Confusion nocturne	1		
Préservation relative de la personnalité	1		
Dépression	1	1	
Plaintes somatiques	1		
Labilité émotionnelle	1	1	
Antécédents ou existence d'une hypertension artérielle	1	1	
Antécédents d'ictus	2	2	1
Autres signes d'athérosclérose	1		
Symptômes neurologiques focaux[1]	2	2	2
Signes neurologiques focaux[1]	2	2	2 Hypodensité TDM isolée 2 Hypodensité TDM multiples 3
Score maximal Démence artériopathique Démence dégénérative primaire	18 > 7 < 4	12 > 6[2] < 3[2]	10 > 5 < 2

1. Symptôme désigne une manifestation subjective (exemple: paresthésies), signe désigne une constatation clinique.
2. Critères de cotation proposés par Blass, d'après le score de Hachinski modifié.

répétitifs compliqués de démence, chez des hypertendus. La tomodensitométrie montre l'association d'une leucoencéphalopathie et d'hypodensités lacunaires. Le CADASIL (artériopathie cérébrale autosomique dominante avec infarctus sous-corticaux et leucoencéphalopathie) est une artériopathie génétique (due à des mutations du gène *Notch3*), dont les lésions des cellules musculaires lisses vasculaires aboutissent à la constitution de multiples petits infarctus sous-corticaux (substance blanche et noyaux gris centraux) et à une leucoencéphalopathie diffuse. Les malades ont fréquemment des crises de migraines avec aura et ils développent des accidents ischémiques cérébraux qui feront le lit d'une détérioration cognitive progressive, centrée d'abord par un syndrome dysexécutif avec déficit de la flexibilité mentale et qui se compliquera d'un syndrome pseudo-bulbaire et, en dix à quinze ans, d'une démence), évidente en moyenne à la soixantaine, et qui, comme celles observées lors des états lacunaires et des leucoencéphalopathies, est de type sous-cortical. Les troubles dépressifs majeurs sont fréquents (20 % des cas) avec un risque élevé de suicide. Ils peuvent même être inauguraux et il peut même exister des tableaux proches d'une psychose maniaco-dépressive.

Le *syndrome des anticorps anti-phospholipides* mérite une attention particulière : observé surtout chez les sujets jeunes, il peut entraîner une démence par infarctus multiples (voir *supra*) mais il peut exceptionnellement se compliquer d'une démence progressive qui pourrait être en rapport soit avec des micro-infarctus par obstructions fibrino-plaquettaires ou vascularite, soit avec un mécanisme immunitaire.

Les *hémorragies cérébrales* peuvent aussi participer à l'éclosion d'un syndrome démentiel : l'hypertendu artériel est menacé d'hémorragie cérébrale, de lacunes, mais aussi d'infarctus cérébraux, l'hypertension étant un facteur de risque de l'athérosclérose. Les hémorragies répétitives sont surtout le fait de l'angiopathie amyloïde qui se manifeste par des plages d'hypodensité (tomodensitométrie) ou des plages d'hypersignal T2 (imagerie par résonance magnétique nucléaire) de la substance blanche des hémisphères cérébraux.

Outre la prise en charge générale à tous les syndromes démentiels, la seule thérapeutique, pour l'essentiel préventive, est le contrôle des facteurs de risque de l'athérosclérose des vaisseaux cérébraux et tout particulièrement de l'hypertension artérielle. Toutefois il semblerait que chez un dément hypertendu, la baisse de la tension améliore la cognition quand les chiffres de la systolique sont maintenus entre 135 et 150 mm Hg mais le déficit cognitif s'aggrave si la baisse tensionnelle est plus importante. Les thérapeutiques préventives des accidents ischémiques cérébraux comme les antiagrégants plaquettaires (aspirine, ticlopidine) ou l'endartériectomie sont aussi légitimées par la prévention de la démence vasculaire. L'apparente prédominance féminine des démences d'Alzheimer pourrait s'expliquer par le fait que, les démences vasculaires étant plus fréquentes chez l'homme, leurs manifestations masquent celles d'une maladie d'Alzheimer de survenue secondaire et il est donc possible qu'un nombre plus important qu'on ne le croit de démences vasculaires et en particulier de démences par infarctus multiples soit des démences mixtes.

Les démences corticales dégénératives

La maladie d'Alzheimer

La maladie d'Alzheimer (MA) a aujourd'hui le poids épidémiologique le plus important dans la liste étiologique des syndromes démentiels. Décrite au début du siècle chez une malade de 51 ans, la MA fut longtemps considérée comme une démence du présénium. À la fin des années soixante, les premiers travaux signalèrent la similitude des lésions observées chez de nombreux déments séniles et dans la MA tandis que des critiques commençaient à s'élever sur une physiopathologie du vieillissement cérébral longtemps enfermée dans la théorie de la baisse du débit sanguin cérébral rapportée aux altérations séniles du lit vasculaire. Il fallut néanmoins attendre la fin de la décennie soixante-dix pour que se développe la prise de conscience qui allait aboutir au concept actuel d'une seule maladie qui survient exceptionnellement dans le présénium et habituellement après 65 ans et dont les lésions associent une atrophie cérébrale progressive avec perte neuronale coexistant sur le plan histologique avec une *dégénérescence neurofibrillaire* (DNF) et *des plaques séniles*. Les *plaques séniles* sont situées dans le cortex cérébral au sein du neuropile et sont constituées d'un centre amorphe fait de substance amyloïde, tandis que la périphérie est constituée de prolongements argyrophiles représentant des fragments de dendrites et d'astrocytes en dégénérescence. La substance amyloïde des plaques séniles est constituée par l'accumulation d'un peptide d'une quarantaine d'acides aminés (39-43), le peptide A4 (encore appelé β-amyloïde ou β-A4 ou A-β). C'est ce même peptide qui est trouvé dans les dépôts amyloïdes des trisomiques 21 décédés après l'âge de trente ans. Il existe un lien entre la densité des plaques séniles et l'intensité de la détérioration cognitive. La DNF désigne des inclusions neuronales faites de trousseaux de fibres protéiques argyrophiles dont la microscopie électronique montre qu'elles sont constituées de paires de filaments hélicoïdaux intracytoplasmiques ; elles sont surtout localisées dans les aires cérébrales associatives, l'hippocampe, le noyau basal de Meynert, le *locus niger*, le locus cœruleus, le noyau dorsal du raphé. Le constituant essentiel des paires hélicoïdales de filaments formant la dégénérescence neurofibrillaire est une protéine associée aux microtubules du cytosquelette, les protéines tau. Dans la MA, outre les protéines tau normales, existent trois types de protéines tau particulières car elles sont hyperphosphorylées et de poids moléculaire plus élevé ; c'est leur agrégation qui désorganise le cytosquelette et rend compte de la DNF. C'est essentiellement au niveau de l'hippocampe que l'on observe des vacuoles claires contenant en leur centre un granule dense et qui réalisent la dégénérescence granulovacuolaire. La clinique habituelle de la maladie d'Alzheimer s'explique bien par la progression de la dégénérescence neurofibrillaire de la région hippocampique vers le cortex temporal et les aires associatives temporo-pariétales puis préfrontales alors que les aires primaires (motrices, sensorielles, somesthésiques) sont longtemps épargnées.

La constatation de plaques séniles et de dégénérescence neurofibrillaire de faible abondance dans le cerveau de sujets âgés non déments pose le problème des liens entre le vieillissement cérébral normal et la maladie d'Alzheimer. Le vieillissement cérébral « normal » serait caractérisé par la présence de dégénérescence neurofibrillaire dans la région hippocampique (traduisant la vulnérabilité de cette région) alors qu'il n'existe qu'une petite quantité de plaques séniles dans le cortex. Dans la maladie d'Alzheimer, l'amyloïdogenèse serait le phénomène initial expliquant l'abondance des plaques séniles vite accompagnées de la dégénérescence neurofibrillaire dont la progression rend compte des manifestations cliniques de la maladie (Delacourte *et al.*, 1997). La maladie d'Alzheimer ne serait donc pas une

« exagération » du vieillissement normal, ce dont semble aussi témoigner la topographie de la dépopulation neuronale hippocampique qui atteint massivement le secteur CA1 dans la maladie d'Alzheimer alors que ce même secteur est épargné par le vieillissement normal (West *et al.*, 1994).

La *physiopathologie* de la MA recèle encore bien des mystères. Une attention toute particulière a été accordée aux agrégats insolubles de bêta-amyloïde qui constituent le composant essentiel des plaques séniles et qui pourraient être responsables directement ou indirectement (en favorisant l'inflation calcique intracellulaire, ou l'activité des substances excitotoxiques ou des radicaux libres) de la mort des neurones. L'observation de formes familiales de la MA, l'accroissement du risque de MA chez les sujets dont un parent est atteint, la constatation de lésions histologiques de MA dans le cerveau de trisomiques 21 à partir de la quatrième décennie ont suggéré la mise en cause de facteurs génétiques et ce, d'autant plus que le chromosome 21 contient le gène codant l'APP, protéine transmembranaire qui est le précurseur du peptide A-β (voir *supra*). Une mutation de ce gène a pu ainsi être évoquée dans les formes familiales à début précoce de la maladie. Le chromosome 19 contient le gène codant l'apolipoprotéine E ; or cette lipoprotéine, qui se lie aux récepteurs des LDL *(Low Density Lipoprotein)* et qui est aussi impliquée dans les processus de régénérescence postlésionnelle du système nerveux, s'accumule dans la MA au niveau des plaques séniles et des amas de dégénérescence neurofibrillaire. De plus l'apolipoprotéine E se lie aisément avec la protéine β-amyloïde. Il semble établi qu'il existe une surreprésentation de l'allèle ε4 (codant l'apolipoprotéine E4) dans les formes familiales de début tardif et dans les formes sporadiques de la maladie. Les présénilines 1 et 2 sont des protéines membranaires non glycosylées encodées respectivement par deux gènes portés par les chromosomes 14 et 1. Des mutations de ces gènes ont pu être observées dans des formes familiales autosomales dominantes d'Alzheimer de début précoce : les présénilines ainsi modifiées augmenteraient la production à partir de l'APP de peptide A4 conduisant ainsi au dépôt de substance amyloïde. L'hypothèse d'une infestation virale, suggérée par la constatation de lésions de dégénérescence neurofibrillaire au sein de cultures de cellules nerveuses fœtales auxquelles sont additionnées des cellules d'un cerveau atteint de MA, n'a jamais été confirmée par la preuve de la transmissibilité de la maladie. L'hypothèse radicalaire évoque le rôle délétère des radicaux libres à l'égard des membranes cellulaires et traduirait l'incapacité de certains cerveaux vieillissants à piéger les radicaux libres dont l'inflation finirait par provoquer la mort neuronale : l'accumulation de substance amyloïde entraînerait ainsi à la fois une réaction inflammatoire (avec activation des cytokines), une production de radicaux libres et une inflation calcique menant à la mort cellulaire. Le rôle de l'aluminium a été tour à tout évoqué et contesté. Si ce métal a une neurotoxicité prouvée par l'encéphalopathie des dialysés, les lésions observées sont différentes de celles de la MA. La preuve formelle d'une exposition à l'aluminium chez les patients atteints d'Alzheimer n'a pas pu être apportée. Outre une toxicité directe, il a aussi été proposé que l'aluminium pourrait former avec le glutamate, dont on connaît l'implication dans la mort neuronale, des complexes stables. Les troubles de la neurotransmission intéressent les systèmes noradrénergique, dopaminergique, sérotoninergique, somatostatinergique, mais surtout le système cholinergique. Il existe ainsi dans l'hippocampe et le néocortex une baisse de la concentration en choline-acétyl-transférase (ChAT) ; ce déficit cholinergique traduit la dégénérescence de terminaisons nerveuses présynaptiques en provenance des corps cellulaires de certains noyaux de la base du cerveau et en particulier du noyau basal de Meynert situé sous le noyau lenticulaire dans la substance innominée. Reste toutefois à découvrir les liens qui pourraient unir le déficit cholinergique d'une part, la mort neuronale et les altérations histologiques de la maladie d'autre part. L'acétylcholine facilite la protéolyse « normale », c'est-à-dire non amyloïdogène, en stimulant l'α–sécrétase et l'apoE4 inhibe l'activité de la ChAT. Par ailleurs l'acétylcholine voit sa synthèse activée par les peptides issus de la protéolyse « normale » de l'APP, ce qui rend compte *a contrario* d'un déficit de synthèse cholinergique dans la maladie d'Alzheimer. Ainsi commencent à être entrevus quelques-uns des liens qui pourraient unir le déficit cholinergique et l'amyloïdogenèse, donc la synthèse d'acétylcholine.

Les facteurs de risque de la MA sont l'âge, les antécédents familiaux de démence et de trisomie 21, la présence d'une hétérozygotie ou *a fortiori* d'une homozygotie E4. Un faible niveau culturel, les antécédents de traumatisme crânien constituent aussi des facteurs de risques documentés. La MA est plus fréquente chez les femmes (mais leur espérance de vie est plus importante) ; les anti-inflammatoires non stéroïdiens pris au long cours et chez la femme, le traitement hormonal substitutif de la ménopause auraient un rôle protecteur, de même que la consommation modérée de vin (ou peut-être aussi d'autres boissons alcoolisées). Les liens entre la dépression et la démence ont déjà été envisagés.

Le tableau clinique est celui d'une démence débutant souvent par des troubles mnésiques (voir *supra)* et évoluant vers un syndrome aphaso-agnoso-apraxique. La mort survient en 6 à 12 ans. L'examen peut montrer une paratonie (rigidité des membres provoquée par une mobilisation passive soudaine et rapide), un réflexe de succion, un réflexe de préhension forcée, tous signes plus fréquents dans les formes évoluées de la maladie. Un réflexe palmo-mentonnier peut être précocement observé. Certaines formes s'accompagnent de myoclonies. Des signes extrapyramidaux akinétorigides peuvent être observés surtout en fin d'évolution.

Le *diagnostic* de démence d'Alzheimer selon le DSM III associe aux critères du syndrome démentiel, la notion d'un début insidieux avec évolution progressive et l'exclusion de toute autre cause de démence et en particulier, souligne la CIM-10, une hypothyroïdie, une hypercalcémie, une carence en vitamine B12, une neurosyphilis, une hydrocéphalie à pression normale ou un hématome sous-dural.

L'électroencéphalogramme montre des anomalies lentes diffuses. L'apport de l'imagerie a déjà été envisagé (voir *supra).* Les potentiels évoqués cognitifs et en particulier l'onde P300 ne montrent pas des altérations assez spécifiques ni assez constantes pour en faire un instrument de diagnostic (Gil, 1997). Les recherches s'orientent aussi vers la mise en évidence de marqueurs biologiques qui pourraient permettre un diagnostic précoce. Le génotypage des apolipoprotéines ne décèle qu'un facteur de risque, la baisse du peptide A-β 42 dans le liquide céphalo-rachidien ; l'augmentation des protéines tau, l'augmentation de la protéine p97 ou mélanotransferrine ne fournissent encore que des arguments incertains.

La maladie de Pick et les démences frontales (ou fronto-temporales)

Les démences frontales (ou fronto-temporales) représentent la deuxième cause de démence dégénérative. Sa fréquence, longtemps sous-estimée, peut être évaluée à 1 cas pour 6,6 cas de maladie d'Alzheimer (Pasquier et Lebert, 1995). On en distingue trois types : la maladie de Pick, les dégénérescences frontales aspécifiques et les démences de type frontal avec atteinte du motoneurone.

La maladie de Pick débute le plus souvent dans les 5e et 6e décennies (mais elle peut être observée chez des sujets plus jeunes) avec une prépondérance féminine. Sur le plan histologique, les lésions typiques sont des neurones ballonisés dont certains contiennent des inclusions argyrophiles, les corps de Pick. Elles intéressent avec prédilection les lobes frontaux et temporaux.

À côté de la maladie de Pick existent des démences frontales sans signes histologiques spécifiques associant une dépopulation neuronale, une gliose de la substance blanche sous-corticale avec pâleur de la myéline, et une spongiose laminaire (intéressant les couches superficielles du cortex et différente de la spongiose du Creutzfeldt-Jakob, étendue à toutes les couches du cortex). La sclérose latérale amyotrophique peut s'accompagner d'un tableau de démence frontale.

Les démences frontales se révèlent habituellement par des troubles du comportement et la consultation se fait à la demande de l'entourage ou d'un psychiatre à qui le patient a été adressé pour dépression ou état maniaque atypique (tableau 16.V). Désintérêt pour les activités habituelles et pour l'entourage, engluement dans des conduites rituelles ou un collectionnisme, gloutonnerie, déambulations inadaptées, apathie ou conduites de désinhibition constituent quelques-unes des manifestations de la maladie qui peut aussi s'exprimer par des accès dépressifs ou une hyperémotivité avec anxiété. Il n'y a habituellement pas de plainte mnésique émise spontanément. L'examen neurologique, initialement normal, peut montrer plus tardivement des signes de dysfonctionnement frontal (*grasping*, comportements de dépendance à l'environnement, troubles sphinctériens). Des troubles de la marche peuvent réaliser une ataxie de type apraxique ou avec enrayages cinétiques ou avec une marche à petits pas. Il peut être observé une rigidité de type oppositionniste, une amimie. L'examen neuropsychologique montre un déficit mnésique intéressant la récupération des souvenirs et un syndrome dysexécutif (voir *supra)* qui peut toutefois manquer dans les formes légères en raison de la topographie orbitaire des lésions : il a pu être recherché et observé, dans des tests explorant les prises de décision en fonction des risques, que les malades avaient des temps de délibération plus longs et privilégiaient les conduites à risque (Rahman *et al.*, 1999), ce qui évoque les comportements décrits par Damasio et rapportés à une altération des marqueurs somatiques (voir chapitre 13). Il n'y a pas typiquement de syndrome aphaso-agnoso-apraxique. L'évolution, d'une durée superposable dans la maladie de Pick et les dégénérescences frontales aspécifiques est d'environ 8 ans et peut être émaillée de manifestations dysautonomiques et en particulier de syncopes.

La maladie d'Alzheimer peut se manifester même précocement par des signes frontaux. Ces derniers ne sont toutefois pas isolés et s'accompagnent d'autres

Tableau 16.V. *Critères diagnostiques des démences fronto-temporales* (The Lund and Manchester groups. *J Neurol Neurosurg Psychiatry.* 1994;*57*:416-418)

Troubles du comportement
Début insidieux et évolution progressive Négligence précoce des soins corporels Perte précoce des convenances sociales Désinhibition (euphorie, hypersexualité, violence, déambulations) Rigidité mentale Hyperoralité Stéréotypies et persévérations (vagabondage, tics, conduites rituelles) Comportement d'utilisation Distractibilité, impulsivité Anosognosie précoce
Préservation de l'orientation spatiale et des praxies
Troubles du langage
Réduction du volume verbal Stéréotypies Echolalie et persévérations Mutisme tardif
Troubles affectifs
Dépression et anxiété, sentimentalité excessive, idées fixes, idées suicidaires, idées fausses, précoces et éphémères Indifférence émotive, manque d'empathie Apathie Amimie
En faveur du diagnostic
Début avant l'âge de 65 ans Antécédents familiaux Maladie du motoneurone (Paralysie labio-glosso-pharyngée, paralysies avec amyotrophie et fasciculations)

Trois des cinq critères (quatre sont soulignés dans le tableau ci-dessus, le cinquième étant le changement de personnalité) distingueraient les démences fronto-temporales des démences d'Alzheimer (selon Mendez *et al. Neurology.*1993;*43*:289-292).

manifestations neuropsychologiques de la maladie et en particulier de troubles de la mémoire et de perturbations visuosaptiales (Johnson *et al.*, 1999).

La démence à corps de Lewy (diffus)

Cette affection, de prédominance masculine, se manifeste par une démence corticale grevée de bouffées confusionnelles fluctuantes, accompagnée de signes extrapyramidaux et pyramidaux et particulière par l'importance des manifestations psychiatriques et notamment des hallucinations (tableau 16.VI). Il s'agit d'hallucinations auditives, visuelles ou encore d'un délire d'identité. Ces manifestations psychiatriques sont aggravées par les anticholinergiques et

Tableau 16.VI. *Critères diagnostiques de la maladie à corps de Lewy diffus, probable ou possible* (d'après McKeith *et al.*, Consensus guidelines for the clinical and pathological diagnosis of dementia with Lewy bodies (DLB). *Neurology.*1996;*47*:1113-1124)

Les faits essentiels, requis pour envisager un diagnostic de maladie à corps de Lewy (MCL) sont
Un déclin cognitif progressif d'une sévérité suffisante pour retentir sur la vie sociale ou professionnelle Des troubles de la mémoire persistants ou au premier plan peuvent manquer au début de la maladie mais sont habituellement évidents au cours de l'évolution Les perturbations neuropsychologiques prédominantes sont des troubles de l'attention, des troubles exprimant un déficit des circuits fronto-sous-corticaux et des capacités visuospatiales
Des manifestations suivantes, deux sont nécessaires au diagnostic de maladie à corps de Lewy probable et un seul est nécessaire au diagnostic de démence à corps de Lewy possible
Fonctions cognitives fluctuantes avec variations prononcées de l'attention et de la vigilance Hallucinations visuelles récurrentes et élaborées Syndrome parkinsonien spontané
Manifestations contribuant au diagnostic
Chutes répétées/Syncopes/Pertes transitoires de conscience/Sensibilité aux neuroleptiques/Délire systématisé/Hallucinations intéressant d'autres modalités sensorielles
Le diagnostic de MCL est moins probable en présence
D'un ictus évident cliniquement ou en imagerie D'une maladie physique ou de toute autre perturbation cérébrale suffisante pour rendre compte du tableau clinique

les agonistes dopaminergiques. Très particulière est l'intolérance des malades à la prescription de neuroleptiques qui entraînent des bouffées confusionnelles, un syndrome malin des neuroleptiques avec hyperthermie, tous ces troubles pouvant engager le pronostic vital. Même les neuroleptiques atypiques (de type clozapine) ne sont pas sans danger. Les chutes sont fréquentes. Sur le plan neuropsychologique, on peut observer un contraste entre la relative discrétion des troubles de la mémoire et la sévérité des désordres visuoperceptifs, visuoconstructifs et visuospatiaux (Shimomura *et al.*, 1998). Le diagnostic de certitude ne peut être qu'histologique.

En marge des démences : les atrophies corticales focales

Les aphasies progressives

Les atrophies progressives primaires regroupées sous le nom de syndrome de Mesulam désignent des aphasies d'installation et d'aggravation progressives et qui, pendant longtemps, évoluent sans s'étendre à d'autres fonctions cognitives et sans troubles comportementaux donc sans démence au sens habituel du terme. Les troubles qui s'installent le plus souvent entre 60 et 70 ans prédominent habituellement sur l'expression verbale (réduction de la fluence, manque du mot, langage laconique et hésitant, agrammatisme, paraphasies phonémiques) alors que les troubles de la compréhension sont discrets et que les troubles de la mémoire se limitent à l'apprentissage de matériel verbal. Toutefois, la présentation n'est pas univoque et peut revêtir l'aspect d'une désintégration phonétique avec apraxie bucco-faciale, d'une surdité verbale, d'une aphasie de Wernicke ou de conduction, voire d'une alexie-agraphie. Dans certains cas, l'aspect est celui d'une aphasie fluide avec atteinte élective de la mémoire sémantique : isolées par Snowden puis par Hodges sous le nom de *démences sémantiques*, les perturbations associent une anomie, un déficit de la compréhension lexicale, une altération de la fluence verbale catégorielle, une dyslexie de surface, l'atteinte de la mémoire sémantique affectant non seulement la dénomination et la compréhension verbales (qu'elles concernent les items vivants ou non vivants) mais encore les autres aspects des connaissances sémantiques : test de décision d'objet, appariement d'images comme celles proposées par le *Palm-Tree Test*, désignation d'images sur sollicitation verbale, définitions qui objectivent une meilleure préservation des connaissances superordonnées (Question : *« Qu'est-ce qu'un violon ? »* Réponse : *« Est-ce un instrument ?... Je pense que c'est du métal... »*. Question : *« Qu'est-ce qu'un lion ? »* Réponse : *« Un animal, tout à fait grand, je ne peux rien dire d'autre... »*). Par contre, les aspects phonologiques et grammaticaux du langage sont préservés, de même que la compréhension des ordres complexes et de la mémoire autobiographique comme de la vie quotidienne. Les aphasies progressives s'accompagnent d'une atrophie temporale, ou fronto-temporale ou périsylvienne de l'hémisphère dominant dont le déficit métabolique peut être objectivé par l'imagerie isotopique fonctionnelle. La situation nosologique des aphasies progressives est indécise, et il est légitime de les considérer comme un syndrome et non comme une maladie : les aspects histologiques observés sont souvent aspécifiques et voisins de ceux observés dans les démences frontales (voir *supra*) ; mais on peut observer aussi des lésions compatibles avec une maladie de Pick, ou encore des neurones achromatiques comme ceux observés dans la dégénérescence cortico-basale et plus exceptionnellement des lésions de type maladie d'Alzheimer.

Les apraxies progressives et la dégénérescence cortico-basale

Des apraxies lentement progressives constituent le volet pariétal des atrophies focales. Cependant, ces apraxies s'accompagnent de signes d'atteinte sous-corticale pouvant réaliser une dystonie, une rigidité, des myoclonies, une akinésie, voire une main étrangère, tous signes initialement unilatéraux réalisant le tableau de la dégénérescence cortico-basale. L'apraxie constructive, l'apraxie idéomotrice deviennent difficiles à analyser quand les troubles dystoniques sont au premier plan ou s'aggravent, les tentatives de mouvements déclenchant au niveau du membre des salves syncinétiques anarchiques. L'imagerie montre une atrophie du lobe pariétal prédominant à sa partie supérieure. Les troubles évoluent sur plusieurs années, se bilatéralisent puis se compliquent d'une démence. Les apraxies progressives ont pu être considérées comme une forme pariétale de maladie de Pick (avec neurones ballonisés et inclusions argentophiles). Elle peuvent aussi être considérées comme appartenant au cadre de la dégénérescence cortico-basale qui comporte des ressemblances (neurones ballonisés) et des dissemblances (neurones achromatiques, absence d'inclusions) avec la maladie de Pick et qui pourrait représenter une affection autonome.

Les autres atrophies focales

D'autres atteintes des fonctions instrumentales comme une agnosie peuvent relever aussi de processus abiotrophiques «lobaires». Il a pu ainsi être décrit un cas de prosopagnosie progressive suivie d'un déficit des connaissances sémantiques limité aux noms de personnes : l'imagerie statique et dynamique montrait une atrophie avec hypoperfusion de la partie antérieure du lobe temporal droit (Evans *et al.*, 1995). Les démences frontales peuvent aussi être rangées dans ce cadre, tout au moins avant que les troubles ne soient d'une intensité suffisante pour être considérés comme démentiels.

THÉRAPEUTIQUE

Les démences constituent un vaste cadre nosologique mêlant la médecine interne, la neurologie et la psychiatrie. Certaines démences relèvent de traitements spécifiques qui ont été abordés chemin faisant et dont le cadre thérapeutique dépend de l'étiologie. Mais au-delà de cette diversité, il reste la large prépondérance épidémiologique de la MA et des démences vasculaires autour desquelles peut être bâti le schéma général de prise en charge des démences durables et évolutives.

Les objectifs du traitement sont les suivants.

– Maintenir le plus longtemps possible le sujet dans son environnement familial et social.

– Dépister chez l'accompagnant, donc le plus souvent chez le conjoint, les sentiments d'épuisement, d'esseulement voire de souffrance dépressive.

– Rechercher et essayer de traiter les perturbations comportementales qui ne peuvent qu'aggraver le risque de désinsertion sociale du dément.

– Penser à assurer les besoins biologiques élémentaires du dément et en particulier ses modalités de nourriture et d'hydratation.

– Exclure toute médication risquant d'aggraver le déficit cognitif.

– Savoir proposer une protection juridique adaptée.

Le cadre thérapeutique

Les examens complémentaires nécessaires au bilan étiologique d'une démence peuvent nécessiter plusieurs allées et venues du domicile à un centre spécialisé voire une hospitalisation qui devrait être aussi brève que possible. En règle générale, à ce stade, la démence est de degré 0,5 ou 1 (tableau 16.II). Le malade reconnaît le plus souvent que sa mémoire est défectueuse et il est capable, pour une large part, de comprendre et d'accepter la mise en œuvre des examens complémentaires. Mais l'état mnésique du sujet nécessite que des explications lui soient réitérées à la moindre manifestation d'angoisse. En outre, il est nécessaire que le conjoint ou un proche accompagnent le malade, ce qui atténue l'angoisse du patient et permet d'impliquer le proche dans la prise en charge de son malade, ce qui constitue une puissante garantie d'observance médicamenteuse, une aide dans l'évaluation de l'évolution, une manifestation de la qualité de l'insertion sociale.

Les modalités de la thérapeutique

Les thérapeutiques spécifiques

Il s'agit d'abord du traitement de la maladie cause de la démence comme par exemple le traitement de la paralysie générale par la pénicilline ou l'exérèse d'un adénome hyperparathyroïdien chez un sujet présentant une encéphalopathie hypercalcémique. Le traitement de la maladie causale peut être symptomatique comme par exemple la correction d'un trouble métabolique telle une hypocalcémie liée à une hypoparathyroïdie primitive. Le traitement de la maladie causale peut être d'ordre préventif comme le traitement médical (antiagrégants plaquettaires) ou chirurgical (endartériectomie) d'une athérosclérose des artères à destinée cérébrale.

Il s'agit le plus souvent du traitement de la démence elle-même c'est-à-dire des perturbations cognitives. Certains médicaments ont pour but d'amender les déficits de la neurotransmission secondaires à la démence. Il peut aussi s'agir de médicaments visant à ralentir la mort neuronale, à restaurer les cellules souffrantes. Ces médicaments restent encore pour la plupart d'entre eux du domaine de la recherche et leur importance devrait croître dans les années qui viennent.

L'hypothèse cholinergique de la maladie d'Alzheimer avait d'abord suscité plusieurs essais de la physiostigmine, inhibiteur de la cholinestérase dont l'effet thérapeutique est apparu équivoque. C'est en 1986 qu'un essai préliminaire indiqua qu'un autre inhibiteur central de la cholinestérase, la tacrine, avait amélioré quelques malades atteints d'une démence d'Alzheimer, certains de manière spectaculaire. Ce fut alors le début d'une controverse alimentée par les résultats contradictoires des études qui suivirent, comme des craintes sur la tolérance du médicament. Puis deux études permirent la reconnaissance officielle de l'activité symptomatique de ce médicament, rapidement tombé en désuétude pour au moins deux raisons : la contrainte représentée par la nécessité d'une surveillance des transaminases sériques et la mise sur le marché de nouvelles molécules.

D'autres substances cholinergiques sont maintenant largement utilisées : le donepezil *(Aricept)* a une durée de demi-vie qui autorise une seule prescription journalière, à la dose de 5 mg d'abord puis de 10 mg au bout d'un mois, et la rivastigmine *(Exelon)* qui nécessite deux prises quotidiennes et permet des adaptations posologiques de 15 jours en 15 jours (deux prises à 1,5 mg, à 3 mg puis à 4,5 mg), le produit pouvant éventuellement être ultérieurement monté à deux fois 6 mg. Ces produits peuvent bien sûr avoir des effets secondaires cholinergiques bradycardisants et une grande prudence est nécessaire chez les patients présentant des troubles de la conduction cardiaque. Les autres effets secondaires peuvent être des crampes, des douleurs abdominales, des nausées, de la diarrhée mais il n'a pas été observé de signes d'hépatotoxicité. Ces médicaments ont un effet symptomatique et pourraient avoir aussi une action favorable sur l'évolution de la maladie : même modeste, cette action est en cohérence avec les liens qui uniraient l'acétylcholine et la production de β-amyloïde (voir *supra)* et encourage une prescription précoce (Burns *et al.*, 1999; Rosler *et al.*, 1999). Cette classe thérapeutique pourrait aussi avoir une activité sur le déficit cognitif et les hallucinations de la démence à corps de Lewy diffus (Shea *et al.*, 1998). Le dernier inhibiteur de l'acétylcholinestérase commercialisé est la galantamine *(Réminyl)* qui potentialise aussi l'action de l'acétylcholine sur les récepteurs nicotiniques : il est prescrit en deux prises quotidiennes de 4 mg à augmenter à deux prises de 8 mg quatre semaines plus tard, la posologie pouvant être ultérieurement montée à deux prises de 12 mg en fonction du résultat clinique et de la tolérance. D'autres substances cholinergiques comme le métrifonate sont en cours d'expérimentation. La préservation, au moins relative, des récepteurs muscariniques corticaux postsynaptiques a induit le développement d'agonistes en cours d'évaluation.

À côté de ces thérapeutiques fondées sur la restauration d'un déficit de la neurotransmission, d'autres médicaments pourraient agir sur le stress oxydatif induit par l'effet cytotoxique de la β-amyloïde. Ainsi, en utilisant quelques indices de sévérité de la démence dont le placement en institution, deux médicaments ont montré une action favorable : la sélégiline (mais avec un risque accru de syncopes et de chutes) et la vitamine E (Sano *et al.*, 1997). On peut aussi ajouter à cette classe thérapeutique l'extrait de *Ginkgo Biloba* Egb 761 qui a montré une amélioration modeste des performances cognitives dans la démence d'Alzheimer (mais aussi dans des démences par infarctus multiples; Le Bars *et al.*, 1997). Des essais en cours concernent l'acétyl-l-carnitine dotée d'une activité antiperoxydasique.

Les antiglutamates, visant à ralentir la mort neuronale, suscitent quelques espérances : ainsi la memantine, antagoniste des récepteurs NMDA, améliorerait tant sur le plan cognitif que comportemental les patients atteints de démence d'Alzheimer mais aussi de démence vasculaire. Le chlorhydrate de memantine, commercialisé sous le nom d'*Ebixa* a obtenu son autorisation de mise sur le marché dans les formes modérément sévères à sévères de la maladie d'Alzheimer. La posologie optimale de 20 mg, soit deux comprimés par jour, est à atteindre progressivement en quatre semaines. Les effets indésirables sont rares (hallucinations, confusion, vertiges). Des inhibiteurs calciques sont aussi en cours d'évaluation de même que des substances neurotrophiques qui pourraient agir sur les protéines Tau comme le sabeluzole et stabiliseraient ainsi le cytosquelette neuronal. S'il est admis que les anti-inflammatoires ont un effet protecteur à l'égard de la survenue d'une maladie d'Alzheimer, il reste difficile de savoir quelle place ils pourraient tenir dans la thérapeutique de la maladie. D'autres recherches s'orientent vers les facteurs de croissance neuronale.

Il reste difficile d'apprécier avec certitude quelles seront les conséquences thérapeutiques, préventives et éthiques des développements de la recherche génétique : ainsi, s'il se confirme que l'allèle ε4 constitue un marqueur fiable de la MA, il faut savoir qu'un quart de la population a cet allèle et que 2 à 3 % sont homozygotes. Il faudrait donc que les constatations génétiques soient suivies de conséquences thérapeutiques : molécules inhibant l'affinité entre l'apoE4 et la β-amyloïde, voire thérapie génique.

Mais en attendant, il reste les troubles comportementaux qui sont dus à la démence et qui nécessitent une étude soigneuse car ils peuvent aggraver la démence et aussi participer à la désinsertion sociale du dément.

Les traitements des troubles comportementaux

L'indication des traitements psychotropes doit, en raison de leurs effets secondaires, être mûrement pesée. Seuls doivent être traités les troubles qui sont susceptibles d'aggraver la démence, d'entraîner une souffrance morale du dément ou d'entraîner un épuisement de l'entourage.

La *dépression* nécessite généralement l'instauration d'un traitement médicamenteux difficile à choisir dans la vaste liste des antidépresseurs. Certes on serait, dans la MA, peu tenté de prescrire des antidépresseurs à effets secondaires cholinergiques marqués compte tenu du déficit cholinergique observé dans cette maladie mais aucun antidépresseur ne peut se prévaloir d'une indication préférentielle dans les syndromes démentiels, que ce soit en raison de son efficacité ou de sa tolérance. La dépression ne doit pas être confondue avec l'*apathie* (voir chapitres 17 et 18).

L'*agitation* du dément peut être liée à une bouffée d'anxiété : on peut prescrire du méprobamate, de l'hydroxyzine et des benzodiazépines à demi-vie courte comme le lorazépam, l'oxazépam ou l'alprazolam. Les posologies initiales doivent être faibles et l'ascension posologique progressive. Dans d'autres cas, l'agitation peut être secondaire à un état délirant mais la mise en évidence de la problématique source de l'agitation n'est pas toujours aisée. L'agitation n'apparaît pas toujours liée à l'intensité de déficit cognitif. L'utilisation de neuroleptiques peut s'avérer nécessaire bien que l'utilisation de ces médicaments ne soit pas enthousiasmante chez le sujet dément. On peut préférer l'utilisation ponctuelle de neuroleptiques sédatifs comme la thioridazine ou l'alimézazine, mais il est parfois nécessaire de recourir à un neuroleptique antipsychotique comme l'halopéridol dont on connaît le risque de syndrome extrapyramidal et d'akathisie qui peut déclencher à son tour une agitation anxieuse.

Quand une production délirante ou hallucinatoire perturbe par son intensité le cadre familial, il faut se résoudre à la prescription de neuroleptiques. Leur utilisation pourrait être facilitée par la mise au point de nouveaux médicaments antipsychotiques antagonistes sérotoninergiques (comme la rispéridone) dotés de peu d'effets extrapyramidaux.

Le *sommeil* du dément peut être interrompu par des salves d'onirisme ou par des réveils fréquents dont la signification dépressive peut être discutée. Tout ceci peut aboutir à de grands bouleversements du rythme nycthéméral difficilement supportables pour l'entourage. On peut alors tenter la prescription de zolpidem ou de zopiclone, habituellement mieux tolérés que les benzodiazépines à vie courte.

Les prescriptions de psychotropes doivent, chez le sujet dément, être particulièrement motivées, en évitant les polymédications, en utilisant des posologies initiales faibles, une ascension posologique progressive et en contrôlant l'observance à l'aide de l'entourage. Il est en outre maintenant acquis qu'avant d'utiliser des médicaments psychotropes, même avec les précautions énoncées ci-dessus, il est souhaitable dans les démences d'Alzheimer et dans les démences à corps de Lewy diffus, d'utiliser d'abord les anticholinestérasiques dont l'activité ne se limite pas aux manifestations cognitives des démences. En effet, ces médicaments sont susceptibles d'améliorer la dépression, l'anxiété, l'apathie mais aussi les hallucinations et les délires.

Prise en charge médico-sociale

L'hétérogénéité des déficits cognitifs de la démence d'Alzheimer peut susciter une prise en charge rééducative des déficits mnésiques fondée sur une évaluation neuropsychologique détaillée qui permettra d'adapter une stratégie centrée sur les points suivants : tenter de faciliter l'apprentissage ou le rappel en fonction des facteurs d'optimisation repérés lors de l'évaluation; faire acquérir de nouvelles connaissances en recherchant les capacités préservées tout particulièrement en mémoire implicite et en mémoire procédurale; aménager l'environnement et utiliser des aide-mémoire externes (Van der Linden et Juillerat, 1998).

La prise en charge du dément ne peut s'envisager sans une analyse de son tissu familial et social. La destinée d'un dément n'est pas la même s'il vit seul ou accompagné, s'il a des enfants ou s'il n'en a pas, si les enfants demeurent à proximité ou s'ils sont dispersés, s'il vit en campagne ou en milieu urbain, s'il a des revenus importants ou modestes. Le dément isolé, sans compagnon ni famille, vivant à la campagne, sera *volens nolens* un candidat précoce à l'institutionnalisation. Or, si cette dernière est un déracinement, elle est aussi le moyen de protéger le dément incapable de subvenir à ses besoins; elle peut aussi donner au dément un embryon de vie sociale. Encore faut-il que ces objectifs de soins soient clairement définis et que l'institution ne se contente pas d'être une garderie, le signe de la mort relationnelle et sociale, et l'antichambre de la mort biologique.

La prise en charge du dément doit idéalement associer l'équipe médicale et la personne, souvent le conjoint, qui représente le point d'ancrage dans une réalité fuyante, le remède à l'égard des incertitudes. Cette mission de l'accompagnant, puisée légitimement dans l'histoire personnelle doit être reconnue par sa collaboration officielle aux soins. Son rôle est essentiel dans la gestion des prises médicamenteuses et donc dans l'observance des thérapeutiques instituées. Son opinion doit être prise en compte quand il s'agit d'apprécier l'évolution des troubles vue à travers l'adaptation du malade à la vie de chaque jour. Sa détresse psychologique doit être écoutée quand vient le temps où le délabrement démentiel entravera toute la vie relationnelle du malade devenu agressif ou indifférent, agité ou passif, renvoyant l'accompagnant à une douloureuse solitude. Vient alors le moment du placement en institution : il est souhaitable que ce placement soit programmé donc anticipé. Hélas! trop souvent encore, c'est à l'occasion d'une confusion mentale, d'un épisode infectieux que le dément est projeté vers un service de court séjour qui n'est que le prétexte à l'attente d'un moyen séjour. Parfois, plusieurs allées et venues précèdent le placement définitif en long séjour. Le dément est aggravé par l'instabilité de son cadre de vie, par son incapacité à apprendre de nouveaux environnements. Les raisons de ces atermoiements sont multiples. Un sentiment de culpabilité conduit un conjoint épuisé à refuser d'admettre le départ du malade en maison de retraite ou en long séjour. Les enfants, quand ils ne vivent pas sous le toit du dément, ont du mal parfois à apprécier l'intensité du désarroi de celui de leurs parents à qui incombe la charge du malade. Mais il faut dire aussi que le coût de la maison de retraite comme du long séjour sanitaire est souvent pour la famille une révélation qui paralyse toute décision. C'est dans cette dynamique que s'inscrit un jour la décision d'une mesure de protection juridique faite pour protéger les biens de la personne âgée et non pas l'héritage des enfants. Ce qui veut dire qu'une personne âgée comme tout être humain a droit à des caprices, qu'il ne s'agit donc pas de lui enlever la libre disposition de ce qu'elle a acquis pendant sa vie mais qu'il s'agit par contre de la protéger d'éventuels prédateurs et de permettre que les biens et les revenus du patient servent à son mieux-être. Car toute mesure de protection est privative de liberté et il faut éviter de donner au dément l'impression d'être dépouillé de ses biens comme de tout pouvoir à leur égard. Il ne faut donc pas proposer au juge une mesure de tutelle qui enlève jusqu'au droit de vote alors qu'une mesure de curatelle est suffisante au simple motif qu'une mesure de tutelle sera inéluctable à bref délai et qu'il peut au premier degré paraître logique d'éviter des procédures répétitives.

Thérapeutiques médicamenteuses, décisions de placement, mises en œuvre d'une mesure de protection juridique posent sans cesse la question éthique de savoir comment respecter au maximum les désirs du patient même s'ils sont difficilement analysables. Il ne s'agit pas bien sûr de dire que le dément pourra toujours garder une lucidité décisionnelle : on sait hélas qu'il n'en est rien; mais il faut sans cesse quêter un fragment de lucidité restante ce qui constitue le plus sûr moyen d'éviter la chosification du sujet dément et donc de respecter sa dignité humaine.

BIBLIOGRAPHIE

BELLEVILLE S., CREPEAU F., CAZA N., ROULEAU N. — La mémoire de travail dans la démence de type Alzheimer. *In : Neuropsychologie des démences*. F. Eustache, A. Agniel, Solal, Marseille, 1995:167-178.

BINETTI G., MEGA M., MAGNI E. *et al.* — Behavioral disorders in Alzheimer disease : a transcultural perspective. *Arch Neurol.* 1998;*55*:539-544.

BORDET R., DESTÉE A. — De la maladie de Parkinson à la maladie des corps de Lewy. *La Presse Médicale*. 1992;*21*(15):708-711.

BURNS A., ROSSOR M., HECKER J. *et al.* — The effects of donepezil in Alzheimer's disease - results from a multinational trial. *Dement Geriatr Cogn Disord (Switzerland).* 1999;*10*:237-244.

CAMBIER J., MASSON M., DAIROU R., HÉNIN D. — Étude anatomo-clinique d'une forme pariétale de maladie de Pick. *Rev Neurol.* 1981;*137*:33-38.

CUMMINGS J.-L., BENSON F. — Subcortical Dementia. Review of an emerging concept. *Arch Neurol.* 1984;*41*:874-879.

CUMMINGS J.-L., MEGA M., GRAY K. *et al.* — The neuropsychiatric inventory: comprehensive assessment of psychopathology of dementia. *Neurology.* 1994;*44*:2308-2314.

DARTIGUES J.-F., COMMENGES D., LETENNEUR D. *et al.* — Cognitive predictors of dementia in elderly community residents. *Neuroepidemiology.* 1997;*16*:29-39.

DELACOURTE A., DAVID J.-P., GHOZALI F. *et al.* — Lésions cérébrales de la maladie d'Alzheimer. *In: De la plainte mnésique à la maladie d'Alzheimer* (1 vol), BF Michel, C Derouesné, MC Gély-Nargeot. Solal, Marseille, 1997.

DEROUESNÉ C. — *Les troubles de la mémoire associés à l'âge*. PIL, Paris, 1995.

DEROUESNÉ C. — Méconnaissance des déficits mnésiques. *In : De la plainte mnésique à la maladie d'Alzheimer* (1 vol), BF Michel, C Derouesné, MC Gély-Nargeot. Solal, Marseille, 1997.

DEROUESNÉ C., POITRENEAU J., HUGONOT L. *et al.* — Le Mini-Mental State Examination (MMSE) : un outil pratique pour l'évaluation de l'état cognitif des patients par le clinicien. *La Presse Médicale*. 1999;*21*:1141-1148.

EUSTACHE F., AGNIEL A. — *Neuropsychologie des démences*. Solal, Marseille, 1995.

EVANS J.-J., HEGGSA J., ANTOUN N., HODGES J.-R. — Progressive prosopagnosia associated with selective right temporal lobe atrophy. A new syndrome? *Brain*. 1995;*118*:1-13.

FLEMING K.-C., ADAMS A.-C., PETERSON R.-C. — Dementia : diagnosis and evaluation. *Mayo Clin Proc*. 1995;*70*:1093-1107.

GAINOTTI G., MARRA C. — Some aspects of memory disorders clearly distinguish dementia of the Alzheimer's type from depressive pseudo-dementia. *J Clin Experimental Neuropsychology.* 1994;*16*:65-78.

GIBB W.-R.-G., LUTHERT P.-J., MARSDEN C.-D. — Corticobasal degeneration. *Brain*. 1989;*112*:1171-1192.

GIL R. — *Les potentiels évoqués cognitifs en neurologie et en neuropsychologie* (1 vol). Masson, Paris, 1997.

GIL R., COURADEAU L., LEFEVRE J.-P. — Exposé d'une nouvelle méthode rapide d'évaluation de la détérioration psychométrique. *Revue de Psychologie Appliquée*. 1980;*30*(3):197-205.

GOODIN D.-S., AMINOFF M.-J. — Electrophysiological differences between subtypes of dementia. *Brain*. 1986;*109*:1103-1113.

GRAY F. — Démence et infection par le virus de l'immunodéficience humaine. *Rev Neurol*. 1998;*154*(2S):91-98.

HABIB M., PELLETIER J., KHALIL R. — Aphasie progressive primaire (Syndrome de Mesulam). *La Presse Médicale*. 1993;*22*(16):757-764.

HODGES J.-R., PATTERSON K., OXBURY S., FUNNELL E. — Semantic dementia. *Brain*. 1992;*115*:1783-1806.

JOHNSON J.-K., HEAD E., KIM R. *et al.* — Clinical and pathological evidence for a frontal variant of Alzheimer disease. *Arch Neurol*. 1999;*56*:1233-1239.

KOIVISTO K., REINIKAINEN K.-J., HÄNNINEN T. *et al.* — Prevalence of age-associated memory impairment in a randomly selected population from eastern Finland. *Neurology*. 1995;*45*:741-747.

LAURENT B., THOMAS-ANTERION C., ALLEGRI R.-F. — Mémoires et démences. *Rev Neurol*. 1998;154(2S):33-49.

LE BARS P.-L., KATZ M.-M., BERMAN N. *et al.* — A placebo-controlled, double-blind, randomized trial of an extract of Ginkgo biloba for dementia. North American EGb Study Group. *JAMA (United States)*. 1997;*278*:1327-1332.

LÉGER J.-M., LEVASSEUR M., BENOIT N. *et al.* — Apraxie d'aggravation lentement progressive : étude par IRM et tomographie à positons dans 4 cas. *Rev Neurol*. 1991;*147*:183-191.

MARUF P., CURRIE J., MALONE V. *et al.* — Neuropsychological characterization of the AIDS dementia complex and rationalization of a test battery. *Arch Neurol*. 1994;*51*(7):689-695.

MENDEZ M. — The neuropsychiatric aspects of boxing. — *Int J Psychiatry Med*. 1995;*25*:249-262.

NACCACHE L., SLASCHEVSKY A., DEWEER B. *et al.* — « Démence pugilistique » sans signes moteurs. *La Presse Médicale*. 1999;*25*:1352-1354.

PASQUIER F., LEBERT F. — *Les démences frontotemporales*. Masson, Paris, 1995.

PETIT H., LEBERT F., JACOB B., PASQUIER F. — Démence avec corps de Lewy. *Rev Neurol*. 1998;*154*(2S):99-105.

RAHMAN S., SAHAKIAN B.-J., HODGES J.-R. *et al.* — Specific cognitive deficits in mild frontal variant frontotemporal dementia. *Brain*. 1999;*122*:1469-1493.

RITCHIE K., TOUCHON J. — Mild cognitive impairment : conceptual basis and current nosological status. *Lancet*. 2000;*355*:225-228.

ROBERT P.-H., MEDECIN I., VINCENT S. *et al.* — Inventaire neuropsychiatrique : Validation de la version française d'un instrument destiné à évaluer les troubles du comportement chez les sujets déments. *In : Maladie d'Alzheimer*. Serdi Publisher (Paris), 1998;5:63-86.

ROCCA W.-A., HOFMAN A., BRAYNE C. *et al.* — The prevalence of vascular dementia in Europe : facts and fragments from 1980-1990 studies. EURODEM-Prevalence Research Group. *Ann Neurol*. 1991;*30*:817-824.

ROSLER M., ANAND R., CICIN-SAIN A. *et al.* — Efficacy and safety of rivastigmine in patients with Alzheimer's disease : international randomized controlled trial. *BMJ*. 1999;*318*:633-638.

SANO M., ERNESTO C., THOMAS R.G. — A controlled trial of selegiline, alpha-tocopherol, or both, as treatment for Alzheimer's disease. *New England Journal of Medicine*. 1997;*136*:1216-1222.

SHEA C., MCKNIGHT C., ROCKWOOD K. — Donepezil for treatment of dementia with Lewy bodies : a case series of nine patients. *Int Psychogeriatr (USA)*. 1998;*10*:229-238.

SHIMOMURA T., MORI E., YAMASHITA H. *et al.* — Cognitive loss in dementia with Lewy bodies and Alzheimer disease. *Arch Neurol*. 1998;*55*:1547-1552.

VAN DER LINDEN M., JUILLERAT A.-C. — Prise en charge des déficits cognitifs chez les patients atteints de maladie d'Alzheimer. *Rev Neurol*. 1998;*154*(2S):137-143.

VILLA G., SOLIDA A., MORO E. *et al.* — Cognitive impairment in asymptomatic stages of HIV infection. *Eur Neurol*. 1996;*36*:125-133.

WEST M.-J., COLEMAN P.-D., FLOOD D.-G., TRONCOSO J.-C. — Differences in the pattern of hippocampal neuronal loss in normal ageing and Alzheimer's disease. *Lancet*. 1994;*344*:769-772.

ZHENG J., GENDELMA H.-E. — The HIV-1 associated dementia complex : a metabolic encephalopathy fueled by viral replication in mononuclear phagocytes. *Curr Opin Neurol*. 1997;*10*:319-325.

17 NEUROPSYCHOLOGIE DES ÉMOTIONS

« Création signifie avant tout émotion.
C'est elle qui pousse l'intelligence en avant...
C'est elle surtout qui vivifie... les éléments intellectuels
avec lesquels elle fera corps... »
Bergson

Les pensées et les actions de l'être humain résultent de la mise en œuvre des fonctions cognitives et des processus émotionnels dont le déploiement s'interpénètre. La manière de vivre et d'exprimer nos émotions, les choix existentiels qu'elles appellent, sont à la base de la personnalité. Étymologiquement, l'émotion est un mouvement; l'effervescence émotionnelle, quand elle parcourt l'individu, éveille son attention, colore positivement ou négativement ses sentiments, induit des modifications autonomiques (accélération du pouls, rougeur ou pâleur du visage...), endocriniennes, musculaires (crispation du visage, sourire...), comportementales (agitation, évitement ou rapprochement...). On peut considérer que les émotions se structurent autour de trois dimensions essentielles : la valence (avec le paradigme positif-agréable/négatif-désagréable), l'alerte (calme/tendu), le contrôle (possible ou impossible comme lors d'une frayeur intense).

Si l'émotion est un mouvement, son déclenchement s'enracine dans la motivation qui donne en quelque sorte le potentiel énergétique à la mise en œuvre des comportements. Certains, chez l'être humain — comme chez l'animal — sont animés par des pulsions instinctuelles liées à ses besoins biologiques fondamentaux, c'est-à-dire à ceux qui fondent sa propre survie et la survie de l'espèce : ainsi en est-il de la nourriture, de la boisson, de la sexualité, de la défense. Ces pulsions s'inscrivent ainsi dans une dynamique motivationnelle sous-tendue par l'alternance du « manque », qui induit le comportement, et de la « satisfaction », l'« apaisement », induits à leur tour par le comportement. Les fonctions instinctuelles ont donc partie liée avec la vie émotionnelle (voir *infra*). Mais, de manière générale, la résolution d'une tension, la quête d'une satisfaction expriment les liens qui unissent les composantes motivationnelle et émotionnelle des comportements. Car l'énergie motivationnelle ne se limite pas à la déclinaison des besoins biologiques fondamentaux : elle stimule aussi les comportements les plus élaborés. La cognition est donc liée au système motivationnel-émotionnel (Buck, *in* Borod, 2000). En outre des anticipations (conscientes) et des évaluations émotionnelles (conscientes et inconscientes) interviennent dans les événements qui s'imposent à l'être humain comme dans les prises de décisions : c'est ce qu'illustre le syndrome de sociopathie acquise décrit par Damasio (voir chapitre 13, page 161) qui montre comment l'émotion (par l'activation de « marqueurs somatiques ») fonctionne comme levier décisionnel et du même coup est directement impliquée dans les processus cognitifs.

LES ÉMOTIONS : BASES NEUROBIOLOGIQUES

Le système limbique (fig. 17.1 et voir chapitre 1, tableau 1.1, figures 1.2 et 1.3) est le support des réactions émotionnelles en lien avec la substance réticulée (modulant l'alerte) et avec les structures corticales permettant les représentations (visuelles, auditives...) ainsi que les évaluations (lobe frontal) et adaptant le comportement émotionnel en fonction de l'histoire et de l'environnement propres à chaque individu. Le comportement émotionnel s'inscrit aussi dans la communication interhumaine : il existe donc un versant réceptif (identifier les émotions d'autrui) et un versant expressif qui constituent les pôles habituels de tout système de communication.

L'*amygdale* est considérée comme un élément central du puzzle des structures impliquées dans la gestion émotionnelle. Il faut dire qu'anatomiquement, l'amygdale, située en profondeur dans la partie antérieure du lobe temporal, est le pivot de connexions multiples. Elle reçoit ainsi des afférences corticales somesthésiques et sensorielles, elle est connectée directement ou par le thalamus avec le cortex orbito-frontal (ventral) médian (dont on a vu le rôle dans les prises de décision, voir page 257), mais aussi à l'hippocampe (relais essentiel des circuits de mémoire), les noyaux gris centraux, les noyaux septaux. Ses efférences hypothalamiques ainsi que sur d'autres structures du tronc cérébral (voir *infra)* attestent de son rôle dans le déclenchement des manifestations neurovégétatives et neuroendocriniennes des émotions. Ainsi l'amygdale, par ses connexions, serait le lieu d'intégration de la composante émotionnelle des informations véhiculées par les voies sensitives et sensorielles dont elle permettrait en lien avec la mémoire d'en dégager la

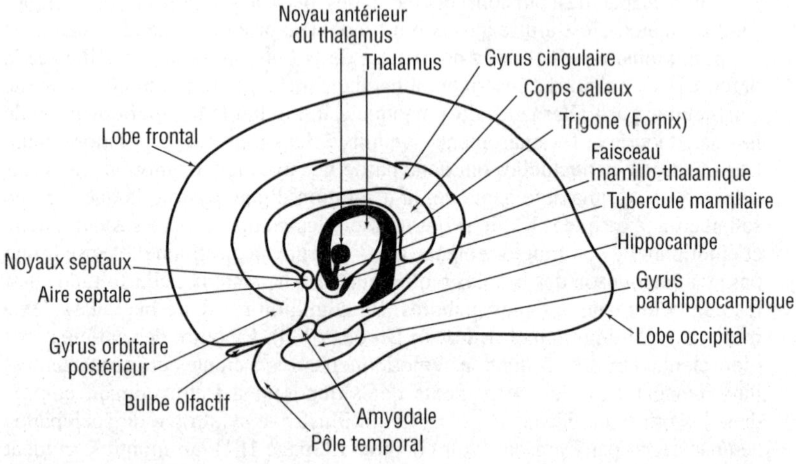

Fig. 17.1. *Vue schématique des principales structures limbiques et paralimbiques.* Voir aussi fig. 1.2 et 1.3.

signification et de moduler les réponses biologiques et comportementales. Les expériences animales et les observations de malades atteints de lésions amygdaliennes permettent de mieux cerner les fonctions émotionnelles de l'amygdale.

Ainsi l'illustration la plus spectaculaire des fonctions émotionnelles de l'amygdale est réalisée par le *syndrome de Klüver-Bucy*. Dans sa forme complète, ce syndrome, décrit chez le singe ayant subi une double lobectomie temporale (intéressant les régions temporo-polaires : amygdale, hippocampe antérieur et cortex), se manifeste par ce que les auteurs ont appelé une « cécité psychique » : il s'agit d'abord d'une perte de la signification émotionnelle des informations sensorielles et tout particulièrement visuelles. Ainsi les animaux tentent de manger des substances non comestibles, tentent de copuler avec tout autre congénère quel que soit son sexe mais aussi avec des animaux d'autres espèces, perdent toute peur à l'égard des êtres humains et des serpents. Mais ce terme de cécité psychique indique aussi une agnosie visuelle comportant un déficit perceptif lié à l'atteinte du néocortex temporal latéral et qui s'associent à des troubles de la mémoire incapacitant l'apprentissage et liés à l'atteinte hippocampo-parahippocampique. Le comportement se caractérise par une docilité, une placidité par hypoémotivité, une hyperoralité, les objets étant, quelle que soit leur nature, portés à la bouche. Cette hyperoralité est telle qu'elle a pu être décrite comme un «*grasping* oral», la lésion temporale induisant, *mutatis mutandis*, ce que la lésion frontale crée pour l'activité manuelle. Il existe aussi une hypersexualité, une hypermétamorphose, ce qui veut dire une attention portée à tout stimulus visuel avec besoin irrésistible, «compulsionnel», de le toucher. Ce syndrome peut être interprété comme lié aux lésions limbiques (et donc amygdaliennes) ou comme une disconnexion entre le système limbique et d'autres aires corticales en particulier visuelles. Chez l'homme, quelques cas de syndrome de Klüver-Bucy ont été décrits; les éléments du syndrome étaient présents soit de manière complète soit le plus souvent de manière incomplète, en règle accompagnés de troubles de la mémoire et du langage. La liste étiologique est longue et encore ouverte : traumatismes crâniens avec lésions bitemporales, kystes arachnoïdiens bilatéraux, gliome multicentrique, encéphalite herpétique, déterminations encéphaliques de la shigellose, après hernie transtentorielle, lupus érythémateux aigu disséminé, leucoencéphalopathie postintervallaire de l'intoxication oxycarbonée, céroïde-lipofuscinose, démence sémantique, démences fronto-temporales, démence d'Alzheimer (Rossitch *et al.*, 1989; Gocinski *et al.*, 1997). Le syndrome peut être observé après résection temporale antérieure bilatérale et très exceptionnellement après résection unilatérale (Ghika-Schmid *et al.,* 1995).

Le rôle de l'amygdale dans la réactivité émotionnelle a été confirmé par des expériences de lésions sélectives des noyaux amygdaliens qui entraînent des troubles comportementaux (placidité, soumission, hyperoralité) moins sévères que les lésions provoquées par aspiration qui lèsent aussi les fibres reliant les amygdales au cortex temporal, ce qui est le cas du syndrome de Klüver-Bucy.

Le rôle de l'amygdale dans le conditionnement à la peur a été particulièrement étudié : l'amygdale est chez l'animal nécessaire à l'acquisition des comportements conditionnés à des stimulations aversives (Le Doux, 1996). Ainsi des rats normaux peuvent apprendre à associer un son (stimulus conditionnant) et un choc électrique au niveau du plancher de leur cage de telle sorte qu'une fois conditionnés, le son suffit à déclencher des modifications neurovégétatives et une agitation. Cet apprentissage conditionnant est impossible chez le rat amygdalectomisé. Des constatations analogues ont été faites chez l'être humain en testant la réponse galvanique cutanée à une stimulation conditionnante (par exemple, une diapositive bleue) couplée à une autre stimulation aversive (un bruit intense qui déclenche une émotion attestée par le réflexe cutané sympathique). Ce type de conditionnement que l'on obtient chez le sujet normal ne peut être obtenu en cas de lésions amygdaliennes bilatérales ou unilatérales (Labar *et al.*, 1995 ; Adolphs et Damasio, 2000, *in* Borod). Les enregistrements électrophysiologiques effectués chez le singe suggèrent que les neurones amygdaliens interviennent dans le traitement de l'identité des visages, des expressions faciales, des mouvements corporels et du regard, toutes ces informations étant des signaux potentiels pour le déclenchement des réponses émotionnelles et sociales à l'égard des autres individus. (voir pour revue Aggleton, 2000). Chez l'être humain, les lésions amygdalienne survenues tôt dans la vie (comme la malade S.M. étudiée par l'équipe de Damasio avec calcification bilatérale de l'amygdale — syndrome de Urbach-Weithe) entraînent un déficit de la reconnaissance des expressions faciales de peur mais aussi à un moindre degré d'expressions émotionnelles proches comme la colère, la surprise, le dégoût. Le déficit intéresse aussi les connaissances conceptuelles sur les émotions et notamment sur la peur (par exemple, à partir de mots ou d'histoires), et ce d'autant que les lésions amygdaliennes surviennent précocement dans le cours de l'existence. Même si les lésions amygdaliennes ne donnent pas toujours la placidité régulièrement observée chez l'animal, il a pu être constaté que des sujets avec lésions amygdaliennes n'avaient aucune méfiance à l'égard de visages non familiers jugés non fréquentables et indignes de confiance par des sujets témoins (Adolphs *et al.*, 1998, *in* Borod). En outre l'amygdale favorise la mémorisation déclarative d'informations à contenu émotionnel : il a pu ainsi être montré que les sujets normaux apprennent mieux les informations à contenu émotionnel que les informations neutres, alors que les sujets avec lésions amygdaliennes ont des performances similaires pour le matériel à contenu émotionnel et le matériel neutre (Adolphs *et al.*, 1997). L'amygdale favoriserait l'encodage comme le rappel en mémoire épisodique à contenu émotionnel. On peut inférer de ces constatations que l'amygdale a pour fonction de lier les informations sensorielles aux systèmes permettent l'acquisition des connaissances sur les émotions et les réponses à déployer. Son intervention dans les situations générant un éveil émotionnel élevé comme la peur suggère le rôle qu'elle joue dans la perception du danger et donc dans la préservation de la vie. Les stimulations entraînent surtout peur et agressivité, hallucinations complexes et sentiment de déjà-vu.

L'*aire septale* (voir tableau 1.I page 6), contrairement à l'amygdale, serait impliquée dans le renforcement positif des émotions, sa stimulation induisant des sensations agréables à composante sexuelle tandis que les lésions de cette région peuvent entraîner irritabilité, agression, voire comportement de rage.

L'*hypothalamus* joue un rôle important dans les fonctions instinctuelles et contribue à générer les manifestations neurovégétatives et neuro-endocriniennes des émotions. L'hypothalamus reçoit des afférences de nombreuses structures limbiques et paralimbiques, tout particulièrement de l'amygdale ; cette dernière se projette aussi directement sur le noyau dorsal du vague donc sur le système parasympathique mais aussi sur le noyau basal de Meynert (pierre d'angle du système cholinergique dans le « cerveau antérieur basal » ou *basal forebrain*), le *locus coeruleus* (noradrénergique), la substance grise péri-aqueducale (noyaux sérotoninergiques du raphé), les noyaux dopaminergiques du mésencéphale.

Si l'amygdale est la structure privilégiée de contrôle des manifestations végétatives et viscérales des émotions (fig. 17.2), la stimulation d'autres structures comme le cortex fronto-orbitaire et l'insula peuvent aussi entraîner des modifications végétatives et ces structures comme l'amygdale reçoivent des afférences du néocortex.

Mais les modifications « somatiques » qui accompagnent les émotions font retour en « *rétroaction* », essentiellement par le vague qui aboutit au noyau du faisceau solitaire dans le bulbe pour se projeter sur l'amygdale et l'insula et à partir d'elles sur les lobes frontal, temporal et pariétal avec sans doute une prévalence pour l'hémisphère cérébral droit qui serait ainsi particulièrement sensible aux modifications viscérales (Luria et Simernitskaya). Il faut à ce sujet rappeler que le caractère parfois intense des manifestations « périphériques » des émotions (tremblements, sueurs, tachycardie, etc.) avait conduit certains auteurs et en particulier William James à postuler que ce sont les modifications viscérales provoquées par un stimulus (la vue d'une bête sauvage par exemple) qui induisent le vécu émotionnel : en leur absence, on pourrait prendre la fuite sans ressentir de frayeur. William James avait vu juste en montrant ainsi l'importance des modifications somatiques dans le vécu émotionnel, mais il n'avait pas envisagé le rôle joué par le cerveau dans la perception des modifications neurovégétatives « périphériques ». Il est certes possible d'admettre comme le souligne Damasio, qu'il existe des émotions « primaires » ou « primitives », génétiquement programmées, appartenant au registre des fonctions instinctuelles, liées essentiellement à la survie de l'espèce, comme la mise en présence « visuelle » d'un animal sauvage, et qui dans l'enfance (mais aussi chez l'animal) induisent de manière automatique, après activation par les afférences sensorielles des amygdales, des réactions neurovégétatives qui à leur tour induiront la prise de conscience du vécu émotionnel et surtout les comportements de fuite ou de défense. Mais ces émotions primaires seront peu à peu l'objet par le cerveau de démarches évaluatives qui viendront modifier le vécu et le comportement émotionnel, ce qui fera en sorte, par exemple, que la vue inopinée d'un animal sauvage en pleine nature et sur une piste de cirque n'induisent plus les mêmes émotions ni qualitativement ni quantitativement. Mais il existe en outre des émotions « secondaires » que l'on pourrait appeler des émotions « apprises » et non innées. Ainsi les émotions ressenties quand on apprend la guérison ou *a contrario* le décès d'un être qui nous est cher proviennent bien de l'activation de représentations mentales propres à l'identité de chacun et qui convergent vers le cortex frontal en particulier le cortex fronto-médian qui, par l'intermédiaire de l'amygdale, déclenche les modifications

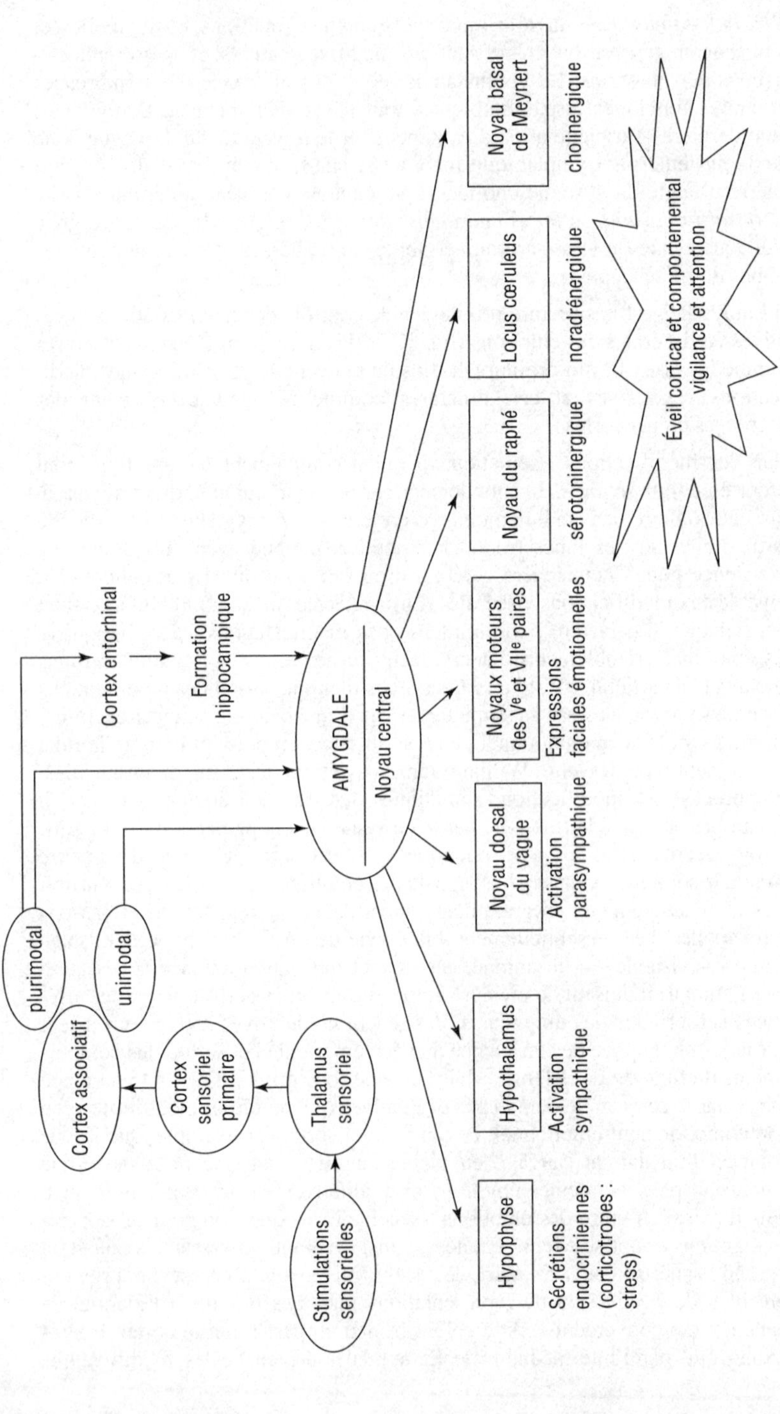

Fig. 17.2. *Connexions amygdaliennes sous-tendant les réponses comportementales, végétatives et endocriniennes associées aux émotions (et en particulier à la peur).*

neurovégétatives et endocriniennes des émotions. Ces dernières sont à leur tour perçues par le cerveau et modulées dans une boucle de rétroaction. On comprend ainsi que les modifications viscérales accroissent l'intensité du vécu émotionnel. Mais ce rétrocontrôle est finalement d'importance secondaire : ainsi l'injection d'épinéphrine qui reproduit un certain nombre de modifications végétatives des émotions ne crée pourtant pas de vécu émotionnel mais renforce le vécu émotionnel quand l'injection est associée à une stimulation émouvante.

Le *striatum ventral* (essentiellement représenté par le noyau accumbens unissant la partie antérieure et ventrale du noyau caudé et du putamen) serait « l'interface entre la motivation et l'action » (Mogenson), convertissant « les processus motivationnels en *outpout* comportemental » (Apicella). Cette structure « dopaminergique » est en effet le lieu de connexions avec l'amygdale (qui évalue la charge émotionnelle), l'hippocampe (et ses références mnésiques), les noyaux gris centraux (qui gèrent l'initiation et la fluidité des mouvements). Elle est incluse dans une « boucle limbique » striato-pallido-thalamo-corticale qui peut être conçue comme le « système de la motivation » (Habib et Bakchine) et dont les lésions en l'un ou l'autre point de son trajet donneraient le syndrome de perte d'auto-activation psychique de Laplane ou syndrome athymormique de Habib et Poncet associant apragmatisme (en règle réversible sous stimulation externe), apathie et vide mental (voir chapitres 13 et 18).

Le rôle des aires corticales paralimbiques et notamment du *gyrus cingulaire* (aire 24) et du *cortex orbito-frontal* caudal a été envisagé au chapitre 13 (page 161). Rappelons ici le rôle du gyrus cingulaire dans la motivation et l'action, le rôle du cortex orbito-frontal dans les prises de décision et les conduites sociales. Les fonctions émotionnelles de l'insula sont encore mal connues, mais on sait que cette structure noue des connexions multiples avec l'amygdale, le cortex orbito-frontal, le gyrus cingulaire ainsi qu'avec les régions corticales voisines et en particulier celles impliquées dans la communication verbale (partie operculaire du cortex sensori-moteur et aires auditives du cortex temporal supérieur ; Habib et Bakchine).

Restent les débats suscités par les travaux tendant à circonscrire le rôle de *chaque hémisphère cérébral* dans la régulation émotionnelle. On connaît l'opposition devenue historique entre l'indifférence des hémiplégiques gauches (anosodiaphorie) à l'égard de leur déficit moteur (qui peut aussi être nié : anosognosie ; Babinski, 1914) et les réactions de catastrophe décrites par Goldstein (1939) au cours des aphasies. Jackson en 1932, dans ses travaux sur la dissociation automatico-volontaire avait noté que les aphasiques non fluents pouvaient exprimer leurs émotions par des plaintes émises avec une intonation (prosodie émotionnelle) adaptée. Si l'on ajoute un certain nombre de travaux décrivant la dépression plus fréquente au cours des lésions gauches, on comprend que l'hypothèse ait pu être émise d'une prévalence (voire d'une spécialisation) de l'hémisphère cérébral gauche pour les émotions « positives » et d'une prévalence de l'hémisphère droit pour les émotions « négatives ». Cette hypothèse pouvait aussi se trouver confortée par d'autres travaux opposant les effets de l'injection d'amytal sodique dans la carotide entraînant à gauche une réaction de catastrophe et à droite une euphorie. On peut aussi citer la constatation dans une série de patients cérébrolésés appariés en fonction de leur âge et de leur déficit cognitif et moteur d'une élévation au MMPI de l'échelle de dépression dans la seule population ayant des lésions de l'hémisphère gauche (Gasparrini). Les émotions « négatives », préférentiellement représentées au niveau de l'hémisphère droit, correspondraient aux émotions les plus primitives tandis que les émotions représentées au niveau de l'hémisphère gauche correspondraient aux formes phylogénétiquement les plus évoluées (Ross, 1994). On a pu aussi proposer que le rôle de l'hémisphère droit ne concerne en fait que la communication non verbale émotionnelle. S'il n'est pas question de nier l'importance de l'hémisphère droit dans l'expression et la compréhension des comportements émotionnels (voir *infra)*, il est plus difficile de dire que cette fonction s'exerce sans modification du vécu émotionnel lui-même. En effet, l'évaluation de l'éveil attentionnel (« arousal ») par le réflexe cutané sympathique ou par les modifications du rythme cardiaque suscitées par des stimulations à contenu émotionnel montre des réponses altérées lors des lésions droites (Gainotti), ce qui suggère donc une modification du vécu émotionnel lui-même. L'hypothèse la moins contraignante est sans doute celle d'une dominance de l'hémisphère cérébral droit dans la régulation des émotions quelle que soit leur valence. En séparant les orages émotionnels de catastrophe des états dépressifs durables, Gainotti ne trouve pas pour ces derniers une plus grande fréquence des lésions hémisphériques gauches : ceci permet de faire l'hypothèse que les réactions de catastrophe sont des réactions appropriées à une situation dramatique à laquelle le sujet ne trouve légitimement pas d'issue et devenant ainsi des réactions émotionnelles adaptées aux circonstances grâce à l'intégrité de l'hémisphère droit. Au contraire, les comportements euphoriques des lésions droites sont des comportements inadaptés par la désorganisation des fonctions émotionnelles de l'hémisphère droit. Il reviendrait ainsi à l'hémisphère droit d'être plus engagé dans la communication émotionnelle, les réactions végétatives de l'émotion (voir *supra*) ainsi que dans le vécu émotionnel. De manière encore plus nuancée, il a pu être proposé un rôle complémentaire de chaque hémisphère cérébral dans le contrôle émotionnel, l'hémisphère droit étant plus impliqué dans les composantes automatiques (expressives et végétatives) des émotions tandis que l'hémisphère gauche serait impliqué dans les processus hiérarchiquement les plus élevés, à savoir la conceptualisation et le contrôle émotionnel (Gainotti, *in* Borod). Mais la réalité est sans doute plus intriquée : ainsi les lésions en miroir de l'aire de Wernicke au niveau de l'hémisphère droit peuvent entraîner une aprosodie (voir *supra*) mais parfois aussi des troubles comportementaux qui peuvent réaliser soit une confusion agitée avec pleurs, gémissements, soit un état d'indifférence et d'euphorie.

Dans une optique clinique, la neuropsychologie des émotions vise donc :

– à repérer les désordres de l'identification et de l'expression des aspects moteurs et prosodiques des comportements émotionnels en rapport avec des lésions cérébrales ;

– à identifier les désordres du comportement et du vécu émotionnels en rapport avec des lésions cérébrales ;

– à mieux reconnaître ainsi les régions du cerveau impliquées dans la régulation des émotions.

SÉMÉIOLOGIE DES FONCTIONS INSTINCTUELLES (ÉMOTIONS « PRIMITIVES »)

Définitions

Le concept d'instinct est composite. L'instinct concerne les animaux et les êtres humains; il désigne une pulsion, une tendance innée commune à tous les êtres vivants (comme l'instinct alimentaire ou sexuel) ou restreinte à une espèce (comme l'instinct migratoire). L'instinct induit ainsi un comportement (manger, boire, etc.) parfois organisé chez l'animal dans un savoir-faire qui à lui seul constitue une deuxième acception du mot instinct. Il en est ainsi de la confection du nid chez l'hirondelle, ce qui montre que l'instinct se distingue de ce qui est appris et est une conduite stéréotypée même si elle enchaîne des actions complexes; l'instinct est ainsi opposé au caractère adapté donc flexible et appris des comportements suscités par l'intelligence encore que, même entendue au sens de savoir-faire, l'activité instinctuelle ne soit pas dépourvue de toute capacité adaptative.

Les comportements instinctuels conduisent donc l'être humain à agir dans le milieu qui l'entoure, qu'il s'agisse du milieu «naturel» ou du milieu social, et à interagir avec ce milieu. Ces comportements, s'ils ont des caractéristiques communes à tous les êtres humains, ne sont pas stéréotypés : ils peuvent donc varier d'un groupe culturel humain à un autre groupe culturel mais aussi d'un individu à un autre individu. En outre ces comportements ne sont pas irrépressibles, ce qui leur permet d'être gérés donc adaptables. La manière de manger varie ainsi d'un groupe culturel à un autre; l'acte de manger peut ne pas être satisfait dès que l'individu ressent la sensation de faim. Il en ressort que les comportements instinctuels peuvent être contrôlés.

Il reste enfin que les comportements instinctuels ne peuvent être considérés comme la satisfaction «linéaire» d'un besoin biologique fondamental et tout se passe comme si l'être humain avait la capacité d'utiliser la satisfaction d'un besoin biologique fondamental à la survie de l'espèce ou encore de retrouver son autonomie par rapport à un besoin biologique fondamental pour accroître ou affiner les frémissements émotionnels liés aux fonctions dites instinctuelles. La mémoire, la personnalité interviennent ainsi dans le tissage de ces comportements chez chaque être humain. Le besoin de nourriture peut ainsi culminer dans la gastronomie tout comme dans l'apprentissage des saveurs et des odeurs qui conduisent à «apprécier» (donc à retirer de la satisfaction de) telle ou telle confection culinaire, tel ou tel vin. La sexualité offre l'exemple le plus typique de l'autonomisation du plaisir par rapport à la réalisation de son but «fondateur» qui est la pérennisation de l'espèce. Mais l'autonomisation est un phénomène complexe qui illustre bien l'enchevêtrement de la cognition et de l'émotion. L'être humain est en effet capable d'inclure le comportement instinctuel dans un réseau de significations et de symboles qui peuvent le transfigurer : on pourrait ainsi citer les attributs symboliques attachés au pain de même que ceux qui sont attachés aux boissons (par exemple, «le verre de l'amitié») tout comme la création artistique qui depuis des millénaires s'inspire entre autres thèmes de la sexualité et de l'amour humains.

La régulation des fonctions instinctuelles est assurée par le système limbique dont les différentes structures sont étroitement interconnectées et qui est lui-même étroitement connecté au cortex associatif hétéromodal (Mesulam, 1985). Ainsi s'expliquent les liens entre la régulation du milieu intérieur (équilibre hydro-électrolytique, glycémie, sécrétions endocriniennes), les fonctions dites végétatives ou autonomes (cœur, respiration, sudation...), l'effervescence émotionnelle et motivationnelle, la mémoire donc l'identité de chaque être humain.

Neuropsychologie de la faim

Deux structures sont particulièrement impliquées dans la régulation du comportement alimentaire : l'hypothalamus et l'amygdale.

Le centre de la faim est situé dans l'hypothalamus dorso-latéral dont la stimulation électrique déclenche un comportement de quête alimentaire (tandis que sa destruction induit une aphagie), alors que le centre de la satiété est situé dans l'hypothalamus ventro-médian dont la stimulation interrompt la prise alimentaire alors que sa destruction provoque polyphagie et obésité. Le rôle de l'amygdale, elle-même intégrée dans l'appareil olfactif, tient à ses connexions étroites avec l'hypothalamus : ainsi les lésions bilatérales de l'amygdale stimulent la prise alimentaire; la stimulation a au contraire un effet inhibiteur qui disparaît si l'hypothalamus est préalablement détruit. Les résections temporales antérieures entraînent chez le singe une hyperoralité, l'animal portant indistinctement tout stimulus à sa bouche : ce trouble est associé aux autres éléments du syndrome de Klüver-Bucy (voir *supra*). Le contrôle comportemental dévolu de manière générale au cortex orbito-frontal intéresse aussi le comportement alimentaire. Ainsi, la destruction du pôle orbito-frontal du chat comme du singe stimule les prises alimentaires alors qu'une destruction frontale plus étendue les réduit.

La régulation de l'absorption alimentaire s'organise à court et à long terme par l'intermédiaire de paramètres s'exerçant sur l'hypothalamus. Ainsi la glycémie et plus précisément la différence artérioveineuse de la glycémie stimulent la sensation de faim. Le taux sanguin d'acides aminés, la température centrale, la réplétion gastro-intestinale, la mise en jeu des phénomènes moteurs (mastication, déglutition) mais aussi la mise en jeu de l'activité sensorielle gustative, la salivation déclenchent, selon les cas, satiété ou prise alimentaire, tandis que la concentration d'acides gras libres (rendant compte des réserves nutritives lipidiques) influe sur la régulation à long terme de la prise alimentaire.

Sur le plan neurochimique, les influences cholinergiques issues de l'amygdale stimulent le noyau ventro-médian de l'hypothalamus, inhibant ainsi la prise alimentaire tandis que les neurones cholinergiques amygdaliens sont soumis aux influences inhibitrices de neurones adrénergiques qui dépriment ainsi la stimulation qu'ils exercent normalement sur l'hypothalamus ventro-médian ce qui stimule la prise alimentaire. Néanmoins les influences neurochimiques s'exerçant sur l'hypothalamus sont innombrables et si l'on y ajoute la multiplicité des récepteurs, on comprend que le rôle des neuromédiateurs paraît parfois contradictoire. Ainsi la noradrénaline peut être orexigène par stimulation des α-récepteurs du noyau paraventriculaire de l'hypothalamus médian et anorexigène par l'intermédiaire des β-récepteurs de l'hypothalamus latéral et l'on sait le rôle anorexigène des amphétamines qui se fixent sur des récepteurs hypothalamiques. La dopamine est plutôt considérée comme orexigène, cette action stimulante pouvant être intégrée dans la stimulation motivationnelle voire hédonique attribuée à ce neurotransmetteur et l'aphagie observée après lésion de l'hypothalamus latéral pourrait au moins en partie être liée à la destruction des fibres dopaminergiques qu'il contient. Les souris rendues incapables de synthétiser la dopamine par inactivation du gène de la tyrosine hydroxylase deviennent hypoactives, aphagiques et adipsiques quelques semaines après leur naissance (Zhou et Palmiter, 1995) tandis que les lésions induites par la 6-hydroxydopamine au niveau du système dopaminergique nigrostrié induisent akinésie, aphagie et adipsie. Mais les agonistes dopaminergiques inhibent plutôt la prise alimentaire alors que les neuroleptiques provoquent prise de poids voire obésité. Les peptides opioïdes endogènes stimulent l'appétit (en stimulant l'hypothalamus latéral). La sérotonine qui excite le noyau paraventriculaire favorise la satiété. Les cytokines seraient responsables en particulier de cachexies et d'anorexies cancéreuses mais il est difficile de faire la part des effets centraux (anorexigènes) et périphériques (par activation du catabolisme).

Des processus lésionnels multiples (tumoraux, inflammatoires, infectieux, vasculaires, etc.) impliquant l'hypothalamus peuvent entraîner obésité (et hyperphagie) ou amaigrissement (et hypophagie voire aphagie) comme le syndrome adiposo-génital de Babinski-Frölich observé au cours de tumeurs de la région sellaire ou encore l'obésité induite par une localisation sarcoïdosique hypothalamique. Le syndrome de Prader-Willi est un syndrome hypothalamique lié à une délétion d'une bande du chromosome 15 qui se manifeste par une hyperphagie avec des manifestations auto- et hétéro-agressives compulsives (crises de colère, automutilation). Des prises de poids sont observées avec certains médicaments comme les neuroleptiques ou le valproate, parfois associé à un net effet orexigène comme le pizotifène. On connaît aussi des formes cachectisantes de tumeurs hypothalamiques notamment chez le tout jeune enfant et des formes vomitives avec cachexie de tumeurs de la fosse postérieure siégeant sur la ligne médiane (vermis et IVe ventricule). Mais de telles pathologies relèvent davantage de la médecine interne et de la neurologie que de la neuropsychologie. La neurologie comportementale montre des exemples de troubles des conduites alimentaires intégrés dans d'autres troubles comportementaux. Des comportements de gloutonnerie (avec éventuellement prise de poids) sont plus souvent le fait des démences fronto-temporales que de la démence d'Alzheimer; l'hyperoralité qui désigne la tendance à tout porter à la bouche qu'il s'agisse ou non d'aliments entre dans le cadre d'un Klüver-Bucy et s'observe dans les deux types de démences. L'appétence pour les sucreries avec grignotage entre les repas est plus particulière à la démence d'Alzheimer. Des comportements de gloutonnerie sont aussi observés dans les syndromes fronto-orbitaires quelle qu'en soit l'étiologie et entrent dans le cadre de la désinhibition comportementale générale. Des rituels alimentaires peuvent être observés dans les syndromes frontaux en général et les démences fronto-temporales en particulier. Malgré les nombreuses données expérimentales, le comportement alimentaire des parkinsoniens reste peu étudié même si l'on sait l'amaigrissement parfois observé dans la maladie : l'amantadine (et tout particulièrement le sulfate utilisable par voie intraveineuse) améliorerait l'aphagie qui peut accompagner les akinésies parkinsoniennes sévères.

Quant au concept de palatabilité qui détermine le taux d'ingestion des aliments en fonction de leur goût, du plaisir procuré et de l'état ponctuel du milieu intérieur, il a fait l'objet de beaucoup d'études expérimentales dont les applications cliniques ne sont qu'empiriques et balbutiantes.

Neuropsychologie de la soif

La soif et la faim sont deux sensations distinctes même si certains produits aptes à étancher la soif ont aussi une valeur nutritive.

La sensation de soif est provoquée par l'élévation de l'osmolarité plasmatique (engendrant une déshydratation intracellulaire) qui stimule des osmorécepteurs hypothalamiques, ce qui induit et une sécrétion d'hormone antidiurétique et la réponse comportementale de prise de boisson. Il est important de constater que le sujet cesse de s'abreuver avant la correction de l'osmolarité qui est en quelque sorte anticipée tant sur le plan comportemental que sur le plan endocrinien puisque la sécrétion d'ADH est elle aussi suspendue dès l'absorption de liquides. Cette rétroaction naît donc de la stimulation d'afférences buccopharyngées et gastriques. D'autres facteurs et en particulier l'hypovolémie déclenchent aussi la soif.

Le rôle central de l'hypothalamus a été démontré par de nombreuses expériences animales de destruction, de stimulation ou encore de microinjections (modifiant *in situ* l'osmolarité) qui déclenchent selon les cas polydipsie ou adipsie accompagnées ou non de modifications parallèles de l'absorption alimentaire. Plusieurs structures du système limbique et en particulier l'amygdale interviennent aussi dans le comportement dipsique.

Des syndromes polyuro-polydipsiques peuvent être observés au cours du diabète insipide, du diabète sucré, de l'insuffisance rénale chronique, de l'hypokaliémie et doivent être distingués des potomanies. Des adipsies avec hypernatrémies neurogènes, qui sont très particulières par leur tolérance clinique, peuvent être observées lors de souffrances hypothalamiques provoquées par des processus tumoraux (gliomes hypothalamiques, adénome hypophysaire, pinéalome ectopique, kyste arachnoïdien du troisième ventricule), infectieux, hémorragiques, ischémiques (par exemple, après clampage d'un anévrisme de la communicante antérieure), au cours de la maladie de Hand-Schüller-Christian comme au décours de traumatismes crâniens. L'adipsie n'est toutefois pas un fait constant au cours des hypernatrémies neurogènes; le comportement est qualifié d'hypodipsique quand la soif n'est pas en proportion de la sévérité de l'hypernatrémie et il n'est donc pas possible de considérer que l'hypernatrémie est une simple conséquence de la baisse des apports hydriques (Gil *et al.*, 1973). Une adipisie avec hypernatrémie peut aussi s'accompagner d'un diabète insipide. Il existe chez l'enfant des dysfonctionnements hypothalamiques idiopathiques avec adipsie, obésité, altération des capacités de thermorégulation, perturbations des fonctions hypophysaires voire mydriase aréflexique. De rares cas familiaux d'hypernatrémie adipsique ont aussi été observés.

Neuropsychologie de l'instinct de défense et de l'agressivité

Il est possible de considérer que la perception d'un danger déclenche selon les cas la fuite ou l'attaque de même que la prédation est la condition de survie de certaines espèces animales et dire que l'homme préhistorique est prédateur signifie qu'il vivait grâce à la chasse et à la pêche (Larousse, 1985). On comprend ainsi les liens qui unissent l'agressivité (étymologiquement «attaque») à l'instinct de défense en particulier et à l'instinct de survie (de soi-même donc de l'espèce) en général. Mais l'agressivité n'est-elle qu'un comportement «défensif»? La simple observation des comportements humains montre qu'il existe aussi une agressivité «offensive» qui ne semble pas relever d'une nécessité de survie et qui a conduit à considérer l'agressivité comme une «pulsion spontanée... une énergie endogène qui doit se décharger» (Lorenz cité par Karli, 1996) donc un instinct «autonome», parfois au service de l'instinct de survie. Pour Freud, deux instincts du moi cohabitent : l'instinct sexuel ou de vie du moi libidinal et l'instinct de mort du moi. À ces deux instincts du moi répondent deux groupes d'instinct «objectaux» : un instinct sexuel objectal (instinct de vie) et un instinct de mort objectal qui s'exprime par l'agression. Ainsi Freud «fait dériver l'agression de la projection au-dehors, sous la pression des instincts de conservation de l'individu, des instincts de mort originels qui l'habitent» (Marie Bonaparte, 1951). Ces pulsions doivent être socialement gérées. Ainsi la conscience morale naîtrait selon Freud du renoncement à la satisfaction des instincts. Par ailleurs, la destinée pulsionnelle peut être le refoulement ou la sublimation, ce qui veut dire que «l'instinct s'emploie dans un autre domaine où des réalisations de valeur sociale se trouvent possibles» (Marie Bonaparte, 1951). La soif de connaître pourrait ainsi être une sublimation de l'instinct d'agression.

Neurobiologie de l'agression

L'agression ou la fuite sont provoquées par une émotion déclenchée par une situation que l'individu ressent comme une menace à son intégrité. On comprend ainsi les liens qui existent entre la douleur et les réactions agressives. Toutefois les expériences animales ont montré que l'effervescence émotionnelle précédant et accompagnant l'agression peut être d'une intensité très variable; ainsi les stimulations de l'hypothalamus latéral déclenchent chez le chat une attaque «froide» du rat mis en sa présence alors que les stimulations médianes entraînent un comportement agressif accompagné d'un orage émotionnel intense. La mise en jeu d'un comportement agressif ne se fait pas de manière stéréotypée dans une espèce donnée et pour un stimulus donné : elle dépend de multiples facteurs et notamment l'expérience antérieure parfois dotée d'un renforcement motivationnel de nature appétitive et d'une réduction de l'expression émotionnelle (voir en particulier les expériences chez les rats muricides : Karli). L'environnement, la position de dominant ou de subordonné, l'état endocrinien interviennent aussi dans le déclenchement du comportement d'agression. Certaines expériences militent pour un substratum différent aux agressions offensives et aux agressions défensives (les premières mais non les secondes sont réduites par des lésions hypothalamiques latérales du rat).

Le « système neuronal d'aversion » (Karli) comprend la substance grise péri-aqueducale et l'hypothalamus médian dont les stimulations électriques ou neurochimiques induisent des comportements de fuite ou de défense et même des comportements visant à interrompre les stimulations électriques portées sur ces régions. Des comportements de « pseudo-rage » (*sham rage*) de caractère défensif avec d'intenses manifestations végétatives (pupillaires, cardiaques, respiratoires, pilo-érection), et motrices (dos arqué, babines retroussées) désignent des manifestations stéréotypées obtenues chez l'animal décortiqué par stimulation de l'hypothalamus médian. Il a été montré que l'amygdale facilite la pseudo-rage déclenchée par la stimulation hypothalamique et que cette facilitation est transmise par un circuit dans lequel des acides aminés excitateurs agissent sur des récepteurs NMDA de la substance grise péri-aqueducale : le blocage de ces récepteurs par l'AP7 inhibe en effet ces influences facilitatrices. Les lésions du septum, des noyaux du raphé facilitent aussi le déclenchement des comportements agressifs.

On a vu que l'amygdale joue un rôle central dans la régulation émotionnelle. Les lésions amygdaliennes bilatérales entraînent chez le singe une placidité émotionnelle caractéristique du syndrome de Klüver-Bucy (voir *supra*) ; l'activité amygdalienne enregistrée par radiotélémétrie chez des singes se déplaçant librement est exacerbée lors des rencontres sexuelles et des agressions ; la destruction du septum produit chez les rats une hyperréactivité exacerbant la probabilité d'agression : cette facilitation de l'agression est nette quand le rat est mis pour la première fois dans sa cage en présence d'une souris mais ne s'observe plus quand le rat a été préalablement familiarisé avec la présence d'une souris. Il est frappant de constater que cet effet préventif de la familiarisation disparaît quand la familiarisation est effectuée avec un rat porteur de lésions bilatérales de la portion cortico-médiane des amygdales. La « gélification » comportementale du rat vaincu à l'égard du rat vainqueur s'estompe après lésions des amygdales. Ces quelques constatations expérimentales confirment le rôle joué par l'amygdale dans l'interprétation affective des informations sensorielles grâce en particulier aux liens qu'elle permet de tisser entre l'émotion « actuelle » et ses dimensions cognitives inséparables de l'histoire de chaque individu. Enfin, et de manière schématique, l'amygdale est soumise au rôle régulateur et plus précisément inhibiteur du cortex pré frontal.

Sur le plan neurochimique, le GABA et la sérotonine sont plutôt des inhibiteurs de l'agressivité de même que les endorphines. La facilitation agressive provoquée par les lésions du raphé s'accompagne de la destruction de neurones sérotoninergiques qui se projettent et sur le système limbique et sur le système nigrostrié. Les drogues antipsychotiques inhibitrices des récepteurs 5-HT2 de la sérotonine ont des propriétés agressivolytiques. Des microinjections de bicuculline qui bloque les transmissions gabaergiques entraînent, lorsqu'elles sont effectuées au niveau de la substance grise péri-aqueducale de l'animal, un comportement agressif de défense. Les catécholamines se comportent comme des stimulants de l'agressivité : il s'agit de la noradrénaline et surtout de la dopamine, neuromédiateur de la voie nigrostriée (dont on connaît le rôle dans la motricité) mais aussi des voies mésolimbique (qui intervient dans la régulation de l'humeur) et mésocorticale (qui intervient dans la mise en jeu des capacités d'attention et de planification). Les neuroleptiques qui bloquent les récepteurs dopaminergiques sont donc des substances agressivolytiques.

Les manifestations agressives sont observées dans nombre de pathologies psychiatriques et neurologiques.

Agressivité et psychiatrie

La fréquence de l'agressivité observée en pathologie psychiatrique (entendue au sens commun de pathologie ne répondant pas à des souffrances lésionnelles du cerveau) explique le développement d'échelles destinées à mieux qualifier et mieux quantifier les comportements agressifs. On peut ainsi citer l'échelle d'agressivité et de dysfonctionnement social et l'échelle d'agressivité manifeste de Yudofsky (*Overt Agression Scale*). La première qui doit être remplie au terme d'un entretien non structuré distingue l'agressivité tournée contre soi (humeur dépressive, impulsions suicidaires, dégoût de soi-même…) et l'agressivité tournée vers l'extérieur (en particulier irritabilité, actes provocateurs perturbant les conduites sociales, agressivité verbale, violences physiques à l'égard d'objets ou de personnes). La seconde, qui peut être remplie par l'équipe infirmière, a pour but d'améliorer la qualité de l'observation des malades agressifs hospitalisés; elle ne comprend que cinq items : l'agressivité verbale, l'agression physique envers les objets, envers soi-même, envers autrui, et un item intitulé intervention qui regroupe la thérapeutique déployée et les conséquences physiques de l'agressivité (Guelfi, 1996). Des conduites agressives peuvent ainsi être observées dans les syndromes psychotiques, dans les états d'arriération mentale, dans les états d'addiction qu'il s'agisse d'un effet secondaire d'une substance psycho-active, d'un syndrome de sevrage, ou d'actes engendrés par le désir de se procurer de la drogue. L'absorption exagérée d'alcool, le sevrage ou les troubles du caractère accompagnant l'alcoolisme peuvent aussi expliquer des manifestations agressives et cette liste est loin d'être exhaustive. Le DSM isole des «troubles de l'adaptation» (réactionnels à des facteurs de stress) s'accompagnant de «perturbation des conduites» comprenant une violation des normes sociales (actes de délinquance, rixes, vandalisme, conduite automobile imprudente etc.). Le DSM comme la classification internationale des troubles mentaux et du comportement (CIM-10) isolent aussi une « personnalité antisociale » (dite encore amorale ou psychopathie) caractérisée notamment par l'instabilité dans les relations et la profession, l'intolérance à la frustration avec « abaissement du seuil de décharge de l'agressivité » expliquant les bagarres, les actes délictueux, les violences au conjoint ou à l'enfant. Ce diagnostic est réservé aux adultes (après l'âge de 18 » ans) et si un trouble des conduites (voir *infra*) est apparu avant l'âge de 15 ans. Le DSM isole, dans le cadre des « troubles du contrôle des impulsions », un « trouble explosif intermittent » (*dyscontrol syndrome*) débutant habituellement entre 20 et 40 ans, caractérisé par des épisodes isolés et répétitifs de perte de contrôle des impulsions agressives aboutissant « à des voies de fait graves ou à la destruction de biens » alors qu'entre les épisodes n'existe aucune manifestation d'impulsivité ou d'agressivité. Ce trouble doit donc être distingué de la personnalité émotionnellement labile type impulsif avec accès de violence et de colère et intolérance à la moindre critique (CIM-10). Chez l'enfant, peuvent être observés des troubles des conduites (parfois associés à une hyperactivité avec déficit de l'attention) caractérisés (DSM et CIM-10) par des manifestations agressives sévères (vols, incendies, cruautés envers les animaux…), débutant habituellement en période péripubertaire, un début précoce accroissant le risque d'évolution vers une personnalité antisociale ; une instabilité des figures parentales, l'absence du père ou l'alcoolisme du père constitueraient entre autres des facteurs favorisants. Ce trouble doit être distingué du trouble oppositionnel avec provocation : le comportement qui n'a pas la gravité du trouble des conduites se caractérise par une contestation régulière des paroles et des actes des adultes avec une impulsivité libérant des colères, des mots orduriers, une opposition aux demandes formulées par les adultes (DSM et CIM-10).

Certaines conduites agressives (vol, homicide etc.) peuvent ne pas être attribuées à une personnalité antisociale ni d'ailleurs à aucun trouble mental : le DSM les qualifie de « comportement antisocial de l'adulte ». On peut à ce sujet signaler que des études en tomographie à émission de positrons ont pu montrer un hypométabolisme temporal chez des sujets ayant des comportements particulièrement violents (Seidenwurm *et al.*, 1997).

Agressivité et neurologie

❐ Généralités

La multiplicité des cibles lésionnelles suggérées par l'expérimentation animale, l'architecture des conduites agressives centrée par le système limbique et régulée par le néocortex tout particulièrement frontal expliquent la fréquence des manifestations agressives observées lors des atteintes organiques du cerveau.

Ces états d'agitation ne facilitent pas l'examen clinique donc le diagnostic étiologique qui pourtant ne doit pas être occulté au profit d'une démarche symptomatique visant par l'administration de neuroleptiques à abolir l'agitation en oubliant de rechercher des arguments anamnestiques et cliniques en faveur d'une hypoglycémie, d'une hémorragie méningée, d'une méningoencéphalite. Le *delirium tremens* est une cause classique de confusion agitée qui peut cacher une pathologie associée (voir *infra*).

L'agressivité observée dans les autres atteintes organiques du cerveau a de multiples présentations cliniques et n'est qu'exceptionnellement dans les études envisagée de manière autonome ; il faut en effet distinguer :

– les décharges agressives entrant dans le cadre d'une labilité émotionnelle : c'est ainsi que l'on peut observer pour une « contrariété » minime, une réaction de catastrophe avec pleurs et cris ou une réaction de colère avec injures ou agressivité gestuelle ;

– les manifestations agressives accompagnant des conduites d'opposition à l'égard des sollicitations de l'entourage ;

– les états d'agitation mêlés de manifestations agressives : elles peuvent exprimer un état psychotique avec délire ou hallucinations « légitimant » l'agitation accompagnée ou non d'anxiété ; elles peuvent aussi témoigner d'une hyperactivité psychomotrice avec déambulation, errance, voire fugues comme d'une akatisie sévère source d'anxiété et d'irritabilité accrues par les invigorations à l'immobilité sollicitées par l'entourage. Il faut aussi réserver une place à part aux agitations accompagnant une confusion mentale qui peuvent soit relever de l'obscurcissement de la conscience et exprimer la réaction du patient à un environnement qu'il vit comme menaçant soit relever de la thématique du délire onirique ;

– des conduites de désinhibition (de type frontal) au cours desquelles des propos grossiers à thème érotique ou des gestes déplacés peuvent être interprétées comme des manifestations d'agression ;

– le qualificatif d'accès de rage est parfois donné à des manifestations agressives déclenchées par des stimulations non spécifiques, d'une grande violence, dépourvues d'un but précis et ne pouvant être contrôlées par la volonté. Ces accès de rage relèvent de lésions (par exemple tumorales) temporales (amygdalienne), hypothalamiques, de la région septale, du thalamus antérieur. Elles peuvent par leur violence et le caractère stéréotypé de leur déroulement et des comportements moteurs (hurlements, morsures…) rappeler la pseudo-rage expérimentale (voir *supra*). La qualification d'accès de rage est parfois donnée aux manifestations du *trouble explosif intermittent* quand elles sont particulièrement violentes mais s'intègrent dans les critères du DSM : il en est ainsi des deux cas de craniopharyngiome rapportés par Tokonogy et Geller (1992).

La multiplicité des situations cliniques pouvant inclure de l'agressivité est illustrée en particulier par les items de l'inventaire neuropsychiatrique de Cummings *et al.* (1994) au cours duquel sur les dix items proposés l'agressivité est explicitement recherchée dans deux d'entre eux (agitation/agression et irritabilité) mais peut aussi être une conséquence des manifestations recherchées dans quatre autres items (délire, hallucinations, désinhibition, comportement moteur aberrant).

❒ Quelques étiologies

La confusion est une grande pourvoyeuse d'agitations agressives dont le mécanisme n'est pas univoque (voir *supra*). Le problème est que le confus agité se laisse difficilement examiner et que la démarche diagnostique se voit occultée au profit du seul traitement symptomatique de l'agitation. Il faut pourtant rechercher des antécédents similaires, une notion d'alcoolisme, de fièvre, de diabète, de traumatisme crânien, d'épilepsie, d'interventions chirurgicales multiples qui guideront le diagnostic étiologique. Il faut aussi savoir se méfier du diagnostic trop rapide de *delirium tremens* qui peut faire méconnaître une autre pathologie comme une hémorragie méningée.

Le syndrome psycho-organique est une appellation qualifiant les manifestations « psychiques » de souffrances cérébrales lésionnelles ou métaboliques et qui dans son acception initiale désignait non seulement les troubles de la personnalité mais aussi les manifestations cognitives centrées par une lenteur de l'idéation, des troubles de l'attention, du jugement, du raisonnement, de la mémoire. Le DSM comme la CIM-10 individualisent les manifestations affectives des atteintes cérébrales organiques sous le nom de psychosyndrome organique pour le premier, de trouble organique de la personnalité pour la seconde. Parmi les caractères de ce syndrome, l'accent est mis sur les désordres émotionnels avec labilité, le sujet passant rapidement de l'euphorie à la jovialité, de l'apathie à la colère agressive mais aussi sur des comportements antisociaux (vols ou avances sexuelles précise la CIM-10). Le DSM considère le « type explosif » comme une présentation particulière du psychosyndrome organique quand sa caractéristique dominante est représentée par des accès d'« agressivité ou de colère ». La liste étiologique est inépuisable. Elle mêle des lésions focales frontales (révélation ou signes séquellaires d'une tumeur) plutôt responsables de désinhibition avec impulsivité, des lésions temporales et notamment des lésions de la partie antérieure et inférieure du lobe temporal détruisant l'amygdale ou les structures qui l'entourent et dont la séméiologie peut mimer un *trouble explosif intermittent*, des lésions diffuses ou multifocales comme dans la sclérose en plaques, le lupus, les séquelles de traumatisme crânien ou d'accidents vasculaires cérébraux, les encéphalopathies métaboliques en général et les encéphalopathies anoxiques en particulier.

L'agressivité est fréquente au cours des *syndromes démentiels*. Dans la démence d'Alzheimer, la série de Reisberg *et al.* (1987) faisait état de 48 % de sujets agités, 30 % de sujets violents et 24 % de sujets présentant des accès d'agressivité verbale tandis que Mendez *et al.* (1990) rapportent une proportion de 24,9 % de sujets présentant des actes agressifs. L'agressivité peut être la conséquence d'idées délirantes et d'hallucinations et s'accompagnerait alors d'une évolutivité plus sévère de la maladie et d'un déficit de la compréhension du langage. Des gestes agressifs peuvent émailler des états d'agitation (parfois à prédominance vespérale) qui relèvent de désordres psychotiques mais aussi d'une hyperactivité motrice avec déambulation voire errance. L'agitation est souvent un motif d'institutionnalisation par épuisement du conjoint ou de l'aidant. L'akatisie peut être la conséquence d'un traitement neuroleptique. Les comportements de déambulation posent des problèmes importants tant au domicile que dans les institutions. Des perturbations du sommeil s'accompagnent de déambulation nocturne au cours desquels l'agressivité peut s'intégrer dans des comportements confusionnels. Les agressions sexuelles sont rares. L'agressivité gestuelle ou verbale au cours de la maladie d'Alzheimer peut aussi s'intégrer dans une labilité émotionnelle avec accès de colères ou de violences gestuelles. Il reste difficile de faire des corrélations précises entre l'agressivité, *a fortiori* ses diverses formes cliniques, et les sites lésionnels de la maladie d'Alzheimer dont on sait toutefois qu'ils intéressent le système limbique, en particulier l'amygdale et qu'ils n'épargnent pas le néocortex et le cortex frontal aux stades avancés de la maladie. Sur le plan neurochimique, on sait que les déficits ne concernent pas que les seuls systèmes cholinergiques et que les taux de sérotonine, de GABA et de noré-pinéphrine sont aussi diminués mais les liens avec les conduites agressives restent à préciser. Une augmentation des récepteurs adrénergiques et en particulier des récepteurs $\alpha 2$ a été mise en évidence dans le cortex cérébelleux d'un groupe de patients atteints de MA et agressifs comparés à un groupe ayant le même degré de déficit cognitif et non agressifs (Russo-Neustadt et Cotman, 1997). Les conduites agressives tendent à être plus fréquentes quand la détérioration cognitive progresse mais il ne s'agit pas toutefois d'une loi générale; ainsi les désordres psychotiques peuvent certes provoquer une institutionnalisation plus précoce indépendamment du degré de détérioration cognitive; ils procéderaient en effet de localisations lésionnelles électives en particulier dans l'aire temporo-prosubiculaire médiane et dans le cortex frontal moyen et s'accompagneraient de taux plus élevés de norépinéphrine dans le *locus niger* et de taux plus bas de sérotonine dans le prosubiculum.

Au cours des *démences fronto-temporales*, la désinhibition peut entraîner une impulsivité, des actes de violence; les propos tenus sont plus souvent grossiers qu'agressifs et les conduites sexuelles déplacées ne s'accompagnent pas en règle d'agression; quand il existe des activités rituelles, elles peuvent s'accompagner d'une agressivité quand elles sont contrariées par l'entourage (Pasquier et Lebert, 1995). L'agressivité peut enfin parfois s'intégrer dans des désordres psychotiques.

Les démences vasculaires peuvent s'accompagner soit d'apathie soit d'irritabilité et des désordres psychotiques peuvent aussi rendre compte de manifestations agressives. L'agressivité verbale ou gestuelle peut aussi être une des manifestations des *accidents vasculaires cérébraux* : les conduites d'irritabilité et de violences seraient plus fréquentes au cours des atteintes de l'hémisphère gauche et seraient favorisées par leur proximité du pôle frontal et la sévérité du déficit cognitif (Paradiso *et al.*, 1996).

La maladie des tics de Gilles de la Tourette peut s'accompagner de labilité émotionnelle, de crises de colère, d'agressivité.

La maladie de Huntington comporte souvent des manifestations agressives qui pourraient être plus fréquentes que dans la maladie d'Alzheimer (Burn *et al.*, 1990) alors que l'apathie et l'irritabilité apparaissaient de manière comparable dans les deux groupes de malades étudiés.

Au cours de *la maladie de Parkinson* l'agressivité peut accompagner la thématique délirante ou hallucinatoire de la psychose parkinsonienne dont l'éclosion peut être favorisée par les thérapeutiques de la maladie. Les modèles animaux (Parkinson au MPTP) suggèrent que la coactivation des récepteurs D1 et D2 est nécessaire pour induire l'hyperactivité et l'agressivité et qu'à ce titre une stimulation déséquilibrée de ces deux récepteurs, par exemple action agoniste partielle D2 et totale D1, pourrait améliorer les effets secondaires comportementaux des agonistes dopaminergiques. Très particulier est le cadre des « désordres comportementaux du sommeil rapide » caractérisés par des accès d'agressivité gestuelle nocturne à l'égard du conjoint pris pour un ennemi dans le cadre d'un rêve agité dont la polygraphie pourra montrer qu'il est contemporain du sommeil paradoxal.

Les traumatismes crâniocérébraux peuvent se compliquer dès leur prise en charge initiale mais aussi de manière prolongée d'états d'agitation et de manifestations agressives qui, avec la désinhibition et l'isolement social, constituent les modifications posttraumatiques de la personnalité le plus souvent observées. Il peut s'agir d'agressions physiques, de crises de colère, d'agressions verbales, d'impulsivité, d'une hyperactivité motrice, parfois mêlées à un contexte confusionnel (Fugate *et al.*, 1997). Un trouble explosif intermittent a pu être observé lors de contusions temporales antérieures ; des études faites chez des anciens combattants traumatisés crâniens lors de la guerre du Viêt-nam ont montré que la violence et l'agressivité n'étaient pas liées à l'étendue de lésions cérébrales mais à leur localisation au niveau de la portion ventro-médiane du lobe frontal. Des études en tomographie monophotonique ont pu montrer un lien entre les conduites de désinhibition et les anomalies du débit frontal d'une part, l'agressivité et les anomalies de débit de l'hémisphère droit d'autre part.

Les liens entre *épilepsie, agressivité* et *violence* ont fait l'objet de fort nombreux débats.

Les travaux de F. Minkowska avaient en 1923 dégagé la notion d'une caractérologie épileptique ou « glischroidie » qui comportait deux pôles, un pôle adhésif (bradypsychie, viscosité) et un pôle explosif avec décharges agressives subites et violentes. Ces travaux ont ensuite été très critiqués (Marchand et Ajuriaguerra, 1948) tant il apparaît difficile de savoir ce qui, dans les troubles de la personnalité observés dans les épilepsies, peut revenir aux éventuelles lésions cérébrales, à une psychopathologie antérieure, au retentissement psychologique de l'épilepsie et de ses conséquences sociales, aux traitements suivis, notamment quand les crises ont débuté dans l'enfance et sont mal contrôlées. Pourtant l'existence de modifications de la personnalité au cours des épilepsies temporales a été attribuée à un état de stimulation, d'embrasement des structures limbiques par les décharges du foyer épileptique. Une hyperconnexion est créée entre le néocortex temporal et les structures limbiques, expliquant ainsi l'exacerbation émotionnelle dont témoigneraient des traits tels que la tendance obsessionnelle, l'hyperreligiosité ou des préoccupations philosophiques, l'hypergraphie, la tendance dépressive, l'hyposexualité, l'irritabilité et l'impulsivité, ces deux dernières plus particulièrement liées aux embrasements de l'hémisphère droit : ainsi serait en quelque sorte réalisé « le négatif du syndrome de Klüver-Bucy » (Favel). Même si ces constatations ont relancé les débats sur une dangerosité « épileptique », les études épidémiologiques n'apportent pas la ferme conviction que les épisodes de violence soient plus fréquents chez les patients atteints d'épilepsie temporale que dans la population normale ou dans les groupes de sujets ayant des problèmes d'insertion sociale. Certaines études n'ont pas pu prouver un lien entre les différents paramètres de l'histoire de l'épilepsie (en particulier le type clinique des crises) et les actes de violence. L'inventaire d'hostilité de Buss-Durkee a pu montrer que les épilepsies temporales gauches s'accompagnaient plus fréquemment de sentiments hostiles, les épilepsies temporales bilatérales apparaissaient les plus agressives alors qu'il n'y avait pas de différence significative entre les épilepsies-absences et les sujets témoins (Devinsky *et al.,* 1994). Comme on le voit, la diversité des populations étudiées, la diversité des méthodes aptes à « mesurer » les comportements agressifs font qu'il est bien difficile de conclure sur la réalité d'une agressivité inter-ictale spécifiquement liée à l'épilepsie temporale.

Aussi apparaît-il nécessaire d'analyser dans quelles conditions l'épilepsie pourrait rendre compte de manifestations d'agressivité et de violence :

– l'agressivité « critique » peut concerner des crises partielles complexes (avec décharges intéressant les structures limbiques particulièrement l'hippocampe et l'amygdale) et ne relève pas encore d'une explication univoque : réaction du sujet à un environnement qu'il considère comme menaçant, réaction aux tentatives de contention, réaction du sujet à un sentiment de peur ou de colère, automatismes psychomoteurs créant des décharges verbales ou des postures corporelles agressives. Ces « violences » critiques sont en tout cas soudaines, non planifiées, inorganisées et leur fréquence est faible : 33 comportements violents ont pu ainsi être répertoriés chez 19 patients dans une série de 5 400 sujets (soit 0,4 %, Delgado *et al.,* 1981) ;

– l'agressivité peut être l'une des manifestations des psychoses post-ictales et inter-ictales (voir p. 301*);*

– les agressivités médicamenteuses telles qu'elles ont été observées chez des enfants traités par clobazam pour épilepsie réfractaire : les manifestations agressives s'accompagnent d'insomnie, d'une activité motrice incessante et cèdent en quelques semaines à l'arrêt du produit ; ces complications doivent être particulièrement redoutées chez des enfants ayant des troubles développementaux (autisme, retard mental, etc.).

Le syndrome de Lesch-Nyhan est une affection liée à l'X caractérisée par la survenue dans la petite enfance de troubles associant un comportement compulsif d'auto-agressivité (avec en particulier automutilation des lèvres) et d'hétéro-agressivité, des mouvements choréoathétosiques, une dystonie, une spasticité, une hyperuricémie. Cette maladie s'accompagne d'un déficit en hypoxanthine guanine phosphoryltransférase et d'un déficit dopaminergique présynaptique intéressant tous les circuits impliquant la dopamine (Ernst *et al.,* 1996). La question est posée de savoir si le déficit dopaminergique peut rendre compte des comportements auto- et hétéroagressif, ce qui apparaît paradoxal mais pourrait être dû à la survenue du déficit dopaminergique dès la période embryonnaire, au retentissement de ce déficit sur d'autres systèmes de neuromédiation (par exemple, une augmentation du taux de mét-enképhaline et une déplétion du taux de substance P du striatum montrée dans des modèles expérimentaux animaux de destruction dopaminergique — Sivam, 1989; Pickel *et al.*, 1994). Des comportements d'automutilation avec des crises de colères peuvent aussi être observés dans le syndrome de Prader-Willi.

Agressivité et sommeil

Les actes de violence perpétrés pendant le sommeil peuvent inquiéter l'entourage et en cas de meurtre, générer de difficiles problèmes médico-légaux.

Certaines violences peuvent survenir dans une période confusionnelle accompagnant l'éveil (Bonkalo, 1974) et pourraient être favorisées par l'alcoolisme ou un syndrome d'apnées du sommeil : elles rejoignent le problème plus général des ivresses confusionnelles. Il peut aussi s'agir de violences «épileptiques» critiques survenant pendant le sommeil (voir *supra*).

Le somnambulisme ou plus rarement les terreurs nocturnes de l'adulte (qui sont des parasomnies du sommeil lent) peuvent s'accompagner de manifestations agressives.

Les désordres comportementaux du sommeil rapide sont des actes de violence dirigés contre le partenaire lors de rêves terrifiants dont la «mise en action» est permise par l'absence de l'atonie musculaire normalement observée lors du sommeil paradoxal. Ces troubles intéressent une fois sur deux (Tan *et al.*, 1996) des sujets présentant une pathologie associée : maladie de Parkinson, démence, atrophie multisystématisée, maladie à corps de Lewy diffus, accident vasculaire cérébral, narcolepsie.

Perspectives thérapeutiques

Le traitement des crises agressives aiguës se confond pratiquement avec celui des états d'agitation et les deux grandes classes thérapeutiques utilisées sont les benzodiazépines et les neuroleptiques. Ceci n'exclut ni la tentative d'instauration d'un dialogue avec l'agité ni surtout la recherche d'une cause impliquant un traitement spécifique.

De multiples médicaments ont été proposés dans le traitement des agressivités chroniques ou récidivantes. Ainsi en est-il du lithium (en particulier dans les agressivités posttraumatiques et des retards mentaux), des β-bloquants (en particulier dans les lésions organiques cérébrales et les retards mentaux), de l'acide valproïque et de la carbamazépine (en particulier dans les agressivités des épilepsies mais aussi dans les agressivités posttraumatiques et pour la carbamazépine pour les agressivités des sujets âgés). Bien entendu les benzodiazépines et les neuroleptiques gardent leurs indications. La prise en charge de la maladie causale doit aussi améliorer l'agitation (psychose, syndrome d'hyperactivité avec déficit de l'attention). Les agressions sexuelles peuvent relever de la dépomédroxyprogestérone (Sheard, 1988). Ces avancées médicamenteuses n'annulent pas le rôle que doivent jouer le dialogue et la psychothérapie.

Rappelons que le somnambulisme comme les désordres comportementaux du sommeil rapide peuvent être améliorés par le clonazépam.

Il reste à ajouter que malgré les problèmes éthiques posés par la création de lésions cérébrales, certaines publications font état des résultats de la psychochirurgie : amygdalotomies bilatérales, hypothalamotomies postéromédianes (Ramamurthi, 1988).

LES MIMIQUES ÉMOTIONNELLES

L'identification des mimiques émotionnelles présentées sur photographies ou sur dessins est indépendante (car souvent dissociée) de la reconnaissance des physionomies elles-mêmes. Chez l'individu normal, la supériorité de l'hémichamp visuel gauche dans l'identification des mimiques émotionnelles est généralement admise. Parmi les sujets ayant des lésions cérébrales, il existe dans la plupart des cas de moindres performances des sujets atteints de lésions de l'hémisphère droit pour reconnaître, sélectionner dans une épreuve à choix multiple, et apparier des expressions émotionnelles (triste, gai, surpris, inquiet, en colère, indifférent) même si elles proviennent de visages différents, mais chez ces mêmes sujets, les performances sont aussi plus médiocres dans des épreuves d'appariement de visages neutres, explorant donc la reconnaissance de physionomies. Toutefois, les performances dans les deux types d'épreuves (reconnaissance de l'émotion et reconnaissance de l'identité) ne sont pas liées (Benton *et al.*, 1968), ce qui tend à montrer que le déficit des sujets atteints de lésions droites dans la discrimination des mimiques émotionnelles est indépendant du déficit visuoperceptif même si ces deux déficits peuvent coexister. Il n'est actuellement pas possible d'affirmer, même avec des études chez les sujets normaux, qu'il existe une supériorité de l'hémisphère droit dans l'identification des émotions négatives bien qu'un déficit électif dans la reconnaissance de cette catégorie d'émotions ait pu être observé chez des sujets atteints d'une lésion de l'hémisphère droit. L'identification émotionnelle reste encore plus du domaine de la recherche que de celui de la pratique clinique. Toutefois des perturbations électives de la reconnaissance des émotions avec respect des capacités de reconnaissance de l'identité des visages ont été observées chez des sujets atteints de lésions de l'hémisphère droit, tout particulièrement de la région temporo-pariétale, dont l'importance dans le traitement des mimiques émotionnelles est confirmée par l'imagerie dynamique. Les travaux d'Adolphs et Damasio (*in* Borod) ont pu montrer que les sujets ayant un déficit de la reconnaissance des mimiques émotionnelles ont des lésions impliquant le cortex primaire somato-sensitif, peut-être SII, l'insula, la partie antérieure du *gyrus supramarginalis* mais aussi la substance blanche sous-jacente qui assure la connexion entre le cortex somato-sensitif et le cortex visuel. Ces résultats ont pu constituer un argument important pour faire de l'hémisphère droit, hémisphère « dominant » pour la représentation du corps (comme l'atteste l'anosognosie des hémiplégiques gauches), l'hémisphère spécialisé dans le traitement des informations corporelles d'ordre émotionnel. Mais un déficit de la reconnaissance des expressions faciales et de la prosodie émotionnelle peut être aussi observé dans les lésions frontales, tout particulièrement ventrales (Hornak). On a vu plus haut que les lésions amygdaliennes pouvaient aussi entraîner un déficit de la reconnaissance des expressions émotionnelles de peur ou des expressions voisines (colère, surprise).

L'anomie catégoriellement spécifique à l'expression faciale peut être observée en cas de lésion calleuse : le sujet ne peut nommer ni désigner sur ordre verbal les mimiques émotionnelles alors que les différentes expressions faciales sont reconnues et classées, ce qui pourrait signifier la disconnexion entre l'hémisphère droit où seraient stockées les « représentations » émotionnelles faciales et les aires du langage.

Les déficits de l'expression des mimiques émotionnelles ont fait l'objet d'appréciations divergentes. Il y a lieu de distinguer les expressions faciales volontaires, sur ordre de l'examinateur, des expressions faciales spontanées en réponse à des scènes plaisantes ou déplaisantes. Les lésions frontales, quel que soit l'hémisphère lésé, provoquent un déficit de l'expressivité émotionnelle spontanée et volontaire, encore que certains travaux indiquent une expressivité faciale plus déficitaire dans les lésions frontales droites Les observations faites en comparant l'expressivité faciale spontanée et volontaire des sujets atteints de lésions hémisphériques droites et gauches ont parfois montré un déficit des sujets lésés à droite alors que parfois les résultats ne sont pas différents quel que soit l'hémisphère lésé.

La parésie faciale émotionnelle. Il était classique de considérer que les parésies faciales centrales liées à une atteinte du faisceau pyramidal dont on sait qu'elles intéressent avec prédilection le territoire facial inférieur apparaissaient électivement dans la mimique volontaire (en demandant au malade de tirer la langue, de souffler, de siffler) et qu'elles étaient atténuées lors de la mimique spontanée (dissociation automatico-volontaire) ; toutefois il était observé que, dans certains cas de paralysie faciale centrale, était observée une dissociation automatico-volontaire inverse, c'est-à-dire que la paralysie faciale apparaissait électivement dans la mimique automatique et tout particulièrement émotionnelle. Les parésies faciales émotionnelles relèvent de lésions corticales ou sous-corticales du lobe frontal et en particulier de l'aire motrice supplémentaire, de lésions thalamiques antérieures (infarctus du territoire de l'artère tubéro-thalamique) mais aussi postérieures, du lobe temporal (portion mésiale), du territoire lenticulo-strié, de la région sous-thalamique et du mésencéphale dorsal, tandis que les parésies faciales volontaires épargnant la mimique émotionnelle indiquent une lésion hémisphérique épargnant les lobes frontal et temporal ainsi que les noyaux gris centraux et intéressant le cortex moteur ou le faisceau pyramidal jusqu'à la capsule interne.

LES RÉACTIONS ÉMOTIONNELLES AUTONOMIQUES

L'état d'alerte provoqué par l'émotion et lié à la mise en jeu d'un réseau cortico-limbo-réticulaire se manifeste en périphérie par une activation du système nerveux sympathique. L'exploration de cette activation par la réponse galvanique de la peau (réflexe cutané sympathique) ou par l'accélération du rythme cardiaque montre une réduction de ces réponses chez les sujets atteints de lésions de l'hémisphère droit alors qu'au cours des lésions de l'hémisphère gauche, ces mêmes réponses peuvent être exagérées. Il semble donc que l'hémisphère droit exerce normalement une influence activatrice sur la substance réticulée alors que l'influence de l'hémisphère gauche serait plutôt de type inhibiteur.

LA PROSODIE ÉMOTIONNELLE ET SES PERTURBATIONS

Le contenu linguistique du langage parlé est couplé avec une « intonation » qui peut être neutre ou qui peut contribuer à colorer affectivement le contenu linguistique. Ainsi définie, la prosodie émotionnelle, sous-tendue par les caractères mélodiques de l'expression verbale, dépend à la fois du désir du locuteur (un événement triste ou gai peut être annoncé d'une voix « neutre ») et du contenu linguistique avec lequel l'intonation (gaie, triste, en colère) se met en harmonie. L'intonation peut aussi s'accompagner d'une expression gestuelle du visage, des membres, en cohérence avec la signification affective des messages verbaux. L'examen de la prosodie émotionnelle comporte donc :

– l'observation de la manière avec laquelle le sujet parle et répond aux questions qui lui sont posées ;

– l'étude de la compréhension émotionnelle : une phrase sémantiquement neutre (« *Toto joue aux billes* ») est prononcée de manière neutre, triste, gaie, étonnée, en colère, en demandant au sujet de reconnaître, éventuellement sur choix multiple, l'intonation émotionnelle et en se plaçant derrière lui afin de ne pas faire procéder la reconnaissance auditive de la mimique de l'examinateur ;

– l'étude de la répétition avec la même intonation que l'examinateur d'une phrase neutre dite de manière neutre, triste, gaie, étonnée, en colère.

On pourra ainsi reconnaître des déficits de la prosodie émotionnelle spontanée et répétée ainsi que de la compréhension de la mélodie affective du langage qui sont gérées par l'hémisphère cérébral droit. Ainsi, une étude comparée de la compréhension des prosodies émotionnelles (heureux, triste, en colère) et non émotionnelles (interrogations, ordres…) chez des sujets atteints de lésions hémisphériques droites et gauches a pu montrer que, comparés à des sujets normaux, les deux groupes malades ont des performances plus médiocres dans les deux types de tests ; toutefois, les performances des sujets atteints de lésions droites étaient bien plus mauvaises que celles de sujets atteints de lésions gauches au test de compréhension émotionnelle. La *classification de Ross et al.* (1981) et *de Mesulam* (1985) a ainsi tenté un parallèle entre les aphasies et les aprosodies (tableau 17.I). L'*aprosodie motrice* se caractérise par une préservation de la compréhension émotionnelle prosodique et gestuelle alors que l'expression prosodique spontanée et répétée est très déficitaire : les malades parlent de manière affectivement monotone qu'ils soient ou non dépressifs; les lésions intéressent les opercules frontal et pariétal antérieur droits (en miroir des lésions qui donnent à gauche l'aphasie de Broca) mais aussi les noyaux gris centraux et la capsule interne du côté droit et il existe une hémiplégie gauche accompagnée ou non de troubles sensitifs. L'*aprosodie sensorielle* est une «surdité» et même une «cécité» émotionnelles (les patients ne comprenant pas la prosodie émotionnelle ni même les gestes qui l'accompagnent) associées à un déficit de la répétition prosodique alors que l'expression prosodique spontanée est normale. Les signes neurologiques comportent une hémianopsie latérale homonyme gauche et parfois un syndrome de Verger-Déjerine de l'hémicorps gauche; les lésions intéressent l'hémisphère droit, en miroir de celles donnant l'aphasie de Wernicke. L'*aprosodie globale*, qui s'associe à une lourde hémiplégie sensitivo-motrice gauche avec hémianopsie, intéresse tous les aspects réceptifs et expressifs de la prosodie et est le fait de vastes lésions périsylviennes ou sous-corticales droites analogues à celles donnant, à gauche, une aphasie globale. Les autres aprosodies sont plus exceptionnelles et les corrélations anatomocliniques incertaines. L'*aprosodie transcorticale motrice* affecte la prosodie spontanée alors que la compréhension et la répétition sont préservées. L'*aprosodie transcorticale sensorielle* affecte la compréhension prosodique alors que l'expression prosodique est normale. L'*aprosodie transcorticale mixte* affecte la prosodie spontanée et la compréhension prosodique alors que la répétition prosodique est normale.

Tableau 17.I. *Classification des aprosodies* (d'après Ross et Mesulam)

	Prosodie spontanée	*Répétition prosodique*	*Compréhension prosodique*	*Compréhension des expressions gestuelles émotionnelles*
Aprosodie motrice	–	–	+	+
Aprosodie sensorielle	+	–	–	–
Aprosodie globale	–	–	–	–
Aprosodie transcorticale motrice	–	+	+	+
Aprosodie transcorticale sensorielle	+	+	–	–
Aprosodie transcorticale mixte	–	+	–	–

Les aphasiques même très réduits peuvent exprimer des intonations émotionnelles variées qui peuvent faire varier l'intonation d'une stéréotypie en fonction de ce que le patient désire communiquer de même que l'émotion peut permettre occasionnellement l'émission d'un segment de phrase et peut donc être un des éléments déclenchant la dissociation automatico-volontaire du langage. En outre, l'aphasique peut voir ses capacités de compréhension du langage améliorées grâce à la prosodie émotionnelle.

On peut à ce sujet rappeler qu'en dehors de l'intonation les mots ou les phrases riches en contenu émotionnel tendent aussi à améliorer la compréhension des aphasiques.

DÉSORDRES ÉMOTIONNELS ET SOUFFRANCES LÉSIONNELLES DU CERVEAU

La dépression

Il n'est plus possible aujourd'hui d'ignorer la fréquence avec laquelle des manifestations dépressives peuvent accompagner les lésions du cerveau. La dépression a suscité une abondante littérature qui a pu formuler des hypothèses sur l'influence des localisations lésionnelles et au premier chef de la latéralisation hémisphérique sur la gestion émotionnelle en général et la régulation de l'humeur en particulier (voir *supra).* Mais l'attention portée à l'existence d'une dépression chez les sujets cérébrolésés ne se justifie pas par son seul intérêt heuristique. La dépression est synonyme de souffrance et déjà, à ce titre, elle ne peut être ignorée dans une démarche diagnostique qui ne trouve son sens que parce qu'elle est le prélude à une démarche de soins; la dépression retentit aussi sur les performances cognitives, sur la qualité de vie et sur le pronostic du handicap, comme cela a été par exemple montré dans les dépressions qui suivent les accidents vasculaires cérébraux (Parikh *et al.*). Enfin, la dépression peut bénéficier d'un traitement médicamenteux et d'une écoute psychothérapique.

Repérer, diagnostiquer et évaluer la dépression

La dépression est un trouble de l'humeur qui devient triste, durablement et de manière envahissante. La dépression n'est donc pas un sentiment ponctuel mais un état de tristesse durable qui peut aller jusqu'au « dégoût de la vie » (*taedium vitae*). Elle s'accompagne de deux autres symptômes : une douleur morale et une baisse de l'élan vital. La baisse de l'élan vital (ou inhibition) s'exprime par l'apathie, avec anhédonie, c'est-à-dire incapacité à ressentir le plaisir, à prendre goût aux activités familiales et sociales et à tout ce qui constituait les centres d'intérêt habituel, professionnels ou de loisirs. Cette incapacité à ressentir ne se vit pas dans l'indifférence, mais dans une douleur morale intense : le déprimé souffre de son « anesthésie affective » qui n'est pas une placidité mais une hyperthymie douloureuse. Il éprouve des sentiments d'incapacité, d'indignité, de baisse d'estime de soi, avec une sensation de culpabilité, d'échec et une vision pessimiste de l'avenir; il est un fardeau pour lui-même et pour ceux qui l'entourent et il peut ainsi être envahi par une « rumination dépressive ». Les sentiments dépressifs prédominent volontiers le matin : au lever la journée qui s'annonce paraît interminable. Ainsi s'explique le relatif mieux-être vespéral qui est parfois observé et l'allongement du temps vécu. Autour de ce noyau dépressif gravitent des troubles du sommeil, typiquement de milieu de nuit avec de grosses difficultés pour se rendormir et des manifestations somatiques (troubles de l'appétit, fatigue apparaissant souvent dès le matin, et intégrée dans le malconfort matinal, amaigrissement). Les difficultés diagnostiques ne manquent pas : manifestations anxieuses, « cachant » la dépression, plaintes hypocondriaques qui sont tout à la fois selon l'expression d'Henri Ey, « crainte et désir de la maladie » et qu'il faut savoir relier à un état dépressif, réactions d'hostilité avec plaintes et récriminations où se rassemblent des sursauts d'énergie d'autant plus dangereux qu'ils peuvent faire méconnaître la dépression et rejeter le déprimé dans une solitude qui le confortera dans ses sentiments d'indignité. La douleur morale est parfois telle que le dépressif pense de manière lancinante à terminer ses jours et échafaude ainsi une véritable planification suicidaire. Il peut aussi être soudainement envahi par une pulsion suicidaire avec passage à l'acte immédiat : c'est le raptus. Il a pu être suggéré que les états dépressifs de type réactionnel avaient un malconfort et des plaintes plus vespérales que matinales, parfois une présentation hostile, une moins grande inhibition et une propension plus grande à menacer l'entourage de suicide. Une « personnalité névrotique » pourrait ainsi faire le lit des dépressions réactionnelles.

Reconnaître la dépression ne peut se résumer en l'administration de l'une ou l'autre des nombreuses échelles proposées comme aide diagnostique et évaluative. En outre, il faut sans doute dépasser les débats entre les dépressions qui seraient « réactionnelles » et celles qui seraient de cause organique. Il est sans doute plus efficace de considérer que la part de ce qui relève d'un trouble de l'adaptation à la maladie et la part de ce qui relève des conséquences organiques de la maladie sont souvent intriquées et que la seule question fondamentale est de reconnaître la dépression et d'évaluer sa gravité pour pouvoir organiser sa prise en charge. Car plutôt que de parler d'une étiologie réactionnelle ou biologique de la dépression, il faut plutôt considérer les facteurs de risque de la dépression au cours des lésions cérébrales. Certains sont aspécifiques : il s'agit par exemple de la manière dont l'équipe médicale et le patient gèrent l'annonce du diagnostic et les connotations pronostiques qui lui sont associées ; il s'agit aussi de la manière dont le malade va pouvoir faire face (*to cope*) à l'angoisse générée par les représentations mentales de sa maladie comme aux conséquences de la maladie sur sa vie familiale et sociale : il mettra ainsi en œuvre des stratégies d'adaptation psychologique et comportementale (*coping*) qui dépendront aussi de sa propre personnalité, d'éventuels antécédents dépressifs, comme de son environnement familial et social. On sait en effet combien certaines manifestations morbides (aphasie, hémiplégie, paraplégie, etc.) peuvent désorganiser la cellule familiale, déstructurer l'insertion sociale, bouleverser la vie relationnelle au sein du couple, de la famille, des amis. Il est donc important de bien évaluer le vécu du patient à la phase aiguë des affections de début brutal (comme les accidents vasculaires cérébraux) mais aussi tout au long de l'évolution, qu'il s'agisse d'une affection initialement aiguë ou d'une affection d'évolution progressive comme la maladie de Parkinson ou la sclérose en plaques. Il faut aussi savoir que les espoirs initiaux peuvent laisser au patient un dynamisme qui s'effondrera quand, par exemple, après un ictus ayant nécessité un séjour dans un service de neurologie puis dans un service de médecine physique et réadaptation, le malade constatera au fil du temps qu'il lui faudra faire le deuil d'une mobilité « normale » et qu'il lui faudra composer sa vie durant avec un handicap. Mais si l'on admet qu'à handicap « égal » (encore que les comparaisons de handicaps d'étiologie neurologique et non neurologique comme les handicaps de cause rhumatologique ne soient guère aisées), les dépressions sont plus fréquentes chez les malades porteurs de lésions cérébrales (ictus, sclérose en plaques), il faut donc considérer la ou les lésions cérébrales comme facteurs de risque dépressif. Cette opinion est confortée par d'autres constatations : dans la sclérose en plaques par exemple, la fréquence de la dépression est plus importante que dans des affections tout aussi invalidantes du système nerveux périphérique. On a vu les liens entre dépression et démence (voir chapitre 16) et entre dépression et certaines localisations lésionnelles encore que les données recueillies dans la littérature dépassent la trop simple opposition entre les lésions dépressogènes de l'hémisphère gauche et les lésions euphorisantes de l'hémisphère droit. En tout cas ces facteurs de risque de cause lésionnelle renvoient à des perturbations biochimiques qui restent incomplètement comprises même s'il a pu être proposé des distorsions dopaminergiques (par exemple, maladie de Parkinson), noradrénergiques (par exemple, pour les lésions proches du pôle frontal), sérotoninergiques (par exemple, pour les lésions de l'hémisphère gauche). L'activité des différentes classes thérapeutiques d'antidépresseurs (par exemple, les sérotoninergiques dans les dépressions parkinsoniennes ou après accidents vasculaires cérébraux) montre qu'il faut éviter les explications trop schématiques.

Les troubles dépressifs observés chez les sujets cérébrolésés sont souvent classés en trouble dépressif majeur et en dépression mineure (dysthymie) en fonction des critères proposés par le DSM (III-R et IV) (tableau 17.II). La création dans le DSM d'une rubrique intitulée « trouble de l'humeur lié à une affection médicale » met l'accent sur le lien entre le trouble de l'humeur et la maladie organique mais ne modifie pas le diagnostic de l'état dépressif lui-même. Rappelons que le diagnostic de trouble dépressif nécessite obligatoirement la présence soit d'une humeur dépressive (le malade se dit triste, découragé, « au bout du rouleau ») soit d'une perte d'intérêt ou de plaisir (le malade n'a plus goût à rien, n'éprouve plus de plaisir pour ses activités habituelles, ce que l'entourage peut décrire comme une apathie). Le diagnostic peut s'aider de questionnaires (fig. 17.2) reprenant les critères diagnostiques du DSM. Le diagnostic de trouble dépressif majeur nécessite un critère de durée d'au moins deux semaines; si le diagnostic de dysthymie du DSM implique « une humeur dépressive présente la majeure partie du temps pendant au moins deux ans », il est d'usage chez les malades atteints d'affections organiques, d'ignorer ce facteur de durée et de faire le diagnostic de dépression mineure sur les seuls critères symptomatiques. Il est toujours nécessaire d'évaluer parallèlement les manifestations anxieuses associées à la dépression et parfois même au premier plan.

Les échelles de dépression quantifient la gravité de la dépression mais elles permettent aussi de repérer l'existence d'un état dépressif en fonction du score obtenu par les réponses aux questions posées au malade. L'échelle de Goldberg

Tableau 17.II. *Questionnaire de diagnostic d'un état dépressif (DED)*

A1	Vous sentez-vous triste, découragé, au bout du rouleau?
A2	Êtes-vous sans espoir pour l'avenir?
B3	Avez-vous moins de goût pour faire ce qui vous intéressait auparavant?
B4	Votre entourage dit-il que vous êtes devenu(e) apathique?
C5	Avez-vous moins d'appétit qu'auparavant?
C6	Avez-vous perdu du poids?
D7	Dormez-vous beaucoup?
D8	Vous endormez-vous difficilement?
D9	Vous réveillez-vous souvent la nuit et avez-vous alors du mal à vous endormir?
D10	Vous réveillez-vous trop tôt le matin?
E11	Vous arrive-t-il de vous sentir agité(e) et de ne pas pouvoir rester en place?
E12	Vous dit-on que vous êtes ralenti(e) dans vos gestes ou dans vos paroles?
F13	Vous sentez-vous anormalement fatigué(e)?
F14	Ressentez-vous comme une baisse d'énergie?
F15	Vous sentez-vous fatigué(e) dès le matin?
G16	Avez-vous l'impression de n'être pas à la hauteur, de ne rien faire de bien?
G17	Avez-vous perdu confiance en vous-même?
H18	Avez-vous du mal à vous concentrer?
H19	Avez-vous des difficultés avec votre mémoire?
I20	Avez-vous l'impression que la vie ne vaut pas la peine d'être vécue?
J21	Vous sentez-vous moins bien le matin que le soir?

Les critères diagnostiques d'un état dépressif majeur selon le DSM-III R nécessitent la présence de 5 des 20 premiers symptômes incluant au moins l'un des symptômes A1 ou A2 (humeur dépressive) ou l'un des symptômes B3 ou B4 (perte d'intérêt ou de plaisir). Ces symptômes doivent avoir été présents pendant au moins deux semaines.

Les critères diagnostiques d'une dysthymie (ou état dépressif mineur) associent une humeur dépressive (symptômes A1 ou A2) et deux au moins de l'un des symptômes des groupes C, D, F, G, H, I. Le symptôme I20 peut être remplacé par le symptôme A2 si A1 est présent. Pour le diagnostic d'état dépressif mineur au cours des affections organiques, il est habituellement appliqué le même critère de durée que pour l'état dépressif majeur (au moins deux semaines).

Le score à l'échelle dépression de Goldberg (voir chapitre 1, page 19) peut être obtenu en comptant un point pour chacun des symptômes présents parmi F14, B3, G17, A2. Si deux ou plus de ces deux symptômes sont présents, un point de plus est compté pour chacun des symptômes H18, C5, D10, E12, J21.

(voir chapitre 1 et fig. 17.2) est ainsi destinée au dépistage de l'anxiété et de la dépression chez les patients atteints de maladies organiques. Mais il existe bien d'autres outils : l'échelle de Beck (*Beck Depression Inventory*) est une échelle d'auto-évaluation tout comme l'échelle de Zerssen, qui propose au patient des choix binaires d'adjectifs, et les questionnaires de dépression de Pichot. Parmi les échelles d'hétéro-évaluation, on peut citer les échelles de dépression et d'anxiété de Hamilton, l'échelle d'évaluation de Montgomery et Asberg (MADRS), le diagramme HARD de Rufin et Ferreri, l'échelle HAD de Zigmond et Snaith (*Hospital Anxiety and Depression scale*). L'échelle de

Cornell fondée sur la seule observation du comportement des malades a été préconisée chez les sujets déments. L'échelle NPI de Cummings (inventaire neuropsychiatrique) évalue les troubles comportementaux des sujets déments à partir de l'interrogatoire de l'entourage et comporte dix ou douze domaines comportementaux dont la dépression, l'anxiété, l'apathie, les troubles du sommeil...

L'extrême diversité des échelles, les difficultés à s'assurer de la validité de certaines réponses chez des sujets ayant des troubles du langage et d'autres déficits cognitifs, expliquent sans doute les variations observées dans l'estimation de la fréquence des dépressions au cours des affections cérébrales. Il faut ajouter que même en analysant les critères dépressifs du DSM certains d'entre eux peuvent prêter à confusion avec les manifestations mêmes de la maladie causale comme par exemple les troubles du sommeil et le ralentissement pour la maladie de Parkinson. En outre, une fatigue «anormale» ne relève pas toujours d'un état dépressif.

Dépression et accidents vasculaires cérébraux

La dépression est le trouble émotionnel le plus souvent associé aux ictus, même si l'évaluation de sa fréquence varie dans une importante fourchette qui va de 20 à environ 50 %. Des importants travaux effectués par l'équipe de Robinson (voir revue générale *in* Bogousslavsky et Cummings) on peut retenir qu'à proximité de l'ictus, une dépression majeure est significativement associée aux accidents vasculaires de l'hémisphère gauche et tout particulièrement au niveau du lobe frontal (la sévérité de la dépression est corrélée avec la distance séparant la lésion du pôle frontal tout particulièrement au cours des six premiers mois) et des ganglions de la base. Les sujets atteints de lésions hémisphériques droites ont plus fréquemment des antécédents dépressifs familiaux (ce qui pourrait suggérer un mécanisme différent de celui des dépressions observées lors de lésions gauches). Les scores dépressifs les plus élevés sont observés au cours des accidents vasculaires cérébraux de l'hémisphère droit, chez les patients ayant les lésions les plus antérieures et les plus postérieures En outre, les dépressions majeures et mineures sont numériquement plus importantes chez les patients ayant des lésions pariétales (tout particulièrement celles intéressant la substance blanche pariétale), temporales et des lésions du cortex frontal dorso-latéral.

Les dépressions observées après les accidents vasculaires du territoire vertébro-basilaire sont moins fréquentes et surtout moins durables que les dépressions observées après les infarctus sylviens, peut-être parce que ces accidents ischémiques vertébro-basilaires entraînent moins de lésions des circuits noradrénergiques et sérotoninergiques.

Sur le plan évolutif, les dépressions post-ictus ne sont pas des épisodes transitoires mais constituent des états durables : les troubles dépressifs majeurs durent en moyenne un an mais parfois plus longtemps; les dépressions mineures ont des durées plus courtes (une étude cite 12 semaines contre 40 semaines pour les troubles dépressifs majeurs) mais elles évoluent parfois vers des troubles dépressifs majeurs et peuvent alors durer plusieurs années.

Mais toutes les études sont loin de retrouver l'influence de la latéralisation hémisphérique et de la localisation lésionnelle sur la fréquence et la gravité des dépressions (Carson). La plus grande fréquence des états dépressifs lors des lésions de l'hémisphère gauche n'est-elle pas liée qu'à la détresse particulièrement intense provoquée par les aphasies? Certains travaux annoncent jusqu'à 70 % de dépressions au troisième mois et 62 % douze mois après l'ictus (Kauhanen); en revanche, pour l'équipe de Robinson, la fréquence des dépressions n'est pas plus élevée en cas d'aphasie; les aphasies à langage réduit s'accompagneraient plus souvent d'une dépression que les aphasies à langage fluide. Toutefois d'autres auteurs ont constaté que le risque dépressif est lié à la gravité de l'aphasie, qu'elle soit à langage réduit ou à langage fluide. Il a pu aussi être avancé que l'influence de la latéralisation hémisphérique gauche et de la proximité du pôle frontal gauche s'exerce dans la période aiguë de l'ictus, qu'entre trois et six mois, la sévérité de la dépression est lié à la proximité du pôle frontal qu'il soit droit ou gauche tandis qu'au-delà du douzième mois apparaît un lien entre la dépression, la localisation hémisphérique droite avec une influence de la localisation postérieure et du volume lésionnel.

Reste le lien avec le handicap moteur. Comme pour l'aphasie, certaines études retrouvent et d'autres ne retrouvent pas de lien entre la fréquence et la sévérité de la dépression d'une part, la gravité du handicap fonctionnel d'autre part; certains auteurs ont pu opposer la dépression majeure indépendante du handicap physique et la dépression mineure liée à la gravité du handicap physique et qui du coup est considérée comme une dépression réactionnelle ou un trouble de l'adaptation. En tout cas, l'existence d'une dépression s'accompagne d'une moins bonne évolution du handicap fonctionnel et même d'un accroissement de la mortalité tout particulièrement en cas d'isolement social. Les dépressions majeures compliquant les lésions de l'hémisphère gauche ont des perturbations cognitives plus marquées que les malades non déprimés ayant des lésions comparables en taille et en localisation alors que les patients avec lésions hémisphériques droites ayant des troubles dépressifs majeurs, n'ont pas de déficit cognitif plus marqué que les malades ayant de lésions comparables mais non déprimés.

Le traitement des dépressions post-ictus n'a guère de spécificité : les tricycliques sont actifs mais avec plus d'effets secondaires que les inhibiteurs de la recapture de la sérotonine. La stimulation magnétique transcrânienne du cortex préfrontal dorso-latéral gauche pourrait être une technique prometteuse. L'accompagnement psychothérapique du malade et de la famille devrait faire partie de la prise en charge habituelle des accidents vasculaires cérébraux.

Dépression et traumatismes crâniocérébraux

Des manifestations dépressives intéresseraient plus du quart des traumatisés crâniocérébraux : certaines transitoires, d'autres prolongées sur plusieurs mois. Si les premières sont de cause biologique, les secondes ont des mécanismes plus composites faisant intervenir les conséquences cognitives et physiques du traumatisme et l'environnement médico-légal et social. Les sujets atteints de dépression majeure ont davantage de troubles psychiatriques dans leurs antécédents que les non-déprimés et les patients déprimés davantage de perturbations du fonctionnement social tant avant qu'après le traumatisme. Les localisations lésionnelles avec la partie antérieure de l'hémisphère gauche et les ganglions de la base du côté gauche ont les plus fortes associations avec les dépressions majeures (Robinson *in* Borod).

Dépression et autres lésions focales du cerveau

Même si elles n'ont pas fait l'objet de travaux aussi nombreux qu'en pathologie vasculaire cérébrale, les autres atteintes lésionnelles du cerveau peuvent s'accompagner de dépressions. Il en va ainsi des tumeurs intracrâniennes dont certaines ajoutent toute la problématique propre à la pathologie oncologique.

Dépression et affections des noyaux gris centraux

Au cours de la maladie de Parkinson, la dépression est fréquente et trop peu souvent traitée. Il faut dire que son diagnostic est souvent difficile car nombre de symptômes et de signes sont communs à la maladie de Parkinson et à la dépression (Anguenot). Il en est ainsi du ralentissement moteur, des troubles du sommeil, des troubles de l'appétit, de la fatigue. En outre, des vécus dépressifs intenses mais réversibles peuvent accompagner les fluctuations motrices de la maladie pour s'améliorer avec l'amélioration de l'état moteur créant ainsi tout au long de la journée de bien pénibles fluctuations thymiques auxquelles il faut ajouter l'anxiété voire les attaques de panique qui peuvent surgir lors des résurgences des signes extrapyramidaux. Ces difficultés diagnostiques, tout comme la diversité des outils utilisés, rendent compte sans doute des variations dans l'estimation de la fréquence de la dépression qui est en moyenne de l'ordre de 40 à 50 % des cas. Certaines études retrouvent un lien entre l'existence d'une dépression et d'un déficit cognitif, mais cette constatation n'est pas constante. La dépression peut précéder les signes physiques de la maladie. Toutes les études ne retrouvent pas un lien significatif entre la sévérité de la dépression et la sévérité des manifestations motrices de la maladie. La dépression paraît plus fréquente dans les formes akinétiques bilatérales, les formes fluctuantes, les formes mal contrôlées par les traitements. Certaines études retrouvent un lien entre la dépression, les signes de dysfonctionnement frontal et les signes « axiaux » de la maladie (rigidité axiale, troubles de l'équilibre). Ainsi la dépression ne peut relever des seules lésions dopaminergiques. La fréquence respective des dépressions majeures et des dépressions mineures a fait l'objet d'appréciations contradictoires. La dépression parkinsonienne pourrait revêtir plusieurs formes cliniques : forme riche en manifestations somatiques (troubles du sommeil, fatigue, etc.), formes dominées par l'apathie, formes dominées par la fatigue. Dans la liste des symptômes du DSM, doivent donner l'alerte les plaintes suivantes : impression que la vie ne vaut pas la peine d'être vécue, perte d'espoir pour l'avenir, fatigue apparaissant dès le matin, impression de ne pas être à la hauteur, de ne rien faire de bien, baisse d'énergie, sentiments de tristesse à prédominance matinale.

Le traitement pharmacologique n'a rien de spécifique. Le traitement de la maladie de Parkinson peut améliorer la dépression, que l'on considère alors cette dépression comme « réactionnelle » ou comme une dépression de cause biochimique dopaminergique. En règle, il faut recourir à un antidépresseur au sein desquels les tricycliques ne peuvent plus être privilégiés en raison de leurs effets secondaires anticholinergiques.

Les atrophies multisystématisées peuvent aussi s'accompagner d'un état dépressif. La maladie de Wilson et surtout la chorée de Huntington peuvent se compliquer d'états dépressifs qui dans cette dernière affection, peuvent être particulièrement sévères avec un risque élevé de suicide.

Dépression et sclérose en plaques

La fréquence de la dépression dans la sclérose en plaques est un fait établi et malgré les divergences habituelles dans les études des manifestations dépressives au cours des affections du système central, la prévalence de la dépression concerne environ un patient sur deux et le taux de suicide est plus élevé (7,5 fois plus, Sadovnick) que celui de la population générale. Le diagnostic de dépression n'est pas toujours aisé en raison de la fréquence de la labilité émotionnelle (voir *infra),* d'autres symptômes confondants comme la fatigue, des perturbations cognitives qui peuvent accompagner la maladie et peut-être aussi de la difficulté qu'éprouvent certains malades à verbaliser leurs émotions (alexithymie, voir page 296). L'analyse des études n'est pas facilitée par la diversité des échelles utilisées. Un lien avec la gravité du handicap physique est inconstamment retrouvé mais le caractère réactionnel des troubles dépressifs peut être étayé par le fait que 10 % seulement d'entre eux surviennent avant l'annonce du diagnostic. Cependant, d'autres études permettent de retenir aussi le rôle favorisant des lésions cérébrales : ainsi la dépression n'est pas plus fréquente au cours de la sclérose en plaques que chez des malades ayant des lésions médullaires traumatiques mais elle y serait plus sévère (Rabins *in* Habib et Bakchine). Un lien entre dépression et troubles cognitifs a été parfois retrouvé mais doit-on alors faire du trouble dépressif un trouble associé, ou un trouble réactionnel au déficit cognitif? La confrontation avec les données de l'IRM a permis de retenir le rôle favorisant des lésions du faisceau arqué gauche ou du lobe temporal droit tandis que d'autres études suggèrent une disconnexion entre le système limbique et le cortex (Sabatini). Le rôle de facteurs génétiques ne doit être soigneusement considéré qu'en cas de trouble bipolaire.

Quoi qu'il en soit, cette maladie nécessite un suivi psychiatrique régulier car les facteurs de risque dépressif sont innombrables : déstabilisation émotionnelle provoquée par l'annonce du diagnostic, connotations angoissantes du nom même de la maladie, anxiété anticipatrice à l'égard des poussées, crainte d'un handicap que certains patients vivent comme devant être majeur et inéluctable, aménagements de la vie familiale et sociale avec les troubles sexuels, les troubles sphinctériens, le handicap moteur, les douleurs, risque de bouleversement de la vie des couples qui peut aller jusqu'à la rupture. Et il faut ajouter les risques dépressifs des bolus de corticoïdes et surtout de l'interféron β. Il faut donc soigneusement analyser la manière dont le malade fait face (*coping*) à sa maladie et repérer ainsi les manifestations dépressives pour instaurer dès que la dépression est évidente, un traitement pharmacologique (tricycliques, inhibiteurs de la recapture de la sérotonine).

Dépression et pathologie sous-corticale

La pathologie sous-corticale, qu'elle atteigne les ganglions de la base ou la substance blanche des hémisphères cérébraux, qu'elle soit de causes vasculaire, traumatique, inflammatoire ou dégénérative, est donc un facteur de risque dépressif et l'on sait que la dépression est intégrée aux désordres cognitifs des «démences sous-corticales». Il n'y a donc rien d'étonnant à ce que de nombreux cadres nosologiques ayant en commun une atteinte sous-corticale puissent être révélés par des troubles dépressifs ou se compliquer de troubles dépressifs.

Il en est ainsi par exemple du CADASIL (*Cerebral Autosomal Dominant Arteriopathy with Subcortical Infarcts and Leucoencephalopathy*; voir chapitre 16, page 239).

Dépression, migraines et céphalées

La dépression est de plus de deux fois à plus de quatre fois plus fréquente chez les migraineuses que chez les non migraineux, sans que l'on puisse sur le plan physiopathologique aller au-delà de la constatation de cette comorbidité : la dépression n'est-elle que réactionnelle à la pathologie migraineuse, les stress et les événements de vie sont-ils un facteur de risque commun et à la migraine et à la dépression, y aurait-il des facteurs génétiques communs aux deux affections? Un dysfonctionnement sérotoninergique pourrait-il constituer le lien «biologique» entre ces deux pathologies? En pratique, il est nécessaire de rechercher une dépression en présence de toute pathologie migraineuse rebelle ou aggravée et ce d'autant que les patients migraineux atteints de céphalées chroniques quotidiennes par abus d'antalgiques ont un risque de dépression plus de huit fois supérieur à la population générale. La dépression aurait ainsi une influence péjorative sur l'évolution des migraines. Un traitement antidépresseur s'impose, parfois associé à une psychothérapie. D'ailleurs la migraine s'accompagne aussi de troubles anxieux de deux à cinq fois plus fréquents que dans la population générale, qu'il s'agisse d'anxiété généralisée, d'attaques de panique ou de troubles phobiques.

Les céphalées psychogènes constituent un diagnostic différentiel de la pathologie migraineuse mais peuvent aussi s'intriquer à une pathologie migraineuse. Leur séméiologie doit être rigoureusement analysée pour permettre de distinguer :

– les céphalées dites «par tension» ou syndrome d'Atlas, qui sont des céphalées postérieures, accompagnées d'une tension des masses musculaires de l'occiput et de la nuque qui sont douloureuses à la palpation. Elles peuvent certes être parfois liées à un trouble de la réfraction oculaire mais elles sont le plus souvent l'expression d'une anxiété somatisée générant un cercle vicieux engrenant anxiété, douleur, tension, et améliorables par des antalgiques associés à des anxiolytiques et des myorelaxants. Elles peuvent tirer bénéfice d'une psychothérapie et en particulier de techniques de relaxation ;

– les céphalées hypocondriaques sont de localisation variée. Elles s'accompagnent de la crainte d'une pathologie organique, ce qui explique l'avidité des patients à l'égard des examens complémentaires. Certaines d'entre elles témoignent d'un état dépressif ;

Les céphalées dépressives peuvent donc s'intégrer dans des tableaux de céphalées chroniques quotidiennes du migraineux tandis qu'ailleurs elles peuvent revêtir l'aspect de céphalées par tension ou de céphalées hypocondriaques ; elles sont améliorées par les traitements antidépresseurs.

Les liens entre céphalées et dépression montrent combien il est important de tenir compte du contexte psychopathologique dans le diagnostic et la prise en charge des céphalées (Radat).

Dépression et épilepsie

Certaines crises épileptiques partielles peuvent provoquer des manifestations affectives et émotionnelles au sein desquelles outre la tristesse, on peut retrouver une gamme étendue d'affects : peur, terreur, joie, extase, faim. Il s'agit de manifestations brèves, de nature « critique » et dont le traitement est celui des crises.

Quant à la dépression, sa fréquence chez les sujets atteints d'épilepsie est beaucoup plus importante que dans la population générale, de l'ordre de 20 à 30 % et cette fréquence est encore plus importante au cours des épilepsies partielles complexes pharmaco-résistantes. La dépression peut avoir les caractères d'une dépression névrotique mais elle peut aussi se présenter comme une dépression endogène avec des traits psychotiques (hallucinations, délire, paranoïa) alternant rarement avec des épisodes maniaques. La dépression endogène atypique intéresse particulièrement l'épilepsie temporo-limbique avec une latéralisation droite ou gauche. Le risque suicidaire est ainsi multiplié par cinq par rapport à la population générale. Et pourtant la dépression ne serait reconnue qu'une fois sur deux et la grande majorité des malades serait non traités ou incorrectement traités (Kanner). Ceci est d'autant plus troublant que certains antiépileptiques sont crédités d'une activité thymo-régulatrice (valproate, carbamazépine). Il faut ajouter que certains patients peuvent décrire une amélioration de leur humeur après une crise convulsive généralisée. Quant à la mise en œuvre d'un traitement antidépresseur, elle n'est pas favorisée par la mention faite par les fabricants de médicaments, au nom du principe de précaution, du caractère épileptogène de nombre d'antidépresseurs dont la prescription suscite chez le malade une angoisse bien légitime. Prescrits avec la prudence requise et avec une surveillance attentive, les antidépresseurs et en particulier les sérotoninergiques ne doivent pas être refusés à un malade atteint d'épilepsie.

La manie

Le concept de « manie secondaire » est aujourd'hui admis par opposition à la manie « primitive », affection génétique intégrée dans le « trouble affectif bipolaire » même si les sujets n'ont, ce qui est assez rare, que des épisodes maniaques sans épisodes dépressifs (CIM-10). La CIM comme le DSM intègrent donc la manie comme la dépression dans le cadre des troubles de l'humeur « liés à une affection médicale » (DSM) ou « organiques » (CIM). À l'instar de la dépression, un certain nombre de précautions sont nécessaires. La première est une enquête précise sur les antécédents personnels et familiaux. La seconde tient aux critères de diagnostic de la manie, tout particulièrement quand il existe une désinhibition frontale. La troisième tient au délai d'apparition par rapport à la lésion causale, des délais allant jusqu'à deux ans ayant été rapportés. On doit considérer que sa fréquence est beaucoup plus exceptionnelle que celle de la dépression.

Les accidents vasculaires cérébraux et les traumatismes crâniocérébraux ont permis de déterminer la localisation préférentielle des lésions aux régions corticales (cortex orbitofrontal, régions polaires et basales du lobe temporal) et sous-corticales de l'hémisphère droit (tête du noyau caudé, thalamus).

En matière d'accidents vasculaires cérébraux, les facteurs de risque sont par ailleurs des antécédents familiaux de pathologie psychiatrique et une atrophie sous-corticale.

En matière de traumatismes crâniocérébraux, la sévérité du traumatisme, la coexistence de crises épileptiques pourraient être des facteurs favorisants.

Il a pu être proposé par Starkstein (1990) que les sujets ayant un trouble bipolaire avec épisodes maniaques et dépressifs avaient des lésions sous-corticales droites (tête du noyau caudé, thalamus), tandis que les sujets qui n'avaient que des épisodes maniaques sans épisodes dépressifs avait des lésions corticales préférentiellement au niveau du cortex orbito-frontal et baso-temporal. Les épisodes maniaques résulteraient de l'interruption de circuits inhibiteurs du système limbique.

Le traitement des manies secondaires est superposable à celui des manies « primitives » : neuroleptiques, lithium et plus exceptionnellement clonidine (Bakchine, *in* Habib).

L'apathie

Le terme d'apathie est parfois employé de manière intuitive aux dépens de sa signification réelle. Dire d'un déprimé qu'il est apathique signifie qu'il n'exprime aucun désir, qu'il n'entreprend rien, qu'il se confine dans la passivité. Mais cette définition ne vise qu'à la description d'un comportement et le terme d'apathie doit être considéré non comme une manifestation de la dépression mais comme un diagnostic différentiel de la dépression sitôt qu'on se réfère au vécu du malade, c'est-à-dire à la douleur morale et à la souffrance qu'entraîne chez le déprimé l'incapacité à ressentir qui l'envahit. L'apathie au contraire désigne dans le vocabulaire courant l'absence d'énergie, le manque d'initiative, « l'indifférence affective… avec disparition de l'initiative et de l'activité». L'apathie est donc une baisse de la motivation et de la capacité d'initier des actions sur fond d'indifférence affective et elle rejoint ainsi le concept de perte d'auto-activation psychique (privilégiant le «vide mental») décrit par Laplane et assimilé par Habib et Poncet à un syndrome athymhormique (privilégiant la perte de l'affectivité et de l'élan) lié à l'atteinte d'une boucle limbique, clé de voûte des systèmes émotionnels-motivationnels (voir chapitre 18).

LE RIRE ET LE PLEURER PATHOLOGIQUES

Le rire et le pleurer pathologiques constituent une pathologie complexe de l'expression émotionnelle.

Ils peuvent réaliser, et c'est les cas le plus fréquent, *le rire et le pleurer « spasmodiques »*, survenant isolément ou en association, apparemment spontanés ou déclenchés par une stimulation environnementale anodine, irrépressible et ne correspondant pas, typiquement, à une modification significative de l'état affectif sous-jacent. S'ils sont donc parfois désignés sous le nom d'incontinence émotionnelle, il faut plutôt entendre qu'il s'agit d'une incontinence de l'expression émotionnelle, n'affectant pas le «contenu» donc le vécu émotionnel et à distinguer de la labilité émotionnelle, encore que certains auteurs utilisent indistinctement ces termes (voir Robinson, *in* Borod).

Ils s'observent dans les syndromes pseudo-bulbaires, évoquant donc une interruption des voies cortico-bulbaires qui ainsi n'exerceraient plus leur contrôle sur des centres sous-corticaux impliqués dans l'expression émotionnelle, qu'il s'agisse de la protubérance ou du diencéphale (disconnexion limbo-motrice). Il en résulterait une décharge d'un programme moteur émotionnel de l'expression faciale qui ne serait pas déclenchée par un «vécu» émotionnel. Les lésions pourraient aussi impliquer les voies cortico-ponto-cérébelleuses : ainsi les structures cérébelleuses qui auraient pour fonction d'ajuster l'exécution du rire ou du pleur au contexte cognitif et situationnel, opéreraient sur la base d'informations incomplètes, rendant compte du caractère chaotique et inadéquat de l'expression émotionnelle (Parvisi). Un rire et un pleurer spasmodiques peuvent s'observer dans des lésions cérébrales bilatérales ou diffuses qu'elles soient vasculaires, inflammatoires (sclérose en plaques), dégénératives ou traumatiques mais ils ne sont pas l'apanage des lésions bilatérales. Dans la sclérose latérale amyotrophique, le rire et le pleurer spasmodiques ont été rattachés aux manifestations «(pseudo-) bulbaires» de la maladie, mais ont pu aussi s'avérer corrélés avec des signes neuropsychologiques de dysfonctionnement frontal. Un rire spasmodique isolé et sans signe de syndrome pseudo-bulbaire peut s'observer dans des lésions focales capsulo-lenticulaires droites ou du tronc cérébral, le pleurer spasmodique isolé peut s'observer dans des lésions de l'hémisphère droit ou de la protubérance. Il est donc encore difficile d'affecter à chaque hémisphère la régulation d'une catégorie émotionnelle même s'il a pu être fait état, en cas de lésions bilatérales et de pleurer spasmodique, d'une prévalence pour les lésions gauches, l'inverse ayant été observé en cas de rire spasmodique. Les tricycliques et les inhibiteurs de la recapture de la sérotonine peuvent améliorer les troubles suggérant une atteinte des noyaux sérotoninergiques du raphé ou de leurs projections ascendantes vers les hémisphères cérébraux.

Mais dire que typiquement le rire et le pleurer spasmodiques ne s'accompagnent pas d'un vécu émotionnel déclenchant ne veut pas dire que ces troubles se vivent dans l'indifférence, ni même qu'il ne puisse y avoir de dépression associée. Comment en outre imaginer que même sans émotion adéquate déclenchante, les modifications de la motricité faciale, transmises en retour au cerveau et engendrant la prise de conscience de l'expression émotionnelle, soient toujours sans conséquences psychologiques?

La labilité émotionnelle, définie comme une amplification du vécu et de l'expression des émotions, a pour conséquence des effusions émotionnelles qui peuvent rester sur le même mode ou s'inverser (rire, pleurs) en écho exagéré à des modifications du contexte environnemental ou des représentations mentales. Elle est observée dans une multitude de conditions pathologiques : accidents vasculaires cérébraux, démences, sclérose en plaques, sclérose latérale amyotrophique, traumatismes crâniocérébraux. Elle a pu être associée à une dépression, à une détérioration cognitive, à une atrophie sous-corticale, à une atteinte frontale. Sur le plan séméiologique la labilité émotionnelle désigne parfois des changements rapides, répétés et spontanés de l'état affectif et le terme d'incontinence affective (ou émotionnelle) est réservé aux cas où il existe une hyperexpressivité émotionnelle s'exprimant de manière déferlante et non maîtrisable (Lyon-Caen, *in* Habib).

Le rire et le pleurer « épileptiques » réalisent les crises gélastiques et dacrystiques. Ils peuvent bien sûr s'associer à d'autres types de crises, ce qui peut constituer un premier argument diagnostique. Les crises gélastiques réalisent des accès de rire indépendants du contexte environnemental ou mental, durant en règle une à deux minutes, avec ou sans modification affective dont la tonalité peut d'ailleurs être agréable ou désagréable. L'expression sonore du rire peut être considérée comme normale ou comme caricaturale (par exemple, comme un «ricanement») ou encore comme différente des rires habituels du sujet. Les crises peuvent s'accompagner d'une rupture du contact. La décharge, avec ou sans foyer lésionnel visualisable, peut être frontale, temporale (et dans ce cas s'accompagnerait de modifications affectives) ou diencéphalique (et dans ce cas sans modification affective). L'association d'une puberté précoce et de crises gélastiques est ainsi évocatrice d'un hamartome hypothalamique. À l'inverse des processus lésionnels destructeurs (voir *supra*), les crises gélastiques seraient, en cas de décharge latéralisée, plus fréquentes à gauche. Les crises dacrystiques sont plus rares et réalisent des accès de pleurs dont les critères diagnostiques à l'instar des crises gélastiques sont la récurrence stéréotypée, l'absence de facteur déclenchant, l'association à d'autres types de crises épileptiques, la présence de décharges épileptiques à l'électroencéphalogramme. Elle témoignerait plus souvent d'une décharge hémisphérique droite mais elles peuvent aussi coexister avec une lésion diencéphalique (comme un hamartome hypothalamique).

Le fou rire prodromique de Féré (Couderq) est un rire immotivé, irrépressible, isolé, durant quelques minutes à plus d'une heure et précédant un épisode neurologique qui s'installe à l'arrêt du rire après un délai de plusieurs heures. L'épisode neurologique est le plus souvent un accident vasculaire cérébral, plus rarement hémorragique qu'ischémique : infarctus vertébrobasilaire (protubérantiels ou intéressant le territoire profond de l'artère cérébrale postérieure — gyrus parahippocampique, thalamus postérolatéral, partie adjacente de la capsule interne), infarctus sylviens (en règle profond impliquant les noyaux gris centraux, exceptionnellement sylvien superficiel postérieur). Les accidents hémorragiques peuvent être une rupture d'un anévrysme du tronc basilaire, des hémorragies capsulo-thalamiques bilatérales. L'étiologie est très rarement tumorale (glioblastome prérolandique droit, astrocytome bulboprotubérantiel). Le fou rire prodromique est en règle générale unique et ses récidives les jours suivants sont exceptionnellement observées. Il a pu par la suite laisser place à un rire et pleurer spasmodique, suggérant un mécanisme physiopathologique commun.

Le « rire forcé » (*forced laughter*) réalise des épisodes récidivants, irrépressibles, brefs, sans autres manifestations associées et notamment sans pleurs ni syndrome pseudo-bulbaire, et survenant de manière transitoire lors de la phase de récupération d'un infarctus cérébral, plus fréquemment sous-cortical et latéralisé à droite (Ceccaldi).

L'ALEXITYHMIE

Ce terme désigne l'incapacité (*a-*) à verbaliser (*lexis*) les émotions (*thymie*). Il faut en effet pour Sifneos, qui a forgé ce terme, distinguer les « émotions viscérales » correspondant aux modifications biologiques (voir *supra)* ou « corporelles », et les « émotions ressenties » (*feeling* émotions) c'est-à-dire les sentiments qui correspondent aux représentations mentales, à la conceptualisation donc à la mise en paroles des effervescences émotionnelles.

Sur le plan comportemental, l'alexithymie est quantifiable à partir d'échelles dont les plus utilisées sont le *Beth Israel Questionnaire* de Sifneos (tableau 17.III), la *Schalling-Sifneos Personnality Scale Revised*, la *Toronto Alexithymia Scale* tandis que le MMPI peut dégager une sous-échelle (plus controversée) d'alexithymie. Ainsi reconnue à partir des scores-seuils mais en la considérant aussi comme un trait de personnalité plus ou moins intense, il est considéré qu'au sein de la population générale de 3,5 à 27 % des sujets peuvent être considérés comme alexithymiques. Ce concept a suivi et amplifié celui de « pensée opératoire » de la psychanalyse « psychosomatique » (Marty et M'Uzan) : le discours du patient est d'ordre « événementiel » ou descriptif, enfermé dans la concrétude, sans référence à des représentations affectives et coexiste avec des troubles psychosomatiques. Le terme d'alexithymie y ajoute (Pedinielli) l'appauvrissement de la vie imaginaire et la tendance à recourir à l'action pour éviter les situations conflictuelles. On a pu parler d'une « aphasie émotionnelle » impliquant donc un déficit de verbalisation mais aussi de la représentation symbolique des émotions. Il n'existe pas d'accord dans la littérature pour ce qui concerne la préservation ou l'altération de l'expression et de la reconnaissance des émotions mais en tout cas la réactivité neurovégétative émotionnelle mesurée par le rythme cardiaque et le réflexe cutané sympathique est exagérée. Lane suggère que l'alexithymie correspondrait au contraste existant entre l'intégrité voire l'exagération des modifications corporelles des émotions et le déficit de la conscience émotionnelle, c'est-à-dire de la capacité à éprouver l'émotion. Il s'agirait donc, sur le modèle de la cécité corticale (*blindsight*) qui préserve pourtant les mouvements oculaires sur ordre et la motilité oculaire automatico-réflexe, d'une cécité des sentiments (*blindfeel*).

Tableau 17.III. *Le Beth Israel Questionnaire (BIQ).*

Questions « discriminantes » du BIQ, prises en compte pour établir le score d'alexithymie. En comptant un point pour « oui » aux items 1, 7, 8, 12, 13, 16, et un point pour « non » aux réponses 2 et 6, on estime qu'il existe une alexithymie quand le score se situe entre 5 et 8 (d'après Smith *et al.*, *L'Encéphale*, 1992; 18: 171-174).

Le patient,...	*Item*
Décrit-il sans fin des détails, des événements, ou des symptomes plutôt que des sentiments?	1
Emploie-t-il des mots appropriés pour décrire des sentiments?	2
A-t-il une vie fantasmatique (imaginaire) riche (peut rêvasser longtemps)?	6
Agit-il au lieu d'exprimer ses sentiments?	7
Passe t-il à l'acte pour éviter des situations conflictuelles?	8
A-t-il tendance à décrire des circonstances relatives à un événement plutôt que des sentiments?	12
A-t-il du mal à communiquer avec celui qui mène l'entretien?	13
Le contenu de ses penséesest-il plutôt associé à des évènements externes qu'à des fantasmes ou à des sentiments?	16

L'alexithymie a été initialement très liée aux phénomènes de somatisation (troubles somatoformes) mais aussi aux maladies psychosomatiques et même à certaines maladies somatiques. Mais elle n'en est pas spécifique car elle s'est trouvée associée aux troubles anxieux, aux troubles obsessionnels-compulsifs, aux troubles phobiques, aux troubles des conduites alimentaires, aux conduites addictives. L'alexithymie compromettrait l'efficacité des psychothérapies fondées sur « l'écoute » tandis que la propension des alexithymiques à « somatiser » rendrait compte de la découverte plus précoce de maladies organiques.

Ainsi dans le cadre d'une « psychogenèse », l'alexithymie a pu être envisagée comme un facteur « étiologique » des troubles psychosomatiques, le déficit de la « conscience émotionnelle » rejetant le sujet vers l'expression somatique où s'enferme la vie émotionnelle. Elle a ensuite été considérée comme un phénomène secondaire : mécanisme de défense à l'égard d'affects perturbateurs, comme un état dépressif ou à des situations stressantes. Mais d'emblée une théorisation a eu lieu sur les mécanismes « neurologiques » d'ordre « fonctionnel » qui pourraient rendre compte de l'alexithymie : disconnexion, selon un modèle « vertical » entre le système limbique et les régions néocorticales, mais aussi déficit fonctionnel de l'hémisphère droit avec hyperactivité de l'hémisphère gauche. Ces modèles « neuropsychologiques » ont connu un intérêt grandissant en raison de la mise en évidence de profils alexithymiques « lésionnels » en cas de pathologie du corps calleux, agénésie calleuse, commissurotomisés. L'existence d'un profil alexithymique est fréquemment observée dans la sclérose en plaques (Montreuil) et pourrait être liée à un déficit du transfert des informations émotionnelles de l'hémisphère droit vers l'hémisphère gauche. On sait en effet la fréquence de l'atrophie calleuse dans cette maladie ainsi que d'autres manifestations associées d'un trouble du transfert interhémisphérique (comme l'extinction de l'oreille gauche au test d'écoute dichotique). Les scores d'alexithymie se sont avérés corrélés chez ces malades avec les mesures en IRM de l'aire calleuse, tout particulièrement dans sa partie postérieure (Habib), lieu de transfert des informations sensorielles notamment visuelles : l'hémisphère gauche ne pourrait plus donc utiliser normalement les informations sensorielles à contenu émotionnel traitées par les régions corticales associatives de l'hémisphère droit. Reste donc à savoir si un déficit lésionnel ou fonctionnel du transfert interhémisphérique par le corps calleux pourrait être une modalité explicative de toutes les alexithymies. Même si d'autres hypothèses sont envisagées, comme un dysfonctionnement du cortex cingulaire antérieur, rien ne dit en l'absence de processus lésionnel si les déficits fonctionnels sont la conséquence de troubles psychologiques ou s'ils constituent une particularité préexistante et donc un facteur de vulnérabilité aux troubles somatiques et comportementaux associés aux alexithymies.

LA COGNITION SOCIALE

La cognition sociale désigne l'ensemble des compétences et des expériences cognitives et émotionnelles qui régissent les relations et expliquent les comportements de l'être humain avec son environnement familial et social et tout particulièrement avec les autres êtres humains.

La cognition sociale se fonde sur l'histoire de chaque être humain donc sur sa mémoire épisodique et autobiographique qui bâtit l'identité de chacun et contribue à la cohérence de la conscience de soi (*self*). Ainsi, la mise en œuvre de jugements de sujets sur certains aspects de leur propre personnalité (conscience réflexive) active en imagerie fonctionnelle le cortex préfrontal interne et cingulaire postérieur (Johnson). La cognition sociale implique la capacité à prendre des décisions adaptées, ce qui, bien au-delà de la mémoire de travail (dont l'efficacité est liée au cortex frontal dorsolatéral), suppose une analyse de chaque situation en référence aux représentations cognitives et émotionnelles propres à chaque individu : la « sociopathie acquise » décrite par Damasio montre un exemple de dysfonctionnement des aptitudes décisionnelles qui pourrait être lié au défaut d'activation de « marqueurs somatiques » (voir chapitre 13).

Mais il n'y a pas de cognition sociale sans conscience d'autrui c'est-à-dire sans connaissance des sentiments, des émotions, des intentions d'autrui ou à tout le moins sans hypothèses prédictives sur les sentiments et les intentions d'autrui.

La cognition sociale nécessite donc un fonctionnement adéquat des capacités de reconnaissance des émotions des autres et, en interaction réciproque, d'expression de ses propres émotions : ces conditions basiques ont été envisagées tout au long du chapitre sur la neuropsychologie des émotions. La fonction pragmatique du langage permet aussi d'adapter le langage conversationnel au contexte environnemental et tout particulièrement aux attentes de l'interlocuteur (voir chapitres 2 et 13).

La capacité à attribuer aux autres les contenus mentaux (pensées, sentiments) les plus vraisemblables est désignée sous le nom de « théorie de l'esprit ». Elle peut être testée par exemple par la mise en jeu de deux personnages A et B entrant dans une même pièce. A met son livre dans un tiroir puis quitte la pièce. En son absence B prend le livre et le met sous le tapis. À la question posée de savoir où A ira chercher son livre en revenant dans la pièce, la théorie de l'esprit permet à l'observateur de dire qu'A ira le chercher dans le tiroir. Cette capacité à inférer le contenu mental d'autrui apparaît vers l'âge de quatre ans. Une incapacité du sujet à cerner les contenus mentaux d'A et B lui fera dire au contraire qu'A ira chercher le livre sous le tapis. Des perturbations de la « théorie de l'esprit » sont observées dans l'autisme, le syndrome d'Asperger, les schizophrénies à forme paranoïde. Il est établi que les lobes frontaux sont nécessaires à la «théorie de l'esprit» donc de l'empathie, définie comme « un mode de connaissance intuitive d'autrui qui consiste en la capacité à se mettre à la place de l'autre ». Outre les lobes frontaux, avec une prévalence pour le lobe frontal droit et le cortex frontal médian tout particulièrement ventral, les autres régions impliquées sont le sillon temporal supérieur et le pôle temporal (tout particulièrement l'amygdale). On a déjà vu les liens entre les régions frontales ventro-médianes, l'amygdale et les autres structures du système limbique. Un déficit des fonctions exécutives est souvent mais non constamment associé à une altération de la «théorie de l'esprit».

Par ailleurs, les transgressions des normes sociales mettent certes en jeu les structures permettant de se représenter les états mentaux d'autrui. Mais, en outre, ces comportements sollicitent les systèmes permettant de répondre aux expressions émotionnelles aversives (colère, peur, dégoût): il s'agit du cortex ventral (orbito-frontal) médian mais aussi du cortex orbito-frontal latéral (aire 47). Ainsi la colère déclenchée ou attendue infléchit ou suspend les comportements ainsi signalés comme transgressant les normes sociales. L'imagerie fonctionnelle montre que les régions impliquées sont identiques, que les violations des normes sociales soient intentionnelles ou non intentionnelles, l'activation étant plus marquée pour les violations intentionnelles (Berthoz). Certains troubles comportementaux de malades atteints de lésions du lobe frontal ou de démence fronto-temporale pourraient ainsi refléter le dysfonctionnement des systèmes impliqués dans la régulation des comportements sociaux. Par ailleurs, des comportements antisociaux sévères avec absence de régulation morale ont pu se développer tout au long de l'enfance et de l'adolescence de sujets très précocement atteints de lésions frontales comme s'ils étaient devenus incapables d'acquérir le savoir cognitivo-émotionnel définissant les normes morales nécessaires à la vie en société (Anderson *et al.*, *Nature Neurosciences*. 1999; 11: 1032-1037).

DÉSORDRES ÉMOTIONNELS ET SCLÉROSE EN PLAQUES

On a vu que la sclérose en plaques, de même qu'elle peut générer des désordres cognitifs, peut aussi générer des troubles dépressifs et anxieux, une labilité émotionnelle ou une incontinence affective, un rire et un pleurer spasmodiques (voir *supra*). L'*euphorie* s'observe surtout dans les formes évoluées de la maladie, avec un handicap important, un déficit cognitif, une dilatation des ventricules cérébraux : elle est imputée à la démyélinisation frontale isolant et ne modelant plus le système limbique. Elle ne doit pas être confondue avec un état hypomaniaque ou maniaque, qu'il soit lié à la maladie elle-même, qu'il fasse discuter le rôle d'éventuels antécédents familiaux ou qu'il soit la complication d'une corticothérapie. L'euphorie doit aussi être distinguée du *déni* de la maladie, mécanisme de défense permettant de poursuivre son existence en évitant une trop grande déstabilisation émotionnelle et qui s'observe les formes débutantes ou récentes sans handicap neurologique significatif. Chez certains patients les plaintes paraissent « exagérées » et donnent à la symptomatologie une amplification névrotique. Le diagnostic différentiel entre certaines manifestations hystériques et poussées nécessite parfois une écoute soigneuse des doléances à confronter à un examen clinique attentif. Certains malades s'installent dans un comportement régressif de passivité et de dépendance. On sait aussi les travaux qui ont signalé la fréquence d'événements de vie précédant les poussées, ce qui a pu entre autres, faire discuter des liens entre psychologie et immunologie. L'alexithymie est aussi significativement plus fréquente en cas de sclérose en plaques que dans la population générale (voir *supra).*

DÉSORDRES ÉMOTIONNELS ET ÉPILEPSIES

Certains *désordres émotionnels aigus* font partie de la séméiologie des crises ou même les résument : crises dacrystiques ou gélastiques avec ou sans modification du vécu affectif (voir *supra)*, sensations de peur, de joie, de bien-être, d'anxiété accompagnant essentiellement les crises épileptiques du lobe temporal. La peur pourrait accompagner soit une décharge de l'amygdale, soit une décharge du gyrus cingulaire sans que l'on puisse en inférer une latéralisation précise. Un accès de violence peut exceptionnellement accompagner ou suivre une crise partielle complexe mais doit-on y voir un dysfonctionnement limbique ou une manifestation confusionnelle?

Les désordres émotionnels durables sont multifactoriels et ont pu faire l'objet d'explications organicistes ou psychodynamiques pouvant donc privilégier les réactions psychologiques aux conséquences familiales et sociales des crises, le caractère déstructurant des orages moteurs, sensoriels, somatognosiques, affectifs des crises partielles, les symptômes en rapport avec la lésion cérébrale elle-même dans les épilepsies lésionnelles, ou encore les effets secondaires de thérapeutiques parfois lourdes. C'est ainsi qu'a pu être décrit un ensemble de troubles dont l'adhésivité, la viscosité, l'irritabilité parfois explosive, ainsi que d'autres manifestations plus particulièrement signalées dans l'épilepsie du lobe temporal : hyperémotivité, instabilité, méticulosité, tendance obsessionnelle, hypergraphie, goût prononcé pour les questions métaphysiques. Une hyperconnexion sensori-limbique a pu être évoquée : les structures limbiques, embrasées par les décharges épileptiques, investissent les stimulations environnementales d'une intense composante émotionnelle.

L'épilepsie est un facteur de risque dépressif (voir *supra).*

Les psychoses «épileptiques» ou plutôt les syndromes psychotiques survenant chez des sujets atteints d'épilepsie ont suscité une vaste littérature. La classification suivante peut être proposée (de Toffol) :

– les psychoses ictales et péri-ictales correspondent à une désorganisation critique du fonctionnement cortical (psychoses ictales) ou à l'intrication de manifestations critiques et postcritiques (psychoses péri-ictales) au cours d'états de mal épileptique. Elles coexistent avec des anomalies électroencéphalographiques épileptiques critiques et éventuellement postcritiques. *Les états de mal-absence* coexistent avec une activité épileptique généralisée continue et se caractérisent par une confusion fluctuante sans authentique phénomène psychotique. *Les états de mal partiels complexes de type temporal* comportent une confusion fluctuante surchargée de troubles hallucinatoires ou délirants, voire de troubles de l'humeur et selon les cas de secousses myocloniques focales, d'automatismes psychomoteurs, de bizarreries comportementales. Ils doivent être distingués des ictus amnésiques et des états de stupeur hystérique. Ils laissent une amnésie postcritique. En l'absence de diagnostic et de traitement, ils peuvent durer plusieurs mois et c'est dans ce cadre qu'ont été décrites des «fugues épileptiques». *Les états de mal frontaux* peuvent se présenter comme une confusion fluctuante avec troubles comportementaux sous forme de stupeur ou d'agressivité. Il peut exister des automatismes gestuels et l'état de mal est suivi d'une amnésie. Mais ils peuvent aussi se présenter comme un trouble de l'humeur et du comportement sans note confusionnelle : désinhibition de type hypomaniaque, prostration. Le rôle néfaste d'une médication antiépileptique est parfois suspecté;

– les psychoses post-ictales surviennent après une ou plusieurs crises chez des sujets ayant une épilepsie partielle réfractaire, quelle soit ou non lésionnelle. L'électroencéphalogramme est le tracé habituel «inter critique» du sujet : ni normal ni siège d'une activité critique, il montre souvent des anomalies bitemporales. Le tableau clinique associe des troubles de l'humeur, des hallucinations, un délire peu systématisé, parfois de type persécutoire, durant quelques jours, améliorables par le renforcement du traitement antiépileptique, l'existence à l'IRM d'une sclérose hippocampique étant considérée comme un facteur de risque.

– les psychoses inter-ictales n'ont aucune relation chronologique avec les crises :

• *les psychoses périodiques* peuvent inconstamment éclater lors de l'amélioration voire de la normalisation de l'électroencéphalogramme lors des épisodes psychotiques (normalisation forcée); parallèlement il peut être observé une alternance entre les périodes psychotiques et les périodes de crises comme s'il y avait entre elles un antagonisme : on parle alors de psychose alternative. Elles durent de quelques jours à quelques semaines. Elles peuvent compliquer des épilepsies partielles (volontiers temporales) réfractaires et mêlent habituellement des éléments hallucinatoires et délirants. Elles peuvent aussi compliquer des épilepsies généralisées, après cessation des crises et normalisation de l'électroencéphalogramme. Elles sont précédées d'une insomnie avec anxiété et pourraient être prévenues par les benzodiazépines, accompagnées d'une réduction du traitement antiépileptique et le tableau clinique est dominé par un délire de persécution. Enfin certaines psychoses inter-ictales sont imputables aux médicaments;

• les psychoses inter-ictales chroniques schizophréniformes correspondent à des syndromes schizophréniques, coexistant avec une épilepsie temporale. La latéralisation gauche n'est pas considérée comme un facteur de risque dans toutes les études;

– les psychoses post-lobectomie temporale réalisent des états délirants et hallucinatoires chroniques.

La conduite thérapeutique est résumée dans le tableau 17.IV.

Tableau 17.IV. *Résumé de la conduite thérapeutique des syndromes psychotiques observés au cours des épilepsies*
(d'après de Toffol, *Syndromes épileptiques et troubles psychotiques*, John Libbey Eurotext, Paris, 2001)

Psychoses ictales et péri-ictales	États de mal-absence: benzodiazépine IV (diazépam ou clonazépam) États de mal partiels complexes : benzodiazépine ou phénytoïne IV
Psychoses post-ictales	Augmentation des antiépileptiques + benzodiazépine de type diazépam ou clonazépam en IV Une prescription conjointe de neuroleptiques est occasionnellement nécessaire
Psychoses interictales épisodiques	Compliquant une épilepsie partielle réfractaire : neuroleptique Compliquant l'épilepsie généralisée idiopathique : benzodiazépine dans la phase d'insomnie prodromique avec baisse du traitement antiépileptique (concept de normalisation forcée)
Psychoses inter-ictales chroniques	Les antidépresseurs tricyliques (qui s'opposent à l'état d'hyperinhibition qui ferait le lit de la psychose) pourraient être plus efficaces que les neuroleptiques On a pu cependant préconiser leur association à un neuroleptique atypique Ils n'augmentent pas la fréquence des crises malgré leur action proconvulsivante La carbamazépine a une action synergique
Psychoses médicamenteuses	Elles peuvent avoir la chronologie de toutes les psychoses épileptiques sauf les psychoses inter-ictales chroniques Elles nécessitent la baisse prudente sous surveillance hospitalière du traitement imputé
Psychoses post-lobectomie	L'activité des neuroleptiques est très variable

DÉSORDRES ÉMOTIONNELS ET MALADIES DES NOYAUX GRIS CENTRAUX

Outre les troubles dépressifs déjà envisagés dans les affections des ganglions de la base (voir *supra)*, la maladie de Parkinson peut s'associer à des manifestations anxieuses parfois importantes et même des attaques de panique survenant lors des périodes *off*. La maladie de Wilson peut s'accompagner de troubles du caractère, avec une impulsivité, une labilité émotionnelle et même une dépression ou des idées délirantes Le syndrome athymhormique sera discuté au chapitre suivant.

BIBLIOGRAPHIE

ADOLPHS R., CAHILL L., SCHUL R., BABINSKY R. — Impaired declarative memory for emotional material following bilateral amygdala damage in humans. *Learning and Memory*. 1997; *4*: 291-300.

AGGLETON J.-P. — *The Amygdala : a functional analysis*, Oxford University Press, 2000.

PARVIZI J., ANDERSON S.W., MARTIN C.O., DAMASIO H., DAMASIO A.R. — Pathological laughter and crying : a link to the cerebellum. *Brain*. 2001; *124:* 1708-1719.

ANGUENOT A., LOLL P.Y., NEAU J.-P., INGRAND P., GIL R. — Dépression et maladie de Parkinson : étude d'une série de 135 parkinsoniens. *Can J neurol. Sci*. 2002; *29:* 139-146.

APICELLA P., LUNDBERG T., SCARNATI E., SCHULTZ W. — Responses to reward in monkey dorsal and ventral striatum. *Exp Brain Res*. 1991; *85*: 491-500.

BAUER R.M. — Visual-hypoemotionality as a symptom of visual-limbic disconnection in man. *Arch Neurol*. 1982; *39*: 702-708.

BEAR D.M. — Temporal lobe epilepsy : a syndrome of sensory-limbic hyperconnection. *Cortex*. 1979; *15*: 357-384.

BENTON A.L., VAN ALLEN M.W. — Impairment of facial recognition in patients with cerebral disease. *Cortex*. 1968; *4*: 344-358.

BOGOUSSLAVSKY J., REGLI F., ASSAL G. — The syndrome of unilateral tuberothalamic artery territory infarction. *Stroke*. 1986; *17*: 434-441.

BOROD J.C. — *The Neuropsychology of emotion*, Oxford University Press, 2000.

BOWERS D., BAUER R.M., COSLETT H.B., HEILMAN K.M. — Processing of faces by patients with unilateral hemispheric lesions. *Brain Cognition*. 1985; *4*: 258-272.

CAPLAN L.R., KELLY M., KASE C.S. *et al.* — Infarctus of the inferior division of the right middle cerebral artery : mirror image of Wernicke's aphasia. *Neurology*. 1986; *36*: 1015-1020.

CARSON A.J., MACHALE S., ALLEN K., DENNIS M., HOUSE A., SHARPE M. — Depression after stroke and lesion location : a systematic review. *Lancet.* 2000; *356* (2226): 122-126.

CATAPANO F., GALDERISI S. — Depression and cerebral stroke. *J Clin Psychiatry.* 1990; *51* (9): 9-12.

CECCALDI M., PONCET M., MILANDRE L., ROUYER C. — Temporary forced laughter after unilateral strokes. *European Neurology.* 1994; *34*: 36-39.

COUDERQ C., DROUINEAU J., ROSIER M.-P., ALVAREZ A., GIL R., NEAU J.-P. — Fou rire prodromique d'une occlusion du tronc basilaire. *Rev Neurol (Paris).* 2000; 156 (3): 281-284.

DAMASIO A.-R. — *L'erreur de Descartes. La raison des émotions.* Odile Jacob, Paris, 1995.

DELGADO-ESCUET, MATTSON R.H., KING L., GOLDENSON E.S., SPIEGEL H., MADSEN J. *et al.* — The nature of aggression during epileptic seizures. *N Engl J Med.* 1981; 305: 711-716.

FAVEL P. — Les troubles de la personnalité dans les épilepsies sévères de l'adulte. *Epilepsies.* 1991; *213*: 129-141.

GAINOTTI G. — Bases neurobiologiques et contrôle des émotions. *In : Neuropsychologie humaine.* X. Seron et M. Jeannerod, Mardaga, Liège, 1994:471-486.

GUELFI J.-D. — *L'évaluation clinique sandardisée en psychiatrie.* Éditions Médicales Pierre Fabre, Boulogne, 1996.

HABIB M., BAKCHINE S. — *Neurologie des émotions et de la motivation*, Congrès de Psychiatrie et de Neurologie de langue française, MEDIAS flashs, Paris, 1998.

HEILMAN K.M. — Emotion and the brain. *In : Neuropsychology.* D.W. Zaidel, Academic Press, San Diego, 1994:139-158.

HOPF H.C., MÜLLER-FORELL W., HOPF N.J. — Localization of emotional and volitional facial paresis. *Neurology.* 1992; *42*: 1918-1923.

HORNAK J., ROLLS E.T., WADE D. — Face and voice expression in patients with emotional and behavioral changes following ventral frontal lobe damage. *Neurpsychologia.* 1996; *34: 247-261.*

HOUSE A., DENNIS M., WARLOW C. *et al.* — Mood disorders after stroke and their relation to lesion location. *Brain.* 1990; *113*: 1113-1129.

JOHNSON S.C., BAXTER L.C., WILDER L.S., PIPE J.G., HEISERMAN J.E., PRIGATANO G.P. — Neural correlates of self-reflection. *Brain.* 2002; *125: 1808-1814*

KARLI P. — *L'homme agressif.* Odile Jacob, Paris, 1996

KAUHANEN M.L., KORPELAINEN J.T., HILTUNEN P., MAATTA R., MONONEN H., BRUSIN E., SOTANIEMI K.A., MYLLYLA V.V. — Aphasia, depression and non verbal cognitive impairment in ischemic stroke. *Cerebrovasc Dis.* 2000; *10 (6): 455-461.*

KENT J., BOROD J.C., KOFF E. *et al.* — Posed facial emotional expression in brain-damaged patients. *International J Neuroscience.* 1988; *43*: 81-87.

LABAR K.S., LE DOUX J.E., SPENCER D.D., PHELPS E.A. — Impaired fear conditioning following unilateral temporal lobectomy in humans. *J Neurosci.* 1995; *15: 6846-6855.*

LANE R., Ahern G.L., Schwartz G.E. — Is alexithymia the emotional equivalent of blindsight? *Biol Psychiatry.* 1997; *42: 834-844.*

LAPLANE D., ORGOGOZO J.-M., MEININGER V., DEGOS J.-D. — Paralysie faciale avec dissociation automatico-volontaire inverse par lésion frontale. *Rev Neurol.* 1976; *132* (10): 725-734.

LE DOUX J. — *The Emotional Brain.* Simon et Schuster, New York, 1996.

LURIA A.R., SIMERNITSKAYA E.G. — Interhemispheric relations and the functions of the minor hemisphere. *Neuropsychologia.* 1977; *15:* 175-178.

MAHLER M.E. — Behavioral manifestations associated with multiple sclerosis. *Psychiatric Clinics of North America.* 1992; *15* (2): 427-439.

MAMMUCARI A., CALTAGIRONE C., EKMAN P. *et al.* — Spontaneous facial expression of emotions in brain-damaged patients. *Cortex.* 1988; *24*: 521-533.

MANDEL M., TANDON S., ASTHANA H. — Right brain damage impairs recognition of negative emotions. *Cortex.* 1991; *27*: 247-253.

MARTY P., M'UZAN M. de — La pensée opératoire. *Rev Fr Psychanalyse.* 1963; *27: 347-356.*

MESULAM M.M. — *Principles of behavioral neurology.* FA Davis Company, Philadelphia, 1985.

MOGENSON G.J., JONES D.L., YIM C.J. — From motivation to action: functional interface between the limbic system and the motor system. *Progress in Neurobiology.* 1980; *14:* 69-97.

MINDEN S.-L., SCHIFFER R.-B. — Affective disorders in multiple sclerosis. *Arch Neurol.* 1990; *47*: 98-103.

MONTREUIL M., LYON-CAEN O. — Troubles thymiques et relations entre alexithymie et troubles du transfert dans la sclérose en plaques. *Revue de Neuropsychologie.* 1993; *3: 287-304.*

PARADISO S, ROBINSON RG, ARNDT S. — Sef-reported aggressive behavior in patients with stroke. *J Nerv Ment Dis.* 1996; 184: 12, 746-753.

PARIKH R.M., ROBINSON R.G., LIPSEY J.-R., STARKSTEIN S.E., FEDOROFF J.P., PRICE TR. — The impact of post-stroke depression on recovery in activities of daily living over two-year follow-up. *Archives of Neurology.* 1990; *47: 787-789.*

PEDINIELLI J.L. — *Psychosomatique et alexithymie.* Nodules, PUF, Paris, 1992.

POECK K. — Pathophysiology of emotional disorders associated with brain damage. *In: Handbook of Clinical Neurology.* P.J. Vinken et G.W. Bruyn, North Holland Publishing Company, Amsterdam, 1997.

RADAT F. — Migraine et dépression. *L'Encéphale,* 2000; *Hors série 3 : 7-11.*

RAPSCAK S., KASNIAK A., RUBINS A. — Anomia for facial expression: evidence for a category specific visual verbal disconnection. *Neuropsychologia.* 1989; *27*: 1031-1041.

REUTERSKIOLD C. — The effects of emotionality on auditory comprehension in aphasia. *Cortex*. 1991; *27*: 595-604.

ROBINSON R.G., KUBOS K.L., STARR L.B. *et al.* — Mood disorders in stroke patients. Importance of location of lesion. *Brain*. 1984; *107*: 81-93.

ROSS E.D. — The aprosodias: functional-anatomic organization of the affective components of language in the right hemisphere. *Ann Neurol*. 1981; *38*: 561-589.

ROSS E.D., HOMAN R.W., BUCK R. — Differential hemispheric latéralisation of primary and social emotion. *Neuropsychiatry, Neuropsychology and Behavioral Neurology*. 1994; 7:1-19.

SABATINI U., POZZILLI C., PANTANO P. — Involvement of the limbic system in MS patients with depression disorders. *Biol Psychiatry*. 1996; 39: 970-975.

SADOPVNICK A.D., EISEN K., PATY D.W., EBERTS G.C. — Cause of death in patients attending MS cliniques. *Neurology*. 1991; *41:* 1193-1196.

SIFNEOS P.E. — Alexithymia : past and present. *AM J Psychiatry*. 1996; *153 (7): 137-142*.

STARKSTEIN S.E., FEDOROFF P., BERTHIER M.L., ROBINSON R.G. — Manic-depressive and pure manic states after brain lesions. *Biol Psychiatry*. 1990; 29: 149-158.

WEDDEL R.A., TREVARTHEN C., MILLER J.D. — Voluntary emotional facial expression in patients with focal cerebral lesions to success or failure. *Neuropsychologia*. 1990; *28*: 49-60.

ZHOU Q.Y., PALMITER R.D. — Dopamine deficit mice are severely hypoactive, adipsic and aphagic. *Cell*. 1995; 83 (7): 1197-1209.

18 NEUROPSYCHOLOGIE DU THALAMUS ET DES NOYAUX GRIS CENTRAUX

Les noyaux gris centraux (*basal ganglia* dans la terminologie anglo-saxonne) sont des amas cellulaires, donc constitués de substance grise, disposés dans la profondeur des hémisphères cérébraux et de la partie haute du tronc cérébral. Les formations les plus importantes sont le noyau caudé, le noyau lenticulaire (putamen et pallidum), le noyau sous-thalamique (ou corps de Luys), le *locus niger* (voir fig. 1.1). Ces formations ne peuvent être physiologiquement séparées du thalamus avec lequel elles ont de multiples connexions qui les relient aussi à la substance réticulée, au cervelet (par l'intermédiaire du noyau rouge), aux noyaux vestibulaires (par l'intermédiaire du cervelet) et au cortex préfrontal.

LE THALAMUS

Les lésions thalamiques peuvent entraîner :

– des troubles de la mémoire (voir chapitre 14);

– des troubles du langage (voir chapitre 2);

– une négligence unilatérale gauche (voir chapitre 9) lors de lésions intéressant le thalamus droit (en particulier dans les infarctus du territoire tubéro-thalamique voire dans les infarctus du territoire paramédian ainsi que dans le syndrome de l'hémorragie thalamique postérieure qui comporte en outre un myosis avec léger ptosis ipsilatéral et une hémiparésie sensitivo-motrice). Cette négligence peut être spatiale, motrice, multimodale tout comme elle peut aussi comporter une extinction sensorielle, sensitive, visuelle, auditive. La négligence peut s'accompagner d'autres signes habituellement observés dans les lésions de l'hémisphère droit et en particulier de perturbations asomatognosiques et visuoconstructives, ainsi que de perturbations de la reconnaissance des visages;

– des syndromes frontaux (voir chapitre 13) avec aspontanéité ou, au contraire, désinhibition avec troubles du contrôle exécutif (en particulier lors d'infarctus unilatéraux paramédians). Les lésions bilatérales telles que celles réalisées par les infarctus paramédians bilatéraux entraînent des altérations comportementales majeures, réalisant le tableau de la démence thalamique et associant aux troubles de la mémoire, une grande apathie avec euphorie ou indifférence, des persévérations), une confusion, des perturbations de la vigilance.

LES NOYAUX GRIS CENTRAUX

Les noyaux gris centraux sont unis au cortex par des boucles fronto-sous-cortico-frontales (fig. 18.1 et 18.2) organisées de manière parallèle en cinq circuits : l'un est moteur et naît de l'aire motrice supplémentaire, le deuxième est oculomoteur et naît des aires oculomotrices frontales impliquées dans l'oculogyrie (aire 8) et dans l'oculocéphalogyrie mais aussi du cortex pariétal postérieur. Les trois autres sont impliqués dans le contrôle cognitif et émotionnel ; il s'agit du circuit préfrontal dorso-latéral (à partir des aires 9 et 10), du circuit fronto-orbitaire (à partir de l'aire 10), du circuit cingulaire anté-

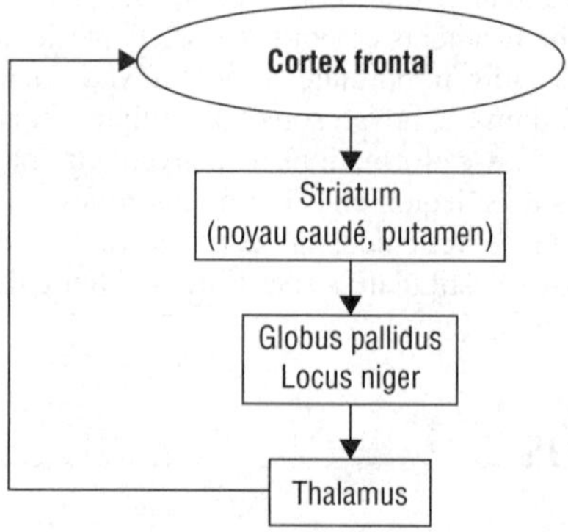

Fig. 18.1. *Schéma général des boucles fronto-sous-cortico-frontales* (d'après Cummings, 1993).

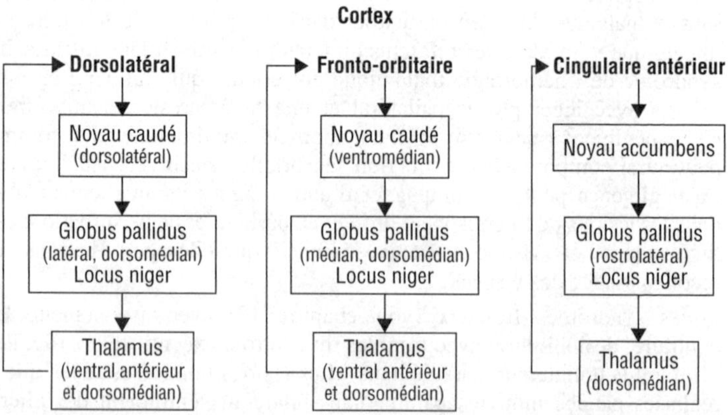

Fig. 18.2. *Les trois boucles fronto-sous-corticales impliquées dans les fonctions cognitives et la régulation émotionnelle* (d'après Alexander, 1986 et Cummings, 1993).

rieur (à partir de l'aire 24). On sait qu'aux lésions de chacune de ces subdivisions du lobe préfrontal peuvent être rattachées des manifestations cognitives et affectives particulières (voir tableau 13.I).

Les lésions de noyaux gris centraux provoquent des perturbations de la motricité qui peuvent s'accompagner d'un dysfonctionnement cognitif et émotionnel rattaché à une disconnexion frontale : c'est ainsi qu'a été bâti le concept de *démence sous-corticale* qui peut être observé dans la maladie de Parkinson, la paralysie supranucléaire progressive de Steel-Richardson-Oslewski, la chorée de Huntington, la maladie de Wilson, le syndrome de Fahr, la neuroacanthocytose. On sait aussi que des troubles de la *mémoire* (et en particulier de la mémoire procédurale) peuvent être observés dans certaines affections des noyaux gris centraux (voir chapitre 14). Les *aphasies sous-corticales* putamino-caudées et les *syndromes hallucinosiques* ou *psychotiques* sont abordés aux chapitres 16 et 21. Enfin, une *héminégligence gauche* peut être observée certes dans les vastes lésions capsulo-striées et notamment les infarctus des artères lenticulo-striées, mais aussi dans des infarctus limités au noyau caudé ou dans des hémorragies du putamen. Toutefois les lésions respectant le thalamus ne donneraient pas d'anosognosie.

Les autres perturbations neuropsychologiques observées au cours des lésions des noyaux gris centraux peuvent de manière schématique (et sans méconnaître les formes intriquées) se rattacher à la souffrance de chacun des trois grands circuits. Elles peuvent comporter des troubles du contrôle exécutif et de la programmation des actes moteurs, un état d'irritabilité-agitation-désinhibition ou encore un état d'apathie-aboulie.

Le *syndrome aboulique* s'observe surtout dans les lésions du noyau caudé et il associe une aspontanéité motrice et verbale, une inertie, une apathie, une lenteur idéatoire et motrice, une distractibilité. Il serait plutôt lié à des lésions de la portion dorso-latérale du noyau caudé, en lien avec la convexité frontale dorso-latérale. Le *syndrome d'hyperactivité* des lésions du noyau caudé se traduit par une agitation motrice et verbale, parfois une agressivité, une confusion mentale ; il serait plutôt lié à des lésions de la région ventro-médiane du noyau caudé, en lien avec le cortex fronto-orbitaire. L'hyperactivité peut alterner avec une aboulie. Des états dépressifs ou bipolaires, des paroxysmes anxieux peuvent aussi être observés de même que des hallucinations) et des délires : il s'agit soit de lésions dorso-latérales soit de lésions étendues du noyau caudé. Les perturbations cognitives intéressent les fonctions de contrôle exécutif quelles que soient les localisations lésionnelles à l'intérieur du noyau caudé.

Un syndrome frontal avec apathie-aboulie peut être associé à des lésions bilatérales localisées au pallidum.

La *perte d'auto-activation psychique*, décrite initialement par Laplane au cours de deux cas de lésions pallidales (par piqûre de guêpe, par intoxication à l'oxyde de carbone), se présente comportementalement comme une apathie dont l'interrogatoire montre qu'elle est sous-tendue par un vide mental, une inertie par perte de l'élan psychique, une absence de projection dans l'avenir. Cependant, l'hétéroactivation entraîne une réversibilité du trouble, les malades pouvant, sur stimulation, exécuter des tâches simples ou même complexes comme la passation des tests qui montrent des performances cognitives satisfaisantes mises à part une réduction de la fluence et quelques perturbations des fonctions de contrôle exécutif. Les malades paraissent indifférents. Récusant une désactivation aspécifique d'un circuit sous-tendant l'activité psychique, Habib et Poncet qualifient le trouble de syndrome athymormique (jusque là réservé à la perte de l'élan vital des schizophrénies déficitaires). Ces auteurs insistent ainsi non seulement sur l'apathie avec apragmatisme (qui ne serait pas toujours réversible par hétéro-activation), l'altération de la capacité à exprimer les sentiments mais aussi une perte de l'élan sous-tendant le déficit de l'action et de l'affectivité. Ce comportement peut s'observer dans les lésions pallidales (en particulier anoxiques) ou dans des lésions du striatum (lacunes des noyaux caudés et des putamens) mais aussi dans des lésions thalamiques médianes (incluant les noyaux dorsomédians) et dans des lésions sous-corticales du lobe frontal, intéressant les connexions entre le noyau caudé d'une part, le cortex préfrontal et le gyrus cingulaire d'autre part. Le syndrome athymhormique serait ainsi lié à l'atteinte d'une «boucle limbique» striato-pallido-thalamo-corticale conçue comme un élément clé du système motivationnel-émotionnel donnant ainsi la charge énergétique nécessaire à l'activité cognitive et à l'activité motrice.

Certains syndromes de perte d'auto-activation psychique comportent malgré le vide mental et l'inertie motrice, un état dépressif : doit-on considérer qu'il s'agit de l'association de deux troubles en rapport avec l'atteinte des noyaux gris centraux (Laplane) ou d'une forme incomplète de perte d'auto-activation psychique avec apathie sans composante d'indifférence affective (Habib)?

Des activités de type *compulsivo-obsessionnel* peuvent inconstamment s'associer à la perte d'autoactivation : il s'agit habituellement de manifestations pseudo-obsessionnelles ne générant pas les phénomènes de tension émotionnelle observés dans la psychonévrose obsessionnelle. Ont pu ainsi être observés des activités mentales stéréotypées, du collectionnisme tandis que certains stéréotypes moteurs évoquent des tics. De telles manifestations ont été observées dans des lésions des noyaux lenticulaires mais aussi dans des lésions des noyaux caudés. Il est intéressant de rapprocher ces constatations des manifestations compulsivo-obsessionnelles de la maladie des tics de Gilles de la Tourette dont il est admis qu'elle pourrait être due à un dysfonctionnement des noyaux gris centraux. D'ailleurs, dans la névrose obsessionnelle elle-même pourrait intervenir un dysfonctionnement fronto-cingulaire et du striatum tandis que l'amélioration des signes compulsionnels par les antidépresseurs sérotoninergiques pourrait agir en réduisant une hyperactivité métabolique fronto-striée.

Dans la maladie de Huntington (dont le siège lésionnel est le noyau caudé), peuvent être observées des manifestations correspondant à l'implication des trois circuits cognitivo-émotionnels fronto-sous-corticaux. Ainsi, nombre d'arguments convergent pour relier les troubles comportementaux des lésions des noyaux gris centraux à une dysfonction des circuits fronto-sous-corticaux, ce que suggèrent d'ailleurs les études isotopiques quand elles objectivent un hypométabolisme préfrontal renvoyant au concept de diaschisis (retentissement, dépression à distance du foyer lésionnel) créé par von Monakov.

Les boucles fronto-sous-corticales peuvent aussi être lésées dans la *substance blanche* des hémisphères cérébraux, expliquant l'existence de syndromes de type frontal voire de démences sous-corticales dans les atteintes inflammatoires (comme les formes évoluées de la sclérose en plaques), génétiques (leucodystrophies), infectieuses (comme l'encéphalopathie du VIH), vasculaires de la myéline (voir chapitres 13, 16, 19).

En tout cas pour Habib et Bakchine, « l'apathie, l'aboulie, la perte d'auto-activation et l'athymhormie réalisent donc très probablement un seul et même syndrome mental ». Il reste néanmoins à repérer l'apathie conçue comme l'association d'une démotivation avec perte de l'initiative et émoussement affectif en sachant qu'elle peut faire l'objet d'une évaluation comportementale soit par l'inventaire neuropsychiatrique de Cummings soit par l'échelle de Marin. L'apathie est fréquente dans la maladie d'Alzheimer et peut être confondue avec une dépression et elle est d'autant plus fréquente que le déficit cognitif est plus sévère : elle pourrait être liée initialement à l'atteinte des afférences cholinergiques sous-cortico-frontales issues du noyau basal de Meynert et plus tardivement du cortex préfrontal lui-même et de ses afférences venant des régions temporales antérieures et internes. La fréquence de l'apathie serait plus importante en cas d'association de la démence à des signes extrapyramidaux, ce qui suggère l'implication des circuits dopaminergiques ascendants à destinée frontale. L'apathie retentit sévèrement sur les activités de la vie quotidienne et est, comme l'agitation, un facteur d'épuisement de l'aidant. Les traitements cholinergiques peuvent améliorer l'apathie. Des antidépresseurs, des substances dopaminergiques ont été proposés voire des psychostimulants amphétaminiques. Les patients doivent faire l'objet de stimulations familiales et sociales. Les principales causes d'apathie sont résumées dans le tableau 18.I.

Tableau 18.I. *Les principales causes d'apathie*

Syndromes frontaux (dorsolatéral, frontal interne, cingulaire)
Lésions fronto-sous-corticales avec ou sans syndrome démentiel (substance blanche, noyaux gris centraux, thalamus, noyau dorso-médian)
Démences corticales (en particulier maladie d'Alzheimer)
Syndrome de Klüver-Bucy
Douloureux chroniques
Isolements sensoriels et sociaux
Schizophrénie à forme hébéphrénocatatonique

Les modifications neuropsychologiques provoquées par les lésions (dégénératives ou vasculaires) du *cervelet* pourraient au moins en partie relever du diaschisis lié à la rupture des circuits unissant le cervelet au cortex préfrontal, pariétal postérieur, temporal supérieur et limbique. Les perturbations observées peuvent en effet concerner les tests explorant l'organisation visuospatiale et les capacités de planification et de programmation, la fluence verbale et la mémoire de travail. Des déficits du langage à type d'agrammatisme et de dysprosodie ont aussi été décrits. Le cervelet pourrait aussi intervenir directement dans la vitesse de traitement des informations, ce qui expliquerait l'allongement des temps de réaction simples visuels et auditifs. Des troubles de la personnalité peuvent s'observer avec émoussement des affects ou désinhibition. Ce syndrome affectivo-cognitif cérébelleux (Schmahmann) est le plus évident en cas de lésions du lobe postérieur et du vermis. Les lésions du lobe antérieur n'entraînent que de très discrets troubles des fonctions exécutives et visuospatiales. Quant aux anomalies cérébelleuses macroscopiques ou histologiques constatées dans la schizophrénie ou l'autisme infantile, elles pourraient, entre autres arguments, conforter l'hypothèse de l'intervention du cervelet dans la vie affective et la régulation émotionnelle, encore qu'il faille se garder d'interprétations trop hâtives.

BIBLIOGRAPHIE

ALEXANDER G., DELONG M., STRICK P. — Parallel organization of functionally segregated circuits linking basal ganglia and cortex. *Annual Review of Neuroscience*. 1986; *9*: 357-381.

BHATIA K.P., MARSDEN D. — The behavioural and motor consequences of focal lesions of the basal ganglia in man. *Brain*. 1994; *117*: 859-876.

BOTEZ M.I. — The neuropsychology of the cerebellum : an emerging concept. *Arch Neurol*. 1992; *49*: 1229-1230.

CAPLAN L.R., SCHMAHMANN J.D., KASE C.S., FELDMANN E. — Caudate infarcts. *Arch Neurol*. 1990; *47*: 193-143.

CROISILE B., TOURNIAIRE D., CONFAVREUX C. *et al.* — Bilateral damage to the head of the caudate nuclei. *Ann Neurol*. 1989; *25*: 313-314.

CUMMINGS J.L. — Frontal-subcortical circuits and human behavior. *Arch Neurol*. 1993; *50*: 873-880.

HABIB M., PONCET M. — Perte de l'élan vital, de l'intérêt et de l'affectivité (syndrome athymhormique) au cours de lésions lacunaires des corps striés. *Rev Neurol*. 1988; *10*: 561-577.

LAPLANE D., LEVASSEUR M., PILLON B., DUBOIS B. — Obsessive-compulsive and other behavioural changes with bilateral basal ganglia lesions. *Brain*. 1989; *112*: 679-725.

MARIN R., BIEDRZYCKI R., FIRINCIOGULLARTI S. — Reliability and validity of the Apathy Evaluation scale. *Psychiatry Research. 1991; 38(2):*143-162.

MENDEZ M.F., ADAMS N.L., LEWANDOWSKI K.S.L. — Neurobehavioural changes associated with caudate lesions. *Neurology*. 1989; *39*: 349-354.

SANDSON T.A., DAFFNER K.R., CARVALHO P.A., MESULAM M.M. — Frontal lobe dysfunction following infarction of the left-sided thalamus. *Arch Neurol*. 1991; *48*: 1300-1303.

SCHMAHMANN J.D. — An emerging concept. The cerebellar contribution to higher function. *Arch Neurol*. 1991; *48*: 1178-1187.

SCHMAHMANN J.D., SHERMAN J.C. — The cerebellear cognitive affective syndrome. *Brain*. 1998; *121*: 561-579.

TRILLET M., CROISILE B., TOURNIAIRE B., SCHOTT B. — Perturbations de l'activité motrice volontaire et lésions des noyaux caudés. *Rev Neurol*. 1990; *146*: 338-344.

WEINBERGER D.R. — A connectionist approach to the prefrontal cortex. *J Neuropsychiatry Clinical Neurosciences*. 1993; *5*: 241-253.

19 NEUROPSYCHOLOGIE DES AFFECTIONS DÉMYÉLINISANTES

LA SCLÉROSE EN PLAQUES

L'imagerie par résonance magnétique nucléaire nous ayant appris que l'existence de lésions démyélinisantes de la substance blanche des hémisphères cérébraux est devenue l'un des critères diagnostiques de la sclérose en plaques, il n'y a donc plus lieu de s'étonner de la fréquence avec laquelle cette affection s'accompagne de dysfonctionnements cognitifs. Ces derniers viennent s'additionner aux désordres de la sphère affectivo-émotionnelle qui sont pour partie de cause lésionnelle et pour partie réactionnels aux bouleversements existentiels provoqués par la maladie (voir chapitre 19, page 290).

Manifestations psychiatriques

Dépression, manie, euphorie, comportements névrotiques peuvent donc accompagner l'évolution de la maladie. Il faut ajouter des syndromes psychotiques décrits comme des syndromes confusionnels et hallucinatoires, des bouffées délirantes souvent considérées comme des schizophrénies paranoïdes, plus exceptionnellement un état de type hébéphréno-catatonique. Ces manifestations peuvent précéder les manifestations neurologiques. Elles peuvent se répéter pour se chroniciser secondairement ou évoluer d'emblée sur un mode chronique. Les lésions de ces formes psychotiques de la maladie prédomineraient dans la substance blanche de la région temporale (jouxtant les cornes temporales) ou temporo-pariétale, encore que d'autres prévalences lésionnelles aient été signalées (lobe frontal, par exemple).

Dysfonctionnements cognitifs

Quant aux troubles cognitifs, ils atteindraient selon les études de 40 à 65 % des malades et ils peuvent être observés précocement (Lyon-Caen, *in* Taillia). La diffusion habituelle des lésions, leur localisation à la substance blanche expliquent que ces dysfonctionnements renvoient à une disconnexion « fronto-sous-corticale » et donc, pour les formes les plus sévères, peuvent mériter le qualificatif de démence sous-corticale. Encore doit-on remarquer que l'appréciation de la fréquence des déficits cognitifs souffre de la diversité des batteries de tests utilisés et des critères choisis pour définir la frontière séparant les performances normales et pathologiques. On sait qu'outre les qualités métrologiques des tests utilisés, les critères définissant un déficit cognitif font intervenir l'âge, le niveau culturel et des facteurs confondants comme le retentissement des déficits moteurs ou sensoriels, la dépression, la fatigue, les traitements, qu'il s'agisse de psychotropes, de myorelaxants, de corticoïdes. Pourtant, le dépistage d'un déficit cognitif n'est pas de nature spéculative car ces déficits, retentissant sur la qualité de vie, doivent faire partie, comme les manifestations neurologiques, d'une évaluation de leur éventuelle réponse aux thérapeutiques. Enfin, le soutien apporté aux malades ne peut se concevoir sans une connaissance des modalités de leur fonctionnement cognitif.

Modalités d'exploration

Le *Mini Mental State* est un outil peu sensible et apprend peu sur les facettes du déficit cognitif.

Les troubles de la mémoire déclarative épargneraient la mémoire immédiate explorée par l'empan verbal (direct) ou par l'empan visuel (test des blocs de Corsi) mais intéresseraient plutôt la mémoire de travail (explorée par exemple par l'empan inverse). Les études de la mémoire épisodique à l'aide de matériel verbal donnent des résultats disparates; certes l'existence d'un déficit du rappel libre est généralement admise tout comme celle du déficit du rappel indicé. Mais la reconnaissance est considérée soit comme normale soit comme pathologique (*California Verbal Learning Test, Selective Reminding Test,* test de Gröber-Buschke, mots de Rey). Certains n'écartent pas la part jouée par un déficit du stockage, ce qui ne simplifierait pas le concept de démence sous-corticale, tandis qu'un déficit de l'encodage est plus généralement accepté. L'apprentissage visuel (figure de Rey) et visuospatial (*Spatial Recall Test)* peut être lui aussi déficitaire mais il faut prendre garde que le sujet n'ait pas un déficit visuel qui altère ses capacités à réaliser le test. Le subtest «mémoire logique» de la WAISR, qui est un apprentissage d'histoires, montre un déficit des performances en rappel immédiat et en rappel différé. La mémoire implicite (mémoire procédurale, amorçages visuel et perceptif) serait préservée. La préservation de la mémoire procédurale serait ainsi un des éléments distinctifs entre le retentissement cognitif de la pathologie de la substance blanche et de la pathologie de la substance grise. Aussi certains auteurs réservent le nom de démence sous-corticale aux conséquences neuropsychologiques des lésions de la substance grise qu'ils opposent aux démences de la substance blanche (Filley). Il a même pu être montré, en utilisant une procédure dissociant les traitements cognitifs dans une tâche d'amorçage verbal, que l'utilisation inconsciente de la mémoire était préservée (Seinela). Ont aussi été décrites des perturbations de la mémoire autobiographique et de la mémoire sociale (test des Présidents) montrant donc l'atteinte de la mémoire rétrograde.

Les troubles de l'attention et notamment de l'attention soutenue peuvent interférer avec les performances de mémoire : en tout cas le déficit attentionnel est bien mis en évidence par le PASAT (*Paced Auditory Serial Attention Test*, additions successives d'un chiffre avec le chiffre que le sujet avait entendu avant de donner le résultat de l'addition précédente comme 3… **5…** *réponse : 8…* **6…** *réponse : 11…* **3**… *réponse : 9*, etc.). Le test de Stroop est lui aussi déficitaire, mais il faut souligner que ces tests sont très sensibles au stress. Le *Trail Making* montre le ralentissement idéomoteur, mais est vite contaminé par une atteinte motrice tandis que le déficit au *Trail making B* montre l'atteinte de la flexibilité mentale tout comme le Wisconsin.

Les fluidités verbales littérale et catégorielle sont déficitaires mais en règle la rareté des aphasies explique que les études de série ne mettent en évidence habituellement ni troubles de la dénomination ni troubles de la compréhension.

Les *performances visuospatiales* explorées par le test de jugement de lignes de Benton peuvent être déficitaires de même que les tests de discrimination visuelle et de reconnaissance de visages.

Les échelles composites d'intelligence comme la WAIS donnent des résultats variables. Certes les subtests de performance définissant le QIP doivent être interprétés avec circonspection car ils dépendent des capacités motrices. Les subtests du QIV (échelle verbale) peuvent être pathologiques quand on se réfère non à l'étalonnage fourni avec le test mais quand on procède par comparaison avec une population témoin.

La comparaison de la fréquence d'atteinte des différents tests a conduit à proposer des batteries comme celle de Rao (test de mémoire verbale — *Buschke Verbal Selective reminding Test* — et test d'attention soutenue — PASAT — ou test de fluence verbale — COWAT, *Controlled Oral Word Association Test*).

Déficits cognitifs et histoire naturelle de la maladie

Même si l'existence d'un handicap fonctionnel important et précoce est un facteur de risque de détérioration cognitive, il n'y a que peu ou pas de corrélation entre l'intensité du handicap et la gravité du déficit cognitif, ce qui implique que des formes peu invalidantes physiquement puissent avoir une détérioration cognitive importante. La durée d'évolution de la maladie ne paraît pas influencer le déficit cognitif. En revanche, une fois installé, le déficit cognitif tend à s'aggraver avec le temps et ce d'autant que les sujets sont plus âgés, plus handicapés et évoluent vers une forme progressive (Amato). L'euphorie, l'hyperexpressivité émotionnelle sont aussi liées aux déficits cognitifs. L'existence d'une relation entre le volume lésionnel et le dysfonctionnement cognitif est l'objet de suggestions disparates, les éléments les plus importants paraissant être l'importance des lésions de la substance blanche frontale ou temporale, des lésions juxtacorticales objectivées en séquences FLAIR et des lésions périventriculaires. L'atrophie sous-corticale (mesurée par le volume des ventricules latéraux et du troisième ventricule), l'atrophie corticale frontale, l'atrophie calleuse, liés aux lésions axonales sont liées au déficit cognitif surtout dans les formes progressives. L'altération des potentiels évoqués cognitifs (P300, N200) est liée à l'intensité de la détérioration cognitive (Gil).

Manifestations neuropsychologiques focales pseudo-corticales

On voit donc que le profil, composite, des déficits cognitifs observés dans la sclérose en plaques dépasse, compte tenu sans doute de la diffusion et de la variabilité topographique des lésions sous-corticales, le cadre strict d'une disconnexion sous-cortico-frontale et les troubles de la mémoire en sont un exemple. En outre, la confluence lésionnelle dans certaines régions sous-corticales, entraîne des disconnexions qui entraînent des syndromes neuropsychologiques que l'on pourrait qualifier de « pseudo-corticaux ». Il en est ainsi des troubles suivants :

– la négligence unilatérale est exceptionnelle mais elle peut s'observer dans d'autres lésions sous-corticales (voir chapitre 9) ;

– les aphasies, même peu fréquentes, sont des aphasies « sous-corticales » de séméiologie très variable. Il peut s'agir de crises épileptiques voire d'un état de mal épileptique avec cliniquement paraphasies, troubles de la compréhension et électriquement des décharges périodiques latéralisées épileptiques (PLED). Il peut aussi s'agir d'aphasies de début aigu ou subaigu dont on peut considérer qu'elles correspondent à des poussées, régressives spontanément ou sous traitement. Ont pu ainsi être décrites une anarthrie pure (avec plaque de la substance blanche frontale gauche), des aphasies non fluentes de type Broca avec réduction du langage et désintégration phonétique (avec plaques de la substance blanche frontale et du centre semi-ovale gauche), des aphasies mixtes avec réduction du langage et paraphasies (avec plaques de la substance blanche temporale gauche), des aphasies de conduction avec plaque sous le *gyrus supramarginalis*., une aphasie amnésique, voire une aphasie globale ou même une alexie pure. Des associations symptomatiques peuvent être observées avec en particulier des troubles du calcul, des désordres apraxiques voire certains éléments d'un syndrome de Gerstmann. Ailleurs, des troubles du langage parlé et écrit peuvent être durables comme si leur permanence témoignait d'une atteinte axonale, répondant, *mutatis mutandis*, aux formes rémittentes avec séquelles, aux formes progressives et aux formes secondairement progressives de la maladie (voir, par exemple, Primavera, 1996; Jonsdottir, 1998).

La sclérose en plaques montre en tout cas que la distinction entre les détériorations cognitives corticales (« aphaso-apraxo-agnosiques ») et les détériorations sous-corticales ne tient finalement que dans l'opposition schématique entre les démences d'Alzheimer et les démences liées aux affections dégénératives des noyaux gris centraux qui privilégient la disconnexion fronto-sous-corticale. Les pathologies non dégénératives des noyaux gris centraux peuvent donner des syndromes « pseudo-corticaux » et en particulier des aphasies mais aussi des apraxies et des agnosies tout comme les lésions de la substance blanche des hémisphères cérébraux.

LES AUTRES AFFECTIONS DÉMYÉLINISANTES

Outre la sclérose en plaques, on peut considérer que toutes les maladies de la substance blanche peuvent provoquer des perturbations cognitives, émotionnelles ou du registre psychotique. Ces maladies ont des mécanismes étiologiques multiples : vasculaires (voir page 239), infectieuses comme la leucoencéphalopathie multifocale progressive (LEMP) qu'elle évolue ou non au cours d'une infection par le virus de l'immunodéficience humaine (VIH) ou le complexe démentiel du sida (voir pages 234 et 235), métaboliques comme les leucodystrophies, affections génétiques responsables d'une dysmyélinogénèse. Ces dernières peuvent se révéler chez l'adulte par des désordres psychotiques qui peuvent précéder les manifestations neurologiques, essentiellement pyramidales et cérébelleuses. Il en est ainsi notamment de la leucodystrophie métachromatique (lié à un déficit en arylsulfatase que l'on peut démontrer dans les leucocytes ou les fibroblastes) et de l'adrénoleucodystrophie (associant aux manifestations neuropsychiatriques une insuffisance rénale et, biologiquement, une élévation de la concentration plasmatique des acides gras à très longue chaîne) ou même de l'ovarioleucodystrophie qui doit être systématiquement évoquée chez toute femme présentant des troubles neurologiques ou psychiatriques et qui chez laquelle existe une ménopause précoce.

Les leucoencéphalopathies post-radiothérapiques doivent être suspectées devant tout état d'apathie pseudo-dépressive survenant chez un sujet ayant eu une tumeur intracranienne traitée par radiothérapie (voir page 234).

Les carences en vitamine B12, dont la cause la plus fréquente est la maladie de Biermer, peuvent entraîner des déficits cognitifs avec troubles de la mémoire voire syndrome démentiel de type sous-cortical; la présentation clinique peut aussi être un trouble de l'humeur avec dépression, parfois hypomanie. Le substratum en serait une leucoencéphalopathie. Les carences en folates (d'absorption, d'apport, médicamenteuse) peuvent entraîner les mêmes types de troubles. Rappelons qu'il est d'usage de rechercher de telles carences en présence de tout syndrome démentiel.

Ainsi, les traits principaux des syndromes neuropsychologiques en rapport avec les affections démyélinisantes associent des troubles psychiatriques et des déficits visuospatiaux qui pourraient être liés à l'atteinte des connexions entre les lésions profondes et les régions corticales de l'hémisphère droit qui est plus riche en substance blanche que l'hémisphère gauche. Les troubles de l'attention, la dysmnésie d'évocation témoignent de la disconnexion frontale. La préservation de la mémoire procédurale oppose l'atteinte de la substance blanche à celle des noyaux gris centraux. Comme dans les démences sous-corticales par atteinte de la substance grise, il n'existe en règle pas des manifestations aphaso-apraxo-agnosiques, sauf si des lésions « stratégiques » (par exemple, une volumineuse plaque de démyélinisation) entraînent un syndrome de disconnexion intrahémisphérique.

BIBLIOGRAPHIE

AMATO M.P., PONZIANI G., SIRACUSA G., SORBI S. — Cognitive impairment in early-onset multiple sclerosis : a reappraisal after 10 years. *Arch Neurol.* 2001; *58:* 1602-1606.

FILLEY C.M. — The behavioral neurology of cerebral white matter. *Neurology.* 1998; *50: 1535-1540.*

GIL R., ZAI L., NEAU J.-P., JONVEAUX T., AGBO C., ROSOLACCI T., BURBAUD P., INGRAND P. — Event-related auditory evoked potentials and multiple sclerosis. *Electroencephalogr Clinical Neurophysiol.* 1993; *88:* 182-187.

JONSDOTTIR M.K., MAGNUSSON T., KJARTANSSON O. — Pure alexia and word-meaning deafness in a patient with multiple sclerosis. *Arch Neurol.* 1998; *55* (11): 1473-1474.

PRIMAVERA A., GIANELLI M.V., BANDINI F. — Aphasic status epilepticus in multiple sclerosis. *Eur Neurol.* 1996; *36* (6): 374-7.

SEINELA A., HAMALAINEN P., KOIVISTO M., RUUTIANEN J. — Consciouss and uninconscious uses of memory in multiple sclerosis. *J Neurol Sci.* 2002; *198*: 79-85.

TAILLIA H., CLERVOY P., RENARD J.-L., BEQUET D. — *Troubles psychiques et neuropsychologiques dans la sclérose en plaques.* Medias Flash, Paris, 2000.

20 NEUROPSYCHOLOGIE DES ILLUSIONS ET DES HALLUCINATIONS

« Nihil est in intellectu quod non prius fuerit in sensu. »
Adage scolastique

« Toute conscience est conscience de quelque chose. »
Husserl

C'est grâce aux perceptions, qui désignent l'interprétation des sensations, que l'être humain, par son cerveau, élabore et gère la nécessaire connaissance du monde. Car il est vrai que la connaissance procède d'abord d'une nécessité vitale, celle de s'adapter au monde. Mais, de surcroît, l'homme peut choisir volontairement d'accroître sa connaissance de tel ou tel domaine de son environnement, conçue comme une activité occupationnelle dont les motivations peuvent être d'ordre culturel ou professionnel. L'activité perceptive peut aussi mobiliser cet aspect particulier de la vie émotionnelle qu'est l'émotion esthétique dont les entrées sont aussi nombreuses que les organes des sens (regarder une œuvre picturale, entendre une pièce musicale ou respirer le parfum d'une rose).

La perception n'est pas le miroir d'une réalité sensorielle mais elle est bien une interprétation de cette réalité expliquant en particulier les illusions et les ambiguïtés perceptives. Ainsi, au niveau des toutes premières étapes du traitement de l'information, des illusions peuvent concerner le contour, la forme, la luminosité comme l'illustre par exemple la figure de Kanizsa (fig. 20.1). Il s'agit là de codages sensoriels précoces et automatiques. Mais les connaissances perceptives élaborées peuvent faire l'objet de deux interprétations entre lesquelles le sujet oscille quand les figures sont ambiguës comme par exemple le livre de Mach (fig. 20.2) ou l'image de Jastrow (fig. 20.3). Cette ambiguïté met en œuvre une forme particulière de la flexibilité mentale et les sujets frontaux auraient de plus grandes difficultés que les sujets normaux et les sujets atteints de lésions postérieures du cerveau pour passer d'une interprétation à l'autre.

Les agnosies désignent l'incapacité à identifier par tel ou tel organe des sens et il existe même des agnosies polymodales. Les illusions et les hallucinations désignent des symptômes productifs réalisant pour les premières des falsifications des perceptions et pour les secondes des perceptions sans objet. Elles peuvent être de durée brève, correspondant alors soit à des manifestations épileptiques soit à des aura migraineuses. Elles peuvent aussi être durables.

Fig. 20.1. *La figure de Kanizsa.* Sur le dessin du haut, le carré central paraît plus clair que le fond. Sur le dessin du bas, le carré central apparaît plus sombre que le fond.

LES ILLUSIONS

Les illusions visuelles ou métamorphopsies

Leurs aspects sont multiples. Les déformations perceptives peuvent intéresser la taille des objets, avec soit une macropsie, soit une micropsie, la couleur des

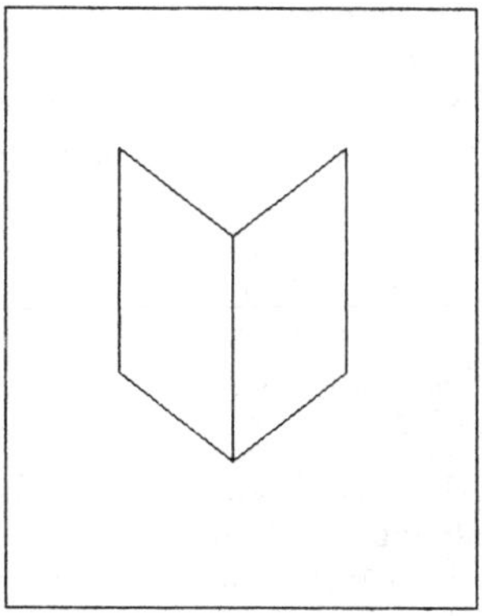

Fig. 20.2. *Le livre de Mach.* Ce dessin est perçu comme la représentation en trois dimensions d'un livre qui peut être perçu soit comme un livre ouvert, soit comme un livre vu de dos du côté de sa couverture (tiré de C. Bonnet. *Rev Neurol.* 1995;*151(8-9)*:442-450).

Fig. 20.3. *La figure de Jastrow.* Ce dessin peut être alternativement interprété comme la représentation d'un canard ou d'un lapin.

objets avec soit une dyschromatopsie soit une achromatopsie (voir chapitre 7, page 112). Il existe aussi des illusions de mouvement d'objets immobiles ou au contraire une non-perception du mouvement (akinétopsie). Les modifications de la configuration des objets par rapport au sujet peuvent réaliser soit une téléopsie, quand les objets sont vus de loin et de petite taille, soit une pélopsie quand les objets sont vus de près et de grande taille. La multiplication d'un objet unique peut réaliser soit une diplopie (dont le caractère monoculaire la distingue des diplopies par paralysies oculomotrices) soit une polyopie. Les métamorphopsies des visages ont déjà été envisagées (voir page 117). L'alloesthésie visuelle désigne la perception d'objets non dans l'hémichamp où ils se trouvent mais dans l'hémichamp opposé. La palinopsie désigne un phénomène de persévération visuelle : elle peut concerner soit le temps (les objets continuant d'être vus alors même qu'ils ont disparu du champ visuel), soit l'espace (les objets occupant une surface plus grande que leur surface réelle). D'autres illusions entraînent une inversion de la vision, une perte de la vision stéréoscopique.

L'attribution d'une cause neurologique à une métamorphopsie nécessite que soit éliminée une pathologie oculaire, qu'elle intéresse les milieux transparents de l'œil ou la rétine. Ainsi délimitées, les illusions visuelles correspondent en règle générale à une lésion occipitale ou pariéto-occipitale, le plus souvent hémisphérique droite. L'akinétopsie est liée à des lésions épargnant le cortex strié et qui intéressent l'analogue humaine de l'aire V5 du singe, au niveau de la partie postérieure du gyrus temporal moyen (voir chapitre 7, page 114). Les métamorphopsies épileptiques peuvent s'accompagner de manifestations vertigineuses, traduisant une décharge au niveau du cortex vestibulaire pariétal. Les illusions unilatérales expriment une souffrance lésionnelle de l'hémisphère opposé.

Les autres illusions

Les illusions auditives ou paracousies s'observent dans l'épilepsie et se traduisent par des déformations variées des sons (plus ou moins intenses, plus ou moins lointains) voire par une paliacousie qui est, sur le plan auditif, l'équivalent de la palinopsie. Elles répondent à une décharge de la circonvolution temporale supérieure.

Les illusions gustatives (le plus souvent à type de renforcement de goût : hypergueusie) répondent habituellement à une décharge supra-insulaire, operculaire, rolandique ou pariétale. Les illusions olfactives (le plus souvent à type de renforcement de la perception des odeurs : hyperosmie) répondent habituellement à une décharge du cortex temporal antérieur.

Les illusions somatognosiques brèves réalisent des sensations d'absence, de déformation, de déplacement, d'addition d'un membre ou d'un segment de membre. La décharge épileptique intéresse la partie postérieure du lobe pariétal, surtout du côté droit. Des illusions somatognosiques peuvent faire partie d'une aura migraineuse. Des illusions de membres fantômes peuvent s'observer chez les amputés et peuvent s'accompagner de vives douleurs tandis que des illusions de déplacement des membres inférieurs peuvent être perçues au cours de paraplégies.

L'*héautoscopie* ou autoscopie ou hallucination spéculaire est une hallucination dont le sujet lui-même est l'objet : en effet, le sujet croit se voir lui-même comme dans un miroir avec un double situé en dehors de lui. Dans d'autres cas le sujet peut aussi avoir l'impression de sortir de son corps qu'il peut ainsi voir, habituellement d'en haut (comme du plafond ou d'un balcon). Des phénomènes héautoscopiques peuvent être de nature épileptique, qu'ils soient isolés ou associés à des crises partielles simples ou complexes ou à des crises généralisées. Les décharges épileptiques enregistrées à l'électroencéphalogramme intéressent le plus souvent les régions temporales droite ou gauche ; les lésions, quand elles existent, intéressent les régions temporale, pariétale ou occipitale. Des phénomènes héautoscopiques peuvent aussi être observés dans les migraines. Il reste que l'héautoscopie a aussi été observée dans des situations très diverses et notamment au cours d'états confuso-oniriques. L'héautoscopie peut faire partie des manifestations de syndromes psychotiques, au même titre que les autres hallucinations. Des héautoscopies peuvent aussi accompagner des états anxieux, ou survenir dans des contextes de fatigue extrême, ou même faire partie d'hallucinations hypnagogiques (voir *infra*). Le thème de l'héautoscopie a été amplement investi par la littérature, de Goethe à Dostoïevski, de Maupassant à Musset.

LES HALLUCINATIONS

Les hallucinations visuelles

Les hallucinations épileptiques et migraineuses

Les crises épileptiques visuelles peuvent réaliser des hallucinations élémentaires (phosphènes, tâches, traits, étoiles, zigzag) intéressant soit un hémichamp soit la totalité du champ visuel et elles expriment une décharge occipitale. L'épilepsie peut aussi réaliser des hallucinations élaborées mettant en jeu des personnages, des lieux, des objets, parfois groupés en véritables scènes mouvantes. Elles peuvent s'accompagner d'un état de rêve défini soit par un sentiment d'étrangeté (de jamais vu, jamais entendu) soit par des sentiments erronés de remémoration (de déjà-vu, déjà entendu) et expriment une décharge des circonvolutions temporales supérieures. Des hallucinations visuelles élémentaires (zigzag, lignes brisées) accompagnées d'un déficit scotomateux hémianopsique ou bilatéral (le scotome scintillant) constituent les plus fréquentes des auras migraineuses.

Les autres hallucinations visuelles

La *pathologie oculaire* peut induire des hallucinations accompagnant les chutes importantes de l'acuité visuelle (syndrome de Charles Bonnet) ou encore des hallucinations monoculaires se projetant dans la portion de champ visuel rendu aveugle par le scotome central d'une lésion rétinienne ou du nerf optique.

L'*onirisme* qui accompagne la confusion mentale et ses troubles de la vigilance désigne des hallucinations proches du rêve par leur caractère multisensoriel, mobile et profus, enchaînées de manière chaotique et intensément vécues : les hallucinations à thème professionnel ou animalier (zoopsies) impliquent le sujet lui-même dans des scènes terrifiantes ou des actions dans lesquelles il doit se débattre. Le délire onirique est volontiers agité car il est vécu et « agi » comme celui du *delirium tremens* et il laissera une amnésie lacunaire. Mais parfois, gardant en mémoire quelques fragments de son expérience onirique, le sujet restera convaincu de leur réalité : il s'agit alors d'un syndrome d'idées fixes postoniriques de Régis qui pourra se comporter comme un délire chronique.

Les *hallucinations hypnagogiques* sont des expériences hallucinatoires visuelles, à l'imagerie riche, survenant à l'endormissement, en général vite perçues comme irréelles. Elles peuvent s'accompagner d'hallucinations auditives ou somesthésiques (comme le frôlement d'un animal). Elles peuvent être perçues sans émotion mais elles peuvent aussi effrayer le sujet. Elles durent quelques secondes à peine mais ont un caractère récidivant. Elles sont particulièrement fréquentes dans la narcolepsie (pouvant s'associer à des hallucinations du réveil dites hypnopompiques) ; elles s'observent en outre dans le syndrome d'apnées du sommeil, dans les hyperthermies de l'enfant. Les hallucinations hypnagogiques s'observent aussi chez le sujet normal ; elles sont favorisées par les états de grande fatigue.

Le terme d'hallucinose est employé pour désigner des expériences hallucinatoires dont le sujet perçoit l'irréalité. L'*hallucinose pédonculaire* de Lhermitte est faite de la perception colorée, mouvante et multiple d'animaux, d'objets, de personnages surgissant volontiers au crépuscule et dont le sujet devient un spectateur critique. L'hallucinose peut se transformer en hallucinations non critiquées dès qu'il existe un fléchissement significatif du niveau de vigilance : elles seront toutefois remémorées et critiquées au réveil.

Les hallucinations auditives

Les crises épileptiques peuvent se traduire par des hallucinations auditives élémentaires (sifflements, bruissements, vrombissements, bourdonnements) traduisant une décharge au niveau des gyri de Heschl (circonvolutions temporales transverses) ou par des hallucinations complexes (voix humaines disant des mots ou des phrases, chants ou airs de musique) traduisant une décharge au niveau des aires associatives auditives de la première circonvolution temporale. Les surdités peuvent entraîner des hallucinations élémentaires ou élaborées, ces dernières volontiers à thèmes persécutoires.

QUELQUES AUTRES ASPECTS ÉTIOLOGIQUES

Les déprivations sensorielles environnementales peuvent générer des expériences hallucinatoires.

Nombre de syndromes hallucinatoires accompagnent des maladies mentales comme la schizophrénie ou les psychoses hallucinatoires chroniques. L'*hallucinose des buveurs de Wernicke* désigne des hallucinations auditivoverbales souvent hostiles, menaçantes, non critiquées donc délirantes (malgré le terme d'hallucinose employé avant que Claude et Ey ne lui donnent le sens restrictif d'hallucinations critiquées) ; ces hallucinations surviennent en l'absence de troubles de la vigilance ou de la mémoire et elles régressent en général en quelques jours ou quelques semaines.

Les hallucinoses décrites dans des lésions variées de la calotte pédonculaire peuvent aussi être observées dans des lésions thalamiques ou striato-capsulaires, qu'il s'agisse d'hémorragies ou d'infarctus et même au cours de la sclérose en plaques, de même que lors des lésions occipitales (hallucinose des hémianopsies).

La *narcolepsie* (ou maladie de Gélineau) associe des attaques de cataplexie, volontiers déclenchées par l'émotion et entraînant un effondrement du sujet et des accès de narcolepsie, accès de sommeil invincible. Ces manifestations sont liées à des intrusions de sommeil paradoxal. Les hallucinations, hypnopompiques et surtout hypnagogiques (voir *supra*) sont visuelles, auditives, voire multisensorielles et bien critiquées. Alors que les hallucinations hypnagogiques du sujet normal surviennent à dans la phase transitionnelle veille-sommeil lent, celles des sujets narcoleptiques s'associent à l'irruption de sommeil paradoxal comme peut le montrer l'étude des latences multiples d'endormissement ou l'électroencéphalogramme de longue durée. Si le modafinil est inefficace, on peut proposer des antidépresseurs, tricycliques ou sérotoninergiques voire des IMAO (inhibiteurs de la mono-amine-oxydase), toutes substances tendant à restreindre le sommeil paradoxal.

Au cours de la *maladie de Parkinson*, peuvent être observées des manifestations hallucinatoires variées. Certaines s'intègrent dans des états confuso-oniriques déclenchés par la thérapeutique. On peut aussi observer des hallucinations, certaines critiquées d'autres non critiquées, durant quelques minutes ou quelques heures, récidivantes, survenant souvent en fin de journée ou dans la nuit, favorisées par la thérapeutique, associées ou non à des épisodes confusionnels, des rêves animés, des idées délirantes. Il s'agit le plus souvent d'hallucinations visuelles (Fènelon, Bailbé) qui surviennent chez un parkinsonien sur quatre ou cinq ; il peut aussi s'agir d'hallucinations de présence ou des hallucinations de « passage », qui sont de brèves salves hallucinatoires en périphérie du champ de vision. Les hallucinations auditives sont plus rares. Ces manifestations intéressent parfois des malades indemnes de détérioration cognitive, et souvent des malades présentant une détérioration débutante ou une démence. Leur déclenchement par la thérapeutique évoque une hyperstimulation des récepteurs dopaminergiques du système mésolimbique ou des récepteurs sérotoninergiques, le relargage de la sérotonine étant favorisé par l'administration de L-dopa. La diminution du traitement (en commençant par les agonistes dopaminergiques et l'amantadine) peut améliorer les troubles mais un compromis difficile est à faire entre la résurgence d'un handicap moteur majeur et l'amélioration des troubles mentaux. Les tiques antipsychotiques usuels, bloquant les récepteurs dopaminergiques, aggravent le Parkinson et sont, par leur action pharmacologique, difficilement compatibles avec l'activité thérapeutique de la L-dopa et des agonistes dopaminergiques. La clozapine, neuroleptique atypique, outre une faible activité bloquante sur les récepteurs dopaminergiques D2 a une forte activité antagoniste 5-HT2 et se caractérise par la rareté et la discrétion des effets secondaires extrapyramidaux, aussi ce médicament peut-il avoir une action intéressante sur la psychose parkinsonienne bien que son utilisation soit limitée par des effets secondaires sédatifs (mais de petites doses, de l'ordre de 12,5 mg, peuvent être suffisantes) et surtout par sa toxicité hématologique. D'autres neuroleptiques atypiques comme la risperdone peuvent être proposés. Les antagonistes des récepteurs sérotoninergiques 5-HT3, jusqu'ici utilisés dans la prévention des vomissements liés aux chimiothérapies anticancéreuses, pourraient aussi avoir une action favorable sur les psychoses parkinsoniennes. Les anticholinestérasiques pourraient aussi avoir un effet favorable. Certaines hallucinations visuelles pourraient être liées à des intrusions de sommeil paradoxal, ce qui les rapprocherait des hallucinations de la narcolepsie (Arnulf). Elles pourraient alors correspondre à des lésions du noyau *subcoeruleus*, noyau cholinergique impliqué dans le contrôle du sommeil paradoxal. Il faut rappeler que des hallucinations survenant précocement dans l'évolution d'un syndrome parkinsonien doivent conduire à évoquer une démence à corps de Lewy diffus. Parmi les souffrances lésionnelles des noyaux gris centraux, la chorée de Huntington les syndromes de Fahr (calcifications de noyaux parfois accompagnées d'une hypocalcémie) peuvent aussi entraîner des états psychotiques. Les psychoses observées dans les atteintes des noyaux gris centraux évoquent un dysfonctionnement du système limbique et en particulier du striatum ventral, de l'amygdale et de la partie interne du lobe temporal, toutes structures recevant des influences dopaminergiques en provenance du tegmentum mésencéphalique.

Rappelons que des lésions temporales droites et en particulier des infarctus (des branches de division inférieures) de l'artère sylvienne peuvent entraîner des confusions agitées, voire des rêves animés et des hallucinations. Ces dernières peuvent se limiter à la vision de personnes ou de visages connus, ce qui renvoie à l'importance de l'hémisphère droit dans la reconnaissance des visages.

Ainsi, s'il existe nombre d'hallucinations appartenant au champ de la psychiatrie et en particulier au cours des schizophrénies, il ne faut pas oublier la fréquence des hallucinations « organiques » du moins jusqu'à ce qu'une meilleure connaissance de la physiopathologie permette une analyse plus cohérente des hallucinations ou une nouvelle manière d'envisager leur classification.

BIBLIOGRAPHIE

ARNULF I., BONNET A.-M., DAMIER P., BEJJANI B.P., SEILHAN D., DERENNE J.-P., AGID Y. — Hallucinations, REM sleep, and Parkinson's disease : a medical hypothesis. *Neurology.* 2001; *57: 1350-1351.*

BAILBE M., KAROLEWICZ S., NEAU J.-P., DUMAS P., GIL R. — Hallucinations, idées délirantes, événements nocturnes chez 152 patients atteints de maladie de Parkinson. *Rev Neurol.* 2002; *158 (2): 203-210.*

BONNET C. — Processus cognitifs dans la perception. La connaissance perceptive. *Rev Neurol.* 1995; *151* (8-9): 442-450.

BOUDIN G., BARBIZET J., LAURAS A., LORTAT LACOB O. — Ramollissements temporaux droits : Manifestations psychiques révélatrices. *Rev Neurol.* 1963; *108* (5): 470-475.

CAPLAN R., KELLY M., KASE C.-S. *et al.* — Infarctus of the inferior division of the right middle cerebral artery. *Neurology.* 1986; *36* (8): 1015-1020.

COHEN L., VERSTICHEL P., PIERROT-DESEILLIGNY C. — Hallucinatory vision of a familiar face following right temporal hemorrhage. *Neurology.* 1992; *42* 2052.

CUMMINGSJ.L. — Psychosis in basal ganglia disorders. *In : Mental Dysfunction in Parkinson's disease.* E.C. Wolters, icg Printing, Dordrecht, 1993.

DEVINSKY O., FELDMANN E., BURROWES K., BROMFIELD E. — Autoscopic phenomena with seizures. *Arch Neurol.* 1989; *46*: 1080-1088.

FÈNELON G., MAHIEUX F., HUON R., ZIEGLER M. — Hallucinations in Parkinson's disease. *Brain.* 2000; *123: 733-755.*

LOISEAU P., JALLON P. — *Dictionnaire analytique d'épileptologie clinique.* John Libbey Eurotext, Paris, 1990.

NICOLAI A., LAZZARINO L.-G. — Peduncular hallucinosis as the first manifestation of multiple sclerosis. *European Neurology.* 1995;*35*:241-242.

RICCI C., BLUNDO C. — Perception of ambiguous figures after focal brain lesions. *Neuropsychologia.* 1990; *28*(11):1163-1173.

ZEKI S. — *A Vision of the Brain* (1 vol). Blackwell Scientific Publications, Oxford, 1993.

ZOLDAN J., FRIEDBERG G., GODBERG-STREN H., MELAMED E. — Ondansetron for hallucinosis in advanced Parkinson's disease. *Lancet.* 1993;*341*:562-563.

21 | LES DÉLIRES D'IDENTITÉ

Les délires d'identité ou d'identification sont définis par une altération de l'identification des personnes, des objets, des lieux, des événements, des parties du corps. Ils sont accompagnés de la conviction d'un dédoublement, d'une multiplication voire d'un remplacement de ce qui fait l'objet de l'altération identitaire. Ils ont la particularité de survenir en l'absence ou en présence de lésions cérébrales.

DESCRIPTION SÉMÉIOLOGIQUE

Les paramnésies de reduplication

Décrites par Pick en 1903, les paramnésies de reduplication environnementales désignent l'allégation d'une dualité de deux sites du même nom. Ainsi peut-il exister deux hôpitaux du même nom, le faux où le patient se trouve et le vrai situé ailleurs où le patient dit avoir séjourné antérieurement. Ainsi encore peut-il exister deux avenues qu'il nomme du même nom, la fausse où il se trouve et la vraie où il va incessamment se rendre. Ainsi y a t-il allégation de la duplication d'un site en deux sites géographiques, celui où est situé le sujet, que ce dernier déclare ressemblant, mais différent du site authentique qu'il faut bien alors situer ailleurs. Tout se passe comme si certains détails choquaient le sujet et l'empêchaient d'aboutir à une identification plénière ; il s'agit donc d'une hypo-identification liée à un déficit du sentiment de familiarité accompagnée du délire que constitue l'allégation de duplication. La coexistence d'une amnésie antérograde est possible. Les paramnésies de reduplication peuvent aussi concerner des personnes, des objets, des animaux de compagnie, des parties du corps (avoir plus d'une tête, plus de deux bras…). Le sujet peut aussi alléguer qu'il est en deux endroits en même temps, ce qui peut être interprété soit comme la collusion en un même lieu de deux sites distincts (la maison et l'hôpital, Roane *et al.*, 1998) soit comme un délire d'ubiquité.

La reduplication de soi-même est la croyance selon laquelle il y a un autre soi-même ou que le vrai soi-même a été remplacé ou encore que d'autres personnes se métamorphosent pour prendre l'apparence de soi-même : c'est le délire des doubles subjectifs. La présentation clinique peut être différente quand certains sujets (en particulier au cours de la maladie d'Alzheimer) ne se reconnaissent pas dans un miroir mais en outre identifient leur propre image comme celle d'une autre personne. L'héautoscopie est une hallucination dont le sujet lui-même est l'objet (voir p. 322).

On peut aussi observer des reduplications d'événements : un sujet qui a eu un accident de la circulation avec traumatisme crânien déclare que plusieurs accidents similaires sont survenus au cours des années précédentes.

Le délire d'illusion de sosies

Appelé syndrome de Capgras (1924) et décrit dans un cas de psychose paranoïde chronique, il est une « non-identification de personnes familières avec affirmation de différences imaginaires et croyance subséquente que la (ou les) personne(s) réelle(s) a (ont) été remplacée(s) par un double ». Ainsi et typiquement, un proche (souvent le conjoint ou un enfant) induit une reconnaissance partielle *(« il ressemble à... »)* mais insuffisante pour accéder à son identité réelle. Il s'agit donc d'une forme particulière de reduplication au cours de laquelle le proche, non reconnu comme tel, est déclaré remplacé par quelqu'un qui lui ressemble, un sosie : *« Ce n'est pas Georgette »*, dit ce malade en montrant son épouse assise à côté de lui, *« car Georgette a un bouton sur le menton et elle porte une casquette »*, ce qui est d'ailleurs inexact, et elle est *« plus voûtée et plus âgée »*. Ainsi peuvent s'additionner des détails morphologiques censés valider la substitution d'identité (la teinte des yeux, l'écartement des dents, le type de moustache, la forme générale du visage...). Ces sosies peuvent être multiples.

Le syndrome d'illusion de Fregoli

Ce syndrome a été décrit par Courbon et Fail (1927) et concernait une malade, âgée de 27 ans, passant son temps libre au théâtre où elle pouvait voir des actrices célèbres comme Robine ou Sarah Bernhardt qui, dans son délire, la poursuivaient en s'incarnant (comme le transformiste italien Fregoli) dans d'autres personnes qui l'entouraient ou qu'elle rencontrait, *« pour lui prendre sa pensée, l'empêcher de faire tel ou tel geste, la forcer à en exécuter d'autres, donner des ordres et des envies... »*. La personne cible du délire peut en outre imposer à d'autres personnes des transformations d'identité désignées sous le nom de « frégolification ». Ainsi dans le cas princeps, la malade a la conviction que l'actrice Robine « frégolifie » le médecin de l'hôpital psychiatrique, qui devient son père décédé ou un autre médecin qui la soigna dans son enfance. Contrairement au syndrome de Capgras, où un sosie est censé prendre l'apparence physique de la personne non reconnue, le délire « d'incarnation » du syndrome de Fregoli laisse à l'Autre son apparence physique : la femme croisée dans la rue et dont la patiente sent *« l'influx »* est Robine, les infirmières de l'hôpital qui l'empêchent de *« penser et d'agir »* ou *« la poussent à se masturber »* sont Robine ou Sarah Bernhardt, *« bien que n'ayant ni leurs traits ni leur aspect »*. En somme, le (ou les) persécuteur(s) emprunte(nt) le corps d'autres personnes pour poursuivre le délirant. Ainsi dans le syndrome de Capgras, l'Autre est vécu comme remplacé par un sosie, en raison de dissemblances minimes et imaginaires ; dans le syndrome de Fregoli, l'Autre remplace et investit d'autres personnes en dépit de dissemblances physiques réelles.

L'illusion d'intermétamorphose

Décrite par Courbon et Tusques, l'illusion d'intermétamorphose désigne l'illusion d'une fausse ressemblance physique entre des individus différents qui s'incarnent « corps et âme » dans le corps du même individu.

ÉTIOLOGIE

Des délires d'identité différents peuvent s'associer chez la même personne. Ainsi, parmi de multiples exemples, peut-on citer le cas de patient qui avait à la fois un syndrome de Fregoli, une reduplication environnementale et l'illusion que lui-même et sa compagne étaient incarnés dans le même corps (hermaphrodisme délirant, Mulholland, 1999). La particularité des délires d'identité est de survenir aussi bien dans des pathologies psychiatriques (donc à première vue non organiques ou non clairement lésionnelles, en l'état actuel de nos connaissances) que dans des pathologies neurologiques (donc clairement sous-tendues par une souffrance lésionnelle du cerveau). Ils sont en outre susceptibles de déclencher des conduites violentes. Il avait été traditionnellement considéré que les syndromes de Capgras, de Fregoli et d'intermétamorphose étaient plutôt de cause psychiatrique tandis que les paramnésies reduplicatives relevaient plutôt de causes neurologiques et étaient volontiers associées à un syndrome confusionnel ou amnésique. On a pu aussi opposer les délires d'identité concernant des personnes, qui relèveraient de causes psychiatriques ou lésionnelles, aux délires d'identité concernant des lieux, qui relèveraient électivement d'une souffrance lésionnelle cérébrale tout particulièrement de l'hémisphère droit (Forstl *et al.*, 1991a). Mais la réalité est plus complexe. En effet, si le syndrome de Capgras est observé dans des schizophrénies à forme paranoïde (avec dépersonnalisation et déréalisation, Christodoulou, 1977) et dans des états dépressifs, il est aussi observé lors de lésions cérébrales focales (corticales ou cortico-sous-corticales ou, plus rarement, dans la maladie de Parkinson) comme lors de lésions diffuses comme dans la maladie d'Alzheimer, les traumatismes craniocérébraux ou encore lors de souffrances métaboliques comme dans l'encéphalopathie hépatique, l'hypothyroïdie ou après une myélographie au métrizamide. Les paramnésies de reduplication peuvent être observées dans la schizophrénie, ce qui n'élimine pas une pathologie organique associée; elles peuvent survenir en l'absence de syndrome amnésique; elles sont le plus souvent secondaires à un large éventail de pathologies organiques du névraxe : traumatismes craniocérébraux, infarctus cérébral, démences, complication de l'électroconvulsivothérapie.

BASES NEUROPATHOLOGIQUES

Les délires d'identité relèvent de lésions impliquant plus souvent l'hémisphère droit que l'hémisphère gauche. Le dénominateur commun lésionnel des paramnésies de reduplication est représenté pour certains auteurs (Benson *et al.*, 1976; Hakim *et al.*, 1988) par l'association d'une lésion hémisphérique droite et d'une lésion bifrontale. Cependant, des lésions du seul hémisphère droit, et de topographie limitée mais variable, peuvent parfois entraîner un délire d'identité de type «spatial», qu'il s'agisse de lésions frontale, pariétale, temporo-pariétale, de la partie postérieure de l'hémisphère, du thalamus (Kapur *et al.*, 1988; Vighetto et Aimard, 1992). Toutes ces localisations lésionnelles pourraient avoir comme dénominateur commun une dépression lésionnelle ou fonctionnelle (par diaschisis) du lobe frontal droit. Un hématome sous-dural frontal droit (Alexander *et al.*, 1979), une cysticercose localisée au lobe temporal gauche ont pu entraîner un syndrome de Capgras (Ardila et Rosselli, 1994). Les formes psychiatriques du syndrome de Capgras s'accompagnent, à l'imagerie, d'une atrophie fronto-temporale (Joseph *et al.*, 1999), tandis que dans les paramnésies reduplicatives psychiatriques, est constatée une atrophie frontale bilatérale, du tronc cérébral et du vermis cérébelleux (Joseph *et al.*, 1999). Au cours de la maladie d'Alzheimer, les délires d'identité (syndrome de Capgras ou paramnésies de reduplication), s'accompagnent d'une atrophie plus marquée du lobe frontal droit (Forstl *et al.*, 1991b).

HYPOTHÈSES EXPLICATIVES

De très nombreuses hypothèses ont tenté de proposer une interprétation des délires d'identité. Certaines d'entre elles prônent la diversité des mécanismes en fonction des formes cliniques des délires d'identité tandis que d'autres tentent de rechercher un dysfonctionnement commun à tous les délires d'identité.

Le syndrome de Capgras a ainsi été distingué de la prosopagnosie : il a pu être ainsi interprété dans le modèle de Bruce et Young comme une incapacité d'accès aux « nœuds d'identité des personnes », donc comme une « agnosie d'identification » alors que la reconnaissance des visages serait préservée (voir p. 115 et fig. 7.6, p. 116). Ellis et Young (1990) ont proposé une hypothèse de double système de traitement visuo-limbique hémisphérique droit : l'un, ventral, reliant le cortex visuel au cortex inféro-temporal, à l'hippocampe, à l'amygdale puis au cortex fronto-orbitaire, l'autre, dorsal, reliant le cortex visuel au cortex pariétal inférieur, au gyrus cingulaire et au cortex frontal dorso-latéral (fig. 21.1). La voie ventrale serait responsable de la reconnaissance consciente et son altération rendrait compte de la prosopagnosie. La voie dorsale véhiculerait l'émotion liée aux visages et serait altérée dans le syndrome de Capgras. Ainsi l'« hypo-identification » du syndrome de Capgras serait liée, non à un déficit de la reconnaissance des visages, mais à un déficit de la valence émotionnelle qui leur est associée. Le décapage des connotations émotionnelles de l'identification explique que le « proche » qui véhicule normalement les connotations émotionnelles les plus intenses soit, en leur absence, pris pour un « sosie », pour un « imposteur ». On a par ailleurs vu (p. 114) comment la prosopagnosie pouvait *a contrario* altérer la reconnaissance « explicite » en préservant les réactions émotionnelles satellites de la mise en présence de visages familiers.

Les phénomènes de duplication de segments du corps (somatoparaphrénie), parfois désignés sous le terme de « membres fantômes », sont observés dans des circonstances très disparates. Outre le membre fantôme perçu par les amputés, un membre fantôme peut aussi être perçu par des sujets présentant des lésions sévères (traumatiques) du plexus brachial ou des racines cervicales. Les sujets présentant une lésion de la moelle épinière et atteints d'une

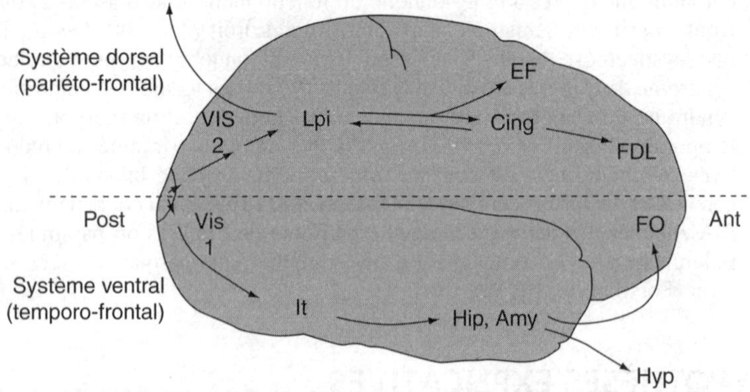

Fig. 21.1. *Représentation des deux systèmes visuo-limbiques du cerveau du primate et (peut-être) de l'hémisphère cérébral droit de l'Homme* (d'après Bear. *Rev Neurol.* 1983;*139(1)*:27-33. Modèle de Ellis et Young).
Vis. visuel; Lpi. lobule pariétal inférieur; It. cortex visuel inféro-temporal; Cing. gyrus cingulaire; Hip. hippocampe; Amy. amygdale; FDL. cortex frontal dorso-latéral; FO. cortex frontal orbitaire; hyp. hypothalamus. Post. postérieur; Ant antérieur.

paraplégie ou d'une tétraplégie (en particulier de cause traumatique) peuvent percevoir deux membres inférieurs ou quatre membres surnuméraires : les patients critiquent cette perception qui apparaît ainsi moins comme un délire que comme un phénomène de type hallucinosique. Au cours de perturbations unilatérales de la somatognosie accompagnant une lésion de l'hémisphère mineur, le patient peut considérer un membre, et en particulier sa main gauche, comme étrangère, donc comme surnuméraire et l'attribuer à quelqu'un d'autre (voir chapitre 10, p. 141-142) mais on peut aussi observer l'allégation délirante de la perception d'un ou plusieurs membres fantômes surnuméraires, non seulement du côté de l'hémicorps atteint, mais aussi de manière bilatérale : ainsi un patient présentant un infarctus sylvien droit se plaignait-il d'avoir un « nid de mains » dans son lit tandis qu'un autre patient se plaignait d'avoir jusqu'à six bras répartis sur ses deux hémicorps. Cette conviction peut s'insérer dans des allégations délirantes plus vastes : un nouveau bras a été cousu, le patient déclare être mort et avoir été « mis dans une nouvelle peau » (Sellal *et al.*, 1996). Le patient peut avoir d'ailleurs du mal à admettre le caractère plausible de ce qu'il perçoit et tout un continuum existe entre un vécu de type illusionnel ou hallucinosique et un vécu de type hallucinatoire et délirant. Des somatoparaphrénies ont aussi été observées au cours de lésions pariétales bilatérales (la duplication intéressait les deux membres inférieurs : Vuilleumier *et al.*, 1997), au cours de lésions sous-corticales (sclérose en plaques avec troubles sensitifs de l'hémicorps, hématome des noyaux gris centraux : Donnet *et al.*, 1997). Ces phénomènes de duplication de segments du corps pourraient résulter et d'une désafférentation sensitive et d'un désordre spatial empêchant la représentation des positions du corps dans l'espace. Ainsi le patient ne peut-il mettre en accord ce qu'il perçoit de ses modifications corporelles avec la représentation mentale de son corps.

Les paramnésies de reduplication environnementales (ou délires spatiaux) conjugueraient un déficit du traitement spatial de l'information (par atteinte de l'hémisphère droit) et une sorte de méconnaissance de ce déficit (par lésion ou dépression fonctionnelle du lobe frontal).

Il faut toutefois remarquer que des paramnésies reduplicatives de plusieurs types (segments de corps, lieux, événements) peuvent s'associer chez un même malade. C'est pourquoi on a pu, de manière plus globale, évoquer une disconnexion. Ainsi une disconnexion entre l'hippocampe et d'autres régions cérébrales impliquées dans le stockage des souvenirs aboutirait à l'incapacité d'associer les informations nouvelles avec les souvenirs anciens, conduisant à la reduplication (Staton *et al.*, 1982). De même, une disconnexion entre les régions temporo-limbiques droites et le lobe frontal affecterait la mise en cohérence des perceptions, de la mémoire et des contextes émotionnels donc du sentiment de familiarité des personnes et des sites (Alexander *et al.*, 1979). Aussi a-t-on pu considérer une rupture de l'équilibre interhémisphérique, la lésion droite « désinhibant » l'hémisphère gauche, en outre privé d'informations adéquates, ce qui conduirait à une verbalisation « délirante » (Vighetto, 1992).

Les délires d'identité pourraient se construire à partir d'un sentiment de dépersonnalisation/déréalisation qui relèverait selon les cas soit d'un état psychotique soit d'une lésion cérébrale (Christodoulou, 1977). Pour Feinberg et Roane (1997), les délires d'identité se classeraient en fonction de la mise en relation du sujet avec « l'objet », ce dernier pouvant désigner une personne, un événement, un lieu, un segment du corps. Cette mise en relation pourrait se faire soit sur le mode d'un « désinvestissement », d'un « retrait » (mode négatif), soit sur le mode d'un « surinvestissement » (mode positif) ou sur les deux modes réunis (fig. 21.2).

Ainsi pourrait-on avoir, selon les cas, soit un sentiment de « jamais vu », d'étrangeté ou de négation de personnes, de lieux, d'événements soit un sentiment de déjà-vu, de familiarité anormale, ou encore une intrication de ces deux modes de mise en relation : un traumatisé crânien niait avoir été blessé sérieusement dans un accident (mode de retrait ou de « désinvestissement ») en même temps qu'il disait avoir deux sœurs portant le même prénom, l'une qui vivait encore et l'autre, imaginaire, qu'il disait être décédée lors d'un accident de voiture (mode du « surinvestissement »). Ainsi un sentiment de dépersonnalisation/déréalisation (actuellement et sans doute temporairement classable selon un mécanisme psychopathologique ou neurologique) induirait, en fonction des motivations, de l'histoire, de la personnalité du sujet, une mise en relation de type positif ou négatif et interviendrait dans le contenu de la production délirante (Feinberg *et al.*, 1999). Ceci peut même conduire à des interprétations psychopathologiques des délires d'identité, tout particulièrement ceux qui concernent l'identité des personnes, conçus comme une

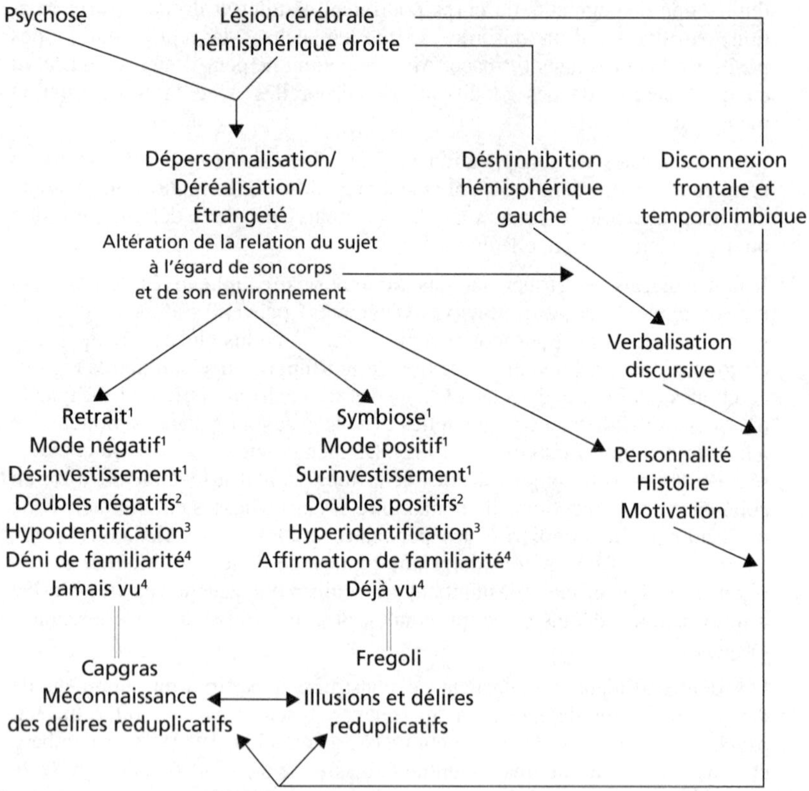

Fig. 21.2. *Mécanismes hypothétiques des délires d'identité.*
1. Feinberg et Roane. 2. Vié. 3. Christodoulou. 4. de Pauw.

atteinte de l'image du corps et opposant deux versants du sentiment d'étrangeté : celui de la reconnaissance qui est dans le champ de l'agnosie et celui de l'identification qui est dans le champ de la psychose (Thibierge, 1999).

BIBLIOGRAPHIE

ALEXANDER M.-P., STUSS D.-T., BENSON D.-F. — Capgras syndrome: a reduplicative phenomenon. *Neurology*. 1979;*29*:334-339.

ARDILA A., ROSSELLI M. — Temporal lobe involvment in Capgras syndrome. *International Journal of Neuroscience*. 1988;*43*:219-224.

BENSON D.-F., GARDNER H., MEADOWS J.-C. — Reduplicating paramnesia. *Neurology*. 1976;*26*:147-151.

CAPGRAS J., REBOUL-LACHAUX J. — L'illusion des «sosies» dans un délire systématisé. *Bull Soc Clin Med Ment*. 1923;*11*:6-16.

CHRISTODOULOU G.-N. — The syndrome of Capgras. *Br J Psychiatry*. 1977;*130*:556-564.

COURBON P., FAIL G. — Syndrome « d'illusion de Fregoli » et schizophrénie. *Ann Med Psychol*. 1927;*85*:289-290.

DE PAUW K.-W. — Delusional misidentification: a plea for an agreed terminology and classification. *Psychopathology*. 1994;*27*:123-129.

DONNET A., SCHMITT A., PONCET M. *et al.* — Hallucinations de membres surnuméraires, héminégligence gauche et hypersexualité dans un cas d'hématome capsulo-lenticulaire. *Rev Neurol*. 1997;*153*:587-590.

ELLIS H.-D., YOUNG A.-W. — Accounting for delusional misidentifications. *Br J Psychiatry*. 1990;*147*:239-248.

FEINBERG T.-E., EATON L.-A., ROANE D.-M., GIACINO J.-T. — Multiple Fregoli delusions after traumatic brain injury. *Cortex*. 1999;*35*:373-387.

FEINBERG T.-E., ROANE D.-M. — Misidentification syndromes. *In : Behavioral Neurology and Neuropsychology*. T.-E. FEINBERG ET M.-J. FARAH, McGraw-Hill, New York, 1997:391-396.

FORSTL H., ALMEIDA O.-P., OWEN A.-M. *et al.* — Psychiatric, neurological and medical aspects of misidentification syndromes: a review of 260 cases. *Psychol Med*. 1991a;*21*:905-910.

FORSTL H., BURNS A., JACOBY R., LEVY R. — Neuroanatomical correlates of clinical misidentification and misperception in senile dementia of the Alzheimer type. *J Clin Psychiatry*. 1991b;*52*:268-271.

HAKIM H., VERMA N.-P., GREIFFENSTEIN M.-F. — Pathogenesis of reduplicative paramnesia. *J Neurol Neurosurg Psychiatry*. 1988;*51*:839-841.

JOSEPH A.-B., O'LEARY D.-H., KURKLAND R., ELLIS H.-D. — Bilateral anterior cortical atrophy and subcortical atrophy in reduplicative paramnesia : a case–control study of computed tomography in 10 patients. *Can J Psychiatry*. 1999;*44*:685-689.

KAPUR N., TURNER A., KING C. — Reduplicative paramnesia: possible anatomical and neuropsychological mechanisms. *J Neurol Neurosurg Psychiatry*. 1988;*51*:579-581.

LUAUTE J.-P. — Les délires d'identification des personnes. Une approche neuropsychologique. *Neuro-Psy*. 1992;*7*:364-380.

MULHOLLAND C., O'HARA A.-G. — An unusual case of delusional misidentification: delusional hermaphroditism. *Psychopathology*. 1999;*32*:220-224.

ROANE D.-M., ROGERS J.-D., ROBINSON J.-H. *et al.* — Delusional misidentification in association with parkinsonism. *J Neuropsychiatry Clin Neurosci*. 1998;*10*:194-198.

SELLAL F., RENASEAU-LECLERC C., LABRECQUE R. — L'homme à six bras. Un examen de membres fantômes surnuméraires après ramollissement sylvien droit. *Rev Neurol*. 1996;*152*(3):190-195.

STATON R.-D., BRUMBACK R.-A., WILSON H. — Reduplication paramnesia : a disconnection syndrome of memory. *Cortex*. 1982;*18*:23-36.

THIBIERGE S. — *Pathologies de l'image du corps*. PUF, Paris, 1999.

VIÉ J. — Étude psychopathologique des méconnaissances systématiques. *Ann Med Psychol (Paris)*. 1944;*102*:410-455.

VIGHETTO A., AIMARD G. — Le délire spatial. *Neuro-Psy*. 1992;*7*:351-358.

VUILLEUMIER P., REVERDIN A., LANDIS T. — Four legs. Illusory reduplication of the lower limbs after bilateral parietal lobe damage. *Arch Neurol*. 1997;*54*:1543-1547.

WEINSTEIN E.-A. — The classification of delusional misidentification syndromes. *Psychopathology*. 1994;*27*:130-135.

22 ÉLÉMENTS DE NEUROPSYCHOLOGIE DÉVELOPPEMENTALE

LES TROUBLES DÉVELOPPEMENTAUX DU LANGAGE ORAL ET ÉCRIT

Le terme de troubles développementaux du langage (TDL) désigne des perturbations durables de la fonction langagière qui sont liées à des perturbations des acquisitions ne relevant ni de malformations des organes phonatoires ni d'une encéphalopathie caractérisée ni d'une lésion cérébrale focale ni d'une déficience mentale ni d'un trouble envahissant du développement ni de problèmes sensoriels ou moteurs ni d'un contexte social qui n'a pas permis l'apprentissage. On distingue les dysphasies et les dyslexies du développement dont l'évocation diagnostique doit faire l'objet d'un diagnostic différentiel rigoureux. La fréquence des TDL serait de 5 % des enfants abordant la scolarité.

Les dysphasies développementales

Les dysphasies développementales concernent donc le langage parlé. L'attention de la famille est attirée par l'absence d'installation du langage ou encore par la pauvreté ou le caractère laborieux de l'expression verbale. Ailleurs, il peut s'agir d'un échec de scolarisation ou mêmes de troubles du comportement déclenchés par la scolarisation. C'est donc dire l'importance d'un examen neurologique normal, de l'exclusion d'un autisme comme aussi de troubles de l'acquisition verbale secondaires à une surdité. Un nombre important d'arguments suggère que les troubles développementaux du langage (comme ceux d'autres fonctions cognitives) sont d'origine prénatale et qu'un rôle non négligeable doit être attribué à des facteurs génétiques. La classification des dysphasies a été inspirée par les hypothèses neurolinguistiques générées par l'observation des désorganisations aphasiques du langage. L'écart entre le Quotient intellectuel et le niveau de lecture, l'écart entre le déficit de l'échelle verbale de la WISC par rapport à l'échelle de performance (même si des enfants dysphasiques peuvent avoir des résultats faibles à des tests non verbaux) ont certes le mérite d'attirer l'attention sur un déficit langagier mais ne constituent aujourd'hui qu'une approche aspécifique et imprécise des troubles du langage de l'enfant.

Ainsi se réfère-t-on d'abord à une structuration du langage entre un pôle réceptif assurant le décodage et l'encodage aux niveaux phonologique et sémantique, et un pôle expressif assurant l'initiation élocutoire, sa programmation motrice et la formulation lexicale, ces deux pôles reposant sur les interactions entre trois groupes de structures : les aires antérieures, les aires temporo-pariétales et les centres sous-corticaux, thalamus et noyaux gris centraux (Crosson, 1985, voir page 50). Sur le plan neurolinguistique, plusieurs niveaux de traitement fonctionnant en série et de manière parallèle peuvent être individualisés (Rapin et Allen, 1983) :

– Le niveau phonologique concerne le décodage et l'encodage des phonèmes (voir page 24) et il a pu être montré que, dès l'âge de 6 mois, les enfants ont appris à répondre sélectivement aux phonèmes de la langue maternelle (Kuhl, *in* Tallal, 1993). L'assemblage des phonèmes définit les plus petites unités de sens ou monèmes.

– Le niveau syntaxique concerne la mise en œuvre des règles grammaticales nécessaires à l'enchaînement des monèmes. Ce niveau nécessite d'ailleurs l'utilisation de « monèmes » auxquels est dévolue une fonction grammaticale (voir page 23), qu'ils soient associés à un monème à fonction lexicale (Pierre chanter-*a*) ou qu'ils soient autonomes (mots dits de classe fermée : articles, prépositions, etc.).

– Le niveau sémantique traite du sens des mots (eux-mêmes constitués d'un ou plusieurs monèmes) contenus dans un lexique. Outre les régions rétrosylviennes de l'hémisphère gauche, l'imagerie dynamique a pu montrer que l'interprétation du langage entraîne aussi une activation préfrontale plus marquée à gauche (Ingvar, *in* Tallal, 1993), ce qui renvoie probablement au rôle joué par la mémoire de travail dans la tâche séquentielle que représente aussi la compréhension du langage.

– Le niveau pragmatique concerne l'utilisation du langage dans la communication interhumaine et en particulier la prosodie linguistique et émotionnelle (voir pages 22 et 36), l'adaptation du langage au contexte environnemental et l'activité mimique et gestuelle accompagnant la verbalisation.

Classification des dysphasies

La classification de Rapin et Allen s'inspire des modèles neurolinguistiques d'organisation du langage autour des pôles expressif et réceptif tandis que la classification de Gérard (1997) prend pour appui le modèle de Crosson (voir page 50).

❐ Les syndromes uniquement expressifs

Les troubles de la compréhension y sont nuls ou modérés. Les enfants parlent tardivement et avec d'importantes difficultés expressives. Il peut s'associer des troubles de la motricité oro-faciale avec bavage et des difficultés de contrôle des mouvements complexes de la langue. Deux variétés peuvent être distinguées.

La *dyspraxie verbale*, avec une réduction massive de la fluence, comporte une expression nulle ou réduite à quelques mots mal articulés, sans structure grammaticale et répond à un trouble de l'organisation motrice de la parole entravant la réalisation phonétique.

Le *déficit de la programmation phonémique* est la variété fluente, les perturbations du choix et de l'agencement des phonèmes pouvant aboutir à un jargon avec une conscience du trouble qui se manifeste par des conduites d'approche et des tentatives d'autocorrection. Ce syndrome correspond au trouble de la production phonologique (conçu comme un trouble du contrôle phonologique dans la classification de Gérard).

❐ Les syndromes mixtes réceptifs-expressifs

À la différence de l'adulte, le langage de l'enfant étant en cours d'acquisition, les troubles réceptifs s'accompagnent toujours de troubles expressifs et ils représentent les variétés les plus fréquentes de troubles de l'acquisition du langage.

L'*agnosie auditivoverbale* (dysphasies réceptives dans la classification de Gérard) est liée à l'incapacité d'effectuer le décodage phonologique, ce qui altère gravement la compréhension auditive et compromet l'expression du langage qui se fait de manière retardée avec langage non fluent, manque du mot, paraphasies phonémiques et verbales. Une agnosie auditive pour les bruits familiers non verbaux peut y être associée. La compréhension visuelle est préservée et la lecture labiale est aussi un moyen de facilitation de la communication.

Le *syndrome phonologico-syntaxique* (le plus fréquent) est considéré comme une variante peu sévère de la précédente alors que, pour Gérard, il résulte d'un trouble au niveau de la jonction formulation lexicale-programmation motrice. La compréhension est moins perturbée que l'expression verbale, le langage est peu fluent et agrammatique avec des distorsions phonémiques et un appauvrissement du stock lexical. Il existe toutefois une préservation de la conscience syntaxique comme le montrent le jugement de grammaticalité et une tendance à surmonter leur déficit d'intelligibilité par un recours aux gestes et aux mimiques.

❐ Les syndromes lexico-sémantiques

Le *syndrome lexico-syntaxique* est centré sur un manque du mot. L'articulation verbale est normale, le langage fluent mais les difficultés de l'évocation verbale génèrent un pseudo-bégaiement et des paraphasies verbales qui intéressent aussi les mots grammaticaux, expliquant la dyssyntaxie. L'enfant est tout à fait conscient de ses difficultés. Ce syndrome, dénommé aussi dysphasie mnésique dans la classification de Gérard, renvoie, pour cet auteur, à un trouble du système de contrôle sémantique.

Le *syndrome sémantique-pragmatique* permet une expression verbale dont la fluidité, l'absence de troubles phonologiques et syntaxiques masquent le déficit linguistique : et pourtant en situation conversationnelle, le discours, émaillé de paraphasies verbales «étranges», voire de néologismes, est incohérent et inadapté aux circonstances sans que l'enfant ne paraisse réaliser l'inadéquation de son discours, ce qui peut le rendre perplexe quand les réactions de son interlocuteur ne lui paraissent pas conformes à ce qu'il attend. Ce syndrome, selon Rapin et Allen, est plus fréquemment observé chez les autistes de bon potentiel intellectuel (syndrome d'Asperger) que chez ceux atteints d'une dysphasie pure. Selon Gérard, la dysphasie sémantique-pragmatique serait liée à l'atteinte de la fonction de formulation.

Le diagnostic différentiel

Les *retards simples de parole et de langage* sont, très schématiquement, des retards d'acquisition du langage alors que les dysphasies sont des désorganisations des processus d'apprentissage du langage. Il s'ensuit que l'amélioration d'une dysphasie relève plutôt de la constitution de stratégies vicariantes tandis que les retards simples se comporteraient davantage comme un retard de maturation, ce qui explique leur bien meilleur pronostic (Rapin et Allen, 1983 et 1988). Les dyslalies sont ainsi liées à une immaturité de production phonologique des sons. Les retards simples de langage entraînent, en principe, une atteinte homogène des performances phonologiques, lexicales et syntaxiques, les tests de langage révélant un profil « harmonieux » dont le caractère essentiel est le décalage par rapport aux groupes témoins du même âge. Le retentissement scolaire est nul ou modéré et les enfants acquièrent un langage satisfaisant vers l'âge de 6 ans.

Les *troubles articulatoires par anomalies des organes phonatoires* devraient être dénommés *stricto sensu dysphonies* et peuvent être liés à une fente palatine, un bec de lièvre, des malformations des mâchoires. Ils doivent être distingués des *dysarthries* accompagnant des lésions pyramidales bilatérales (comme une diplégie cérébrale avec syndrome pseudo-bulbaire) ou encore des pathologies cérébelleuses ou extrapyramidales : leur caractère essentiel est donc leur environnement neurologique qui doit être soigneusement analysé. Il existe néanmoins des « troubles phonétiques purement fonctionnels » (Launay et Borel-Maisonny, 1972) avec des défauts de prononciation portant sur les voyelles (comme l'oralisation abolissant la nasalité et faisant dire *a* pour *an*, *o* pur *on*, *è* pour *in*, *oé* pour *un*) ou portant sur les consonnes comme le sigmatisme interdental (zozotement) ou des substitutions (*cocola* pour *chocolat*).

Tous les troubles de l'acquisition du langage, quelle que soit leur gravité, nécessitent la recherche d'une surdité (potentiels évoqués auditifs du tronc cérébral, audiogramme).

Les *retards mentaux* peuvent se présenter comme des retards d'acquisition du langage même s'il est vrai que les retards mentaux les plus importants sont précédés et accompagnés d'un retard des différentes acquisitions psychomotrices. Les tests psychométriques démontrent typiquement que le déficit n'atteint pas que la fonction langagière et qu'il n'existe pas d'écart important entre la baisse de l'intelligence verbale et la baisse de l'intelligence non verbale, ce qui s'oppose au profil des dysphasiques (voir *supra*).

L'*autisme* (ou trouble envahissant du développement, selon la terminologie du DSM IV, Rapin, 1997), décrit par Kanner en 1943, entraîne très habituellement des troubles du langage qui peuvent réaliser un syndrome sémantique-pragmatique, mais qui peuvent aussi réaliser un syndrome mixte auditif-réceptif ou un trouble de la production phonologique indissociable de ce qui est observé dans la dysphasie développementale. Toutefois le déficit linguistique est associé à un déficit des interactions sociales précoces : pauvreté des capacités de jouer (donc de l'imagination), difficultés d'imitation des gestes d'autrui, perturbations des comportements relationnels non verbaux, existence de comportements moteurs répétitifs et stéréotypés, difficultés ou incapacité d'attribuer aux autres des sentiments ou des pensées (théorie de l'esprit). Trois enfants sur 4 ont un retard mental et, sauf dans le syndrome d'Asperger, les tests non verbaux sont supérieurs aux tests verbaux. L'autisme s'accompagne assez souvent (16 à 35 % des cas) de crises épileptiques. Il peut compliquer des encéphalopathies épileptiques comme le syndrome de West (spasmes en flexion) ou le syndrome de Lennox-Gastaut. Une fois sur 10 environ, il révèle un syndrome de Landau-Kleffner ou un syndrome de pointe-ondes continues du sommeil (voir page 53). Au total, dans un cas sur trois environ, l'autisme accompagne un état pathologique qui peut aussi être un syndrome de l'X fragile, une trisomie 21, une sclérose tubéreuse, un syndrome de Rett (voir encadré, p. 348), sans que cette liste ne soit exhaustive. La majorité reste des autismes « primitifs » pour lesquels une susceptibilité génétique est évoquée et pourrait relever d'une anomalie développementale de l'organisation neuronale. L'imagerie peut objectiver une hypoplasie cérébelleuse vermienne et calleuse tandis que, sur le plan histologique, a pu être observé un faible nombre de cellules de Purkinje et de cellules granulaires cérébelleuses. L'imagerie dynamique n'a pas fourni, malgré le nombre important des études réalisées, de résultats cohérents. On a pu constater l'importance de l'EEG. Sur le plan biochimique, on a pu incriminer un dysfonctionnement des systèmes dopaminergique mésolimbique, opioïdes endogènes et sérotoninergique. De multiples traitements symptomatiques ont été proposés : leur but ne peut être que l'amélioration des manifestations cliniques les plus invalidantes (qui sont, selon les cas, l'agressivité, l'anxiété, les stéréotypies motrices, l'instabilité psychomotrice et les troubles de l'attention qui l'accompagnent, les crises épileptiques) mais il est clair qu'il n'existe pas de médicament actif sur l'autisme lui-même et l'essentiel reste les programmes éducatifs visant les troubles de la communication et du comportement. Les parents doivent être aidés, conseillés et déculpabilisés. C'est aujourd'hui à ce prix que le pronostic de l'autisme pourra être quelque peu amélioré.

Les bases de l'examen neuropsychologique du langage de l'enfant

Le langage doit être examiné dans son expression spontanée et dans son expression induite par des épreuves visant à analyser, aussi rigoureusement que possible, les différents niveaux de compréhension et d'expression du langage. Rappelons que l'enfant utilise des mots isolés de 18 mois à 24 mois et qu'il commence à faire des phrases entre 24 et 30 mois.

La compréhension sur le plan phonologique est étudiée par une épreuve de discrimination phonémique (comme celle de Autesserre *et al.*, 1988). La compréhension verbale et syntaxique peut être examinée par le *Token Test* et la version française du *Northwestern Syntax Screening Test* (NSST) (Weil-Halpern *et al.*, 1981).

L'expression doit analyser les capacités phonologiques, morpho-syntaxiques et lexico-sémantiques. On peut ainsi utiliser les épreuves de l'examen du langage de l'enfant de Chevrie-Muller *et al.* (1981), le test de construction de phrases de Murphy *et al.* (1990), le test de closure grammaticale de Deltour (1991), le test de Vocabulaire de Deltour et Hupkens (1979), le test de fluence et d'associations de Gérard (1990). La fonction de formulation est étudiée à travers l'entretien et par des instruments comme l'adaptation française du test du Reporter de Renzi *et al.* (1979). L'échelle de dysphasie de Gerard (1988) permet de quantifier les troubles linguistiques en se fondant sur l'interrogatoire et de suivre leur évolution.

Bien entendu, l'examen du langage doit être intégré dans un examen plus global analysant notamment les diverses facettes de l'efficience cognitive (en particulier les performances visuoconstructives), et le traitement des informations auditives (mémoire auditivoverbale, reconnaissance des sons non verbaux).

Les hypothèses étiologiques et les données des examens complémentaires

L'étiologie exacte des dysphasies reste à ce jour inconnue. L'existence de facteurs génétiques est étayée par la surreprésentation des garçons et l'incidence familiale élevée des dysphasies à forme expressive. L'imagerie statique est en principe normale et les quelques anomalies constatées en IRM (notamment au niveau des régions périsylviennes) ne sont guère spécifiques. L'imagerie fonctionnelle a pu montrer des hypoperfusions de topographie variable en fonction du type de dysphasie : par exemple, temporale gauche en cas d'agnosie auditivoverbale, préfrontale gauche en cas de dysphasie expressive. On a pu évoquer une difficulté du traitement des informations auditives et verbales, altérant ainsi la perception et la production du langage. La constatation de figures épileptiques est fréquente, tout particulièrement pendant le sommeil (voir *supra*). Le rôle des carences éducatives et affectives est imprécis.

La conduite thérapeutique

Le traitement est d'abord fondé sur la rééducation orthophonique. Elle vise à la fois à stimuler les conduites déficitaires (sans toutefois engloutir l'enfant dans un sentiment d'échec) et à les contourner. Le travail doit aussi porter, chaque fois que nécessaire, sur l'attention et la mémoire. Mais il faut aussi apprendre à dépister et à gérer les bouleversements émotionnels qui pourront être suscités par l'échec scolaire et les difficultés qu'il peut générer dans le cadre familial (parents et fratrie). Voilà pourquoi le recours à une psychothérapie est parfois nécessaire. Le maintien dans le cursus scolaire usuel est laborieux, avec des redoublements et un passage vers des classes d'adaptation. L'idéal serait sans doute le maintien dans un cursus scolaire normal dans des classes à petit effectif. L'orientation ultérieure vers des métiers non centrés sur les capacités verbales peut permettre de rejoindre un cursus de formation universel (comme la préparation d'un certificat d'aptitude professionnelle).

Les dyslexies développementales

Décrites pour la première fois à la fin du XIXe siècle sous le nom de « cécité verbale congénitale » (Morgan, 1896), les dyslexies développementales désignent, comme le précise leur dénomination dans le DSM, un trouble de l'acquisition de la lecture pouvant intéresser et la reconnaissance des mots et la compréhension de la lecture, ne pouvant être imputé ni à un retard mental, ni à une scolarisation inadaptée, ni à un trouble sensoriel, qu'il soit visuel ou auditif, ni à une souffrance lésionnelle cérébrale. Ce trouble, dont la prévalence est estimée entre 2 et 8 % des enfants d'âge scolaire, altère le cursus de scolarisation alors que le Quotient intellectuel verbal ou de performance (le QIV ou le QIP de la WISC) est supérieur à 90. Le QIV peut être inférieur au QIP. Ce « trouble spécifique de la lecture » (CIM-10) survient parfois chez des enfants qui ont des antécédents de troubles du développement du langage oral et s'accompagne habituellement de difficultés de l'orthographe. Les difficultés d'acquisition de la lecture peuvent s'associer à des comportements « perturbateurs » (hyperactivité, troubles oppositionnels).

Sur le plan clinique, l'hypothèse d'une dyslexie doit être envisagée quand il existe un décalage des capacités de 18 mois à deux ans à des tests de lecture étalonnés. Le trouble peut se manifester dès l'âge de 7 ans mais il peut se révéler soit plus tôt (6 ans) soit quelques années plus tard. Mais le dyslexique n'est pas un mauvais lecteur, que l'on considérerait comme un sujet présentant un simple retard de l'acquisition de la lecture. Du moins doit-on penser qu'il n'est pas qu'un mauvais lecteur mais qu'il présente une altération spécifique des mécanismes d'acquisition de la lecture responsable d'erreurs analogues à celles observées au cours des dyslexies « acquises » de l'adulte.

Classification des dyslexies développementales

Par analogie avec les dyslexies acquises (voir chapitre 4 page 74), l'analyse des erreurs de lecture des enfants ayant un trouble de l'acquisition de la lecture a permis d'isoler deux grands types de dyslexies.

Les *dyslexies phonologiques* (encore appelées dysphonétiques), les plus fréquentes (deux tiers des cas environ), sont typiquement caractérisées par une préservation de la lecture des mots, réguliers ou irréguliers, alors que les logatomes (ou « non-mots » ou « pseudo-mots ») comme *tapulo* ou *prali* ne peuvent être correctement déchiffrés, de même d'ailleurs que les mots appartenant au lexique mais inconnus du sujet. La lecture, lente, hachée, laborieuse, est d'autant plus difficile que les logatomes comportent plus de lettres. Il existe en particulier :

– des paralexies phonémiques, bouleversant plus ou moins la structure phonologique des logatomes ou des mots non familiers *(tuprilu → turlipu)* ;

– des erreurs de lexicalisation, convertissant les logatomes en mots *(trulipo → tulipe)* ;

– des substitutions verbales : certaines correspondent à des erreurs visuelles entraînant la production d'un mot morphologiquement proche du mot cible (paralexie visuelle comme *voiture* pour *toiture*), d'autres à des erreurs morphologiques (comme *jardin* pour *jardinier*).

Il est tentant d'attribuer ce type de dyslexie à une atteinte de la voie phonologique de la lecture empêchant la conversion des lettres (graphèmes) en sons (phonèmes). Quand, en sus des troubles ci-dessus décrits, la lecture des mots concrets que l'on peut facilement imager *(cheval, marteau)* est meilleure que celle des mots abstraits *(tristesse, joie)*, et quand l'enfant produit des erreurs sémantiques (comme *bébé* pour *enfant* ou *mouton* pour *chèvre*), on a pu, par analogie avec les dyslexies acquises, classer le trouble comme dyslexie profonde développementale (Valdois, 1996).

Sur le plan orthographique, les difficultés sont bien moindres pour les mots familiers que pour les mots non familiers et sont aussi fonction de la longueur des mots. Les difficultés de transcription des logatomes sont bien sûr majeures.

Les dyslexies développementales de surface (dites dysédéitiques) se caractérisent par une préservation au moins relative de la lecture des mots réguliers et des logatomes alors que la lecture des mots irréguliers est très difficile, l'enfant manifestant une tendance à la régularisation par application stricte des règles de conversion graphème-phonème (ainsi *oignon* est lu *« oi/nion »* et non *« o/nion »*). Sur le plan de l'écriture, de même qu'il a tendance à prononcer tous les phonèmes, l'enfant écrit les mots comme ils se prononcent. Ce type de dyslexie suggère la préservation du traitement phonologique et l'atteinte de la « voie » lexico-sémantique de la lecture.

Diagnostic et évaluation

Le motif de consultation susceptible d'aboutir au diagnostic de dyslexie est d'abord la conjonction d'un retard d'acquisition de la lecture et de perturbations de la lecture, lente, difficile, qui rappellent les erreurs de lecture de normolecteurs plus jeunes. C'est en tout cas, en pratique quotidienne, la constatation, par des tests de lecture, d'un décalage de 18 mois à 2 ans, exprimé en niveau d'âge ou en niveau scolaire, qui suggère le diagnostic. Les paramètres étudiés sont la *vitesse* et la *correction* de la lecture pour *Émile, René et Marie* de Burion (1960) ou *L'Alouette* de Lefavrais (1967). On peut ensuite analyser qualitativement les erreurs produites : omissions, additions, substitutions, confusions de lettres, de sons, de parties de mots. Certaines confusions peuvent être classées comme auditives (*« d »* pour *« t »*) ou morphologiques (*« c »* pour *« e »*) ou en miroir (*« b »* pour *« d »*). Il est nécessaire aussi d'évaluer la *compréhension* des textes lus, ce que permet le *Jeannot et Georges* de Hermabessière et Sax (1972) et surtout les tests d'évaluation de la compétence en lecture de Khomsi (1990 et 1994 *in* Grégoire et Piérart). Ces derniers étudient d'abord l'identification des mots sans imposer de lecture à voix haute : le sujet, examinant des paires d'étiquettes et d'images, doit dire si le mot écrit est « le bon mot » en distinguant les paires totalement exactes (comme le mot *champignon* avec l'image correspondante), les pseudo-synonymes de champ sémantique proche (comme le mot *chat* avec l'image d'une vache), les pseudo-logatomes écrits (comme le mot *téléqhone* avec l'image du téléphone), les homophones (comme *brossadan* avec l'image de la brosse à dents). La seconde épreuve évalue la compréhension, en demandant au sujet de choisir, dans une série de choix multiple de quatre images, celle qui correspond à un texte écrit. D'autres tests s'intéressent exclusivement à la *conscience phonologique*, comme les tests de jugement ou de création de rimes, ou encore de création de mots par substitution ou adjonction de phonèmes.

Valider l'existence de troubles de la lecture impose ensuite de s'assurer des qualités expressives et réceptives du langage parlé (Grégoire et Piérart, 1995). De même faut-il s'assurer de l'absence de retard mental. La comparaison des résultats obtenus aux différents subtests de la WISC peut montrer des « patrons psychométriques » particuliers : ainsi les notes obtenues au groupe de subtests spatiaux *(Cubes, Assemblages d'objets, Complément d'images)* peuvent-elles s'avérer supérieures au groupe de subtests explorant les aptitudes conceptuelles *(Vocabulaire, Similitudes, Compréhension)*, elles-mêmes supérieures au groupe de subtests explorant les aptitudes séquentielles *(Mémoire de chiffres, Code, Arithmétique)*, ce qui définit le « profil » de Bannaytine. De même, le profil ACID est-il caractérisé par une baisse des scores aux subtests *Arithmétique*, *Code*, *Information* et *Mémoire de chiffres* (Spafford, 1989). Si ces profils ne sont ni constants ni spécifiques, ils invitent en tout cas à approfondir l'environnement perceptif et neuropsychologique de la dyslexie : étude des fonctions visuospatiales et visuoconstructives, exploration éventuelle des capacités perceptives visuelles et auditives, exploration de la mémoire verbale et visuelle (mots de Rey; Batterie d'efficience mnésique 144 de Signoret, 1991).

Les hypothèses étiologiques

Si le déficit des aptitudes phonologiques est sans doute au cœur des troubles de la lecture, la nature exacte des dysfonctionnements reste peu connue. On a pu évoquer une perturbation de la discrimination auditive des fréquences, ce qui semble corroboré par l'enregistrement de la Négativité de discordance (*Mismatch Negativity* ou MMN) qui est anormale dans les variations de la fréquence d'un son mais qui reste normale en cas de variation de sa durée (Baldeweg *et al.*, 1999). C'est ainsi que pourrait être perturbé le rétrocontrôle nécessaire au développement des habiletés phonologiques. Par ailleurs, l'altération des potentiels évoqués visuels dans leurs composants précoces, lors de stimulations visuelles rapides et de bas contraste, est en cohérence avec la constatation autopsique d'une atrophie des magnocellules des noyaux géniculés latéraux (Livingstone et Hubel, 1987). Il y aurait ainsi une difficulté du traitement rapide des informations visuelles. Cette double défaillance du traitement séquentiel des informations visuelles et auditives pourrait aussi être corroborée par la constatation en IRM fonctionnelle de l'absence d'activation de l'aire V5/MT liée aux magnocellules des noyaux géniculés latéraux (corps genouillés latéraux) et aux autres aires du cortex pariétal postérieur.

De nombreuses anomalies morphologiques ont aussi été observées, parmi lesquelles l'absence d'asymétrie du *planum temporale* par développement excessif du *planum* droit ainsi que des microdysgénésies suggérant un trouble de la migration embryonnaire des neurones. Les études en tomographie par émission de positrons *(PET scan)* montrent des anomalies diverses d'activation de nombreuses régions cérébrales, la diversité des protocoles comme des régions sollicitées ne permettant guère de dégager une conception unitaire de la physiopathologie des troubles (Robichon et Habib, 1996) : incapacité d'activation simultanée de l'aire de Broca et de l'aire de Wernicke en raison d'un dysfonctionnement insulaire (Paulesu *et al.*, 1996) ou encore disconnexion fonctionnelle entre le gyrus angulaire et les autres structures impliquées dans la lecture, comme le cortex visuel extrastrié et l'aire de Wernicke (Horwitz *et al.*, 1998).

Il existe incontestablement une prévalence masculine des dyslexies, et les observations de familles suggèrent l'intervention de facteurs génétiques, la transmission pouvant être monogénique (et en particulier autosomique dominante) ou polygénique. Des travaux tentent même de relier certains phénotypes de dyslexies à des sites géniques spécifiques, en particulier sur les chromosomes 1, 6, 15, 16 (Grigorenko *et al.*, 1997).

Conduite thérapeutique et pronostic

L'aide rééducative est fondée sur une évaluation rigoureuse du trouble de la lecture, sur les caractères de la dyslexie, sur les autres perturbations neuropsychologiques associées de même que sur l'évaluation de la vue et de l'audition. Il s'agit donc d'une rééducation personnalisée qui doit s'accompagner d'une prise en compte des désordres psychologiques qui peuvent accompagner la dyslexie. Des classes scolaires adaptées aux dyslexiques (petit nombre, formation des maîtres) demeurent un idéal. L'apprentissage de la lecture laisse souvent persister des difficultés à l'âge adulte. L'incidence de la dépression est plus élevée chez les jeunes adultes dyslexiques que dans la population générale.

LES DYSCALCULIES DÉVELOPPEMENTALES ET LES DYSFONCTIONNEMENTS DÉVELOPPEMENTAUX DE L'HÉMISPHÈRE DROIT

Les dyscalculies développementales

Elles concernent 5 % des enfants scolarisés sans prévalence de sexe. Elles intéressent moins la compréhension et la production des nombres que le système de calcul (faits arithmétiques, procédures de calcul, voir chapitre 6, page 93). La WRAT *(Wide-Change Achievement Test Revised)* évalue les performances en lecture, orthographe et arithmétique, avec un niveau 1 de 7 à 11 ans et un niveau 2 de 12 à 75 ans (Jastak et Wilkinson, 1984). La partie arithmétique a fait l'objet d'une adaptation française (De Joussineau *et al.*, 1995). Les dyscalculies développementales s'associent une fois sur 5 à un trouble déficitaire de l'attention et une fois sur 6 à une dyslexie (Gross-Tsur *et al.*, 1996). Les dyscalculies pures s'accompagnent de performances normales en lecture et en orthographe et surviennent dans un environnement scolaire correct et en l'absence de tout trouble sensoriel. Toutefois l'examen neuropsychologique des dyscalculies révèle un environnement composite qui a permis de suggérer qu'il existait tantôt un dysfonctionnement développemental de l'hémisphère droit (QIV > QIP, capacités langagières orales et écrites satisfaisantes, médiocrité des performances visuospatiales), tantôt un dysfonctionnement de l'hémisphère gauche (QIP > QIV, capacités en arithmétique supérieures aux capacités langagières, capacités visuospatiales satisfaisantes) tandis qu'ailleurs peut être observé un déficit plus diffus des capacités langagières et visuoverbales (Rourke, 1985). Les dyscalculies les plus sévères accompagneraient les dysfonctionnements de l'hémisphère gauche (Shalev *et al.*, 1995). Des associations de déficits peuvent même construire un syndrome de Gerstmann développemental avec dysgraphie, dyscalculie, déficit de la reconnaissance des doigts et de l'orientation droite-gauche (van Hout, 1995).

Les dysfonctions développementales de l'hémisphère droit

Décrites en particulier par Weintraub et Mesulam en 1983 qui les dénommèrent « syndrome d'incompétence sociale » ainsi que par Rourke en 1985 qui les dénomma « déficits non verbaux de l'apprentissage », elles se caractérisent par une incapacité d'interpréter le comportement non verbal de l'entourage (expression faciale, prosodie émotionnelle) tandis que le langage, même dysprosodique, a un contenu lexical satisfaisant. Il existe sur le plan psychométrique une dissociation entre le Quotient intellectuel verbal et le Quotient intellectuel de performance, au détriment du second par déficit des capacités visuospatiales et visuoconstructives reflété en particulier par les faibles scores aux subtests de *Cubes* et d'*Assemblage d'objets*. Le calcul est lui aussi déficitaire. La classification nosologique des troubles est loin d'être univoque : imagerie normale ou montrant des processus lésionnels aspécifiques, caractère familial ou non familial du trouble. Certains cas sont considérés comme proches d'un syndrome d'Asperger (voir *supra* et McKelvey *et al.*, 1995).

Le syndrome de Turner caractérisé par la présence d'un seul chromosome X a une incidence de 1/10 000 filles et se révèle par une petite taille, une aménorrhée primaire, un impubérisme. Il s'accompagne de déficits neuropsychologiques qui intéressent le plus souvent les performances visuospatiales et le calcul, ce qui évoquerait un dysfonctionnement hémisphérique droit. L'anarithmétie intéresserait plutôt les procédures de calcul (voir page 97), encore que des difficultés de mémorisation des faits arithmétiques (tables de multiplication) aient aussi été signalées, tout au moins dans les épreuves à temps limité (Rovet *et al.*, 1994). Mais il est difficile de cerner un profil homogène puisque certaines études rapportent aussi un déficit des fonctions langagières associé au déficit visualisable (Murphy *et al.*, 1994) dans les syndromes de Turner complets tandis que les syndromes mosaïques (qui associent la juxtaposition dans les tissus de clones X à des clones XX ou XXX ou XY) ne se distingueraient des sujets témoins que par un plus faible résultat aux tests de langage. L'imagerie statique (IRM) ne montre pas d'anomalies tandis que l'imagerie fonctionnelle indique plutôt un déficit métabolique dans les régions postérieures des deux hémisphères (Watkins *et al.*, 1991), ce qui indique, d'une manière encore fragmentaire, le rôle joué par le chromosome X et les hormones sexuelles dans le fonctionnement du néocortex.

Le syndrome de Williams (ou de Williams-Beuren) associe une petite taille, une micrognathie, une sténose aortique et une hypercalcémie qui s'estompe après le 9e mois et qui s'accompagne de taux élevés de 1,25-dihydroxyvitamine D. Il existe une délétion du gène de l'élastine sur le chromosome 7 (7q11.23). Ce syndrome s'accompagne de perturbations neuropsychologiques, réalisant une relative dissociation entre les performances verbales (relativement épargnées) et les performances visuoconstructives, plus nettement altérées, avec perturbations sévères de capacités de calcul évoquant un syndrome de dysfonctionnement hémisphérique droit. Les aptitudes musicales sont étonnamment développées, non pas en solfège (lecture et transcription de partitions peuvent être difficiles), mais dans la reconnaissance et la production des rythmes et des mélodies, allant jusqu'à l'oreille absolue, c'est-à-dire la possibilité de reconnaître les notes (donc la hauteur tonale) sans référence à une note de base. Ces enfants sont hyperkinétiques et manifestent une « hypersociabilité ». Il peut survenir des infarctus cérébraux liés ou non à des sténoses des artères cérébrales. L'IRM montre une réduction de volume des régions postérieures du cerveau. Les aptitudes musicales semblent coexister avec une accentuation de l'asymétrie « normale » du *planum temporale*, telle qu'elle a pu aussi être observée chez des musiciens dotés de l'oreille absolue (Robichon et Seigneuric, 1999).

La maladie des tics de Gilles de la Tourette peut s'associer à des manifestations obsessionelles-compulsives ou à une hyperactivité avec déficit de l'attention. Elle peut aussi s'accompagner d'un déficit des performances visuospatiales et visuoconstructives évoquant un dysfonctionnement de l'hémisphère droit (Sandyk, 1997).

Des déficits évoquant une dysfonction de l'hémisphère droit ont aussi été observés dans le syndrome de déficit de l'attention, tout particulièrement quand il ne s'accompagne pas d'hyperactivité (Garcia-Sanchez *et al.*, 1997).

LE SYNDROME DE RETT ET LE SYNDROME DE L'X FRAGILE

Le syndrome de Rett est une affection génétique dominante liée à l'X, létale chez les garçons, et se manifestant chez des filles dont la naissance et le développement psychomoteur initial ont été normaux. Les troubles débutent entre 5 et 48 mois et associent un ralentissement de la croissance de la tête, une perte des mouvements adaptés des mains qui sont en proie à des mouvements stéréotypés, une détérioration cognitive, une ataxie, parfois des crises épileptiques ou encore un bruxisme. L'imagerie peut montrer une discrète atrophie cérébrale. Le traitement est symptomatique. Le syndrome de l'X fragile lié à la mutation du gène FMR 1 est la cause la plus fréquente de retard mental héréditaire dont l'incidence est de 1 sur 4 000 chez les hommes, 1 sur 7 000 chez les femmes. Les troubles neuropsychologiques s'accompagnent d'une dysmorphie, avec allongement du visage, un large front, des oreilles de grande taille et une macro-orchidie. On peut constater un retard mental, un syndrome autistique, un trouble de l'attention avec syndrome d'hyperactivité. Le traitement n'est que symptomatique.

BIBLIOGRAPHIE

AUTESSERRE D., LACERT P., DELTOUR J.-J. — *Épreuve de discrimination phonémique*. Éditions scientifiques et psychologiques, Issy-les-Moulineaux, 1988.

BALDEWEG T., RICHARDSON A., WATKINS S. *et al.* — Impaired auditory frequency discrimination in dyslexia detected with mismatch evoked potentials. *Ann Neurol (United States)*. 1999;*45*(4):495-503.

BANNAYTINE A. — *Langage, reading and learning disabilities* (1 vol). Charles C. Thomas, Springfield, 1971.

BELLUGI U., LICHTENBERGER L., MILLS D. *et al.* — Bridging cognition, the brain and molecular genetics: evidence from Williams syndrome. *Trends Neurosci*. 1999;*22*:197-207.

CHEVRIE-MULLER C, SIMON AM, DECANTE P. — *Épreuves pour l'examen du langage*. Centre de psychologie appliquée, Paris, 1981.

DE JOUSSINEAU S., CREPIN C., BOUHIER B., SABOURET DE NEDDE C. — Adaptation française de la partie arithmétique de la WRAT-R. *ANAE*. 1995;*Hors-série*:74.

DELTOUR J.-J. — *Test de closure grammaticale (TCG)*. Université de Liège, 1991.

DELTOUR J.-J., HUPKENS D. — *Test de Vocabulaire actif et passif*. Éditions scientifiques et psychologiques, Issy-les-Moulineaux, 1979.

GARCIA-SANCHEZ C., ESTEVEZ-GONZALEZ A., SUAREZ-ROMERO E., JUNQUE C. — Right hemisphere dysfunction in subjects with attention-deficit disorder with and without hyperactivity. *J Child Neurol*. 1997;*12*:107-115.

GÉRARD C.-L. — *Échelle de dysphasie*. Service de psychopathologie de l'enfant et de l'adolescent, hôpital Robert Debré, Paris, 1988.

GÉRARD C.-L. — *Test de fluence et d'associations*. Service de psychopathologie de l'enfant et de l'adolescent, hôpital Robert Debré, Paris, 1990.

GÉRARD C.-L. — *L'enfant dysphasique*. De Boeck Université, Bruxelles, 1994.

GÉRARD C.-L., LE DOUAREC A., SUIRE I. — *Adaptation française du test du Reporter (de Renzi E. et Ferrari C.* Cortex. *1979;*15*:279-291)*. Service de psychopathologie de l'enfant et de l'adolescent, hôpital Robert Debré, Paris, 1988.

GRÉGOIRE J., PIERART B. — *Évaluer les troubles de la lecture*. De Boeck Université, Bruxelles, 1995.

GRIGORENKO E.-L., WOOD F.-B., MEYER M.-S. *et al.* — Susceptibility loci for distinct components of developmental dyslexia on chromosomes 6 and 15. *Am J Hum Genet* . 1997;*60*:27-39.

GROSS-TSUR V., MANOR O., SHALEV R.-S. — Developmental dyscalculia : prevalence and demographic features. *Dev Med Child Neurol*. 1996;*38*:25-33.

HORWITZ B., RUMSEY J.-M., DONOHUE B.-C. — Functional connectivity of the angular gyrus in normal reading and dyslexia. *Proc Natl Acad Sci (USA)*. 1998;*95*:8939-8944.

JAMBAQUE I., DELLATOLAS G., DULAC O., SIGNORET J.-L. — Validation de la batterie d'efficience mnésique 144 chez l'enfant d'âge scolaire. *ANAE.* 1991;*3*:125-135.

JASTAK S., WILKINSON G.-S. — *Wide Range Achievement Test – Revised.* Jastak Assessment Systems, Wilmington DE, 1984.

LAUNAY C.-I., BOREL-MAISONNY S. — *Les troubles du langage, de la parole et de la voix chez l'enfant* (1 vol). Masson, Paris, 1972.

LIVINGSTONE M.-S., ROSEN G.-D., DRISLANE F.-W., GALABURDA A.-M. — Psychophysiological and anatomical evidence for a magnocellular defect in developmental dyslexia. *Proc Natl Acad Sci (USA).* 1991;*88*:7647-7652.

MC KELVEY J.-R., LAMBERT R., MPTTRON L., SHEVELL M.-I. — Right-hemisphere dysfunction in Asperger's syndrome. *J Child Neurol (United States).* 1995;*10*:310-314.

MORGAN W.-P. — A case of congenital word-blindness. *BMJ.* 1896;*2*:1378.

MURPHY D.-G., ALLEN G., HAXBY J.-V. *et al.* — The effects of sex steroids, and the X chromosome, on female brain function : a study of the neuropsychology of adult Turner syndrome. *Neuropsychologia.* 1994;*32*:1309-1323.

MURPHY E., SAGAR D., GÉRARD C.-L. — *Test de construction de phrases.* Service de psychopathologie de l'enfant et de l'adolescent, hôpital Robert-Debré, Paris, 1990.

PAULESU E., FRITH U., SNOWLING M. *et al.* — Is developmental dyslexia a disconnection syndrome? Evidence from PET scanning. *Brain.* 1996;*119*:143-157.

RAPIN I. — Autism. *The New England Journal of Medicine.* 1997;*337*:97-103.

RAPIN I., ALLEN D.-A. — Developmental language disorders : Nosologic considerations. *In : Neuropsychology of Language, Reading and Spelling* (1 vol). U. Kirk, Academic Press, New York, 1983:155-184.

RAPIN I., ALLEN D.-A. — Syndromes in developmental dysphasia and adult aphasia. *In : Language communication and the brain* (1 vol). T Plum, Raven Press, New York, 1988:57-75.

ROBICHON F., HABIB M. — Neuro-anatomo-pathologie de la dyslexie de développement. *In : Approche cognitive des troubles de la lecture et de l'écriture chez l'enfant et l'adulte* (1 vol), S Carbonnel, P Gillet, MD Martory, S Valdois. Solal, Marseille, 1995.

ROBICHON F., SEIGNEURIC A. — Syndrome de Williams et Beuren : caractérisation biologique et psychologique. *Revue de Neuropsychologie.* 1999;*9*:183-189.

ROURKE B.-P. — *Neuropsychology of learning disabilities : essential of subtype analysis.* Guilford Press, New York, 1985:167-183.

ROVET J., SZEKELY C., HOCKENBERRY M.-N. — Specific arithmetic calculation deficits in children with Turner syndrome. *J Clin Exp Neuropsychol.* 1994;*16*:820-839.

SANDYK R. — Reversal of a visuoconstructional disorder by weak electromagnetic fields in a child with Tourette's syndrome. *Int J Neurosci.* 1997;*90*:159-167.

SHALEV R.-S., MANOR R.-S., AMIR N. *et al.* — Developmental dyscalculia and brain laterality. *Cortex* . 1995;*31*:357-365.

SIGNORET J.-L. — *Batterie d'efficience mnésique*. Éditions scientifiques Elsevier, Paris, 1991.

SPAFFORD C.-S. — Wechsler Digit Span subtest : Diagnostic usefulness with dyslexic children. *Perceptual and Motor Skills*. 1989;*69*:115-125.

TALLAL P., GALABURDA A.-M., LLINAS R.-R., VON EULER C. — Temporal information processing in the nervous system : special reference to dyslexia and dysphasia. *Annals of the New York Academy of Sciences*. 1993:682.

VALDOIS S. — Les dyslexies développementales. *In : Approche cognitive des troubles de la lecture et de l'écriture chez l'enfant et l'adulte* (1 vol), S Carbonnel, P Gillet, MD Martory, S Valdois. Solal, Marseille, 1995.

VAN HOUT A. — Troubles du calcul et fonctions de l'hémisphère droit chez l'enfant. *ANAE*. 1995;*Hors-série*:34-41.

WATKINS J.-M., CHUGANI H.-T., ELLIOTT T.-K. — Positron emission tomography and neuropsychological correlations in Turner syndrome. *Ann Neurol.* 1991;*30*:454.

WEIL-HALPERN F., CHEVRIE-MULLER C., SIMON A.-M. — *(Adapation française du) Northwestern Syntax Screening Test*. Centre de psychologie appliquée, Paris, 1981.

INDEX

B

D

J

K

L

M

N

O

P

Q

R

T

U

V

W

Z

ABRÉGÉS

Accidents du travail et maladies professionnelles *Alain Harlay*
Acupuncture pratique *Jean-François Borsarello*
Alcoologie *Jean-Claude Archambault, Annie Chabaud*
Alimentation du sujet âgé *Monique Kourdouly*
Allergologie pratique *Louis-François Perrin*
Anatomie cranio-faciale *Frédérick Laison, Jean-François Gaudy*
Anatomie dentaire *Alain Lautrou*
Anatomie et physiologie humaines *Y. Raoul*
Tome 1. Tome 2
Anatomie générale *Jean-Paul Chevrel, Jean-Pierre Guéraud*
Anatomie pathologique bucco-dentaire *Jean-Claude Kaqueler*
Andrologie *Henri de Tourris*
Anémies (Les) *Bernard Longpré*
Anesthésie générale *Pierre Gauthier-Lafaye*
Anesthésie loco-régionale *Françoise d'Athis*
Angéiologie *Bernard Devulder*
Anglais odonto-stomatologique *Jacques Jeandot, Douglas John Wicker*
Antibiothérapie *Jean Duval, Claude-James Soussy*
Antibiothérapie en pratique clinique *Eugénie Bergogne-Bérézin, Pierre Dellamonica*
Assistance médicale à la procréation *François Olivennes, André Hazout, René Frydman*
Associations et interactions des anti-infectieux *Maurice Neuman*
Asthmologie *Philippe Godard, Pascal Chanez, Jean-Louis Pujol, Jean Bousquet, François-Bernard Michel, Pascal Demoly*
Attachements et prothèses composites *Louis-François Martini*

Bactériologie bucco-dentaire *Christian Mouton, Jean-Claude Robert*
Bases biologiques de l'antibiothérapie *Eugénie Bergogne-Bérézin, Jean-Marie Brogard*
Bases physiques et évolution de l'imagerie radiologique *Jacques Giron*
Biochimie clinique *Richard F. Ludueña*
Biochimie et nutrition des activités physiques et sportives *Paul Pilardeau*
1. Le métabolisme énergétique
2. Eau et électrolytes, vitamines et oligoéléments
Biochimie génétique, biologie moléculaire *Jacqueline Etienne*
Biochimie médicale *Paul Boulanger, Jacques Polonovski*
1. Les constituants des organismes vivants
2. Métabolismes et régulations
Biochimie structurale et métabolique *Roland Perlès, François Percheron*
1. Bioénergétique, protides, enzymologie, acides nucléiques
2. Chromoprotéides. Glucides. Glycoprotéines
Lipides. Oxydations biologiques. Interrelations métaboliques
Biologie cellulaire *Marc Maillet*
Biologie du développement *Albert Le Moigne*
Biologie et pratique sportive *Henri Lamendin, Daniel Courteix*
Biomatériaux dentaires *Gérald Burdairon*
Biophysique *Dominique Ducassou, Alain Bertrand*
1. Physico-chimie. Électrophysiologie
2. Utilisation médicale des rayonnements
Biophysique . Tome 1 : radiobiologie, radiopathologie *Pierre Galle, Raymond Paulin*
Biophysique des radiations et imagerie médicale *Jean Dutreix, Alex Desgrez*
Biophysique du neurone *Michel Burgeat, Danièle Kayser*
Botanique *Jean-Louis Guignard*
Brûlures (Les) *Christian Échinard, Jacques Latarjet*

Cancer du sein *Jacques Saglier, Eric Antoine*
Cancérologie clinique *Nicolas Daly-Schweitzer*
Cardiologie clinique *Wilhelm Rutishauser*
Champignons - Mycologie fondamentale et appliquée (Les) *Philippe Bouchet, Jean-Louis Guignard, Patrick Régli, Geneviève Madulo-Leblond*
Chimie analytique *Michel Hamon, Michel Guernet*
1. Chimie des solutions
2. Méthodes de séparation
3. Méthodes spectrales et analyse organique
Chimie générale *Gérard Germain*
Chimie organique *Marcel Miocque, Claude Combet-Farnoux*
1. Généralités, série aliphatique, biomolécules
2. Série cyclique, Biomolécules
Chimie organique avec exercices et tests *Vincent Loppinet*
Chimie physique *Philippe Courrière*
Chimiothérapie anticancéreuse *Jacques Chauvergne, Bernard Hoerni*
Chirurgie ambulatoire *Christian Mansat, Philippe Banco*
Chirurgie digestive *Patrick Boissel*
Chirurgie esthétique plastique *Guy Jost*
Cholestérol et athérosclérose *Gérald Luc, Jean-Michel Lecerf, Jean-Marie Bard, Éric Hachulla, Jean-Charles Fruchart, Bernard Devulder*
Conduites d'urgence *Florent Arcadio, Abdeljalil Moulay*
Conseils à l'officine *Jean-Paul Belon*
Consentement (Le) *Bernard Hoerni, Robert Saury*
Contention médicale (La) *Christian Gardon-Mollard, Albert-Adrien Ramelet*
Contraception *David Serfaty*
Criminologie clinique *Henri Nhi Barte, Georges Ostaptzeff*

Déontologie médicale *Raymond Villey*
Dermatologie clinique et vénéréologie *René Touraine, Jean Revuz*
Dermatologie infectieuse *Bruno Halioua*
Dermatologie pédiatrique *Marc Larrègue, Jean Maleville*
Développement et maladies de l'enfant *Bernard Grenier, Francis Gold*

Médecin salarié (Le) *Louis Melennec*
Médecine d'assurance *Jean-Jacques Barat*
Médecine d'urgence *Jon L. Jenkins, Joseph Loscalzo, G. Richard Braen*
Médecine de catastrophe *René Noto, Pierre Huguenard, Alain Larcan*
Médecine du sport *Élisabeth Brunet-Guedj, Bernard Moyen*
Médecine du travail *Pol Dyèvre, Daniel Léger*
Médecine esthétique *Isaac Jacques Parienti*
Médecine interne *Bernard Devulder, Pierre-Yves Hatron*
Médecine préventive et d'hygiène *Gabriel Blancher*
Médecine psychosomatique *A. Haynal, W. Pasini, M. Achinard*
Médecine vasculaire *Bernard Devulder*
Médicaments à usage homéopathique *Alain Sarembaud, Bernard Poitevin*
Ménopause (La) *Roland Taurelle, Alain Tamborini*
Mésothérapie *Isaac Jacques Parienti*
Mésothérapie pratique *Michel Pistor*
Mycologie générale et médicale *Philippe Bouchet, Jean-Louis Guignard*
Mycologie médicale *Dominique Chabasse, Claude Guigen, Nelly Contet-Audauneau*

Néonatologie *Jean Laugier, Francis Gold*
Néphrologie *Marcel Legrain, Jean-Michel Suc*
Néphrologie et troubles hydroélectrolytiques *Alain Kanfer, Olivier Kourilsky, M.-N. Peraldi*
Neuro-anatomie *Vincent-Jean Meininger*
Neuro-psychiatrie infantile *Pierre Debray-Ritzen, Paul Messerschmitt*
Neurologie *Jean Cambier, Maurice Masson, Henri Dehen*
Neurologie pédiatrique *Pierre Landrieu, Marc Tardieu*
Neurophysiologie générale *Aimé Limoge*
Neuropsychologie *Roger Gil*
Neurotransmetteurs *Jean-Marie Meunier, Alexandre Shvaloff*
Nutrition et alimentation *Bernard Jacotot, Jean-Claude Le Parco*

Obésité *Jacques Fricker*
Odonto-stomatologie et assurance maladie *Jacques Préél, Jean-François Viala*
Odontologie globale *Michel Yardin*
Oncologie *Jacques Rouessé, François Turpin*
Oncologie radiothérapique *P. Michel-Langlet, Y. Raoul, D. Martin*
Ophtalmologie *Henry Saraux*
ORL. Pathologie cervico-faciale *François Legent, Pierre Fleury, Philippe Narcy, Claude Beauvillain*
Orthopédie pédiatrique *Henri Bensahel*
Oto-rhino-laryngologie *Michel Portmann, Didier Portmann*

Parasitologie clinique *Pierre Jacquemin, Jean-Louis Jacquemin*
Parodontologie *Pierre Klewansky*
Pathologie cardio-vasculaire *François Jan*
Pathologie infectieuse *André Margairaz*
Pathologie maxillo-faciale et stomatologique *Jean-Pierre Lézy, Guy Princ*
Pathologie médicale *Gilles Bouvenot, Bernard Devulder*
1. Pneumologie, néphrologie, cancérologie, nutrition
2. Immunopathologie, allergologie, maladies infectieuses, parasitologie, gériatrie
3. Cardiologie, angiologie, maladies neurologiques et musculaires, psychiatrie, toxicomanie
4. Gastro-entérologie, hépatologie, hématologie
5. Dermatologie. Rhumatologie. Endocrinologie. Toxicologie
6. Situations cliniques. Thérapeutiques particulières. Index général

Pathologies iatrogènes *Philippe Arlet*
Pédiatrie *Antoine Bourrillon*
Pédiatrie en maternité *Francis Gold, Corrine Lionnet, Marie-Hélène Blond*
Pédiatrie sociale *Gérard Creusot*
Pédodontie *Jean-Pierre Fortier, Christiane Demars-Fremault*
Petite chirurgie *Philippe Détrie*
Pharmacie galénique *Alain Le Hir*
Pharmacocinétique *Jean-Pierre Labaune*
Pharmacologie *Maurice Moulin*
Pharmacologie *Yves Cohen*
Pharmacologie médicale *Paul Lechat, Philippe Lechat*
Pharmacologie odontologique *Pham Huy Dien*
Phlébologie *Albert-Adrien Ramelet*
Physiologie circulatoire et ventilatoire, anesthésie réanimation *Yves Louville*
Physiologie de la manducation *Jean Azerad*
Physiologie du sport *Hugues Monod, Roland Flandrois*
Physique (cours, exercices, tests) *Claude Ernst, Marc Gabriel, Gérard Germain*
Physique et biophysique pharmaceutiques *Philippe Courrière*
1. Électricité - Magnétisme - Optique
2. Biophysique sensorielle - Biophysique de la matière - Physique nucléaire

Physique nucléaire *Daniel Blanc*
Pneumologie *Jacques Chrétien, Jean Marsac*
Pneumologie *Bruno Housset*
Pneumologie pédiatrique *Guy Tournier, Armelle Baculard, Anne Sardet-Frismand*
Podologie *Alain Goldcher*
Podologie pour le pharmacien orthésiste *Jacques Callanquin, Pierre Labrude*
Polytraumatisé : conduite précoce (Le) *Jean Eugène Murat*
Poumon et infection par le VIH *Christophe Faraut, Jean-François Quaranta*
Pratique de l'expertise psychiatrique *Louis-Paul Roure, Jean-Paul Renard*
Pratique diététique courante *Chantal Thoulon-Page*
Préparation aux fonctions hospitalières *Jean-Paul Belon*
Proctologie *Jean-Claude Sarles, Roland Copé*
Prothèse adjointe partielle *Evelyne Batarec, Danielle Buch*
Psychiatrie à l'usage de l'équipe de soins *Henri Nhi Barte, Louis-Paul Roure*
Psychiatrie de l'adulte *Thérèse Lemperière, André Féline*

Psychologie *Jean Delay, Pierre Pichot*
Psycho-pharmacologie *Bernard Delbarre, Gisèle Delbarre*
Psychologie dynamique et psychanalyse *Alain Braconnier*
Psychologie médicale *Philippe Jeammet, Michel Reynaud*

Psychologie pathologique théorique et clinique *Jean Bergeret*
Psychomotricité *André Calza*
Radiodiagnostic *Jean-Pierre Monnier, Jean-Michel Tubiana*
Radiologie de l'appareil locomoteur *Michel Runge*
Radiologie de l'appareil urinaire *Sébastien Lange*
Radiologie du thorax *Jacques Frija*
Radiologie interventionnelle *Philippe Soyer*
Radiopédiatrie *Philippe Devred*
Réanimation en pathologie cardio-vasculaire *François Jan, Gilbert Pochmalicki*
Réanimation et médecine d'urgence *Georges Francois, Pierre Carli, Paul Bouletneau, Jean-Pierre Auffray*
Réanimation médicale *Maurice Goulon*
Rééducation des lésions du genou chez le sportif *Yves Chatrenet*
Rééducation gériatrique *André Thevenon, Bruno Pollez*
Relaxation thérapeutique *Jean-Pierre Meyer*
Risques et maladies liés aux médicaments *Camille Heusghem, Georges Lagier, Paul Lechat*
Santé publique *André Lévy, Michel Cazaban*
Sciences humaines et sociales *Guy Lazorthes*
Secret médical (Le) *Bernard Hoerni, Michel Bénézech*
Secrétariat médical *Alain Harlay, Hélène Harlay*
Sécurité sociale *Liliane Daligand*
Sémiologie médicale *Maurice Bariéty, Robert Bonniot, Jean Bariéty*
Sexologie *Gérard Zwang*
Sexologie clinique *Eric Trimmer*
Sida et infection par le VIH *Jill-Patrice Cassuto, Alain Pesce, Jean-François Quaranta*
Soins d'urgence *Jean-François Cavellat, Jean-Luc Chassevent, Pierre-Jean Lecointre*
Statistique au PCEM, avec exercices *Catherine Huber-Carol*
Stérilité du couple *Jean-René Zorn*
Stratégies de l'imagerie en traumatologie du sport *Bernard Roger*
Stretching. Auto-entretien musculaire et articulaire *Michèle Esnault*
Surveillance et thérapeutique obstétricales *Jean-Robert Giraud, Michel Tournaire*
Syndrome des sensations de brûlure buccale (Le) *Isâac Van Der Waal*
Tabagisme (Le) *Yves Martinet, Abraham Bohadana*
Techniques en neurosciences *Jean-Marie Meunier, Alexandre Shvaloff*
Thérapeutique cardiovasculaire *Pierre Djiane, Michel Bory*
Thérapeutique stomatologique et maxillo-faciale *Maurice Grellet, Pierre Laudenbach*
Thérapeutiques en orthopédie pédiatrique *Henri Bensahel*
Thérapeutiques médicales non médicamenteuses *Christian Boissier, Jean-Louis Guilmot, Patrice Queneau*
Thérapeutiques médicamenteuses en gériatrie *Marie-Agnès Manciaux*
Thérapie comportementale et cognitive *Robert Ladouceur, Ovide Fontaine, Jean Cottraux*
Toxicologie d'urgence *Jean-Charles Hachet*
Toxicomanies *Pierre Angel, Denis Richard, Marc Valleur*
Traitements médicaux des cancers *Antoine Thyss, Xavier Pivot*
Transplantation d'organes *Philippe Wolf, Jacques Cinqualbre*
Traumatologie *Alain Patel, Francis Honnart*
Traumatologie du sport *Raymond G. Danowski*
Trisomie 21 : aides et conseils *Monique Cuilleret*
Urgences chirurgicales *Bernard Chiche*
Urgences chirurgicales *Pierre-Louis Fagniez*
Urgences du sujet âgé *Pierre Pras, François Bertrand*
Urgences en médecine du travail *Jean-Charles Hachet*
Urgences médicales *Alain Larcan, Marie-Claude Laprévote-Heully*
Urgences psychiatriques *Henri Grivois, S. Dauchy, P. Mathieu*
Urologie *Bernard Debré, Bertrand Dufour, Pascal Évrad, Thierry Flam, Pierre Teyssier, Nicolas Thiounn, Marc Zerbib*
Virologie humaine *Hervé J.A. Fleury*

ABRÉGÉS COURS + EXOS

Anatomie générale *J.-P. Chevrel, J.-L. Dumas, J.-P. Guéraud, J.-B. Lévy*
Biologie cellulaire *M. Maillet*
Biomathématique *S. Bénazeth, M. Boniface, I. Nicolis, V. Lasserre, C. Demarquilly, M. Lemdami*
Biophysique. Radiobiologie, radiopathologie *R. Paulin, P. Galle*
Chimie organique *H. Galons*
Embryologie. Développement précoce chez l'humain *M. Catala*
Histologie. Les tissus *J. Poirier, J.-L. Ribadeau Dumas, M. Catala, J.-M. André, R. Gherardi, J.-F. Bernaudin*

ABRÉGÉS CONNAISSANCES ET PRATIQUES

Bactériologie médicale *C. Nauciel*
Dermatologie *CEDEF*
Economie de la Santé *A. Beresniak, G. Duru*

401017 - (I) - (3,5) - OSB - 80° - SNE

MASSON Éditeur
120, boulevard Saint-Germain
75280 Paris Cedex 06
Dépôt légal : février 2003

Achevé d'imprimer sur les presses de la
SNEL S.A.
rue Saint-Vincent 12 – B-4020 Liège
tél. 32(0)4 344 65 60 - fax 32(0)4 341 48 41
janvier 2003 – 27056

Imprimé en Belgique